1 | 4
2 | 3

1. 1941 年，父親丘鎮英和母親梁若琳的結婚照。
2. 1968 年，在崇基書院教授外籍教員太極拳。
3. 丘家全家福，1955 攝於香港沙田。前排左起：成桐、成煜、母親（抱著成珂）、父親（抱著成棟）、成琪、成瑤。後排左起：成珊、成瑚。
4. 我與家人攝於汕頭，左邊是我母親抱著我，右邊是我表姊徐金妮抱著我大哥成煜。前面三位左起是大姊成姍、二姊成瑚、三姊成瑤。

3 | 1 / 2

1. 1969 年，攝於崇基畢業典禮上。
2. 1969 年，第一次乘飛機赴美。
3. 1969 年到美不久，攝於柏克萊大學。
4. 1976 年，婚禮照片。
5. 1979 年，於北京機場著陸。自嬰孩三十年後，第一次訪問中國。
6. 1981 年，友人兼合作者比爾．米卡斯於加大柏克萊家。
（攝影：George M. Bergman，來源：Archives of the Mathematisches Forschungsinstitut Oberwolfach）
7. 2018 年，在蕉嶺卡拉比－丘空間雕塑落成儀式上致辭。

4 | 7
5
6

1
2
4 | 3

5

7 | 6

1. 1983 年，於波蘭領受菲爾茲獎。
2. 1984 年，在北京人民大會堂，獲中共總書記胡耀邦（左面坐者）接見。
3. 1987 年，和朋友、學生在聖地牙哥家中。前排左起：丁偉岳、龔昇、李大潛、本人（兒子正熙）、林小松；後排左起：梁迺聰、田剛、鄭紹遠。
4. 1991 年，於新竹清華大學辦公室。
5. 1992 年，和友雲、兒子明誠（左）、正熙（右）於南韓首爾觀光。
6. 1996 年，和論文導師陳省身先生攝於臺灣中央研究院。
7. 1996 年，和兩位諾貝爾獎得獎人，楊振寧（左）和丁肇中（右），合照於北京清華大學。

1

2

1. 1997 年榮獲美國國家科學獎，在華盛頓由柯林頓總統頒發。左起第二是華生，第三是溫伯格。（鳴謝 Carol Clayton）
2. 2001 年，和漢米爾頓在杭州合照。
3. 2002 年，和卡拉比在哈佛合照。
4. 2002 年，霍金、本人、霍金弟子吳忠超合照於西湖。（鳴謝浙江大學數學科學研究中心）
5. 2010 年，於以色列領取沃爾夫數學獎時，與石溪大學沙利文教授合照。
6. 2011 年，和老朋友兼合作者孫理察合照。

3

4

6 | 5

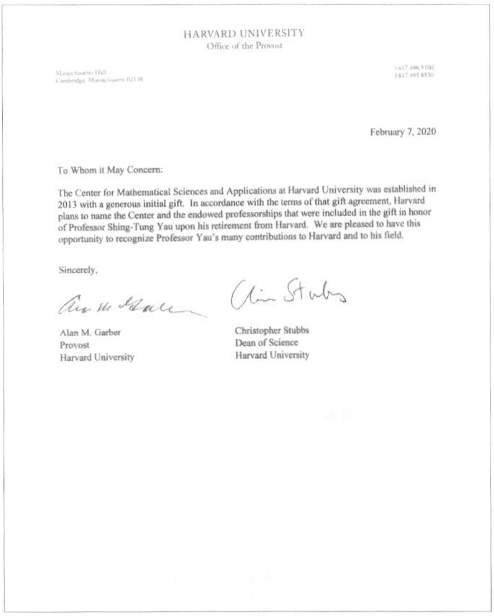

HARVARD UNIVERSITY
Office of the Provost

Massachusetts Hall
Cambridge, Massachusetts 02138

t 617.496.5100
f 617.495.8550

February 7, 2020

To Whom it May Concern:

The Center for Mathematical Sciences and Applications at Harvard University was established in 2013 with a generous initial gift. In accordance with the terms of that gift agreement, Harvard plans to name the Center and the endowed professorships that were included in the gift in honor of Professor Shing-Tung Yau upon his retirement from Harvard. We are pleased to have this opportunity to recognize Professor Yau's many contributions to Harvard and to his field.

Sincerely,

Alan M. Garber
Provost
Harvard University

Christopher Stubbs
Dean of Science
Harvard University

1
2 3
4

1. 2012 年，與清華學堂數學班成員合影。
2. 2017 年，與香港中文大學數理科學研究所學生討論。
3. 2018 年，攝於臺灣大學研究室。
4. 2020 年，哈佛大學數理科學和應用中心改以丘成桐為名；這次改名是應捐款者要求，哈佛大學也在信中同意。

我的幾何人生

丘成桐、史蒂文・納迪斯／著
夏木清／譯

獻給

母親梁若琳和父親丘鎮英

母親洛琳·B·納迪斯和父親馬丁·納迪斯

目次

CONTENTS

丘序

我沒有將我的一生成書面世的經驗，為了自己，同時也為了方便讀者，讓我話說從頭。簡略言之，一九四九年春我出生於中國，當時中共正席捲全國，幾個月大的我隨著家人南遷香港，在這個由英國人管治的地方成長，直到一九六九年赴美深造為止，此後一直在美國生活。時光流逝，不知不覺間，距離我第一次橫渡太平洋已差不多五十年了。這五十年間，我曾無數次往返北美和亞洲。行旅之中，每每自問真正的家園何在，或更精確地說：我有兩個家，但兩者皆非我身心安託之所。

我在美國的生活富足，也有一定的成就，然而和身處的社會卻非水乳交融；對中國，無論在感情或親情上的紐帶則根深柢固，早已烙刻心中；但經過了這麼多年後，對祖國的印象改變了，總似有些隔膜。無論在美國或中國，我都像半個局內人和半個局外人。

這種感覺，使我置身於一般地圖上找不到的、頗為詭異的位置，介於無論在歷史上、地理上、理念上甚至口味上，都是南轅北轍的兩套文化和兩個國家之間。我家在麻省劍橋，離哈佛大學不遠，自一九八七年即受聘於此，安居樂業至今。而在北京我也有套公寓，每次到北京時會在那裡安頓。但我還有第三個家，它就在數學的國度內，我在那裡棲遲最久，至今差不多半個世紀了。

對我來說，數學賦予的，是一本讓我在世界各處隨意走動的護照，同時也是探索這世界強而有力的工具。數學擁有的神奇力量，對那些懂得駕馭它的人來說，能打破距離、語言、文化的隔膜，把人們即時拉在一起，交流共通的知識。數學還有另一個神奇之處，那就是不需要甚麼成本，也能在數學的天地大展拳腳；對許多問題來說，所需的只是一張紙和一枝筆，再加上專心致志的能耐，有時甚至紙筆也不用了，最重要的工作就在腦海中完成。

早在念完研究院和取得博士學位前，我已努力不懈地從事研究，能有這樣的機遇，非常感恩。今天，我對數學略有貢獻，並以自己的專業為榮。然而，縱使自小就對數學著迷，我的數學生涯並不是一蹴即就的。事實上，童年時做夢也想不到自己會有今天的成就。

我在知識分子的家庭中成長，雖然幼時家窮，但我和兄弟姊妹卻不乏雙親的慈愛。不幸父親丘鎮英在我十四歲時去世，家中經濟拮据，既無積蓄，又債台高築，但母親梁若琳決心繼承父親的遺志，讓我們繼續上學，追求學問。我努力學習，並在中學時為數學所吸引，感受到它的召喚。

念大學時，遇到加州大學柏克萊分校的年輕學者沙拉夫，可說是人生的轉折點。在他的安排下，我到了柏克萊念研究所，投到當時世界最著名的華裔數學家陳省身先生門下。

如非一連串的機緣巧合使我到了加州，真不知道我能否在數學的道路上走這麼遠。如果沒有母親為子女作出的犧牲，和父親培養子女對知識的熱愛，我也不會有今天的成就。我把這書獻給他們，沒有他們就沒有今天的我。同時，也要感謝內子友雲和兒子明誠、正熙過去多年的容讓；此外，還要感謝我的兄弟姊妹。

大半生沉醉於圖形、數字，還有曲線、曲面和高維空間的我，工作和人生因和家人、朋友、同行、師長、學生的交往而變得十分豐盛。

我一直風塵僕僕於中國與美國之間，為了追尋幾何的真和美踏遍全球。幾何這門學問從最宏觀和最微細的尺度來探索宇宙，在這些旅程中一些猜想形成了，公開難題提出了，各種定理證明了。可是，數學的工作幾乎都不是獨立完成的，我們建基於前人的成果上，得力於頻繁的交流中。這些交流時而導致誤解甚至紛爭，本人也曾不幸地牽涉其中。從這些經歷中，認識到「純粹數學」實質上是很難做到的，明爭暗鬥往往出乎意外地介入，不免唐突了數學之美。

雖然如此，和同行隨意的交談卻會導致出乎意外的收獲，影響維持多年甚至數十年之久。說到底，我們都是時代和社會的產物，受別人影響，為環境所薰陶，諸般歷練使我的人生更豐盛、更複雜。此書所載的，便是我的出身、成長和個人經歷，但願讀者不覺乏味。

藉此機會感謝一些人，他們其中有的與這書無直接關係，但卻提高了全書的可讀性。首先是我父母，可謂恩深難報；他們竭盡全力養育子女，在艱難的日子中教導我們正確的人生觀，了解到人生的主要目的不在追逐名利，從而使我走了研究數學的道路，而非賺錢而已。我和兄弟姊妹都很親近，但對三姐成瑤尤其感激，在她去世之前，為幫助我和弟妹作出了諸多犧牲，包括自己的事業。

我亦有幸能夠邂逅內子，並結成伴侶，我們對人生的看法一致，財富、物質和奢侈品皆比不上對學問的追求。對於兩個兒子都走上了學術研究的道路，做父親的我感到十分欣慰。

有幸自中學開始，就和鄭紹遠、徐少達、王彬（人名以姓名英文字母排列次序，下同）等結為好友，班主任潘燕霞老師在我年少無助時的慈憐，周慶麟講師在崇基書院一年級時讓我初窺高等數學的門戶，而最幸運的乃是得遇沙拉夫，得到他的指點，在陳省身、小林昭七、薩拉森等師長的幫助下到了柏克萊深造。

亦感謝美國的教育體系，它使我到達美國後，即能在理想的環境中鑽研數學。這體系的特點是充份重視和培養每個人的才華，無分種族、出身和說話的口音。特別要感謝哈佛大學，迄今三十多年安樂的家，還有很多很好的同事，人數眾多，請恕無法盡錄。

我的職業生涯也有賴於老一輩數學家的無私提攜，首先要提到最重要的是我的論文導師陳省身老師，其他有大幫忙者包括：Armand Borel、Raoul Bott、Eugenio Calabi、Heisuke Hironaka、Friedrich Hirzebruch、Barry Mazur、John Milnor、Charles Morrey、Jürgen Moser, David Mumford、Louis Nirenberg、Robert Osserman、Jim Simons、Isadore Singer、Shlomo Sternberg。

有些數學家喜孤軍作戰，但我則在團隊中的發揮尤佳；多年來有幸與多位傑出的學者攜手作戰，他們包括：鄭紹遠、John Coates、Robert Greene、Benedict Gross、Richard Hamilton、Bill Helton、Blaine Lawson、李偉光、Bill Meeks、Duong Phong、Wilfried Schmid、Rick Schoen、Leon Simon、Cliff Taubes、Karen Uhlenbeck、伍鴻熙、姚鴻澤，還有舍弟成棟，其中尤與和孫理察合作逾四十五年，完成了部分最好的工作。雖然開始時他是我的學生，但我們互相學習，齊足並馳，多年情誼，彌足珍貴。

我亦與弟子和博士後合作，其中包括曹懷東、梁迺聰、李駿、連文豪、劉克鋒、劉秋菊、王慕道。我在內地和香港也有不少出色的同行，包括楊樂、辛周平等等。在我的職業生涯中，也常常和物理學者緊密地聯繫，與下列人士的交流尤為密切：Philip Candelas、Brian Greene、David Gross、Stephen Hawking、Gary Horowitz、Andy Strominger、Henry Tye、Cumrun Vafa、Edward Witten。從他們處獲益良多的同時，我的工作餘緒旁及物理，自忖也有寸功。

如上所述，作者的生命旅程，至今為止，可謂精彩，前方如何，但願還有驚喜。

丘成桐

二〇一八年於劍橋

納迪斯序

多年來我撰寫了不少文章，其中包括人物的特寫，但從未寫過長篇的人物傳記。坦白來說，能全面地、深入地探究某人的過去，是個奇妙的經驗，希望讀者可從書頁中領略這些奇妙之處。在某方面而言，我的任務既像採礦，也和考古相仿，掘得愈深，出土的東西也愈多，篩選後看看是否含有珍稀的寶石，或者其他珍貴的東西。

就算傳主是你相識了差不多十年，又曾緊密合作的朋友，在寫書過程中依然遭遇不少新的東西。當然，沒有許多人的協助，此書必然不能完成，我希望向他們致謝，如果其中有所遺漏，謹請見諒。

這書的一個重點在傳主的家庭，是以我的鳴謝亦以家庭開始。我感謝父母和妻子Melissa Burns。後者對書稿的頭三章提出寶貴的意見，而且不厭其煩地聆聽我談論這書。此外，還要感謝我可愛的女兒Juliet和Pauline，我的姐妹Sue和兄弟Fred。我的合作者和我都感謝編輯Joe Calamia和他在耶魯大學出版社的同事，包括Eva Skewes和Ann-Marie Imbornoni。Joe從動筆開始，一直在整個創作過程中鼓勵我們，為我們打氣。

亦要感謝負責編輯工作的Jessie Dolch，她敏銳地察覺文稿中出現的冗贅、反覆或含糊之處。由於她，我才知道無論講到時間、地點或天氣的時候，我總是把「是否」（whether）寫成了「是或否」（if）；另外，即如 Groucho Marx 所言，應說「去」時竟說了「來」。以下這些人也在寫作的過程中幫了忙：

Lydia Bieri、Jean-Pierre Bourguignon、Maury Bramson、Alicia Burns、曹懷東、Lennart Carleson、陳麗莉、陳漢夫、鄭紹遠、丘明誠、徐紹達、Robert Connelly、Daniel Ford、Robert Greene、顧險峰、Simon Guest、Richard Hamilton、Jennifer Hinneburg、侯一釗、季理真、Sergiu Klainerman、Joe Kohn、Sarah Labauve、Blaine Lawson、Claude LeBrun、李駿、連文豪、劉克鋒、楊樂、L. Mahadevan、Francisco Martin、Alex Meadows、Bill Meeks、John Milnor、Irene Minder、吳恭孚、Dick Palais、Duong Phong、Robert Sanders、Wilfried Schmid、Barbara Schoeberl、Rick Schoen、Christina Sormani、J. Michael Steele、Martha Stewart、Andy Strominger、Lydia Suffiad、曾立生、Karen Uhlenbeck、Emmanuel Ullmo、王貽芳、伍鴻熙、徐浩、許洪偉、姚鴻澤、丘成棟、殷曉田、Cosmas Zachos、張馳原、張蕾、朱熹平。

Maureen Armstrong 在哈佛數學系中負責《微分幾何學報》，她多方出力，搜集和整理了書中的相片，並且協助整理稿子。我很感謝她的幫忙，沒有她真不知怎麼辦。我亦深深感謝陳麗莉提供大量照片及其他幫助。曹懷東、楊樂、徐浩、許洪偉和丘成棟出了很多力。我亦衷心多謝殷曉田、顧險峰，尤其是 Barbara 他們漂亮的插圖。Barbara 花了兩個星期，就把所有圖片都弄妥了，確實非常專業；Andy Hanson 送來卡拉比—丘流形的圖，還對封面設計提出重要的意見。

柏克萊數學系的伍鴻熙把全書讀了一遍，有的篇章還來回地看。他提供了有關中國和數學世界許多行內人的意見，並且解釋了好些複雜的數學概念，真不知他如何能在繁重的工作中抽出時間來，我非常感謝他，本書因他寶貴的意見、追根究柢的提問、非凡的耐性而生色不少。感謝您，伍教授。還要感謝所有在過去幾年中，為這書出過力的人。正如人們說，整個村的人都幫了忙，有時還不只一個村。

史蒂文・納迪斯

二〇一八年於劍橋

詩五首

先父百歲冥辰紀念

百歲枯榮一夢中，
哲思猶在合西東。
綺年漸逝霜侵鬢，
舔犢情深恨太匆。

憶瑤姐

少時尚義氣，原野任戲嬉，
登高懷書劍，攜手笑揚眉。
焉知二三載，好景奄忽移，
父死兄疾篤，艱辛誰能持？
慈母負重軛，世情安可知。
三姊何仁愛，憐我弟妹癡，

復念我前程，崢嶸自有時。
孰料晚罹疾，天意終難窺。
萬里歸來日，天涯涕淚垂。
人無金石固，龜鶴亦有期。
哀哉此疾惡，斷我手足誼。

註：三姊在港逝世前一分鐘，余在美持手機訴說衷情，不覺淚下如雨。

柏城懷舊

師母仙逝後半年，余到柏城訪省身老師，滄然今昔，遂作此詩。

柏城山畔，早春時節。
舊時庭院，舊時風月。
晚宴歡歌，盡隨伊掇。
遙岑極目，家山頻覓。
千古情懷，對此豪傑。
暮年意氣，壯志未歇。
觸目感愁，舊恩難滅。
悠悠我心，思懷漢闕。

龐卡萊之夢

第一章　龐卡萊之夢：空間女神的追求

我曾小立斷橋，我曾徘徊湖邊，
想望著你絕世無比的姿顏。
我曾獨上高樓，遠眺天涯路，
尋覓著你潔白無瑕的臉龐。
柔絲萬丈，何曾束縛你的輕盈。
圓月千里，何處不是你的影兒。
長空漫漫，流水潺潺，何嘗靜寂。
你的光芒一直觸動著我的心弦。
長流滾滾，烈火熊熊，怒濤澎湃，
激動著那深不可測的永恆。

第二章　方程的創造：苦思的煎熬

默默長夜，
靈光猛然照耀在紐約上州的校園。
在普林斯頓的草茵場上，

我聆聽到康奈爾傳來的訊息，
你創作了宇宙共鳴的方程！
碧海天藍，
在聖地牙哥的晴朗中，
我們思量著方程的估值，
在夏威夷的椰樹下，
你承受著百年問題的煎熬。
道遠天長，萬縷千絲，
知她真理何處，你總在思量，
夢裡有時曾去。
烈烈風吹，綠綠潮湧，
衝激著你的衣裳，

第三章　估值的完成：熱流的推導

微風拂着水波，
月兒伴着孤獨，
在那平靜的大洋裡，

一片光黃，閃爍着宇宙的心聲。
兩紀的辛勞，廿載的研討，
都注在你淩天的一擊，
贏得她那嫣然一笑的深情。
造物的奧秘，造物的大能，
終究由他來啟示。
在那茫茫的真理深淵，
空間展出了它的風華——素樸而安寧。
洪洪的熱流，
沖出了空間的調和，
沖出了引力的均衡。
這般的無瑕，這般的潔淨，
這可不是一般的嬌媚！

第四章　終極空間的形成：奇異點的切割

我憑欄遠眺，
看到了那終極的空間，

一忽兒平坦，一忽兒雙曲，
一忽兒又像那盈盈的銀灣。
這典雅優美，
何由而生，何由而滅，
豈不在於那細致的拓樸，
在熱流中飄忽，
任由那惱人的精靈裁剪。
看啊！大鵬已經展翅，
利劍的鋒芒閃閃，
凌厲的舞姿，精準的手術，
割除了多餘的渣殘。
你望見了拓樸的精華，
你找到了幾何的奇異，
卻還待跨越那剩下的雄關。

第五章　燦爛的詩篇，完美的歌劇
　流芳遠遞，

由聖彼得堡而來的苦思，
從天上飛來，
喚醒了大眾的迷惘。
艱澀的語言，夢幻的推理，
觸着你學問的深處，
引起我們估值的翱翔，
他驅除了雪茄的奇異，
道出了精靈的有常。
在中山的課堂，在吐露海旁，
在哈佛園中，在賓州遙遠的地方，
你的追隨者，終於找出了這推理的脈絡，
譜出了最後的篇章。
啊！這一切的精靈，
在夢裡我們找尋過千萬趟，
一剎那間，她卻在燈火闌珊處，
展現出她燦爛的容光。
這是千古的奇遇，這是絕代的朱華，

這都是由於你這曠世的賢良，
讓我們來祝賀，讓我們來高歌，
這是宇宙最完美的詩章。

時空頌

時乎時乎，逝何如此。
物乎物乎，繁何如斯。
弱水三千，豈非同源。
時空一體，心物互存。
時兮時兮，時不再與。
天兮天兮，天何多容。
亙古恒遷，黑洞融融。
時空一體，其無盡耶。
大哉大哉，宇宙之謎。
美哉美哉，真理之源。
時空量化，智者無何。
管測大塊，學也洋洋。

第一章——童年顛沛

人生於世，將會何往，將做何事，成就會如何，無人能夠預知。對於第一個問題，有的人終其一生，皆局限於其出生地不遠，有的人的足迹卻覆蓋廣袤，本人即屬後者。我在數學和物理的世界中走過了既寬且遠的路，在現實世界亦然。

我是客家人，也許飄流是命中注定，同時也是家族的傳統。客家這族群來自中國北方的黃河流域，千多年來因多場戰亂而被迫南遷，再從此向各地流播。中華民國的第一任總理孫中山，二十世紀最後二十年的中國領導人鄧小平，還有新加坡第一任總理和國父李光耀，不約而同都來自客家。

今天約有八千萬客家人，顧名思義，作客別家，和游牧民族不同，他們的遷徙是為勢所迫，為了逃避戰亂或逃荒，有的也純為討生活。客家人在這過程中篳路藍縷，打造了堅忍不拔的性格。他們當中不少人，初時還夢想回到家鄉，但當時機來了，他們也會留下來，即如我的祖輩，世世代代居於蕉嶺，已超過八百年了。

不過，客家人無論在那裡安定下來，他們都只能分得山上最貧瘠的農地，地面河谷肥沃的土地，早已有人開墾耕耘。在比較乾旱貧瘠的土地，農夫沒法大量種植主要的作物如稻米和小麥，只能種些玉米和紅薯，有時連這些作物也種不好。土地的種植條件差，好處是離開時不會依依不捨。由於戰亂或其他緊急情況，客家人往往被迫再次流離。

我的一生亦是如此，也曾幾度遷移。小時候為生活所迫，搬了幾次家，長大後因應工作的改變而遷居，那是學術界常見的情況。我出生於中國南方的城市汕頭，時維一九四九年四月四日，上面有三位姐姐，成珊、成瑚和成瑤，和一位兄長成煜。六個月後，父親和母親帶著我們五人跑到香港，和當時許多逃難的知識分子一樣，視香港為他們的避難所。

跟其他人一樣，我的父親丘鎮英相信留港是暫時的，現實已證明這種想法的錯誤了。在較親的親戚當中，有的移民北美，有的移民英國，但很少人回到中國大陸定居。

在成長期間，父親跟母親梁若琳多以客家話交談，這種方言今天已很少聽到了。父親和學生溝通時，則以國語為主。離開了家的範圍，我在學校則講粵語。父親飽受客家文化的薰陶，以作育英才為抱負。大家都認為必須努力讀書，學習出色，才會有機會出人頭地。從學問而非財富上說，他自身便是個成功的例子。他是個受人尊敬的學者，著書立說，並教授哲學、歷史、文學、經濟和其他科目。

直至今天，父親在我心中還占有著重要的地位，我也深深地受到客家文化的影響，也曾試圖將這種文化傳給兒子明誠和正熙。同時，我也喜歡旅行，旅行除了是工作上所必須外，它亦能讓我接觸到無論是在學術領域內、還是在「象牙塔」外的新事物和新思想，那都是極有裨益的。

父親嚴格要求孩子努力讀書，他自己小時即是如此，那時讀書可不容易，他生於廣東省的蕉嶺縣。小時家貧，沒錢買書寫用的紙張，只好到寺廟撿拾拜神用的紙張，他努力學習，成績出眾。

五歲時，他已能默記《論語》中的章節，《論語》是中國古代哲學家孔子的言論集；同時也能默記《孟子》的篇章，《孟子》是孔子後學孟子的著作。七歲時，他進了西式學校，整個中學階段的成績都名列前茅。十八歲時，他考進了軍校，但不久卻因健康問題退了學。後來他到日本早稻田大學留學，二十二歲時拿到碩士學位。

母親則沒有父親那麼幸運，中學畢業後，就沒有機會念下去了，只得在圖書館當職員。（她父親梁伯聰、我的外祖父、卻是受人欽敬的學者，以書畫詩詞著名，二十世紀中國畫壇的巨匠林風眠便是他的學生。）必須指出，母親升讀大學的時代是一九三〇年的後期，那時中國或世界各地，女大學生寥寥可數。我不肯定母親對上不到大學感到失望，還是根本沒想過。當時社會傳統的想法是，不管對或不對，為了光耀門楣，女性要為丈夫和兒子的成功作出犧牲。

今天，這種做法看來非常不公平，而且和男女平等的概念相左。但那是不同的年代，母親勇敢地完成了她的任務，難以置信地把一生都奉獻給丈夫和兒女，為此我永遠銘記於心，雖然我希望她能和我們一樣，擁有學習的機會。

父親的學術生涯開始得不錯，一九四四年三十出頭，即在廈門大學出任講師，教授歷史和哲學。父親是受過高等教育、百分百的一介書生，他不懂做生意，缺乏生意頭腦。二戰結束後，他替聯合國救濟總署工作，由於辦事清廉，得到政府頒發的不少養廉獎金，母親用這些獎金買了土地、漁船及其他生財工具。解放後，我們全家去了香港，這些東西都放棄了。父親以為我們很快便可以返回汕頭，但是他錯了，父親這些財產都沒有辦法拿回來了。

一九四九年我家到香港時，父親和成千上萬的難民一樣，人浮於事，一職難求。包括他自己在內，一家七人，嗷嗷待哺（還有三位子女將要來臨），此外還有一個收養的姐姐負責家頭細務。母親那邊還有八位成員，她母親、三位兄弟、三位姊妹和一位妹夫，要養活的人可真不少。一家之主必須負責全家的生活，傳統上是無法逃避的責任，所以父親要照顧的人很多，但錢卻很少。在困難前無法迴避，在中國，年幼的要尊敬年長的，而年長的卻要照顧年幼的，而所謂年幼的可以是一大伙人。

這便是父親剛到香港、落腳在元朗西面農村時，所面對的景況。他把大部分帶來的錢辦了個農場，以為這樣便可以養活大伙兒。雖然這個想法很好，奈何他是學者而非農夫，農場只辦了兩年便倒閉了，這意味著他從汕頭帶來的一生積蓄，差不多都付諸流水了。我們不得不把家當都拿到當鋪押了，但只僅僅足以應付生活。

現在父親可說是一文不名了，已無法支持整個大家庭。一個舅舅回到大陸，另外兩個在香港找工作，外祖母及姨母都要搬走，以減輕經濟上的負擔。

經營農場失敗後，我們家搬到元朗叫做李屋的地方。這個居所是和許多家庭合住的，沒有電力供應，我們用油燈照明。家裡也無自來水，我們只得到附近的山溪擔水及洗澡。山溪的水位時高時低，寒冷時洗澡很不舒服，但沒有法子。高或低，暖或凍，衛生總要先行，澡總是要洗的。

父親在九龍和港島找到一些教書的差事，那兒離家甚遠。他每天很早便起來，先坐腳踏車的後座到巴士站，然後乘巴士再轉渡輪，行程超過兩小時。工作和上班占據了他大部分時間，父親難於抽時間和我們在一起，有時甚至整天都看不見他。

很不幸，這便是父親在香港的生活，雖是為人敬重的學者，但從未得到匹配的高薪職位。他不懂說英語，因此不可能在和英國有關的學校找到教席，那裡的薪水相對較高。他只能身兼數職，常常多至三份，可惜每份的酬金都不高，論鐘點計，因此之故，他頻頻地為工作奔波，留在家中陪伴母親和我們的時間就不多了。

母親也是由朝到晚地忙過不停，她早上五六點便開始工作。當供應足夠時，準備饅頭或粥，給我們作早飯。她照顧我們，保證我們吃得飽，穿得暖，催促我們準時上學，生病時安慰我們，並看著我們做作業。除此之外，她還要打掃庭除，縫紉衣服，時常忙到午夜才上床。有時更會熬通宵，完成平時沒空做的瑣事。

除此之外，她還打毛衣、刺繡或作其他針線活來幫補家計。她編織毛衣及其他東西，又在枕頭或床單上繡上花朵，然後拿到市場去兜售。她也穿塑膠花、穿珠拿去賣，生活是多麼艱辛啊，可她從不叫苦，有尊嚴地熬過來了。然而，她的收入和父親的加起來，錢還是不夠用，全家要過著饔飧不繼的日子。

母親也養了些雞，但並不足以成為營養的穩定來源。有時我們從附近教會拿到些食物，教會常常派送米、麵粉和其他美國救濟品。當教會沒東西供應時，我們便找其他救濟機構和慈善團體，但這些物資也不是常常有的，住在附近的窮人不少，人人都有需要。

然而，我們兄弟姐妹卻努力生活，苦中作樂。客觀來說，我們在貧窮中成長，但因沒有更好的生活作比較，便不覺其中之苦。生活充滿趣味，足以抗衡金錢上的匱乏。我們整天歡笑，一如其他小孩，到處尋樂子。除了穿上平價的鞋子和衣服，貧窮對我們最深的印象乃是沒有東西吃，隱約的飢腸轆轆的感覺，有時或會成真。

因此，我們往屋外跑，往往是在附近的田中尋尋覓覓。我家四周都是農地，收割後能吃的東西，如紅薯之類會遺留下，我們把它檢起來。我們也翻找附近的稻田，有時會看見荸薺，那是美味的零食。我們也捉田雞，那很好玩，煮得好時還很美味，尤其是大隻的，田雞也可以用來餵雞。在稻田出沒的水蛭最危險，有時會吸附在手腳上。蛇也是很可怕的，要盡量避開，因為不一定知道牠有沒有毒性。

我的正規教育是從五歲開始的。首先，每個打算上學的孩子要先通過測驗。測驗的一部分是數學，這是我一生中第一個數學考試。題目中有一條要求從一數到五十，然後把數目字順序寫在紙上。我從父親那兒看過，以為中國人的書寫習慣是從右到左的，但是這不完全對，書寫數目字乃是按西方的習慣由左向右的。當我用自創的方法書寫十三時，它變了三十一，其他雙位數除十一、二十二、三十三、四十四外，通通都倒過來了，結果考試不及格。

這次錯誤的後果很嚴重，高分的小孩會給分派到正式的公立學校，而我卻分派到鄉村小學，那是給水準較差的小孩念的。人們對這類學校沒甚麼指望，學校的水準也不怎麼樣。

但這還不算倒霉，不久之後，我們搬家，新鄰居都是農民，他們利用牛糞製造肥料，整天都是牛糞的味道。當風沿著「正確」的方向吹時，乾糞粒有時會飄進屋裡，我們稱之為「牛屎屋」。

這還不只，現在我要多走一點路，才能到達那鄉村小學。對一個五歲的小不點兒來說，兩哩的路程算是不短的距離。我獨個兒上學，夏天炎熱，母親給我雨傘擋日光。我矮小的個兒，頂著半圓型的蓋，人人都叫我「冬菇」。我不喜歡這花名，但沒法子改變它。

有時，在上學或回家的途中，冬菇會在外祖母的家中歇上一會。外祖母會讓他次天來吃午飯，他便幻想明天有甚麼美食。但事實上，每次都離想像很遠，只不過是一小碗拌了點豉油的飯，你可以想像我們當時是何等貧窮，一小碗飯已經很隆重了，難怪家中的孩子都惦記著食物。我們都渴望過新年，因為可以吃得好一些。事實上，每個節日都值得期待，可以嘗到一兩口雞或豬肉，或一塊餅，比平時的主食白飯和清水般的湯強多了。

我個子既小，身子又單薄，恰似所謂「塾窩子」。絕大多數一同上學的孩子，個頭都比我大和強壯，脾氣也暴躁。他們動不動就打架，有次還說是我引起的。那次特別厲害，有人還傷得很嚴重。老師時常站在這些孩子的一方責備我，我憂心忡忡，不知會如何受罰。有一天終於病了，父親決定讓我留在家中休養（今天會說病情和壓力或焦慮有關）。

幸好不久，我們就搬了家。一九五四年底，我五歲，父親決定搬到沙田去，那是香港靠北的小鄉村。崇基書院剛剛搬到沙田，父親將在那裡擔任講師，教授經濟、歷史、地理等不同的科目。

那時候，市鎮的商業區極小，只有三條街，現在沙田是六十萬人的市鎮了，人口還在增加。我們剛到沙田時，住在一個叫英霞別墅的齋堂樓上。與佛寺為鄰，四周都是樹木，本來是不錯的，只是樹木令屋子黑暗，潮濕陰森。從屋子走路上學，也差不多兩哩。我不斷訴苦，說不再上學了，奈何無人理睬。在那屋子的頭一年，大家都病倒了，發高燒，而我更在夜間胡言亂語、惡夢連連。

我們一直沒法找到患病的原因，也許是屋子太潮濕，有時太涼，有時又熱得使人難受。無論怎樣，父親決定搬家。一九五五年遂搬到另一間較理想的房子，地址是鳳凰台六號，和其他三家人合住。房子也在山上，能遠眺不遠處開揚的大海。要走路到海濱也方便得很，游泳或拾取貝殼、海星和蟹，悉隨尊便。

我最年幼的妹妹成珂已經出生，妹妮姊又出嫁了。家中十個人住進兩個房間，可以說是童年住過最好的地方。鄰居相處和睦，環境清幽。一年四季，周圍高高的樹木開著花，院子裡滿是玫瑰、茉莉和其他花卉。無論走到海灘或爬上山都很方便，即使是在家遠眺，美景一一送入眼簾，使人煩慮盡消，一切是如此完美。

雖然這房子比以前的居所優勝得多，但也稱不上奢華。它很單薄，四面泥牆。風暴來時，整間房子都會振動，我們都怕它給風吹散。事實上，部分房子在一次強烈的颱風吹襲時倒塌了，只留下破爛的地基。

房子也是沒有自來水的，我們從附近的山泉取水用。有一次，一個自私的鄰人用草和泥土堵塞了流向我們蓄水池的水道，把溪水全部引進他家的蓄水池中，於是其他人就無水可用了。我們幾個小孩就把這些草和泥土清理掉，使山溪恢復原來的流向。那鄰居是個高大的漢子，他和他的母親和我們對峙，在我家門口不遠處，高聲大罵髒話，達兩個鐘頭之久。這時來自另一家庭的十個潮州小伙子，同樣給斷了水源的，拿著棍子圍著他們，和他理論；最後，那人退讓了。

小溪到了某些時節便會枯竭，這時只能到附近的道觀取水了。我們要背十加侖水行半哩上山，對小孩來說不是輕活。我們用擔挑穿過水桶的把手，然後抬著走，這樣受力比較均勻。在我成長期間，打水始終是苦差。在美國，水是理所當然的，故此不免浪費。只有缺乏水，或者要經過一番努力才能得到一點時，人們才會發覺它是那麼珍貴。上科學課時老師說水是人體所必需，在日常生活中往往有切膚的感受。

尋找水源也帶來意外收獲，我們因此進了山，在溪澗的石上玩耍和捉魚，有時會把魚兒養在後院的大缸中。同時又收集灌木上的莓果以解饞，或採摘野花，我們買不起花店的花。

母親每天都會到市場買菜，偶爾她把我們也帶上了，遇見的情景頗堪回味。早上，小販在路旁做買賣，但他們是沒有牌照的，警察久不久就會來驅趕。他們慌忙向四面逃跑，情況十分混亂。有些小販在「走鬼」時，貨物丟得滿地都是。有些跑不動的，貨物被充公，我看了十分難過。

欠缺金錢添置食物的家庭，不只我們一家。貧苦人家會互相接濟，共渡難關。這種和衷共濟的做法，使大家在困難的日子中都不虞匱乏。母親和父親即使手頭緊絀，也會接濟親友。他們古道熱腸，給我建立了一個慷慨好義的榜樣。

每天都為生活奮鬥的同時，我們也嚮往節日。節日到來時，就能把擔憂暫置一旁，盡情享受節日的歡樂。農曆新年便是這樣的大日子，記得一九五六年的新年，雖然窮困，但母親已為此準備了整整一個月，親自釀了米酒，做了年糕，還有其他糕點餅餌，拿來餽贈一眾親友。

過年前的一天特別重要，我家和其他家庭一樣大吃一頓。父親把祖父祖母放大的照片供在桌上，燃起香燭，告訴我們祖先從那裡遷來，然後大家向祖先行三鞠躬禮。

到了次日，先燒響爆竹，通常我帶頭點火。然後，父親母親把孩子叫到一塊兒，我們向他們鞠躬，說「新年快樂」及其他吉利的說話。母親給每個孩子一點錢，通常是一港元，放在紅封包內，紅色代表好運（錢不多，大概等於當時的十五美分，但已足夠買一碗麵了。）新年是重要的日子，為了給我們發紅包，父母有時要向別人借錢。

新年期間，父親會帶我們坐巴士去親朋處拜年。有錢的親友會給紅包，我們會上繳給母親。通過這種互訪，我認識了許多父親的熟人。聚會時小孩子有時會一起玩撲克牌，除了節日期間，父母是不許我們玩撲克的。

另一個節目是在九月或十月的中秋節，母親會買一些不同餡料的月餅。孩子們在山間拿著自己用柚皮做的花燈玩耍，直到很晚。花燈可能會引致火災，所以很危險，但也很好玩。

回想這些節日，可見就算是最艱辛的歲月，辛勞和貧困之間也點綴著輕鬆。

每個星期，父親給我們兄弟和附近的男孩講授書法詩詞。他相信每個自重的學者必須寫得一手好字，這是長久以來的傳統。我們要熟記著名詩人的傑作，並抄寫在廉價的紙上。他教導我們，學者必須用墨硯磨墨。我們依法照辦，這可是費勁的工夫。不過這樣做出來的墨，要比從店裡買的墨油亮得多。

再進一步就更難了。父親要我們熟記長篇的詩作，並且在他面前背誦，抑揚頓挫，不能讀錯字。他會這樣說：「只有高聲吟誦，才能細味詩歌。」

雖然背誦詩詞比派對的吵耳喧鬧聲好些，但鄰居也有投訴孩子唸詩時的聲浪的。父親給的作業，有的很難，但我依然從這些作業中，學到了不少中國文學和歷史的知識。

那時候，我在學校不算用心，但對父親的課卻認真得很。他是我那時、甚至直到現在最重要的老師。早期受他的訓練，養成了對中國歷史、文學和詩歌的興趣，一生受惠。他甚至影響我在數學方面的工作，我不是說具體上如何解決問題，而是如何去看問題。從他那裡，我學懂了必須了解問題的歷史背景，總結過去，足以為未來提供線索。

在更廣的層面上，我得益於父親對我的厚望。年輕時並不知如何去實現它，到了知道時，很可惜，他已去世了。除了父親親授的課，和日常的對答，我還喜歡旁聽父親和他的學生熱烈的討論。這些大專生時常上我家，有時他們會談到哲學，其中的內容非小孩子的我所能掌握，但我仍能感受他們話語中的興奮，從而知道哲學思想迷人之處。

這就是我部分非正規的教育。在元朗小一給欺負，而又輟學近半年。自從搬到沙田後，我進了另一間學校，老師和同學都是新的。有時同學會取笑我單薄的鞋或自製的衣服，但玩笑不算大，我不當作一回事。

和舊學校明顯的分別是，在新學校上課比以前更認真了。到了小二，我漸漸知道何謂學習了。老實說，我的表現並不好，到了小三也是如此，我只是僅僅及格。來回學校，要花上個把小時的步行太辛苦，有時確實吃不消。

回家時，半途覺得太累，只好坐下來。父親有時讓三姐成瑤陪我回家。步行往返並不是唯一難捱的事，上課前的運動時間也不好受。我身形細小，打籃球不行，其他比賽也無法參加。他們在玩球時，我只好在校園內四處閒蕩。學校位於小山上，有次看見人頭及人骨的殘骸。學校本來就建在墳地上，土層變化時骨殖就露出來了。

學校唯一的廁所，要步行六、七分鐘才到。有些大人躲在那裡吸鴉片煙，差不多每次上廁所都會碰到這些人。當時我們很聰明，把楊萬里的〈田園詩〉改為「有條老嘢想升仙，下有屎渠繞糞田。成日掛住食鴉片，被警追到岸旁邊」（原詩為「柳條老去尚青鮮，下有清渠繞野田。波面落花相趁走，避風爭泊岸旁邊」，「有條老嘢」即「有個老漢」）。

下學期快完結時，成瑤碰見我正和同學田漢放學後在鐵路軌道上走，便問這個學期過得如何。我靦腆不敢回答，因為成績在水準之下，但田漢卻說我的表現非常不錯。

「有多好？」她問。

「哦，他考第三十六名！」我朋友誇道，他自己在四十多人中名列四十。

到了四年級，我的成績漸見進步，到了五年級就更好了，全年級第二，父親非常高興。我的數學很好，雖然那個水平的數學不算甚麼。五年級開始有英文課，在此之前，我未聽或講過一個英文字。這時，一件和英文有關的事發生了，它對我一生都有影響。當時香港是歸英國統治的，學校的經費有一半來自政府。學生都要向政府註冊，那些表格都是英文的。由於我們不懂英語，老師會替我們填寫表格。我的姓用國語唸是Chiu，這是父親一直用的寫法。但老師卻用了粵語來填寫我的姓，於是我變了姓Yau（無論Chiu或Yau，都是孔子的名。孔子生於公元前五五一年，是多產的作家和思想家，強調只有努力學習才能獲得真知。父親在我們很小的時候便教授孔子的道理，因此我們和孔子除了姓名雷同外，也受到他的啟迪。）

多年後，我兩個小孩的姓都用Chiu，以繼承家族的傳統。不過那時候，父親根本不在意我在小學用Yau作姓氏。我當時還是小孩子，也沒有理會。我從不知道這英文姓氏會這樣重要，沒有人會猜到我最後會立足於美國，並以Yau姓為人所知。

小五時我沒怎麼學英語，但到了小六，我和其他同學卻因一次意外，激發起了學習英語的需要。當時來了個姓馬的新老師，他剛從香港大學畢業。他宣布，在班上大家只能說英語，這麼一說，把我們都驚呆了，我們對英語所知實在有限。在開始的兩星期中，沒有人知道老師在說甚麼。「你明白嗎？」他用英語發問，重覆而又兇巴巴地問。很少人知道他在問甚麼。對一些學生來說是大災難，因為馬老師很嚴格，會毫不猶疑地給予差評。有些人忍無可忍，有一天帶了刀子回校。放學後，當馬老師走向巴士站時圍上去，狠狠地打了他一頓。由此可見同學的野蠻，經此可怕的事故，馬老師終於改變了他的教育方法了。

小六時的大事，乃是升中學的公開考試。所有小學學生都要參加考試，以決定他們進那一間中學。故此升中試變得非常重要，況且在香港中學和高校是連在一起的。為升中試作準備，變成了小六學年前半部唯一的大事，至少大家都認為如此。老師把我們班四十五人，分成七個學習小組。由於我在前一年考第二，我給選為其中一個學習小組的組長。當然，我自己只是個十一歲的小孩，根本沒資格去督促那些不時頑劣同學的學業，我也不覺得有責任去管他們。

就在第一天「沒有牆的學校」，我和同學一起如常上學。但我們不知要做甚麼，沒有書本，也沒有公眾圖書館可供我們坐下來學習。感到無事可做，兩名組員先走了，留下的四人跟著我。我們不知道如何運用這時光，只好在沙田到處走。最後，竟然當了一小段時間的青少年罪犯。

這段時間的活動時而平和，但有時就難說了。我們在市場閒逛，機會來時即順手牽羊偷些東西。有時會和其他「童黨」碰頭，那就不一定和和氣氣了。有一次，我們在火車路軌附近碰到一群壞小子，說著粗話，怒氣沖沖地向我們衝過來，同伴都嚇呆了。估量過形勢後，我決定出擊，我拿起路軌上的一大堆石頭不斷地向他們擲去，很驚奇地，把他們都嚇跑了。同行的都認為我夠勇武，是個出色的領袖。我並不為那一刻感到特別威風，但了解到雖個子小、氣力弱，但卻擁有對著一班（和我們差不了多少的）歹徒站起來的勇氣。這種精神的力量，在將來碰到困難時會顯露出來。即如在數學或學術上，所用的武器不再是棍子或石頭，而是更微妙曲折的手段時，也是如此。

我們幾個頑劣小六生，有時或會和別人大打出手。但更多的是頑皮事，例如玩彈珠、在沙灘上玩耍、上山捕鳥捉蛇等等。如此這般，無所事事過了半年，在學業上毫無長進。

在這段日子中，我早上七時半離家，下午五時回來，就像平時上學一般。父母和兄弟姊妹都對這些課外行為一無所知。可是不用太久，清算的日子便來臨了。到了春天，我們要參加期中考試，我的組員差不多全不及格。在學年完結前，政府公布考試的結果，並將及格的各單刊登在報章上。那天下午，我正和附近的孩子玩得興高采烈，三姊來了。她神情凝重地說：「父親要和你談談。」

回到家裡，看見父親。我從未見過他如此憤怒，只因報紙上找不到我的名字。他說：「你完了！」情況是清楚不過了，可幸還有一點兒希望，我發現報紙的次頁有我的名字，那是後備位之類的東西。學生考不到官立的中學，但仍然可以考取私立中學。

本來，父親已準備重重地罰我一頓，但從這裡看到希望。他鬆了一口氣，他過去教授詩詞和歷史時所花的努力，畢竟沒有白費。可幸的是，他很熟悉培正中學，有人說這是香港最好的中學。培正的校長敬重父親，曾打算聘用他，他跟學校的秘書長也保持著良好的關係。我不知這些關係如何發揮作用，無論如何，他們給我一個機會，學校讓我考入學試。意識到這是最後的機會，我非常用心地準備這個考試。幸好，這個機會並無白費。我通過了入學試，進入了培正就讀。

更有甚者，學費會由政府全額支付，不然的話，我們或會負擔不起。唯一的問題是，經濟資助一般是在學年結束時才發放的，即是說，我們不能在學期初便繳交學費。因此，每年我都會問校長，是否可以收到政府的資助後才交學費。年年如此問，可說頗難為情，但最後都沒有問題。

能夠入讀培正這樣一流的學校可說是幸運。比我早十屆的畢業生崔琦，一九九八年獲諾貝爾物理學獎，學校約有七位校友，包括在下，是美國國家科學院的院士。蕭蔭堂，我哈佛的同事、知名數學家，也是培正出色的校友。我的同班同學鄭紹遠曾任中文大學和香港科技大學的系主任。

由此可見培正的實力，我入學後也脫胎換骨了。這是命運，如果不是荒廢了半年的學業，升中考試的成績必然不俗，那我就會入讀比不上培正的官校。我的兄長成煜便是如此，他是好學生，沒有把小六的日子懶懶閒閒地浪費掉。我只能說，現在我意識到自己是如何的幸運，故此下定決心來補救了。

我在培正六年，度過了初中和高中的日子。班上雖然以中文授課，但除了地理和中國文學、歷史外，大部分書籍都是英文的。唯一不用中文授課的科目是英文課。英文課的作業都是英文的，所以到了畢業時，大家對英文已習以為常了。

培正的數學老師尤其突出，絕大部分的水平奇高，我對數學的興趣愈來愈濃了。物理學的老師則平平，我沒有成為物理學家，這或是一個原因。化學老師也十分出色，可惜這科目吸引不到我。開始時對數學並不特別鍾愛，但時間花得愈多，興趣就愈濃厚。父親全心全意地支持我的學業，身為哲學家的他，每每用抽象的眼光看世界。無論在數學或哲學上，邏輯都處於中心的位置，父親欣賞數學，這便是其中一個原因。我對數學的興趣日隆，他十分高興。事實上，他常常鼓勵子女尋找自己真正感到興趣的方向。

培正的同學間常常會提到蕭蔭堂，他比我大六歲，在校時早已成為傳奇人物。大家對他的數學能力嘖嘖稱奇，他在公開考試中的等級和分數之高，皆是前所未有的。多年後我在美國和他打過交道，我們的關係有時變得緊張，但當時並不如此，生活很簡單，人際關係也是如此。

一八九九年創立的培正中學位於何文田，那是九龍西面的一個小區，現在已十足城市化了。那兒上學不算麻煩，而謝天謝地，沒有人再叫我冬菇了。每天早上七時十五分走路到火車站，和幾個同學一起乘車，十五分鐘後便到了九龍，再從車站步行十五分鐘便到達學校。

培正是由浸信會創辦和管理的，校長林子豐在教會中很有名望。學校八時半開始上課，通常早上上幾節課，中午午飯，下午又上幾節課，三時十五分便放學了。火車三時半準時開，所以我們要跑得很快，不然就趕不上了。

開始時，我對學校重視學術的氣氛有點手足無措，它和以前沙田的舊學校不同，那時同學多是鄉下小孩，對讀書漫不經心。現在學校比較高級，穿著陳舊衣服，帶了母親準備的飯菜作午餐，而非在附近的食肆吃，都曾遭到同學的嘲弄。

學校的老師中也有不喜歡我的，只因我在課堂上喜歡說話。學校分四個學期，每個學期結束時學生都要把老師的評語給家長看，然後簽名作實。「多言多動」是我第一個學期的評語，第二個學期差不多，到了第三個學期，變成了「略有改進」。

在培正的頭一年，我比以前努力多了，但從老師的報告來看還是不夠。表現最差的兩科是音樂和體育。在課堂我唱得很差，永遠荒腔走板，老師通常都會叫唱得最好和最差的人對著全班一起唱，令差別更為明顯。我的獨唱大家都受不了，沒有人願意和我一起唱，怕等級給我拖低了。

老師對我的音盲一點同情心也沒有。當時我的頭髮常常豎起來，怎樣也弄不平。音樂老師紀福伯不滿地說：「你看這孩子多麼懶散，歌唱不好，連頭也不梳。」

我努力地練習歌唱，每個星期六跟一個當鋼琴教師的表姐練習，但頭一年還是不及格。暑期重考才及格，但成績表上還是留下紅色的印記，令人很沮喪。

體育科的成績也是紅色的。五十米要九秒半才跑完，那太慢了。引體向上做不到兩次，而仰臥起坐只能做三十次，但五十次才及格。這些成績沒有甚麼值得誇口，但我是努力了，也算值得吧。

頭一年的數學科並無引起我的興趣，可能是因為毫無挑戰。到了中二，開始嘗到數學的真正滋味。老師梁君偉非常棒，他教授歐氏幾何，由五條簡單的公設出發，竟然能走得那麼遠，證明了那麼多條定理，令我驚奇得說不出話來。出於某種當時自己也不明白的原因，這種做法令我非常滿足，甚至嘗試自己創造一番。

自以為前人所未見，我提出這樣的問題：只能使用直尺和圓規，如果給出下面任何三種數量，即三角形的邊長、角度、中線（從中點到對面頂點的線段）的長度或分角線的長度，能否唯一地作出這三角形？這種作法是否一定可行？從開始我便知道最少有一個例外的情況：三個角度並不能唯一地決定三角形，存在無限個大小不同但具有相同的角度的三角形，因此問題這時是不對的。

其他所有可能的情況我都考慮過了，只有一個情況令我苦思不解。那就是：給出三角形的一條邊長、一角和一分角線的長度，僅用用圓規和直尺，能否把三角形畫出來？我花了很多時間想這問題，但進展甚慢。走路上學時，乘火車時，都在苦思，但總不能解決它。表面看來這令人喪氣，但同時也耐人咀嚼，我熱切希望知道這個問題的答案。

同班同學中有些很頑劣，他們會在吃中飯或運動會時嚇唬我。有個肥仔常常捏我前臂，直到刺痛甚至麻木為止，他的動機無可考，但他的手指卻對我留下深刻的印象。不過，卻有一事使我不再受這類麻煩事的困擾，那就是當發現我能在數學上幫他們時，他們便對我友善起來了。

有次踢球，足球猛地打到臉上，我差不多暈死過去，其他人卻覺得很好玩，他們總拿這件或其他事情取笑我。有次給他們煩到受不了，我說：「你們這麼厲害，這裡有道題是我自己想出來的，看看你們能不能解它。」我把那道困擾多時的題目講給他們聽，當然沒有人能做出來。後來，連教高中一的數學老師黃逸樵也聽聞了這道題，可是他也沒能解答。

星期一至五和星期六上午都是上課的時間。星期六放學後和火車到站之間有些空檔，有時我會在九龍一間書店留連，因為買不起書，我只會站在那裡看一些數學書。有一天，發現有本書竟在討論我一直在想的那個問題，我一直以為它單純是自己的創造。原來那問題是不能解的，這令我鬆了一口氣。書中引用了一個較晚近的論據，說明不能夠用圓規和直尺來構造滿足這三個條件的三角形。

知道「我的問題」曾難倒不少人，而它是新近才解決的，我很興奮。我亦意識到這個問題原來跟一個幾百年的老問題相似，那就是：只用直尺和圓規，能否三等分一角度？那是不能的。另外一個古老的問題是「化圓為方」，即是只用直尺和圓規，構造出一正方形，其面積等於給出的圓，也是不可解的。看見自己提出的問題，竟然和這兩個經典的難題同屬一類，我感到飄飄然，我解不了這問題並非慘逢敗績，正正相反，解不了的大有人在。

提起這段往事，不過想從側面說明，在培正的第二年，我是如何熱愛數學，而且成績也不俗。但音樂科還是不及格，英文也岌岌可危。教中文的潘燕霞老師很年輕，只有二十二歲，她一臉嚴肅，所有同學見到她時都提心吊膽。我還記得她戴的是帶稜角的眼鏡。多年後再見到她，她已不戴那副眼鏡了。我問她當時為甚麼這麼兇，她說培正的學生出名頑皮搗蛋，因此她想用那副稜角眼鏡來震懾不守規矩的孩子。

那年，有次校長在週會中要向所有學生訓話。走上講臺時，臺下喧嘩大作，他開不了口，於是大怒，訓斥我們，又囑咐老師必須管好學生。他還說，很多學生都蔑視學校的優良傳統，沒有繫上領帶。這時刻我正正沒有繫領帶，班主任潘老師當然留意到了。我穿了制服，但沒繫領帶，不過我有一個頗為合理的藉口，我的氣管只有正常人的四分之一，領帶令我難於呼吸，故此一般只有上課之後才繫上。可是那天火車誤了點，我從車站跑回來，領帶雖然放在口袋裡，但並無機會在週會前繫上。一當校長責罵時，我即時結上領帶，奈何已經太遲了。

潘老師要我放學後見她。見面後，她說我衣冠不整要受懲罰。學生犯錯是要記過的，不繫領帶是對校長大大的不敬，冒犯了整間學校，故此要記過兩次。如果記過九次，就要給踢出校了。她還會把此事通知父親，我當然知道有甚麼後果，想著即將發生的處分，不知道有何後果，我不禁焦急起來。

潘老師看著我一臉愁苦的樣子，好像從未見過我一般。正當要接受「宣判」時，冷不提防她問我為何穿得如此單薄，我說我沒有其他衣服了。可能見到我瘦削的身子和蒼白的臉，好像營養不良的模樣，她又問我吃的情況。我告訴她每天吃甚麼和多少，她說：「你父親是教授，但你穿不夠吃不飽？」於是我把家裡的情況都一五一十的告訴她，她對我大大的起了同情之心，甚至送奶粉和其他食物給我補充。

這次事件竟是我的轉捩點，我給潘老師的好心腸感動了。這麼多年來，在記憶中極少有給老師或學校人員關心過，我決心不會讓她失望，發誓努力做個更好的學生。我的表現愈來愈好，父親高興得不得了。中二的學業，從那一刻開始就飛躍了，除喜愛數學外，我也開始學習基本物理。

雖然下了決心，但中三那年卻是災難性的，原因個人阻止不了。二姐成瑚原本在澳門上高中，卻染了重病。母親只好放下一切專心照顧她，不幸她的病情一天比一天嚴重，終於在一九六二年去世，得年十九。我們都驚愕而深深的哀痛，我第一次看見父親流淚，令人神傷。我也感到一種失落，這是從來未有過的。

但這不過是連場不幸的序幕而已。那時候，父親是香江書院（已停辦）哲學、中史、中文部的系主任。這所大專是他和一個叫陳樹渠的人創辦的，陳是廣東軍閥陳濟棠的侄子，也是學院的院長。父親的事業看來頗為順利，他不久前才完成了一本有關西洋哲學的書，正要著手寫中國哲學。但出了些狀況，香港的政治形勢十分複雜，當時像我家南來的逃難者人數眾多，亦有不少來自大陸、臺灣、美國和英國的情報人員。據父親憶述，當時臺灣政府特別接觸了香江書院的高層，陳樹渠等人都認為反攻大陸很快便會成功，臺灣官員告訴他們，只要讓特務滲透入香江書院，報酬是「光復」後豐厚的高位，如昆明市的市長之類。

父親強烈反對這樣做，但陳樹渠則覺得並無問題。他因此想除去父親，找傾向臺灣做法的人來取代他。父親有合約保障，陳樹渠要立即解約並不容易，但父親眼見學校高層如此腐敗，憤而辭職，以示不滿，這是一九六二年十一月的事。

差不多同時，他在崇基書院的教席也不保。事緣院長凌道揚正在人事的傾軋中被迫辭職，而他卻是凌的親信。這連串的事件使我家的收入劇減，事業上的打擊，加上女兒的病逝，使父親陷入深深的抑鬱之中。

約兩個月後農曆新年期間，父親病了，非常不舒服，晚上不能入睡。我們以為是吃了不新鮮的蟹所致。誠然，這或者是其中因由，但更嚴重的病因卻仍未確診。由於手頭拮据，他服用價廉的中草藥和藥物以自療，可是並無起色，身體每況愈下。母親向大舅求救，大舅辦了一所天主教中學，頗為成功，身家也豐厚起來。父親早年曾慷慨資助過他，母親找他借點錢，找好的大夫給父親看病，但他拒絕援手。

母親的自尊心很強，不願求人垂憐，但為了丈夫，也無法不四處求助。一九六三年四月，父親的一些學生來了，合力把他送進醫院，找西醫來治他。很快就知道那是腎內的腫瘤導致尿毒。雖然沒錢，父親還是進了醫院，但不到幾個星期，他就說不出話來了。眼見思維敏捷、口齒便給的人竟啞口無言，真是心如刀割。

我常常往醫院探望，那並不容易，從培正過去要轉幾次車。到了病情最危急時，他一個學生在醫院附近找了間旅館給我們落腳，以方便探視。這是我第一次住進旅館，可惜並無任何值得慶祝的理由。六月的一晚，在旅館休息了一會，我回到醫院，只見母親淚流滿面，不用問也知道發生了甚麼事，我崇敬的父親，一位高貴的學者，視學習和榮譽為至高無上的人，離開了人間。整個家即時陷入一片愁雲慘霧之中，就如地震夷平了房子，只留下頹垣敗瓦。剎那間所有事情都永遠改變了，變得很差，我家昔日的生活一去不返了，也不知明天的日子會如何。

第二章——何去何從

父親去世，對我打擊很大。各種不快的情緒一下子湧出來，把我置於一種從未經歷過的狀態。心中充滿悲傷，全身麻木，隱隱作痛。

這只是就感受而言，另一方面，我亦失去了做人的榜樣。父親是個正直的人，總是給我們指出正確的方向，教導我們做人要努力，凡事正面看，依從孔子的教誨。父親走了，家中的支柱也沒有了。

有幾件事情迫在眉睫，實在沒有時間沉溺在悲慟之中。家中已發生巨變，個人也是如此，我即時需要掙錢來幫補家計。沒有父親作倚靠，我必須快快長大，學會為自己和整個家庭拿定主意。

父親的猝逝是我一生的轉捩點。從前家中有一個中流砥柱，隨時隨地照顧我們，現在沒有了，是時候掌握自己的命運了。這時我有種強烈的欲望，要使父親以我為榮，雖然他已不能親眼看到。十四年來父子在一起的日子，他對我的信心從不動搖，而我卻不能常常符合他的期望。

我開始自然而然地背誦他教過的詩詞，連自己也感到驚訝。也許這樣做，會使我更接近他。以前對那些詩詞只是部分上心，或只在要求下才學習，現在卻很認真地讀和記，就像父親生前教導時一樣。背誦這些詩篇不僅變成了我的愛好，它還可以緩解悲傷，並有助於克服未來艱難的日子。

同時，我亦開始閱讀父親書架上的哲學書，那是非常難懂的。增長知識不是主要的目的，當然也會有，但主要是想了解父親喜愛思考甚麼。從這些書籍中，我看到他絲絲的痕跡，喚起了回憶，得到了慰藉。這些行事都是自然而然、甚至是潛意識的。它使我跟父親更密切，縱使他已離開了人間。

對上學的態度也改變了，我決定更努力、更用功，一洗以前的懶散。期望也更高了，我不想令他、母親和自己失望。我能想到的是，在學業上脫穎而出，是走向成功的唯一途徑。我只能有一個機會突顯自己，如果失敗了，就甚麼都沒有了。

父親走後再沒有收入，加上他去世前看病所花的錢，我們已到了山窮水盡的地步了。當時香港並無社會保險金、退休福利或長俸，只有薪金，而當僱員離職或死亡時，通常沒有多少錢剩下來，我們的情況是甚麼都沒有，而且欠租已半年，再加上一堆待清的帳單。

擺在眼前的是葬禮。以葬禮表達對逝者的敬意，傳統上是大事。其中的各項儀式，不僅是為了盡力表彰父親，而且也關乎整個家庭的面子。兄弟姊妹在父親去世前後幾個星期都沒有上學。母親、三姐成瑤和父親生前的學生負責葬禮的安排，其他人則盡力幫忙。首先，要為下葬找一塊地，這得要花錢，另外還要付錢給殯儀館。幸好父親一些比較富有的友人分擔了一部分費用，我們在九龍北的新界買了一塊小小的葬地。

我們對葬禮所知不多，只是遵照旁人說的來辦，其中一項就是葬禮前一晚在殯儀館守夜，傳統以為有守護神靈、驅除惡鬼之意。我們聽話照做了，其實也不曉得和神靈、善惡等有何關係。學生寫的輓聯懸掛在靈堂上，我都看了。輓聯是種對聯，由兩句相關的句子所組成。我喜愛讀這些對聯，透過它可以多了解父親，還有其他人對他的觀感，這都是我以前不知道的。

守夜次朝，依據習俗，我們素服披麻，圍成一圈跪在父親的像前，像旁堆滿鮮花。前來祭奠的人，都會上前作三鞠躬，而我們亦以三鞠躬回禮，這是勞累但感動人心的儀式。雖然滿腔悲痛，但不知怎地，我哭不出來。

葬禮後的事情還有很多。我們需要面對現實，房租已多月未交了，好在房東有同情心，知道我們的困境，說如果我們能早點搬走，拖欠的房租也就算了。母親在沙田找了個便宜些的地方，但是就遠遠不能和我們住了幾年、能看到海的屋子相比了。那其實是一間兩房的鐵棚屋，旁邊有一個豬圈。住在豬圈旁當然很臭，而且豬還很吵耳，每天早上六時前，我們的鄰居便起來了。一時之間，彼等著名的呼嚕聲、噴氣聲、打滾聲、嬉鬧聲此起彼落。

不消說，這不是安居之所，只是租金便宜，在負擔的範圍之內。父親和成瑚去世後，長姊成珊到了英國接受護士訓練。十人之家剩下七人，都擠進小小的棚屋之中，設備簡陋，可想而知。鄰家的小孩都笑我家窮，房子又破，瞧不起我們。

對這樣的嘲弄和輕視並非新事物，我們早已習以為常了。不過不能否認，我家正處於困厄的最深處，只願否極泰來，不久情況便會好轉。

這時大舅提出一個辦法：他在新界建一個農場，我們不要上學了，索性跟他打工，投身養鴨的光榮傳統。或者有人會認為這是個大方的提議，但對我來說卻是個惡夢。幸好母親站在我們一邊，拒絕了他。雖然身處逆境，她也知道接受了這建議，我們的前途也就完了。她期望我們依照父親的遺願，好好讀書，成就學問，在這條路上能走多遠便多遠。她和父親的想法一致，求知和修身比賺錢重要。父親曾告訴我們，生命中除物質慾望外，還有很多值得追求的東西。

在匱乏的環境中只好掙扎求存，然而母親熬過來了。她籌措經費維持家用，讓我們繼續上學，這使周圍的人包括一些老師都感到愕然，他們都以為丘家的孩子隨時都要輟學了。母親多年來營養不良，兼且貧血，但她竭力使我們吃得飽，有時溫習到了夜深，精力開始退減，她準備了美味的牛肝湯或豬腦，使我們的精神為之一振。

回顧一下母親的行為，她受到威脅時所顯露的力量和決心，著實令人吃驚。有人說我可以出奇地堅毅，這種特質在解決數學難題時會展示出來，我相信部分繼承自母親。就算在最艱難的歲月之中，她仍然激勵我努力讀書。當我最後在學術界嶄露頭角時，她看到過往的努力得到回報，不禁老懷安慰。

我，一個十四歲的孩子，亦感謝母親沒有聽她弟弟的話，讓我們去養鴨，從此度過平凡的一生。她的決定不只符合父親生前的冀盼，同時也是我的志願，雖然只有十四歲，我已經決心在學術界闖出名堂。

要這樣做，第一步是把我休假時錯過的所有考試補回來，接著好好準備三年級學期末的大考。我一如既往，在數學科中取得優異的成績，其他科目的表現也不錯，只是體育科依舊不行。

從現在的住所「豬屋」到學校的路程比以前遠，我先要步行一小時到火車站，這樣一來一回就更花時間，剩下來做作業和睡覺的時間就很少了。父親的一個學生李錦鎔伸出援手。話說有次颱風襲港，死了不少人，摧毀了不少房子，政府於是建了不少七層高的樓房來安置災民。錦鎔先生在其中一幢大廈的天臺辦了一間小學，小學在培正附近。他提議我晚上在學校留宿，這樣一來，便可以省下不少來回學校的時間。

我在那裡住了一年多，有空時幫忙看管小學生。和我一樣，這些小孩都來自貧窮的家庭，大部分都很乖。不過，住宿的條件簡陋，說甚麼都沒有也不為過。床是闕如的，我通常睡在一張二呎乘五呎的長桌上，那是學生上課時用的。幸好當時身子還不是很高，但也曾從桌上掉下來，它真的太窄了。同層有一個廁所，既不衛生，氣味也大，只好忍受。牆上卻有很多塗鴉文字，還記得其中兩句，「寧欺白鬚公，莫欺少年窮」，廁所文章還是有點意思的。一樓有商店和食檔，一港元的代價，就可以買到一煲煲仔飯。

有幾個父親教過的學生住在大廈附近，他們晚上會來課室走走，聊天、討論學問或下棋，但他們不會逗留很久，所以我有很多時間，可以獨自讀書或作點別的。如睡過了頭，小學生回到學校，會用力的又拍又戳，直至我醒來為止。一個人很孤單，和之前大家擠在一起實在有天壤之別。每隔兩個星期，我便會回家看看，清洗校服，如此而已。然而，自力更新地獨立過活，也是一種歷練。

我仍然需要掙點錢，一方面自用，另一方面拿回沙田的家去。那時，成瑤已經放棄了上大學的機會，她在小學任教，賺錢養家。大姊成珊知悉父親去世後，即從英國寄錢回來，我也要有所表示。

是以從一九六四年開始，我替別人補習數學，這可說是跨向我未來事業小小的一步。當時我十五歲，我的學生不比我年輕多少。開始時並不容易，我不知從那裡找學生。幸好培正同學曾英材覺得補習很好玩，他家有電話，於是在地方報紙上登了廣告，但到了後來，他自己反而沒有當過家教。

如此這般，找到第一個學生阮偉亭，他來自某著名中學，比我只低一年級。每月的薪水是二十五港元，扣除車費後，所餘無幾了。但這只是個開始，母親透過政府機關，又找到了幾個學生，我很高興可以給家裡多點錢。學生中有個小六的女生，比我小幾歲，數學一直不及格。她搞不懂簡單的算術題，譬如「假如在農場看到三十六隻雞腳、二十八隻牛腿、十六隻馬腳，一共有多少動物？」學校教她背誦公式，但我則採用完全不同的方法，其他問題也如此。她的媽媽看見教的方法超出了小六的水平，不禁緊張起來，但我的做法很快便見效了。不到一個月，她的數學測驗都拿滿分。她媽媽樂瘋了，要我替她女兒補習英文。我回絕了，心知自己的英文不行，甚至在美國這麼多年後，還是稀鬆平常。

一方面替人家補習，另一方面應付學校的功課，我忙不過來。升上了中四，除了數學成績優異之外，國文和歷史也都很好，母親十分欣慰。雖然當家教老師原來是為了錢，但它也有意想不到的好處，在使學生更容易了解數學的過程中，我對所教授的內容理解更深了。此外，教數學也有滿足感，這個發現，促使我沿著既定的路徑前行。

在偶然的情況下，接觸到華羅庚的書，使我更添動力。華羅庚是二十世紀中國最著名的數學家之一。這本有關數論的書帶我走進高等數學的世界，使我大開眼界。我又看了他其他好幾本書，都寫得很精彩。我了解到數學可以很美，令人讚嘆。在那段日子中，這些和其他的啟迪，如學習歐氏（平面）幾何，使我感到數學的召喚。如果說當時華羅庚的書，使我在父親走後的絕望和空虛中看見了方向，找到了熱切追求的目標，這並非言過其詞。當然，還有幾年的中學要念，還要花些時間上大學，我才有機會在數學天地中留下自己的足印。

中五那年，值得一提的是學習微積分，三百五十年前艾薩克·牛頓（Isaac Newton）和哥特佛萊德·威廉·萊布尼茲（Gottfried Wilhelm von Leibniz）發展出來的絕妙方法，到現在還是數學和物理的主要工具。

就在這時，我們終於能從豬屋搬到較好的住處了。新房子在沙田一個松樹圍繞的地方，旁邊還有一條從山上流下來的小溪。建造房子不用花很多錢，朋友、親戚、鄰居和政府的救濟部門都幫了忙，母親希望擁有自己房子的夢想終於實現了。可以想見，地方很小，只有一房一廳，家中七人僅僅夠用。而一如既往，裡面的陳設簡陋，沒電供應，用的是火水（煤油）燈。煮食時燒柴，也沒有自來水。附近有不少蛇出沒，有的還是有毒的，我的任務是對付入屋的蛇。

我搬回沙田，睡在閣樓上。閣樓要用梯子爬上去，天花板很低，我只能爬行，或勉強地坐著。時而看見有毒的蜘蛛和蜈蚣，必須小心翼翼。縱然如此，經過一年獨個兒睡在空蕩蕩的課室，我還是很高興能和家人住在一起。

新居四周，田園景色怡人。母親在園裡種了些果樹，還養了狗、雞、鵝等，屋子登時增添了生氣。鵝尤其有用，會把不速而至的蛇嚇得逃之夭夭。

到了中五，我們要準備會考了。在香港，所有學生必須會考及格，才算中學畢業，有資格升上大學。我會考的成績尚算不俗。中六時，在父親的學生李伯榮家中住了數月，為他的姪兒補習。他的家美侖美煥，有些設施甚至見所未見，聞所未聞。他還僱了幾個傭人。我留意到不只我這個家庭老師受到禮遇，甚至連傭人也沒被呼喝，這使窮孩子出身的我心感欣慰。如果不是這樣，心中定會十分不安。豪華的睡房和先前睡的的閣樓，或者天臺小學的長桌真有天淵之別，在短短的日子中感到給寵壞了，同時也體驗到「那一半」人的生活。當然，我並非羨慕有錢人的種種奢華，但亦知道當你不用為衣食勞碌時，生活可以更美好和安逸。

中六的頭等大事是大學入學試。我最要好的朋友徐少達在學校常常考第一，但卻在入學試的中文科中被刷了下來，因此不能進入香港中文大學。少達是我見過最出色的人，畢業時，他在差不多所有科目包括數學中都拿了大獎，校長甚至特地為他說情，但中大依然不為所動。制度毀滅了他，對香港失望之餘，決定到海外留學，次年他去了蒙特婁。我也想過放洋，但僅就高昂的報名費，已非我家能負擔的了。

和少達相似，我也在大學入學試中遇到些麻煩。念中文中學的學生本來是不能參加英國的普通教育文憑試（GCE）的，但我還是找到辦法參加了。這個考試和美國當時叫SAT的相似。我的數學和英文都考得不錯，但化學科太重視實驗了，我沒能考過。培正沒有適當的實驗設備，只好在友人的地下室，湊合些設備進行實驗，成績差自然可以想像了。考GCE只是想看看自己有沒有能力進入英國的大學，化學成績差影響不大，由於英文科及格，進入中文大學之後，英文就免修了。

崇基書院是中大的一成員學院，父親曾在那兒任教。我選擇崇基，感覺上親切些，兄長成煜也在那兒念書。雖然我沒有跟隨部分同學到海外留學，但並非放棄了這念頭，要成為一流的科學家，始終還是要到歐洲或北美去。我抱著這樣的想法，滿足於當前的崇基書院，一九六六年秋天入了學。

數學系的系主任謝蘭安是父親的舊識，人很和氣，但不算是很有成就的數學家。開學時，他給我們約十個新生致詞，勉勵我們，他說：「你們來這裡，目的是研究數學，但現實很殘酷，你們未必能成為數學殿堂的柱石，雖則如此，至少你們可以為它塗上點油漆。」這些話未免令某些人氣餒，但我卻受到激勵。他指出每個人，都能對數學的發展作出或大或小的貢獻。

不用多久，我發現一年級的數學課太容易了。系方允許我不上課，只須出席考試來證明實力。於是我可以騰出時間應付更艱深的課，包括線性代數和高等微積分。高微的講師叫周慶麟，他從紐約大學的科朗研究所念了碩士，後來在英國拿了博士學位。

在周慶麟的班上我學了戴德金分割。這是十八世紀中葉德國數學家理察・戴德金（Richard Dedekind）發明的，他是大數學家卡爾・弗里德里希・高斯（Carl Friedrich Gauss）的弟子，和偉大的伯恩哈德・黎曼（Bernhard Riemann）同時。利用這個方法，戴德金從整數（即正整數、零和負整數）開始，構造有理數（如二分之一、四分之三等分數）和無理數（如二的平方根、圓周率和不能表達成分數的數）。有理數和無理數一起構成所有實數，它們對應於數線上的每一點，或者說包括整數和整數之間的所有數字。

這方法從小學生熟習的整數開始，按部就班地造出繁複的實數，令我目瞪口呆。這種激動似曾相識，那就是中二時學習平面幾何，由幾條簡明的公理（axiom）開始，推導出許多深入的結果一樣。我寫了封信給周慶麟，表達我的激賞。我告訴他：「我終於了解數學之美了。心愛的數學原來真的能成就我之所想，令我的疑慮一掃而空。」不久，我發現它有更大的作用。

我不知道周慶麟讀信後有何反應，記憶中他沒回覆，反應應該是不錯的。可能是喜見我對這科的激情和正面的態度，不久我們成為朋友，他邀請我上他家好幾次，非常貼心，他太太也挺和藹。但問題是他家中的八隻貓，整個住所彌漫著貓兒的氣味，把我差不多熏暈了。我必須竭力假裝如常，不動聲色，不讓自己奪門而逃。

總的來說，崇基的第一年是美好的時光，數學之外我還修了中文、英文、日文、物理和哲學。在哲學課中，我們不但學習大哲學家的學說，還學習學生（或一般而言，個人）應如何立身處世。書院不大，大家都互相認識。海就在附近，我們時而游泳，時而在海灘嬉戲，這樣的生活誰不喜歡？

第一年好玩，第二年更教人興奮，學習也漸漸地認真起來了。中文大學正在發展，崇基是其中的一員。李卓敏校長來自加州大學柏克萊分校，他銳意發展。在他的努力下，理學院新來了好幾位博士，其中包括史提芬・沙拉夫（Stephen Salaff），一位新從柏克萊到崇基任教的年輕數學學者。

沙拉夫可說是我第一個遇上的懂得當代數學的人，他用「美式」講授常微分方程，鼓勵學生在班上提問和投入討論。這種方式對中國學生、包括我來說，是非常不慣的，我們一直被要求安安靜靜地聽課，不可打斷老師的話。沙拉夫這種自由奔放的教學風格，比較隨性和自然，但有時卻在講課中間碰到困難，呆立當場。在這些場合，我就會出手相助了。如此一來，很快便引起他的注意。有時覺得可以時，他就讓我上一部分課。我也常常到他家中，幫他準備講義，或提出不同的解題方法。

某天，沙拉夫想到把這些講義集合起來，可以以此為基礎寫一本書，於是我們合作起來了。然而，這書要出版並不容易，因為序言中清楚看到我只是個少年。不過，等到多年後我已頗有名氣，這書終於出版了。在寫書的過程中，我學到了不少東西，尤其是讀遍了參考書目中所列的文獻。

沙拉夫說，如果決心在數學中創出一番事業，就必須出國留學。由於在入學試中表現平平，中文科尤其不佳，我拿的獎學金只有其他人的一半。他知道後十分不滿，大發雷霆，認為我這樣的天才學生應該多拿獎學金，但校方對此無動於衷，這令他更火了。

崇基體育部的主任盧惠卿也是柏克萊來的，她力勸沙拉夫罷手，說堅持下去只會令情況更糟糕。她知道我家缺錢後，提議掙錢的另一方法，就是給校內的教授教太極。教員中很多是老外，對太極這國粹並不了解。坦白講，太極並不是我的強項，但藉此掙點錢也算輕鬆，我很感激盧的安排。

大二時的另一新發展，是有機會定期和中大其他兩間書院、即聯合書院和新亞書院的師生接觸。聯合書院剛剛請了來自劍橋大學的詹姆士・奈特（James Knight），他的數學很好，我修了他的代數課，講得很精彩。我們相處得很好，到了學期結束時，奈特把他博士論文的原稿送了給我，回劍橋當講師去了。可惜約十年後，他在摩托車意外中去世，我聽到這消息後十分震驚，雖然我們已經很久沒有聯絡了。

在與周慶麟、沙拉夫、奈特等數學人接觸交往後不久，人們開始以天才稱呼我（至少就數學而言）。三間書院的數學系成立了一個委員會，經過審查後，向李卓敏校長提議，讓我提早畢業。李校長想看看究竟我有多好，遂建議我去見當時香港最著名的數學家黃用諏，他是香港大學的微分幾何學家。他會和我見面，然後提出評估意見。

到香港大學要先乘火車，再搭渡輪，坐巴士，最後沿幽徑上山，總共花一個半小時。我到了他的辦公室，很快便發現黃教授並無意考我，他只是想顯示他的工作。坦白來說，這並不能引起我的興趣。他的工作是有關「格拉斯曼流形」的，這是由穿過原點的所有同維數子空間所組成的空間。在演算中的某一步他過不去停了下來，我倒不覺得那有多難。當他意識到我對他的工作不感興趣後，他便得到明顯不過的結果：丘成桐不是個天才。

事實上，我不喜歡「天才」這名詞，差不多從來不用它。恐怕很多人都把天才浪漫化了，以為那些人能無中生有，創造奇蹟，提出凡人想不出的方法，或者完成驚人的數學證明。世人相信，他們的智慧是如此的高超，不費吹灰之力就能成就一切。如在電影《心靈捕手》（*Good Will*

Hunting）中，主角在麻省理工把清潔工作丟下幾分鐘，就破解了數學中的老大難題。這些情況雖說並非不可能，但至今我未見過。我的經驗是，解決數學難題需要艱辛的努力，沒有捷徑可走，除非問題本身其實頗易。而另一方面，經過漫長時間的努力，終於完成了前人沒有完成的工作，又或者沒有人認為能成功的工作，那麼算不算是天才？還是個有成就的苦工？我不知道，花時間去想這些問題也沒意思。

講到底，中大高層的結論就是我非天才。他們不容我進一步解釋，我亦從無申辯，但亦無為此結論而感到沮喪。

雖然我已見過黃用陬，但沙拉夫並沒有安靜下來。他堅持我應早點畢業，出國成就輝煌的事業。

在三年之內，我已完成四年所有科目的要求。但中大是四年制的大學，李校長沒有答應沙拉夫的請求，不願意撤除四年修讀期的規定。

但沙拉夫還不死心，他寫了封信到《遠東經濟評論》，批評大學在這問題上的官僚態度，他催促中大校方應寬容處理有才華的學生。

沙拉夫的堅持並無得到太多的掌聲，好些人都跟他說收手吧。李校長反駁說我何需中大的學位，你看看著名數學家華羅庚也沒有大學學位呢。丘成桐沒有大學學位不礙事，就像華羅庚一樣。

這激發了沙拉夫的好奇心，於是和我一起追查華羅庚的教育背景。資料找來後，才知道他連中學文憑也沒有。他在上海西面的小鎮金壇的貧困家庭長大，在父親的小店幫忙。小店的生意不大好，空閒時就在店裡自個兒做些數學練習。後來他到上海上了職業學校，還在全國珠算比賽中勝出，但由於付不起生活費，最後還是輟學回到小店幫忙。不久之後，他在上海一份科學期刊上發表了篇短文，指出某學報上一篇論文的錯誤，這論文宣稱證明了五次方程的可解性。華羅庚的文章引起了北京清華大學數學系的楊武之和熊慶來教授的注意，因此把他請到北京清華，華羅庚去了當圖書館的職員。幾年後，他應邀出訪劍橋大學，在著名數論學家戈弗雷・哈羅德・哈代（G. H. Hardy）的指導下進行研究。哈代肯定華羅庚能在兩年之內拿博士，但華羅庚並沒有註冊念博士，因為註冊費太貴了。這兩年，他在研究上收穫甚豐，然後就回國了。雖然他沒有博士學位，甚至連中學文憑也欠缺，但他聲名早著，而且也能在學術界立足。

沙拉夫大受感動，打算以華羅庚為題材寫一篇文章，文章後來也發表了。有關的資料絕大部分是中文的，我替沙拉夫作翻譯，因此之故，我也讀了不少關於華羅庚的材料，讀得愈多，感動愈深。

華羅庚的故事說明完全不需借助大學或任何學位，也能在數學界闖出名堂。因此，無論沙拉夫如何奔走呼籲，大學當局有鑒於此，認為並不需要繞過規則來授予我學位。假若我一如沙拉夫所說的是天才，學位只會是個微不足道的障礙，一定能克服的。

雖然如此，一九六九年六月的畢業典禮上，崇基書院還是給我頒發了文憑（不是學位證書）。上臺拿文憑時，全場響起一片掌聲。前面說過，書院規模很小，大部分同學都知悉我提早畢業所引起的紛爭。

沙拉夫最後只能接受中大不會讓步的事實，轉而想辦法讓我進入柏克萊的博士課程。我問他要不要考慮其他大學，他說柏克萊一所就好，那裡的數學系是世界頂尖的，而他在那兒也有人脈。

我沒有反對的理由，我考了GRE、托福和其他有關的考試，幸好成績都不錯。期間沙拉夫也向他在數學系的朋友唐納德・薩拉森（Donald Sarason）寫信，把我的數學潛質吹捧一番。薩拉森把申請表寄過來，並且說就算沒有大學學位，他也有辦法把我弄進研究所。於是我便照辦如儀（難道不辦嗎？）一九六九年四月一日消息傳來，我給錄取了，這可說是我一生之中收到的最重要的消息，頓時間意氣昂揚。

不單如此，薩拉森還替我弄來最豐厚的獎學金。IBM捐出的一年三千元，對我家的經濟狀況來說，是十分有用的了。很幸運能得到這前所未有的優待，就我所知，從來沒有大三的中國學生能給柏克萊的研究所錄取，並且獲得如此優厚的獎學金。我可以肯定當時負責取錄研究生的小林昭七（Shoshichi Kobayashi）教授，還有著名的華裔幾何學家陳省身，都在其中出過力。我很感謝沙拉夫、薩拉森、小林昭七、陳省身，其中尤以沙拉夫為最，沒有他的幫忙，我根本無法到柏克萊去，甚至連離開香港也沒可能。

一九六九年七月，陳省身來香港接受榮譽學位，並在香港大學訪問，發表演說。我安排了去見他。早在中學時，就已經讀過一篇文章，稱陳省身為中國最有成就的數學家，世界知名，廣受尊崇，那是我首次知道中國出了世界級的數學家。長久以來，中國人有種自卑的情結。一九五七年，中國出生的楊振寧、李政道二人獲頒諾貝爾物理獎將之稍稍開解了。楊李獲獎及陳的聲名鵲起，說明中國人在世界舞臺上也占一席位，他們的成就及伴隨而至的榮耀，給全國至少是知識分子以希望。

一九六四年，楊振寧在香港作公開演講，那時我還是個中學生。雖然沒法子去聽演講，但從報章上卻能讀到部分內容，深受鼓舞。比較十年之前，中國學子的前景更為光明，可說十分幸運。

也應當說，我的前景更為光明，我要到柏克萊去了。陳省身知道他的學校收了我，見面時只問我是否會去柏克萊，我答道是的，這大概就是那次會面的對話了。將來我們要說的話會有很多，這次短促的會面是一個長久而富成果的關係的起點。

雖然告訴了陳我會到柏克萊去，但還有老問題要解決，那就是我沒有足夠的盤纏，也沒有簽證。那時要拿到往美國的簽證並不容易，一個環球航空的旅行社職員告訴我們幾個學生申請簽證的程序，希望我們會透過他來訂機票，可是泛美的機票比較便宜，我最後光顧了泛美，他知道後臉也黑了。

母親知道我要到柏克萊去十分高興，但一想到將要離家萬里，又擔心起來了。大哥成煜去年得病，發現腦裡長了腫瘤，我對留下她一個人照料兄長，心裡也不踏實。成煜開刀以減輕顱內壓，我家又要面對另一個考驗了，所以這次分離十分難受。然而，我強烈地感到必須掙扎成名。

機會難逢，首先是沙拉夫來港才讓我有機會到柏克萊去，同樣的機會也許不會再來，我要好好地抓緊它。我跟母親保證，那怕是在七千哩外，我會跟她密切聯繫，定時寫家書，並且每月寄錢回來。

對未來充滿憧憬，想著一踏足美國，各種機會便會接踵而來。但我心中也不無惴惴，除了襁褓期間在大陸那幾個月，從未離開過香港。從很多方面和很多層面上看，這都是場探險之旅。不過，二十歲的我胸有成竹，有信心接受未來林林總總的挑戰。

一九六九年九月初，我飛往舊金山的國際機場，熱切地展開對新世界的探索，希望以數學為出發點，依靠它的指引，照亮我尋找真和美的旅程。輕裝上路的我，只帶了一個行李箱，還有口袋裡不足一百元的錢。我跟朋友、親人、還有多年來購置的數學書籍道別。想不到後者影響了弟弟成棟即史提芬・丘的命運。我將要入研究所，而他則步兩個兄長的後塵，進入崇基的一年級。

在美國大學，學生在選定主修前，可以有幾年作考慮，但在中國則不然。成棟那時還是少年人，但已經要決定將來念甚麼。母親是這樣看的：「你哥哥在家中留下這麼多數學書，你也念數學好了。」於是他就言聽計從了。這便是中國人的做法，只是隨著機會，而不用思前想後，仔細推敲。幸好一切順利，他數學念得不錯，似乎也蠻喜歡。

雖然選擇部分是迫出來的，他從來沒有跟我抱怨過他的職業。有天，他也許會把數學書送給某個稚嫩但勤力的後輩，從而決定了他要走的路，也不知對不對。不過我認為學習數學，成為數學家也算是不錯的了。

第三章——初履北美

一九六九年九月一日，一當我踏足香港的啟德機場，便覺得周圍一切都是那麼新鮮。在這之前，我是個鄉下人，基本上沒旅遊過（不過很快就會填補這方面的空白了）。以前到機場，只是送別親友，從未想過有一天會輪到自己。我從未乘搭過飛機，就連在遊樂場或商場的玩具飛機也沒有試過。我會先飛夏威夷，然後轉到舊金山。不像那些早已厭倦飛行的旅客，我全神貫注地聽空中服務員（那時還叫空中小姐）講解機艙的安全措施，以及緊急降落時的應對方式。

謝天謝地，這些應對方式至今還沒有用上。經過二十四小時的飛行，在舊金山的機場踏出飛機時，真是累得要死。可是，一當舉頭仰望，天空比以前所見的都來得明亮湛藍，呼吸一下，空氣比香港溫暖潮濕的來得清涼乾爽，精神不禁為之一振。加州的氣候總是如此的怡人，我不是個常作遐想的人，可是在那一刻，真疑心是不是到了天堂。我盡情欣賞眼前所見的新鮮事物：陌生但可喜的風景，頭頂上的天空，站立著的地面，甚至那吸進肺部清新的空氣。

有了柏克萊的證明文件，入境暢通無阻，順利通過了移民局。薩拉森在機場接我，在這之前我們只通過信，雖然我不知道他的模樣，但看見時真吃了一驚。他滿面鬍子，髮長及肩，分明一副嬉皮模樣，或是我心中嬉皮的模樣，在香港平常出入的地方，並無甚麼嬉皮。但我不是在訴說不滿，薩拉森非常和藹，話聲輕柔，又特意遠道開車來接我，好使我在舊金山的第一個晚上，得到更好的照顧。

我們出機場後往東北走，跨過了灣區大橋，最後來到了柏克萊市區的ＹＭＣＡ（基督教青年會）。我在找廉價的落腳地方，而這裡只收十元（美元，下同）一晚。把我安置後，薩拉森便回去了，臨走時還不忘提醒我明天到數學系報到，可見他的細心。

在YMCA的走道上，一大群人圍著一部大電視機，電視正播著棒球比賽，聲響很大。我對棒球一無所知，也從未看過。我從來不花時間看電視（雖然幾個月前在香港百貨公司的電視前，看了尼爾・阿姆斯壯〔Neil Armstrong〕在月球登陸）。和在美國長大的人不同，我家沒有電視，電視在我心中並不重要，也不吸引我。拖著行李上樓，來到了我住的八人大房，一個大塊頭黑人跟我打招呼，問我從哪裡來，他顯然對我的外觀有點兒驚怪，我想我有一種「剛跳下船」的感覺，只不過那不是船而已。他就睡在我旁邊的床，從來沒有見過這樣的人，他說的話語極為粗俗，卻是極為友善，我很慶幸，除薩拉森外，我在美國遇到的第一個人是那麼熱情。

YMCA可以住一兩天，後來知道，住上一星期也是可以的。雖然設施簡陋，但它提供瓦蓋遮頭，床鋪容身，尤其是經過長途的勞頓。不過此非長久之計，況且也沒有供埋首工作的地方，因此要快快找一間公寓。到了次天早上，先到柏克萊的數學系報到，我受到時任研究部主管的仙蒂・艾爾伯格（Sandy Elberg）和年輕教授瑪爾克・羅佛爾（Marc Rieffel）的熱情接待，也遇見另一位年輕的教授林節玄，他和我同樣來自香港。他好心借了些現金給我，我的獎學金出了第一次糧後，便把錢還了他。借來的錢可說是及時雨，我用它付了YMCA的房錢，租了公寓，買了食物、書籍和其他必需品。

他們提議到國際樓去看看有沒有宿位，國際樓就在校園旁邊，但去到時卻發現沒有空房間了。後來，在YMCA附近看見一塊公布欄，上面有些公寓出租的資訊。我遇到另外三個在找房子的學生，我們四個人合起來租了地方，每人月租是六十元。三千元的獎學金，即十個月內，每一個月有三百元。我把其中一半寄回給母親，交了租後，剩下的九十元就用於其他支出。預算很緊，所餘無多，但我並不在意。

開始時，我們各自煮食，我懂煮的菜式有限，幾款湯、飯、菜等不斷重覆。後來大家決定一起吃晚飯，但不久即發現這並不可行，主要有兩個原因：首先，大家作息不同，時間難於配合；其次是，低調一點說，我的手藝太差，他們都不想在我煮食那天回來吃飯。老實說，這情況經過幾十年，直到現在還未能改變。在下自有強項，但烹飪、音樂和體育則不屬於這個範疇。

通常我早上七時起床梳洗，匆匆吃罷早餐後，便趕去學校。從公寓走路到數學系的所在地康普柏樓（Campbell Hall，一年後搬到伊文斯樓〔Evans Hall〕）大約要二十分鐘，通常我沿著著名的電報大道走，那裡有不少怪模怪樣的人，穿著顏色鮮明和與眾不同的裝束。他們有的在擺攤子，賣一些香料，有的則在行乞，不住地說施捨些零錢。但我不理睬他們，我零錢不多，沒法子做好心。

回到學校，整天都待在教室、圖書館或者講堂。俗語有云：「只讀不玩，變作悶蛋」。如果這諺語是對的話，那我便是一大悶蛋了。很快便發現，在小小的崇基所學的不算太多，我就像活在小池之中。相比一下，柏克萊的數學系大許多，各式各樣科目的課都有。心中渴望追回損失的時間，我一頭栽了進去，盡量吸收知識。雖然前景仍未清晰，但時刻以詩人屈原的句子鞭策自己：「路漫漫其脩遠兮，吾將上下而求索。」不管那路有多漫長，只要不乏味便好。屈原是父親心愛的詩人。

若果說還需要甚麼鼓勵，我想起孔夫子的話：「吾嘗終日不食，終夜不寢，以思，無益，不如學也。」孔子比屈原早生好幾百年，他的語錄很精警。那時我整天都在艱苦攻讀，沒時間去想，夫子在生，一定會讚賞有加。

除註冊的三門課外，我還旁聽了六門課，此外還參加其他講座和研討班，反正時間塞得下的我便去了。柏克萊的資源令人豔羨，系中不乏臥虎藏龍之輩，就是學生中也有不少明日之星，如我的同學威廉・瑟斯頓（William Thurston）便是未來的菲爾茲獎（Fields Medal）得主，菲爾茲獎一般被視為「諾貝爾數學獎」。除了正規的課外，數學系每星期都會舉辦特別的講座和研討班。

好像一個餓得半死的人，突然面對隨便吃喝的自助餐，我一概鯨吞。這樣做一方面是出於渴望，另一方面能力也容許。我的相識不多，也沒有甚麼教學任務，更沒有甚麼追求來消耗時光。在這階段，數學是唯一的焦點，我遠涉重洋即是為此而來，它占據了我差不多所有時間。我從早上八時起一直上課，有時課與課之間上只有五分鐘時間，但要從校園的這一頭走到另一頭。

往往午飯的時間也省了，教授在前面講解，我拿著三明治坐在後排吃，免惹其他人分心。到了五點課完了便回家，途中會在大學的大書店翻翻新到的數學書。離公寓不遠處有間超市，我會順道買些東西回去，你可以說那些日子的生活十分簡樸，以數學始，以數學終，中間的還是數學。

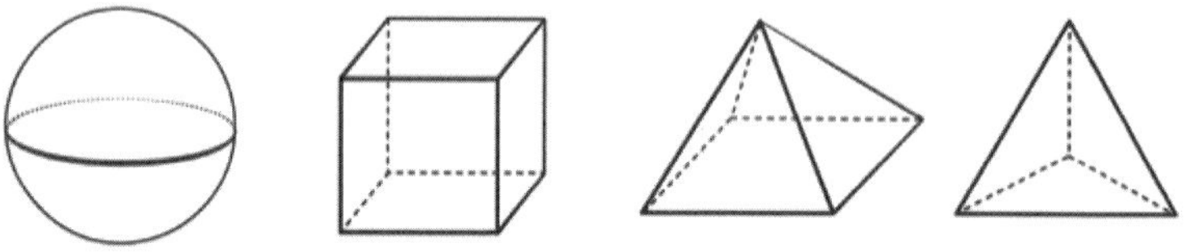

球體、立方體、三角錐、四面體皆是不同的幾何形體，但從拓撲的觀點來看，這些看似不同的形體表面卻是相同或「等價」的：它們都能透過扭彎、拉伸、擠壓，總之在不撕裂或切割的情況下，由一個變成另一個。（繪圖：顧險峰和殷曉田）

第一個學期修埃德溫・史班尼爾（Edwin Spanier）的代數拓撲學、布蘭尼・羅森（Blaine Lawson）的微分幾何學和查爾斯・莫瑞（Charles Morrey）的微分方程，此外還旁聽了代數、數論、群論、動力系統、自守型和泛函分析等課。

修讀的三門課對我的影響都很大。來柏克萊之前，我自以為了解拓撲學，它研究最廣義下物體的形狀以及分類，但代數拓撲課卻提供了全新的角度，把拓撲問題化為代數問題處理。開始時有些緊張，因為學生比以前上課時更加投入。我沒有打算說很多話，但其他同學則踴躍發言，似乎頭頭是道。幾個星期後，我把課本看了一大截，發覺大部分同學都是在吹牛瞎說。

羅森的課啟發了我對幾何學的興趣。幾何和拓撲相似，都是有關物體的形狀，但卻更具體一些。在幾何中，球就是球，方體就是方體，它們是很明確的，但在拓撲中，球和方體卻屬於同一類，即是說，它們是等價的，乃因球和方體能透過彎曲和拉伸由一個變成另一個，而在變形的過程中毋須將它們切割或撕裂。

在香港時，我視數學為抽象的東西，覺得愈抽象愈好，愈

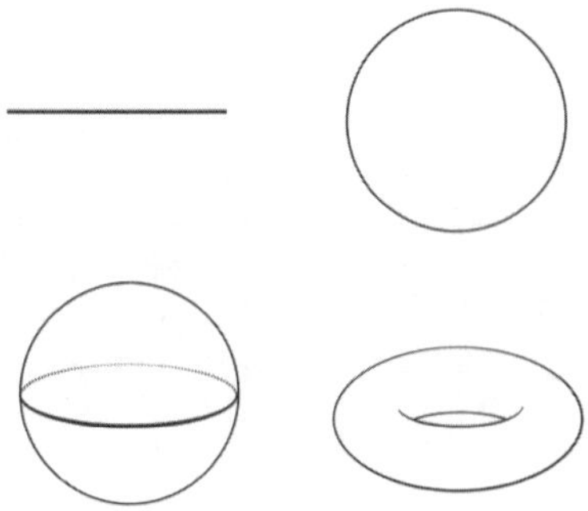

從拓撲上看，一維空間本質上只有直線和圓兩種（上圖）。你可以把圓扭成各式各樣的迴圈，但除非切斷它，圓不會變成直線。二維可定向的曲面則可按照其虧格分類。所謂虧格，簡言之即曲面上洞的數目。球面上沒有洞，故虧格為零，輪胎或甜甜圈只有一洞，虧格為一（下圖）。就如圓和直線，球面和甜甜圈拓撲上不相同，除非在中間挖一個洞，否則球面無法變成甜甜圈。（繪圖：顧險峰和殷曉田）

接近數學的精髓，這種想法並不成熟。我原先打算研習的，乃是抽象的題目如算子代數之類，它屬於泛函分析的一支。在崇基書院時，受到講師艾瑪・保狄（Elmer Brody）的啟發而產生興趣，我看了不少泛函分析的著作，甚至還寫信給賓州大學的理察・卡迪森（Richard Kadison）和麻省理工的艾爾・石格爾（Irving Segal），向他們拿論文的複印本，卻並不知道他們都是這方面的權威。多年後，我與他們終於見面了，他們竟待我如老朋友，還請我吃晚飯呢。

雖然並沒有走進那領域，但他們對我都很好。我對這科目的觀感，到柏克萊之後改變了。上泛函分析的研討班時，已不復昔時的興奮，而對另外的課卻愈來愈興趣盎然，和從前以為抽象是數學最高標準的偏見，也愈行愈遠了。

反之，我視數學非自成一國的學問，而是和大自然息息相關的知識。從幾何中呈現的完美結構，更能看到數學和自然的融合。在某些情況中，這些結構甚至能繪畫出來，這令它更容易為人理解。當然，到了更深的層次，就很難這樣做了。

正因如此，日子久了，對幾何的興趣也就愈來愈大，之前對它的了解未免太膚淺了。這科目委實深奧而豐富，令人肅然起敬，它可以追溯至二千五百年前的畢達哥拉斯（Pythagoras）與四千年前的古埃及人和巴比倫人，我被它迷住了。

可以這樣說，莫瑞的微分方程課對我的影響最大。他講的主題是偏微分方程，這些方程隨著多個而非一個變量（如時間）變化。這些方程式極之重要，其中一個原因是，物理學中的主要定律，經由牛頓、詹姆士·克拉克·馬克士威（James Clerk Maxwell）、阿爾伯特·愛因斯坦（Albert Einstein）諸人推導出的，都是以偏微分方程的形式表達出來的。這些方程中尤以「非線性」那一類最富挑戰性，大部分偏微分方程都不能精確地來求解，或用公式表達，它們只能由困難的逼近過程決定。

這個課程非常倚賴於莫瑞自己寫的書。從某種意義來看，這書寫得並不好，裡面的材料沒經過充分的組織。可是另一方面，它的內容卻著實精彩，就算有不足之處，這書仍然是本科目中的最佳之作。但這科卻不受學生歡迎，大家都說裡面的東西非常難，啃不動，莫瑞又要求學生在班上作報告，那對講者和聽眾都不好受。我在班上堅持下去，心底知道，有朝一日這將是十分有用的。我十分用功，做了大量的計算，在這過程中獲益良多。

我腦海中隱隱浮現一個念頭，就是以偏微分方程為經緯，把幾何和拓撲連繫起來。幾何和拓撲通常被看成兩個不同的科目，但我總覺得這種區分只是表象，幾何能給出的，是局部的特寫，就如用放大鏡檢視地球的表面，而拓撲卻能提供宏觀的圖像，就如從外太空看地球一般。可是講到底，兩者觀察的都是同一個行星，不同的觀點互為補益而非相沖。

因此之故，不明白為何人們總要在幾何和拓撲之間劃線，把兩個領域分隔開來，有些人確實對此敏感得很。老實說，誰勝誰負根本不要緊，兩者應該攜手共進。我視所有不同的數學領域為同一織物的各部分，不會為外人附加於科目的界限所拘束，對各部分都感興趣。正如我的美國朋友時不時這樣說：「所有餡料」。對各部件的理解愈多，便知它們是糅合在一起的。然而，也要承認，出於某些不可知的原因，有些部件比其他對我更有吸引力。

有必要指出，我並不是第一個沿著這思路走的人，高斯—博內定理在整個十九世記中發展，經過眾人包括高斯、皮爾・博內（Pierre Bonnet）、瓦爾特・馮・戴克（Walther von Dyck）等人的努力，成功地把幾何（或曲率）和曲面的拓撲連繫起來。二十世紀之初，昂利・龐卡萊（Henri Poincaré）深化了幾何和拓撲的聯繫，數十年後的海因茨・霍普夫（Heinz Hopf）和陳省身（後成了我在柏克萊的導師）令這種聯繫更為穩固。我只不過在他們工作的基礎上，把微分方程（尤其是非線性的）引進這方面。沿著這方面的探究，屬於後來叫「幾何分析」的一部分，幾何分析一詞乃是美國數學會和自然科學基金會為研究計畫分類時引進的。

幾何分析的新意，在於把非線性偏微分方程用於微分幾何。在微分幾何中，利用微積分作為工具進行研究，已有好幾百年了，最少可以追溯到李昂哈德‧歐拉（Leonhard Euler）在十八世紀中晚期的工作。開始時，利用的是線性的微分方程，逐漸發展到非線性微分方程，這是不言而喻的，因為這些方程描述事物在微細、無限小的變動。在幾何中，我們利用這些方程來量度曲率，並考究曲率在空間各點的變化。當空間的曲率「局部」地（即每一小片）確定後，我們便能對空間的「整體」有所認識。一邊是曲率，即局部的幾何或空間精準的形狀，另一邊是拓撲，同一空間的概括形狀，兩者之間的連繫使我著迷，構成我過去四十多年工作的重心。

從本質上看，幾何和拓撲兩者的研究對象都是形狀，而曲率是描述形狀的憑藉。一個充滿了氣的足球是球狀物，拓撲上它等同於未充滿氣、塌下來的足球。此處，完美的球狀物只需透過空氣的增加或減少，而不必撕裂或切割，就可以變成凹形的球。充滿氣的球形，其曲率為正的常數，即是說它的曲率點點都是相同的，但塌下來的球的曲率卻隨著球面上的點而變化。

曲率是確定概括的形狀（拓撲）和精確的形狀（幾何）之關鍵，這種聯繫在高維的情況也是成立的，只不過曲率變了，有好幾種，情況比不同氣壓的球複雜和困難得多了。這就說明了為何曲率是如此強而有力的工具，多年來一直吸引著我。

我們可以定義二維的球面，即為在三維空間中和某中心點等距離的所有點所構成的集合。但我們也可以純粹利用曲率來描述它，這種做法比第一種的做法更有力，用途更廣泛：它可以用來描述在高維空間中複雜的、卷曲的物體（或流形），這些物體不可能用簡單的公式來表達。

曲率也在物理中占著重要的地位，物理學奠基於用微分方程式描述的定律。質點的速度是它位置的變化率，加速度是速度的變化率等等。我們可以透過質點軌道的曲率，決定它所受的力，從而知道它的加速度。在高能加速器實驗中，研究人員反過來透過分析路徑的曲率來決定粒子的質量，從而斷定那是甚麼粒子，而這不過是曲率在物理中諸多應用之一。（同理，也可以想像人生的軌跡，從各個關鍵的轉折點的「曲率」著眼，便可知整個人生的梗概，本人現在所作的陳述，便是如此。）

概括而言，愛因斯坦關於廣義相對論的方程式（我遲點才會學習）正是對宇宙曲率的描述。它由一組非線性的微分方程所組成，只要其中一個變量有微細的改變，都會導致不成比例的重大後果。很多現象能夠用線性的方程來逼近，達到不錯的效果。所謂「線性」，是指變化是符合比例的，且同一方程的兩個解加起來仍是解。可是，我們身處的世界本質上是非線性的，這是不可能永遠忽略的事實。

比如氣候的突然轉變、股市的急劇波動，這時非線性方程就要登場了。非線性方程在廣義相對論的領域中十分普遍，這裡空間總是彎曲的，而有關的現象也是非線性的，沒法子通融。不久之後，我便掌握了一種看法：與在廣義相對論中相同，我們利用描述局部的愛因斯坦方程式，來了解宇宙的整體結構，以此為研究幾何的策略。

我面對的乃是幾何學中出名難搞的非線性方程，但我有幸走進了莫瑞的課堂。他可稱為當今世上「非線性分析」的頂尖人物，非線性分析是微分學更進一步的學問。他的專長是非線性偏微分方程，我如飢似渴的吸收莫瑞所願意傳授的知識。幸好，他非常慷慨。

想到把幾何、拓撲和非線性分析共治一爐能有大用之際，我的興緻就更濃厚了。這時候，研究偏微分方程的人如莫瑞，和研究幾何的人、包括身處同系的陳省身，幾乎沒有甚麼交流。很多幾何學者都把偏微分方程留給分析學者，或如某權威所言的工程學者。誠然，莫瑞是一流的分析學家，但他對幾何的興趣卻不大，他只把幾何看成偏微分方程的泉眼，源源不絕地向他輸送饒有趣味的偏微分方程，而我卻把過程倒過來，利用這些方程來解決幾何上的難題，尤其是那些已盡試其他方法仍無寸功的項目。

我認為把這些分開的線綰結在一起，會對幾何和分析，還有拓撲，都有莫大的好處。我的想法很初步，開始時不知如何入手，也不知要往何處去。但我的信念逐漸堅定下來，至今猶未改變。

我們說的有些過頭了。一九六九年秋，反越戰示威正鬧得沸沸揚揚。柏克萊是示威學生的重鎮，很多學生和教員都在罷課罷工。當班上的學生太少時，斯潘尼爾便宣布不上課了。而莫瑞的微分方程課，學生不只是逃了幾堂課而已，他們一個一個地退選，最後只剩下我一個人。當時我初來甫到，並未牽扯進學運之中。然而，莫瑞堅持授課，他如常披上外套，繫好領帶，對著我一人講課，猶如對著全班一樣。事實上，他比平時還多了準備，他沒有跟隨原定的課程大綱，而是根據我的興趣和水平，特意設定了內容。在擁有三萬學生的大學裡，很難想像有這樣一對一的講授。這確實是真正難得的機會，我覺得自己很幸運，能夠得到大師的親身傳授。

柏克萊的示威不斷，規模盛大，時釀衝突，瀰漫在空氣中催淚氣體的氣味已形成大學的背景了。坐在課堂內，看見外面一大群學生，手中拿著石頭，正和手執盾牌和持槍的軍警對峙，這情景已習以為常。「全世界都在看！」反戰示威者不時這樣高呼，而我卻親眼看見，不是從電視的畫面，而是從課堂或圖書館。老實說，在草地那邊廂種種混亂的干擾下，實在難於收斂心神在數學上。我反對戰爭，但不會馬上投身於這類鬥爭之中。我對美國文化並不了解，也沒有機會去思考這場運動中的種種議題。

這年，沙拉夫回到了柏克萊，在這之前，他在日本停留了一段日子。他試圖讓我接觸美國的事物，帶我到舊金山市內和郊外觀光。他也邀請我到他家參加聚會，會上大麻煙隨意地傳，人們大方地分享，不斷問我要不要吸一口，但我都謝絕了，至今未曾試過一次，縱使那時在柏克萊是普遍不過的事。從沙拉夫和他朋友的言談行為之中，我也約略了解到嬉皮的行徑。這種放縱的生活方式，和我在香港鄉村長大的規行矩步毫無共通之處，在那裡人們胼手胝足，不辭勞苦地謀生，娛樂性藥物並無立足之地。

你可以說，我不歧視任何人，也和所謂嬉皮的人為友，但從不作那些打扮，也絕不嘗試毒品。我也滴酒不沾，作為較年長和人生經驗較豐富的友人，沙拉夫認為是時候讓我喝點酒了。第一次喝酒的機會來自數學系的野餐，就在柏克萊山高處的提爾德公園（Tilde Park）舉行，莫瑞特別叫我參加。會上有啤酒，我拿了一大杯，仰首一飲而盡。不到十分鐘，我就頭昏腦脹，只好跟莫瑞說我要回去了。他送我回去，到家時是下午三時，即時上床大睡，直至次日的中午才醒來，至此始知對酒精敏感。從那時開始，我對喝酒十分小心，有需要時只喝一點點。

母親在困難時期（差不多覆蓋我整個童年）會到教會拿救濟品，從那裡我認識了一些教會中的美國人，其中有些住在柏克萊，他們邀請我上他家過感恩節。我對感恩節一無所知，但看見大學校園到了十一月底就變得空空如也，可以推測它是個大節。大批賓客出席了他們的節日晚宴，其中有些明顯是親戚，但有些卻是如我一般的散兵游勇。

赴會前，他們說得帶不超過一元的物品作禮物交換之用，我從裝飾店買了一件水晶的擺設，和其他禮物放在桌上。可是沒有人揀我的水晶，使我有點兒難堪，但它對我也沒用。那晚過後，還是對感恩節不大了了，只是飽餐了一頓，或許我只需要知道這樣就夠了。

聖誕節很快便來了，我從來沒有慶祝過聖誕，這一次也是如此。但發覺美國人對這節日特別重視，校園再次空無一人。整整兩星期我孤身一人，幸好數學系圖書館除聖誕日外仍然開放，對我來說可謂聖誕奇蹟，心中感動得很。

一年級的研究生沒有辦公室，圖書館實際上變成了我的辦公室，我常在那裡留連，沒有課的時候就往那兒跑。當時數學學報的種類比現在少許多（當今估計有兩千種之多），我習慣翻開圖書館收到的每一本數學學報，試讀其中的文章。雖然不能完全了其內容，好歹也會知道誰寫了甚麼，這讓我能夠掌握每個數學領域的輪廓，並在腦海中形成廣闊的畫面，看到那些科目可以互相配合。

聖誕假期間，圖書館實際上給我一人獨占，只有一次難忘的例外。一位漂亮的年輕女士進來借書，她和我年紀差不多，看來百分百是中國人。我登時被她吸引住了，我故作目不斜視，但館內人數寥寥很難辦到。雖然懷著強烈的興趣，我保持沉默，沒有冒昧上前自我介紹，這不合禮數，交談要留待到正式的介紹之後。

聖誕假後學期重開，才知道她是物理系的研究生，就住在附近的國際樓，就此而已。數學系的主要演講都在近鄰物理大樓的勒孔特堂（LeConte Hall）舉行，偶然看見她也來參加。但我們並無交談，我抑壓下來，一直等待適當的時機，但一等就等了一年半。然而，等待是值得的，從那時起，便展開了一段漫長的、時斷時續的追求，最後修成正果。

除了在圖書館的驚鴻一瞥外，其他的發展就緩慢得多了。圖書館整書架都是歐拉的文集，偉大的歐拉生於十八世紀的瑞士。若非書是用拉丁文寫的，我必會閱讀，可是對拉丁文一竅不通，只好看期刊上的論文了。

我當時看到一篇新近由普林斯頓的約翰・米勒（John Milnor）寫的論文，題為〈有關曲率和基本群的一個注記〉。這一次不僅看了全文，而且還進一步思考，似乎可以推廣論文中的一些想法。當時獨個兒留在圖書館很空閒，又沒有別的事情幹，而這文章引起了我的注意，在心中燃亮了異樣的火花，覺得這次要做點數學了。

米勒文中提到亞歷山大・普雷斯曼（Alexandre Preissman）的一條定理，我立即把它找來了。這定理適用於帶「負」曲率的空間，這類空間狀如馬鞍。在馬鞍或這類空間上面畫三角形，做法是先固定三點，然後把任何兩點用在馬鞍上最短的線連起來，便形成在馬鞍上的三角形。這樣的三角形的內角和會小於一百八十度。（在具有零曲率的空間如平坦的紙張，上面的三角形內

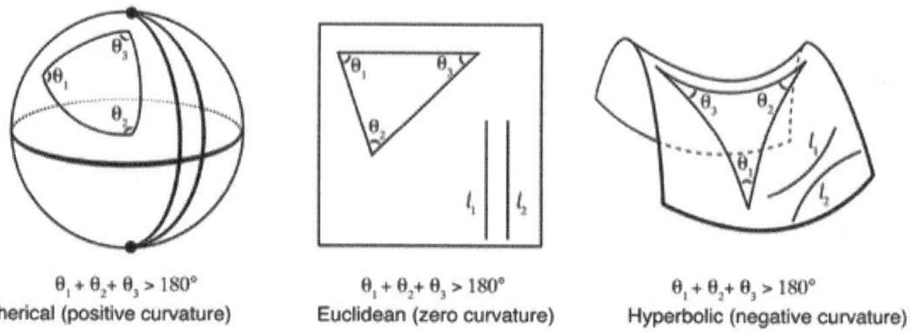

在具有正曲率的曲面如球面上，三角形內角和大於180度，而兩條平行線如兩經線會相交（於兩極，左圖）。歐氏幾何考慮的是曲率為0的平面，其上三角形內角和等於180度，平行線永不相交（中圖）。在具有負曲率的曲面如馬鞍上，三角形內角和小於180度，平行線則會散開永不相交（右圖）。（繪圖：顧險峰和殷曉田）

角和必然是一百八十度，而在球面上的三角形，內角之和卻大於一百八十度。）

普雷斯曼考慮在負曲率空間上面的兩條封閉的迴圈（loop），所謂迴圈即指從某一定點出發，沿著一條途徑行進，最後回到原來的點，這樣便形成一迴圈，稱之為迴圈A。把另外一條類似的，從同樣定點出發和完結的迴圈稱為迴圈B。普雷斯證明在這類空間中，先從迴圈A出發，回來後再經迴圈B走，和先行迴圈B然後行迴圈A，在拓撲的意義下是不同的，唯一的例外是迴圈A跟B重合，即所謂「顯而易見」的情況。

我把普雷斯曼的結果推廣到具有「非負」曲率的空間上去，這類空間包含負曲率空間和零曲率空間。要對非負曲率空間證明這結果，我們必須利用群論。所謂群，其定義不難了解。群是一個集合，裡面包含了若干元素。元素中有一個叫單位元（如一），而任一元素（如x）必對應有一逆元（如x分之一），在群上還有些運算（如乘法）和某些規則。

眼前我們面對的群含有無限個元素，當時（甚至到了今天）人們對它的了解並不多。可是，在米勒另外一篇重要文章中看過有關的東西，亦記起在崇基書院時和羅納德・法蘭西斯・特納─史密斯（Ronald Francis Turner-Smith）教授的一次對話，當時我問他在倫敦大學時研究甚麼東西，他提過無限階群的名字。我記不起他說過甚麼了，但他提及伊賽・舒爾（Issai Schur）和理察・鮑爾（Richard Brauer）的一篇舊文，似乎跟擺在面前的問題有關。我花了一整天查閱舊學報，果然找到了兩人合著的論文，而這正正是我要用的結果。當特納─史密斯提到此文時，我對群論的興趣不大，但如果沒有這次對話，我也不會找到它，這文章的確幫了我一把。

這個故事的教訓，愚意以為，在於隨意的交談或許有意想不到的重要作用。姑勿論在講課、講座或下午茶的場合，有時你只需記得別人說過的片言隻字。這次，隨口的一句，竟印記在腦海，最後幫我完成了人生第一個有意義的證明。

我得到的結果，不能說是驚天動地，但我喜歡它，理由就如喜歡普雷斯曼的定理一樣，兩者都說明了空間的拓撲（概括的形狀）如何影響或約束空間的幾何（精確的形狀）。這便是我持續追尋的路子，同時也是一條成功的康莊大道，不只對我如是，對其他研究拓撲和幾何的人亦復如是。

我重覆檢視這個證明，直至自己也受不了為止。小心地推敲再推敲每一步，論證看來無瑕可擊。我正在修羅森的幾何課，因此學校假期完結後，便跟他說了。他也認為這證明沒有問題，而我倆更進一步證明了一些跟普雷斯曼和我的定理約略相關的東西。我們指出如何利用拓撲來判定，一個非負曲率的空間在甚麼時候能表達為兩個空間之「積」，或某種組合。

羅森很想把論文投出去，於是把二文都寄到《數學年刊》（*Annals of Mathematics*）去了，很多人認為這是美國最頂尖的學報。由於我的證明是在聖誕假期做出來的，其他人無從知悉，稍後才知道那是喬·伍爾夫（Joe Wolf）的猜想。伍爾夫師從陳省身，也在柏克萊，只不過當時在放年假。我知道伍爾夫的名字好久了，雖然還未親見其人，但讀過他的《常曲率空間》一書，非常欣賞。

又，更湊巧的是，羅森和我證明的東西，亦在較早時為伍爾夫和他的同事德特列夫·格羅莫爾（Detlef Gromoll）獨立地證明了，不過他們的文章尚未發表。當我們見到伍爾夫時，他對我們做了類似的工作毫不驚訝，看到我們的工作同時被其他人做出來，羅森和我都不禁失望。但另一方面，我們開始工作時，並不知道伍爾和格羅莫爾的工作呢。

陳先生看見他招回柏克萊的小子，竟能在第一個學期中便做出有意義的工作，不禁鬆了一口氣，看來數學系這一籌碼押對了，我也很開心，雖然不是甚麼重大的成就，但也給數學添了新成果。

《數學年刊》接受了我的論文，但拒絕了羅森和我兩人合作的那一篇，羅森頗為失望，他拿了博士不過兩年，感到資淺的博士要和有地位的學者一起競爭，在頂尖的學報上發表論文難如登天。後來我們把它成功轉投《微分幾何學報》（*Journal of Differential Geometry*），我想陳先生或者曾在其間美言了幾句，那自然很有幫助了。

一九七〇年對我而言，是值得紀念的一年。我首次發表了文章，文章接受時的歡欣喜悅，拒絕時的垂頭喪氣，還有因優先權和功勞而導致的緊張心情，都教人難忘。

那年春季學期並不平靜，當美國祕密空襲柬埔寨的消息洩露後，學生的反戰運動再次升級，全校罷課使柏克萊的所有課都停下來了。為了避免公開和罷課對抗，羅森把幾何課移師家中，但課只維持了幾個星期。進占的學生爭吵不休，「把戰爭帶回家」的口號更令他們火上加油，羅森的妻子或許覺得戰事已在她家中爆發，因此不歡迎他們。

從冬天到春天，我一直在與羅森合作。當時身為講師的他和其他人共用辦公室，擁擠不堪，我們難於在那裡討論。當他在家時，我們就在電話上傾談，討論有時長達一、二個小時。幾年後，羅森離婚了，我擔心或會和那些電話有關。幸好他前妻後來跟我說，還有別的更重要的原因，離婚一事和我無關。

差不多同時，旁聽了亞瑟・菲沙爾（Arthur Fischer）廣義相對論的課，他當時在數學系當講師。之前已跟他碰過頭：有次正在影印投到《數學年刊》的論文稿時，他見到了，便說拿來看看。我猶豫一下沒立即給他，一來對把自己的工作講給陌生人聽有些靦腆，二來對一個看似狂野嬉皮的人也帶著戒心。菲沙爾一手把文稿搶過來，飛快地翻閱，然後宣稱「任何把幾何連繫上拓撲的結果，對物理來說都很有意思。」從米勒的工作，我已經知道把幾何或曲率連繫到拓撲上的價值，但當時對物理還不大了了，這些東西如何結合更一無所知。菲沙爾毫不猶疑地肯定了幾何和拓撲的連繫對物理有用，聽後不禁興奮起來，當時已開始對這些關係產生強烈的興趣，心想菲爾沙所說的對就好了。然而要經過很多年，一直等到證明了所謂「正質量猜想」之後，我才肯定他說的話。

完全意想不到的是，這個「狂野嬉皮」對我有很大的影響。旁聽他的第一節課只不過出於好奇，並不抱任何期望，廣義相對論由愛因斯坦一個世紀前提出，是目前我們用以了解萬有引力的理論，我之前從未學過。愛因斯坦的理論又借助了比它早出六十年、由波恩哈德・黎曼發展出來的幾何為工具。「廣義相對論」一詞早已聽過無數次，但對其內容卻不大了了，心想這科目值得學習，料不到日後它對我的事業有這麼大的影響。

根據愛氏的理論，萬有引力並不是如牛頓定律所言，是兩個或多個大型物體之間的吸引力，它乃是由於重力場導致空間的變形或彎曲所致。事實上，愛氏認為重力和空間的彎曲是等價的。這種說法不僅能解釋行星如何圍繞太陽運動，還能說明其他更微妙的現象，這是牛頓的引力理論無能為力的。套一句普林斯頓物理學家約翰・惠勒（John Wheeler）的話：質量使空間彎曲，空間教質量運動。愛因斯坦方程式中，一個關鍵的項便是里奇曲率張量，物質在宇宙中的分布如何影響空間的曲率，便是由里奇曲率決定的。

有次菲沙爾的課上到一半時，各式各樣的念頭在心中湧現。那時我對幾何的興趣日漸加深，曲率是幾何裡的概念，它有好幾種，在日常經驗中不容易（或不可能）分辨。我想：正如物理學者所云，萬有引力乃是質量使空間彎曲的結果，那麼完全沒有物質的空間又會如何？這些空間叫做真空。換句話來，沒有物質的空間能否具有非零的曲率和萬有引力？

這問題我想了又想，卻不知道一九五四年幾何學家尤金里奧・卡拉比（Eugenio Calabi）早已提出差不多同樣的問題，並且將他的「猜想」用複雜的數學語言表達出來。這猜想涉及複里奇平坦、具有第一陳類為零的流形和凱勒（Kähler）幾何等等名詞，不必在此細說。表面上看來，猜想跟萬有引力扯不上關係。卡拉比曾說，當提出這個猜想時，他並沒有往物理那方面想。猜想的對象是具有特殊幾何結構的叫凱勒空間，而這類空間擁有一種有時稱作「超級對稱」的對稱性。用非專業的方式來說，卡拉比希望了解凱勒空間中不同路徑的長度和空間密度的關係。這些路徑的長度足以刻劃整個空間，而空間密度則和一種叫「體積元素」的東西有關，它可以用來決定空間的體積。卡拉比問：反過來看，凱勒空間中的體積元素（或密度）如何決定空間中路徑的長度（或距離）？

可以想像，我們可以透過測量球面上一些點之間的距離來了解這球，但如何通過體積來量度高維如六維或以上的空間的距離？

卡拉比猜想純粹是為數學而數學，在當時是很常見的，甚至到了一九七〇年數學家菲沙爾在講解物理時，數學也在物理中隱去。很多數學家心想數學是「純粹」的，對叫做「應用」的東西，包括物理，是不屑一顧的。

這樣子的劃分並非從來如此。古希臘的科學家並不區分數學和物理，即如近世偉大的數學家如歐拉、高斯和龐卡萊，他們毫不猶疑地投身到天文或其他領域上去。作為新的數學來客，雖然尚未作出甚麼貢獻，而且物理知識還很淺薄，我仍可感到數學、尤其是我有興趣的領域，具有和物理作深層次結合的潛力。直覺上感到探索這些想法會有所得著，希望這些得著能引起其他人的關注。

多年來，我一直致力於擺脫分隔數學和物理的藩籬，從而找到一片令人振奮的、富有成果的沃土。但我始終以數學為本，主要因它在兩門學問中比較深刻和基本。物理學理論的真確性必須通過實驗來檢驗，而結果也會因新的實驗數據而變更。另一方面，數學上的定理，只要在證明中計算無誤，推理正確，那就永遠成立了。科學中甚少永恆的真理，在我們生活的圈子中，真理也寥若晨星，這就說明為何我對數學情有獨鍾了。

一九五四年，我只有五歲，在香港常常挨餓。十六年後的今天，坐在柏克萊的講堂上，我仍然飢餓，但意義卻不同了，我狼吞虎嚥的乃是數學的知識，渴望飽足之後，可以用來克服數學上的一些大難題。

在柏克萊圖書館瘋狂閱讀時，我查閱了所有能找到的和里奇曲率有關的書。開始時，卡拉比的名字並沒有出現，我亦對他的工作一無所知。但不久之後，就在里奇曲率的文獻中看到有關他的資料，而在一九五四年一次會議的合集之中，看見了這個猜想。

心弦一下子響起了共鳴，我相信要了解里奇曲率和它在幾何上的作用，關鍵就在卡拉比猜想。無論猜想是對是錯，其答案都足以揭開里奇曲率神祕的面紗。我甚至相信，更廣泛地，這個問題如果不能解決，其他一大堆在幾何中有關曲率的問題就不用看了。

在高維空間中可以定義多種不同的曲率。在這些曲率之中，里奇曲率算是最神祕難測的。

縱使半個世紀之前，里奇曲率在愛因斯坦的理論中早已舉足輕重，可是幾十年過去了，人們對這種曲率依然所知不多。

卡拉比猜想吸引我，一半是對里奇曲率本身的興趣，另一半是因它和廣義相對論有關。只要能找到適當的方法，我感到似乎能把球盤遠一點，就如在普雷斯曼定理的情形時一樣。然而，從一開始就很清楚，這並不是個一朝一夕就能達成的項目，不能奢想在學校假期當中就能殲滅它。要證明這個猜想，需要按部就班，耐心地先打好基礎。

在此期間，作為一年級的研究生還有一些更迫切的事情要做。第一件便是博士資格考試，一九七〇年初我便參加了。那是個口試，分為三部分：幾何和拓撲、分析和微分方程、代數和數論。拓撲考試由艾瑪利・湯馬士（Emery Thomas）和亞倫・韋恩斯坦（Alan Weinstein）兩位教授負責。湯馬士開始時問了一些頗容易的拓撲問題，我都答了，再來便是比較刁鑽的題目，其中有一些，老實說我應當直接答不懂的，但我卻隨便瞎答。

韋恩斯坦和湯馬士相似，以一些簡單的幾何問題開始，一切非常順利，然後問題便集中在一些定理的特殊情況上，我答得並不好。結果得了個B+，雖然沒有甚麼值得炫耀，但也算可以了。

分析和微分方程由莫瑞和哈斯凱爾・羅森塔爾（Haskell Rosenthal）負責，我的表現比第一次好，結果拿了個A。最後考代數和數論，這兩個科目並沒有花多少時間準備，但不知怎的，三位主考教授曼紐爾・布盧姆（Manuel Blum）、萊斯特・杜賓斯（Lester Dubins）和亞伯拉罕・

塞登堡（Abraham Seidenberg）都覺得答得出色，竟給了A＋。不無諷刺地，這次考試的成績和我後來工作的成績剛好倒過來，無論如何，這是個值得高興的消息。我通過了資格考試，跨越了前進的一大障礙。

差不多同時，數學系決定把我的獎學金延長一年，這是系方最慷慨的做法了。對於需要按時把一半獎學金寄給母親的我來說，真是大大鬆了一口氣。由於沒有綠卡（永久居民身分），不能從國家科學基金中得到任何資助，因此只能依靠這個獎學金，現在能繼續下去，非常感恩。

接著要做的事，便是準備寫論文和找論文的指導老師了。我跟莫瑞的關係一直很密切，春季學期快結束時，他問我有沒有興趣做他的學生。一九七〇年六月，陳省身放完年假回來，我找他談了一下，最後決定做他的弟子。當時已很清楚最喜歡的乃是幾何學，自然而然應當拜世界級的幾何學家為師。

在這期間，莫瑞的健康出了問題。不出一年，出現了帕金森氏症的徵狀，病情急劇地變壞，親眼看見一位卓有成就的學者一天一天地衰退，心裡難受得很。

選擇了陳先生當導師後不用多久，便能感到身處系內強勢的一群之中。大家公認陳省身是現存華裔中首屈一指的數學大師。他對數學的貢獻很大，其中最著者為陳類的創造。陳類是把流形分類的一種方法。所謂流形，是指一類拓撲空間，它們猶如地球的表面，站在每一點遊目四顧，周邊都是平的一樣。陳先生是一九六〇年到柏克萊的，之前在芝加哥大學十一年。他到來後，柏克萊的拓撲和幾何都得到加強，數學系的招牌已在全世界響噹噹了。

陳先生不僅在數學上卓有成就，也擅長於人際關係。他喜歡酬酢，不時在家宴客。陳師母乃烹飪能手，做的中國菜很有名。成為陳先生的弟子後，我被吸納進了他的社交圈子之中。陳府地處艾爾賽利托（El Cerrito）山上，在柏克萊的北面，可以遠眺舊金山海灣和金門大橋，非常壯觀。陳先生甚至僱了園丁替他料理花草，花園整理得漂漂亮亮。我與其他教員和學生好幾次上他家出席晚宴或派對，有兩位年輕、三十出頭的教授是常客，他們是拓撲學的項武義和幾何學的伍鴻熙，代數學者林節玄不時也會出席。

陳先生華麗的居所令人羨慕，但很快便要回到現實中柏克萊市區殘舊的居所了。夏天臨近時，室友要搬走了。這時幸運之神降臨了，我在僅僅和校園一街之隔的歐幾里得街找到一個一人公寓，月租只需九十元。尤有甚者，中大同學鄭紹遠夏天就來柏克萊念數學了，也在找落腳的地方。他六月抵達後，我們便住在一起。公寓不大，僅僅可容兩人湊合，但方便得很。唯一的缺點就是它在酒吧的樓上，到了晚上尤其是周五和周六會很吵耳，不過我們當時年輕，絲毫不當一回事。

對付聲浪的良方是晚些上床，不時到了凌晨四時才睡，期間聊天、看書或做數學。我不像原來那樣早睡早起，但因為不再不停上課了，故此影響不大。孔夫子如果知道我不再整天學習，或者會有點兒失望。我抽時間多思考整個數學，在千頭萬緒的可能性中應如何向前走，這樣做使我看到了新的方向。

總結一下，去年發表了兩份論文可說是個不錯的開始，然而把群論用於幾何，還是幾何用於群論，無論那一條路都不會走得多遠。幾何的天空應該更為寬廣，一個大有作為的方向是複幾何，它研究的對象是能用複數座標描述的空間或流形。複數具有實和虛兩部分，虛指負一平方根的倍數。我參加了由小林昭七（Shoshichi Kobayashi）教授負責的複幾何研討班，他鼓勵我攻讀德國數學家弗里德里希・希策布魯克（Friedrich Hirzebruch）的著作《代數幾何中的拓撲方法》，這本書對我的影響極大，我獨個兒研讀它，完全浸淫其中。有趣的是，我是從這書而非從我的論文導師手上認識陳類的。

希策布魯克的書和相關的論文愈讀得多，就愈覺得這科目的層次甚豐，使人愈走愈深入，同時也看到它非常寬廣，和很多數學領域都有本質上的聯繫，給我提供了向四周探索的可能性。我開始殷切地尋找可供研究的題目，我亦跟陳師說了，希望能聚焦在複幾何而非初來時的泛函分析上。

陳先生似乎贊同我的意見，但沒有很明確地表示出來。可是到了一九七〇年八月他從普林斯頓回來，情況就不同了，他戲劇性地提議我改變方向。普林斯頓的安德烈・韋依（André Weil）是聲望極高的數學家，陳師在那裡跟他談了一次，十分興奮。韋依指出，當前數學的發展，已使數論上著名的黎曼猜想變得只有一步之遙了。一八五九年黎曼提出了他的猜想，用以解釋質數不依常規的分布。偉大的黎曼三十九歲就英年早逝，他沒有給出答案。超過一個世紀之後，人們還不知這猜想的對錯。

陳先生期望我能破解它。我正急於定下論文的題目，陳先生催促我即時開始工作。毫無疑問，這是個極具挑戰性的難題。出於個人的品味，我對幾何問題的興趣遠比對解析數論的大。研究大問題往往要花上幾年時間才能取得進展，必須靠激情始能堅持下去，因此我不為黎曼猜想所動。也許我的本能反應是對的，黎曼猜想至今尚未破解。

而且那時候，我的心早已給卡拉比猜想占領了。這是很難解釋的，就如世上美女千千萬萬，但只有一個，即八個月前在柏克萊數學圖書館邂逅的那位，才刻骨銘心，對卡拉比猜想也有如此的感覺。但我心知這是個長遠的計畫，不能以它作為博士論文的題目，因此還需另找一個比較能輕鬆應付的題目。

不到一個月，幸運之神再次眷顧。陳先生請我就發表在《數學年刊》上有關普雷斯曼工作的文章作報告。報告很順利，會後陳先生徵詢了其他人的意見，反應都很好，他斷定這足以作為我的博士論文了。我不肯定他有無詳細地把文章看一遍，那不是他的領域，群論並非他熟識的東西。事實上，幾何學者中懂得群論的寥寥可數，伍爾夫是個例外，他順理成章成為我論文答辯委員會的一員。羅森也在裡面，委員會規定要有一位非數學系的人，陳先生請了工程學院的王佑曾作委員。

陳先生讓我用他辦公室裡的打字機打論文，一九七一年初文章打好了。在他辦公室工作附帶有一好處，陳先生在微分幾何界的地位崇高，世界各地的學者紛紛把文稿寄來，他讓我過目，遇見有興趣的則存副本，其中最有興趣的則在他的研討班上討論。我留存了不少這些論文，有的至今還饒有興味。

論文打完後影印了幾份，任務就差不多完成了。不用與委員會見面，也不需回答問題，那就行了。那應該是額手稱慶的時刻，拿到博士學位並不是每天都可以遇到的事。但有幾件事給這喜事蒙上陰影。

我對研究生的日子如此短促也若有所失，兩年的時間太短了，還有很多東西希望學習呢。但老闆說你可以升職了，你最好不要反對，說想留在原位。除了順勢而行外，就別無其他選擇了；況且，我也希望盡快賺多點錢養家。

把鏡頭往回推，我略過了說一九七〇年秋直到次年，意外地給牽扯入某件事情中。我和一群海外中國學生參加了釣魚臺運動的示威。釣魚臺由八個小島所組成，沒有一個長過一或二哩的。它原本屬於中國，一八九四年中日甲午戰爭後，給日本占據了。二戰後，這些島嶼由臺灣控制，因它們很近臺灣。但到了一九六八年，釣魚島附近的海底發現了石油，日本在美國的支持下把釣魚島要了過來。

這是對中國挑釁的侵略行為，激起了全美國包括柏克萊中國學生的反對。我們被日本軍國主義和支持它的美國激怒了，我們也不滿臺灣在外國人欺侮中國時不只不願出頭，還大力壓制釣魚臺運動。臺灣官方的報章說學生應該冷靜下來，好好讀書，這令大家更為憤怒，怒吼更響。

大部分當時在美國的留學生，連我在內，都沒有試過示威，但我們可以向美國學生的反越戰示威學習。我們從沒有在香港幹過這類事情，但柏克萊的氣氛就完全不同了，示威行動看來是可行的。我強烈地相信，我們為中國站起來，中國自己也會站起來；我們更尊敬祖國，其他國家也會尊敬中國。

一九七一年四月九日，我們在樸茨茅斯廣場集合（Portsmouth Square），那是在舊金山唐人街中心的小公園，準備遊行前往日本和臺灣領事館，很多相識的人都來了。在這類場合，一般都會花了不少時間在站立和等候上，我通常都帶上一本書，這次拿了莫瑞有關微分方程的著作，但並無機會看。臺灣政府收買了一批華青（當地的惡少年）來衝散示威者，相識的一個香港同學叫余經昌的，一開始就給打倒在地，很多人都受了傷。但我們仍然遊行到日本和臺灣的領事館，可是他們都拒絕收抗議信。他們的態度引發更多的示威，有些學生變了全職的示威者。我沒有這樣做，但和去年相比，花在數學上的時間確是少了。

就在這時候，陳先生生病住院一個月，我和一群中國學生去醫院探望他，但卻對他講的一番話感到愕然。他並不贊成我們政治上的行動，雖然他和楊振寧等知名人士聯署了一封信，刊登在紐約時報上，內容和遊行學生所說的大同小異，但他卻勸我們立刻停止行動，他說：「人生不外名與利，學生運動兩者皆不達。」

這和我理解數學的目的大異其趣，數學的研求乃是追求、並發現心儀領域中蘊藏的真和美，這是父親自童年開始的反覆教誨。和陳先生的對答，令我想起十歲時父親課授的〈五柳先生傳〉。五柳先生住在「環堵蕭然，不蔽風日」的破屋子裡，屋外五棵柳樹圍繞，因以為號。他「短褐穿結，簞瓢屢空」，但卻安然自得。他好讀書，有時連吃飯也忘記了。他忘懷得失，常著「文章自娛，頗示己志」。

在那一刻我理解到，即使陳先生和我的價值觀並不相同，但我也可以從他身上學到許多東西，當然也要正確地看待對他或其他人的意見。我相信他是為我著想，可是講到底，我還是要依靠父親的教導立身處世。

我仍然是個研究生，我的導師幫了我許多忙，對我也很好。部分出於感恩，況且知道他的人生經驗豐富，他叫我做甚麼我都會依從。七一年暑期時，陳先生讓我開一門投影幾何學的課，他認為畢業時有點教學經驗是有用的。

班上約有三十人，秩序很好。林節玄給了我一些講義，很快便上手了。問題是學生聽不懂我濃厚的口音，其中一個還跑到系主任和院長那裡投訴。陳先生一下子緊張起來，叫伍鴻熙來看看，伍說我的教學可以，但口音確是個問題。幸好過了不久，班上習慣了，就連那個投訴我的學生，也向系主任和院長改口說我是好老師，事情才告一段落。

我開始找工作了，陳先生提議我去紐約長島的石溪大學看看，他認為到另一所大學訪問對我有好處。他找到石溪數學系的系主任吉姆・西門斯（Jim Simons）資助這次訪問。當時羅森也在那裡，石溪正想聘請他。

一九七一年三月到了石溪，住在羅森家中。羅森讓我睡沙發，但這樣不方便，因此不久便搬到宿舍去。在宿舍碰到一些臺灣的學生，他們對臺灣的政治形勢極度失望，有不少學生想去中國大陸發展。我同時也去了哥倫比亞大學，當時柏克萊的學生領袖先是搞釣魚臺運動，其後更擴大到一般的中國學生政治運動，他們請我跟紐約的學生領袖接頭。我驚訝地發現，哥倫比亞的學生小組就柏克萊沒有跟他們協議便採取行動十分不滿，他們的立場和我的想法完全不一樣，我一時之間無言以對。

回到柏克萊後，學生運動還在繼續，但紐約那些活躍分子就再不理睬我們了。對我來說，找工作才是頭等大事，我的獎學金已快完結了，我申請了六間學校：普林斯頓高等研究院、哈佛、麻省理工、普林斯頓、石溪和耶魯。運氣不錯，六間大學都願意聘我，其中以哈佛的年薪最為慷慨，年薪一萬四千五百元的助理教授，當時算是很不錯了，其他的在一萬四千元左右，只有高等研究院只給我六千四百元一年的獎學金。

向陳先生請教何去何從。他說：「每個人在事業生涯中總要去一次高等研究院，你也不例外。」他到訪高等研究院不知多少次，從一九四三到一九四五年期間在那裡完成了他一生最輝煌的工作。我聽從他的意見，也不再問下去。我沒有告訴他高等研究院的薪酬比其他學校的一半還少，雖然金錢需要考慮，但正如五柳先生說過，它並不是一切。做人要看遠些，我會在高等研究院的一年盡力工作和學習，然後再找更理想的位置。

但在離開柏克萊前，還有件刻不容緩的事情要做，那就是去認識一年半前在圖書館相遇的女子，我對她一直念念不忘。曾在物理大樓參加研討會時見過她，但始終未交談過，我向物理糸一位來自香港的朋友打探，終於知道了她名字。友雲，聽起來多麼可愛，就像在電影《西城故事》（*West Side Story*）中東尼第一次聽到瑪利亞的名字般的感覺，幸好我沒有忘情地唱起來。

友人和我安排了一次數學和物理研究生的晚飯聚會，他負責請她來。起初他稍稍猶疑，或許他對她也有意思吧，但最後還是請了。有三、四個數學系的研究生來了，物理系的人數也相約，大家坐在同一桌，我終於「正式」認識友雲。假如她願意，我可以開始與她約會，只有六個星期相互了解，然後我們就會畢業，各散東西，必須充分地掌握時間，還要克服一些障礙。

項武義是系裡的年輕教授，陳先生很喜歡他。有次他請我到他家出席隆重晚宴，開始時並不知道那是有所圖的，他打算將他太太的親戚介紹給我。但一當我知道後，便開誠布公對他說我心中另有所屬。項武義很失望，當然此乃人之常情。

我知他是一番好意，但這些事情也不是能敷衍以對的，幾年後我從一些日本數學家口中得知小平邦彥（Kunihiko Kodaira）的故事，小平是日本首位菲爾茲獎的得主。他們有位朋友是小平的學生，小平要這位出色的年輕人迎娶他的女兒，那學生心想如果拒絕的活，必定會觸怒大師，於是只好乖乖答應，成為小平的東床快婿了。

不久之後，我搬到東岸去。武義的兄長項武忠是耶魯的數學教授，後來轉到普林斯頓去。他請我吃晚飯，到了晚飯時才知道他夫婦想撮合我和他們的一個親戚，但當我告訴他們我心中已有人時，他和武義一樣顯得很失望。從一方面看，能夠受邀結識某人的親友，從而發展一段浪漫的關係，自是受寵若驚之事，但事情卻如此了結，使項氏兄弟不悅，似為未來之麻煩定了基調。

回到一九七一年六月，我拿了數學博士，而友雲則拿了物理博士，陳先生寫了封信給中文大學，說我已經在柏克萊拿了博士學位，鑒於我從來沒有在中文大學拿個大學學位，大學能否考慮授予一個榮譽的學位呢？中大否決了，但他們把這件事放在心上，十年後、一九八〇年我終於拿到了中大的榮譽博士學位。這十年之間發生的事情不少，我差不多已忘了陳先生的信。

一九七一年夏天，友雲和我爭取時間，在畢業之前相聚。陰錯陽差地，我們奔赴就地理而言相反的方向。她和母親開車直接到聖地牙哥，那裡有份博士後在等她，而我則往三千哩外的高等研究院開始新的工作。我們不知將來會如何，只是答應保持聯絡。兩個相識不久的人，正要到美國的兩端，各為自己的事業奮鬥，前景一片迷茫，故此只能如此。

第四章——仰望卡峰

一九七一年，我二十二歲，從柏克萊畢業，人生突然發生了重大的變化。從一九五四年五歲開始，我一直在上學，但到了這一刻，我再不是學生了。換言之，是時候獨立生活，自己決定要走的路，而不是只為滿足父母和老師的期望了。

普林斯頓的高等研究院是這趟人生旅程的出發點，雖然金錢上作了些犧牲，但還是要感謝陳師的點撥。高等研究院是世界著名的研究機構，愛因斯坦度過他人生最後二十年的地方，有不少世界級的研究所圍繞著它。高等研究院建於一九三〇年，旨在供學者不受干擾，自由地從事研究，為學問而學問，不用為有沒有實際的應用操心。一九三七年在《哈潑雜誌》（*Harper's Magazine*）的一篇文章中，首任所長亞伯拉罕・弗萊克斯納（Abraham Flexner）指出對看來「無用知識」的追求，會出乎意外地成為「超乎夢想之應用」的泉源。

我十分欣賞這種理念，而自己亦早就有了追尋的目標。從表面上看，它的確沒有甚麼實際的用途，但我感到這項工作也許長遠來說會有其用，不僅對我而言，對別人也如此。我亦深知必須大量吸收知識，才能有機會把這看來無用的工作，轉變為弗萊克斯納所謂的終究有用的東西。

加州多山，太平洋沿岸的山脈一直延伸至柏克萊校園。與之相反，普林斯頓乃一片平原。然而，在紐澤西州肥沃的內陸平原，連起伏的小丘都付之闕如，更勿論山巒的地方，卻能感受到一山峯豹隱其中，靜候我攀登，我稱之為「卡拉比峰」。深知登山的第一步已不容易，首先要花些時間確定一條可行的路線，然後找工具在石頭表面刻上記號。我考慮的嶄新辦法是把幾何和非線性偏微分方程式結合起來，現在這辦法通稱為幾何分析。其中需要面對的，是求解一系列前人未解過的微分方程式，我需要時間、毅力和大量的運氣。直至準備工作通通完成前，我都不會貿然攻頂。然而，我不會忘記這個山峰，它時時刻刻都在腦海中浮現，從未遠離。

高等研究院是個很棒的地方，差不多每晚大家都在一起吃飯，所以時常都能碰上有趣的人物，聊聊數學或其他大家關注的話題。總言之，數學家講行內話不會給打斷，故此不時有所得著。

大部分來高等研究院的人都和我一樣懷著相同的目的，就是為了和別人作思想的交流，並探究自己感到有趣的想法。其中一位常和討論的，便是年輕的幾何學家奈傑爾・希欽（Nigel Hitchin）。比我大不了幾歲的他從牛津取得博士學位，曾當過世界著名數學家麥可・阿蒂亞（Michael Atiyah）的助理。

卡拉比猜想是我們經常討論的話題。卡拉比曾提出構造一大類具有某些幾何特質的流形的方法，而這種流形至今連一個也找不到。假設發現了一顆新的行星，科學家很快便提出一個在行星上開採金子的詳細計畫。在一顆金原子也沒有看見的時候，便說出了礦石要從那裡開掘，蘊藏量又有多少等等，一笑置之是最自然的反應。這就是許多人、包括希欽和我，都覺得卡拉比猜想是「好到難以置信」的原因。

不過，光想想猜想的內容和它斷言存在的神奇空間也蠻有趣味。那時，我認真地只想如何去推翻它。我採用的方法，其思想模式如下：假設卡拉比猜想為真，則它的幾項推理（合符邏輯推演出來的後果）必須為真。故此，只要說明這幾項推理中有一項為假，即是說，找到一個「反例」，那麼這個猜想就不可能為真了。知易行難，但畢竟這是一條最簡捷最直接的做法，這種處理的方法叫「反證法」。即是說，假設某一命題為真，由此推出某些結論，然後證明這些結論是不對的，於是矛盾便出現了，由此知原來的命題為假。

訪問高等研究院中不乏高明之士，代數幾何學家大衛・吉賽克爾（David Gieseker）來自加州大學洛杉磯分校，他從哈佛畢業，師從蒙福德（David Mumford）。他精通代數幾何，我十分留意他的想法，也常常記得討論的內容，即使多年後，他的看法仍然影響我的工作。後來總結，這些對談的機會，正正就是到訪高等研究院這類地方的主要因由，我想其他人也會有和我相同的經驗吧。

和遠方來的訪客交流，尤其有興味。例如，我就喜歡和日本數學家新谷卓郎（Takuro Shintani）在一起，他的公寓就在我的上一層。我從他那兒學習數論，他後來引入了新谷函數，那是黎曼函數的推廣，和著名的黎曼猜想有解不開的關係，陳先生曾提議我就這猜想作我的博士論文。

新谷下了決心要在普林斯頓學駕駛，奈何事與願違，他先後三次考試過不了關。本人的駕駛技術也稀鬆平常，幫不了他，只能當反面教材，示範甚麼不能做。九年之後，消息傳來，三十七歲的新谷正當盛年，聲譽日隆之際，竟然結束了自己的生命，我簡直呆了。我們沒有聯絡已久，因此不知道甚麼令他走上絕路。我只能說，一九七一年在普林斯頓的新谷卓郎，是個充滿活力的小伙子，到處給人帶來歡樂。

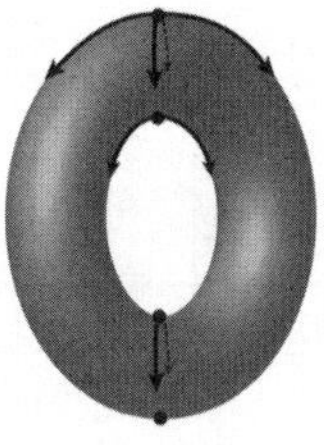

底下以豎立的輪胎或甜甜圈為例，說明摩爾斯理論如何刻劃流形。在甜甜圈上有四個臨界點，在最高點（「極大點」）高度沿2獨立（互相垂直）方向減小，摩氏指標為2；次高點為上方的鞍點，因高度只沿1個方向減小，指標為1（沿此方向的垂直方向高度則會增加）；下方的鞍點，因高度也只沿1個方向減小，指標為1；在最低點或「極小點」，沒有任何方向會讓高度增加，指標為0。甜甜圈的拓撲可用2, 1, 1, 0這組數字描述。（繪圖：芭芭拉・施瑞伯〔Barbara Schoeberl〕）

我也認識了林秉芬，他在耶魯取得博士學位，現在是馬爾斯頓・莫爾斯（Marston Morse）的研究助理。莫爾斯在高等研究院德高望重，他以一九三〇年代創立的所謂「莫爾斯理論」聞名於世。這理論是一套把拓撲空間分類的全新方法，要點在於考慮離散的所謂「臨界點」或過渡點，即空間形狀急劇變化之處。我從約翰・米勒的書《莫爾斯理論》學到很多這理論的內容，很驚訝莫爾斯本人非常厭惡這本書和它的書名，說它應該叫《極限點理論》才對。傳說莫爾斯收到這書後，隨即把它撕爛並扔進垃圾箱，他認為只有他才配寫這題目的書，這種反應好像過激了一點。但個人對莫爾斯倒沒有甚麼看法，他和他的夫人都挺和善。為了保持良好的關係，以免他發怒，我小心奕奕地不讓他知道，我是多麼喜愛米勒的書，並且從那兒學到不少幾何知識呢。

在高等研究院的日子，我從事研究、參加各式各樣的研討會，並且在各種場合和其他學者交流。此外，我還聯繫上一群關心中國的人。釣魚臺群島的爭議觸發了學生運動，但這時運動已漸趨沉寂。當時有一批人還想繼續下去，雖然其中很多人已再不是學生，但激情仍在，還想搞活動。

物理學者沈平來了高等研究院訪問，數學學者莫宗堅也從普渡來了，大家都一起在討論。前面提過的項武忠也來了，他是和我同一年到高等研究院的，他似乎有一種與生俱來的能耐，不用著意做就能冒犯別人。我也是他這種「天賦」的受害者，不過我不會放在心上。項太太卻是十分和氣的人，她不斷補救丈夫的錯失，縱然如此，在下認為她只有部分成功而已。

這些聚會對我來說有一個好處，就是能讓我常常以國語交談。我們大部分時間在討論《毛主席語錄》，即所謂「小紅書」，其實是本頗大的紅色的書。我希望進一步了解毛和他的著作，之前我並無太多的機會細閱。可是，不久之後，我便對這類交談生厭了，主要是帶領討論的傢伙物理研究生胡比樂（香港同一中學的校友）一字一字地讀語錄，沒有深入討論。

討論由他帶頭，大家實在無法提問，或者進一步探討，除了議論去那間中國餐館吃飯。但普林斯頓真的沒有甚麼好的中餐館，一間藏身在超市的餐館誇口說，楊振寧和李政道兩位諾貝爾物理學得獎者都是他家的常客，雖然名氣是夠響了，但我仍然不喜其食物。

有時我們跑到紐約碰運氣，雖然也沒能找到很出色的，但在沒有上千也有過百家中餐館的紐約，總可以找到一些能滿足大家的地方。

一九七一年七月，理察．尼克森（Richard Nixon）總統宣布次年二月訪問中國，這是一九四九年共產黨取得政權以來，首次有美國總統到訪。中國看來要逐漸開放了，沈平和莫宗

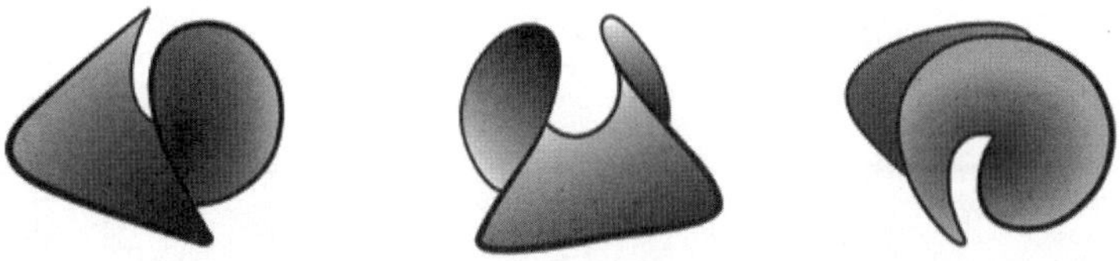

約瑟夫·柏拉提（Joseph Plateau）斷言任何空間中的簡單閉曲線，皆可以做為某最小面積的「極小曲面」的邊界。底下三圖中的最小曲面叫恩內佩爾曲面，以德國數學家阿爾弗萊德·恩內佩爾（Alfred Enneper）命名。（格拉納達大學法蘭切斯科·馬丁〔Francisco Martin〕原作）

堅都說要回國服務了。很多人都勸說沈平和他太太不要這樣做，沈太太正大腹便便，回到大陸，購置必需用品不像在美國那麼容易呢。也有人戲謔地逗他們說：你們怎能習慣那邊的蹲廁呢？

無論是為了甚麼原因，沈平夫婦留了下來，只是二十多年後搬到香港去了。但另一方面，莫宗堅不理會眾人苦苦勸告，一九七二年他回國了。他把所有家當都丟在美國，就連車子也是，他要平價賣掉卻一時之間找不到買家。可是半年後，他就決定跑回來，或者他和其他人一樣，給貧困的生活環境還有微薄的收入驚醒了美夢。很不幸，當時在美國找工作也不容易，項武忠打電話給宗堅的論文導師舒里南·阿保洋卡（Shreeram Abhyankar），幫助他把原來的職位找回來，因此項跟我說他是莫宗堅的衣食父母。謝謝老天，我聽人家說，他的車子還停在那個地方，車身安然無恙，汽油和輪蓋還在呢。

我並沒有將全部時間花在卡拉比猜想上，我愛同時兼顧不同的研究計畫。在高等研究院那年，開始從事「極小曲面」的研究。簡略言之，極小曲面即是蒙在已知閉曲線上具有最小面積的曲面。你將一個圓形的鐵線圈放進肥皂水盆中，然後拿出來，形成的水泡膜就是極小的面。它具有最小的表面積，同時平均曲率為零，具備某種平坦的意義。

這個題目深具發展的潛力，尤其是幾何分析中的新手法將會大派用場。當時，人們主要用分析的角度看這問題，而幾何學者則聚焦於問題的幾何性質，兩者就如站在大山的對面，看到全然不同的景像。我想把兩者融匯起來，雖然前人早就有了少量偶然的嘗試，我卻想從事大規模而有系統的探究。

極小曲面的研究，最低限度也要追溯至十八世紀義大利數學家約瑟夫—路易・拉格朗日（Joseph-Louis Lagrange），以及十九紀比利時物理學家約瑟夫・普拉托（Joseph Plateau）。經過多次利用肥皂泡進行實驗後，普拉托提出，任何一條簡單的閉曲線，都可以蒙上一個極小曲面。這個著名的猜想，一直到了一九三〇年才被破解。

但這個領域之中，尚有不少有趣的、懸而未決的問題。就如微分法能幫助我們找到在曲面上兩點之間的最短路徑，它也能決定蒙在一既定閉曲線上的最小面積的曲面。由此可見，幾何分析能很好地套用於極小曲面的問題上。我在高等研究院的期間，前後在這問題上寫了好幾篇文章。

高等研究院的學年很短，四月就結束了。日子過得很快，到了一九七一年十二月，即還剩下幾個月的薪資可發時，我就要開始找明年的工作了。高等研究院提議我多留一年，那是很不尋常的，心感榮幸之餘，我還是謝絕了他們的好意，原因來自簽證。當時拿的是專門給學生臨時的F-1（非移民）簽證，可是要在美國永久居住和工作，我必須拿到綠卡。沒有綠卡，我會被驅逐出境，遣送回香港。從研究的角度看，這將會是大大的倒退。當時香港的研究環境，跟美國不可同日而語，兩年前我抓緊機會負笈柏克萊，也是同一原因。

可是另一方面，如果有了綠卡，我便要服兵役了。當時越戰尚在進行，友人楊健平正在柏克萊攻讀博士。他說從我的生日看，很可能要徵召入伍。我不肯定他知道自己在說甚麼，但這可能性使我擔憂。這場戰爭與我無關，而我也不知它有何意義，反正它不要惹我。在柏克萊聽過學生無數次高喊「滾，我們不會去！」這影像反覆在腦海浮現，雖然沒有和他們攜手遊行，但我和他們感同身受。

西門斯當時仍掌石溪的數學系，他答應替我辦好居留的問題，因此我決定一九七二年到那裡任助理教授。後來事情的發展使問題自然而然地解決了，一九七二年後期美國取消了越南的兵役，但我已經跟石溪簽了約，於是我去了石溪。

四月一日，在高等研究院的工作完結了。我把家當留在專為訪客而設的儲物區後，便飛返加州和友雲在一起。當時她仍然在加州大學聖地牙哥分校（UCSD）當博士後，我租了酒店的房間，當時房租並不算貴。她有閒時，我們便到海邊散步。她說我的駕駛技術不行，想法子幫助我改善，但是進步不大。她有工作在身時，我便跑到UCSD的數學系，和那裡的幾何學者泰德・法蘭高（Ted Frankel）和利安・格林（Leon Green）等人聊天，就這樣在聖地牙哥待了個多月。然後我跟友雲道別，跑回柏克萊探望陳先生和鄭紹遠，之後便飛回普林斯頓，收拾行裝，起程前往紐約。

石溪在長島的北岸，紐約市東約五十五哩。林秉芬開車從高等研究院送我去石溪，我把所有東西都塞進一部小型拖斗，然後繫上他的車。我們的路線要經過曼哈頓，秉芬說經過紐約，怎可能不去唐人街，於是我們便去了。拖車在擁擠的街道駛行，找地方停車，然後挪入狹窄的空間等等並非易事，但都很好玩，也是一次令人回味的送行。

到石溪後，我打算住在校外，因此不能沒有車子。東尼・菲利普斯（Tony Phillips）到現在仍在石溪，他幫我找一部舊車。我們在丹尼斯・沙利文（Dennis Sullivan，從麻省理工來訪）的陪同下，開車走了好大段距離，才找到一部舊的大眾方背（Volkswagen Squareback），車主開價八百元。車子看來不錯，但很快就不是了；第二天我在停車場內倒車，結果撞上石柱，把車尾碰壞了。這時想起友雲的話，她是對的，我的確要學好駕駛。

石溪沒有甚麼可觀的地方，文化氣息欠缺，有的只是吸引遊客的景點。除了一個商場、幾間店鋪和餐廳外，就乏善可陳。好處是方圓之內，沒有甚麼足以分心之處，是以能專心致志於數學。

我在校園不遠之處租了個一房的公寓，為了省錢，我把一半分租給一個從香港來的留學生，他就睡在沙發上。我們一起煮食，但就如在柏克萊的情況一樣，只能維持一段短短的日子。我的烹調技術幾年來並無寸進，東西如此難吃，室友只好取而代之，或者他視此為求生而迫不得已的行動吧。

飯我倒是能煮的，甚至有一個專用的電子鍋。每天煮飯吃，是那些日子中省錢的做法。西門斯後來在投資基金上賺了數百億，當時已經在股票市場上斬獲不少。他不時善意地開玩笑，取笑我的節儉，他笑說：「看看丘，又回家作飯囉。」

一九七二年底，陳先生休假期間，在紐約大學的科朗研究所訪問，有一天他來石溪看望楊振寧。諾貝爾獎得主楊振寧是石溪引入的第一位巨頭，擔任愛因斯坦講座。他是一九六七年到任的，不久便成為新成立的理論物理所的首任所長。我早聞其大名，但一直到一九七二年在石溪才見到他。

陳先生也來看望西門斯，他們合作的陳—西門斯理論對拓撲學頗有影響，同時也和量子物理有關。我開車送陳先生到這兒往那處，天曉得我的駕駛技術到這時已改進了不少。

星期五下午四時，楊振寧給出一系列有關於基本物理的公眾演講，和我一起聽講的有數學家霍華德．嘉蘭（Howard Garland），他是石溪的教授，比我早幾年在陳先生手下拿到博士學位。受到楊振寧演講的感召，他大為興奮，竟然問陳先生他可否轉攻物理。答曰為時已晚，無論好壞，今後他都只能與數學為伍了。嘉蘭遵從老師的話沒有轉行，最終成為一位不錯的數學家，以數學和物理之間領域的工作為樂。

我在石溪教書，第一班是初等微積分。和在柏克萊當研究生時的遭遇一樣，我又面對了同樣的困難，我的口音太重，學生聽不明白。第一個星期之後，班上的人數劇減，有的退選了，有的轉到其他組別去。到了最後，原來四十人的班，只有四個留下來。雖然如此，這四個學生到了期終考試，成績都好到不得了，他們高興得請我吃晚飯以示慶祝。經歷這次的磨鍊後，我算是通過教學的測試了。

那年，年輕的學者萊茵哈德·舒爾茨（Reinhard Schultz）來石溪給了一次演講，他剛在美國數學會的學報上發表了一篇論文，證明了一個十維的「怪球」必然擁有某種「連續」的對稱。怪球在拓撲的意義下等同於一般所謂的同維數的球面，但在更嚴苛的要求即「微分同胚」的意義下卻不等同。所謂「連續對稱」則可以圓說明之，維持圓心不變而轉動圓五度、三十七度或四百八十九度，圓形都不會改變，這便是連續的對稱，舒爾茨在怪球上找到的便是這類。而對一正方形而言，如轉動九十度或其倍數，正方形的形狀不會改變，但如轉動四十五度的話，形狀就變了，其中一角會成了尖頂，就像棒球場的內場一樣。是以正方形在連續的轉動下不對稱。

一般而言，我不會留意舒爾茨這類文章，只不過項武忠前一年在高等研究院曾跟我說過，他找到一個不具備圓對稱的十維怪球。雖然論文尚未發表，他高度讚揚這結果，說它將流傳後世，餘生也不需要再做甚麼了。舒爾茨接著發表了兩篇與此有關的文章，證明了圓對稱的存在。他的證明直接明白，看來是對的，我想來項武忠或許也同意吧，他的文章從來沒見發表。

這件事激起了我的興趣，記得希欽拿了博士後第一篇論文就是有關十維怪球的，我把希欽的結果應用到上述的問題上，證明了雖然怪球容納連續的圓對稱，但卻無連續的球面對稱。我拿結果和當時也在石溪的羅森討論，他提出了一些重要的意見，我們把所得匯合成一篇文章。這篇文章對我來說具有特殊的意義，是我首次把幾何、具體來說曲率，用於證明微分拓撲中的結果，其後我更利用卡拉比猜想，那是幾何上的構造，去證明拓撲學上的結果。與羅森合作的這篇論文，可說是這方面工作的開端，部分是由項武忠的炎炎大言激發出來的。

在石溪時，我仍然在卡拉比猜想上用功，時而代以其他題目，尤其是極小曲面，當然還有教學上的任務。法國的尚—皮耶・布吉尼翁（Jean-Pierre Bourguignon）一九七二年到一九七三年間在石溪訪問，我們試用不同的方法去構造卡拉比猜想的反例，不要忘記，一個千真萬確的反例已足以證明猜想不正確。

工作似乎進展得頗為順利，到紐約看陳先生時，我說差不多找到一個反例了。起初，他好像不明白我在說甚麼。經進一步解釋後，他對這些進展或可能的進展，並沒有表露絲毫興奮之情，他的反應如此冷淡，令我印象深刻。剛剛看到卡拉比猜想時，我正在柏克萊的數學圖書館蛀書，這個問題立刻把我抓住了，我有一種強烈的意欲，不管它對不對都要把它解決，我無法抽身離去。陳先生明顯無此感覺，他有他自己的興趣、自己關心的東西，但不知是何原因，他對這問題始終提不起興趣。

我總覺得，從莫瑞那裡學來的分析技巧，對破解卡拉比猜想會有很大的價值。在卡拉比猜想中出現的方程式是一條異常非線性的方程，前一年在高等研究院和現在在石溪，我的首階段重點乃是導出這方程解的「估計」（estimates），這並不是件易事。方程的解並不是個別的數字，它們是函數。即是說，它們本身也是種方程，你輸入一個數字，它便輸出另一數字。在目前的情況下，我們並不期望方程具有精準的解，即如用一個公式把函數清清楚楚地表達出來。我們希望做到的，乃是找到某些近似解，或一些估計，透過一步步地把估計精準化，最後使這些近似解收斂於一真正的解。

在研究某條重要的線性微分方程時，我得到了些估計，可以說是成功的開始，也是關鍵的一步，這種研究的路子，以後我繼續用了四十年。其中有一個估計特別令我自豪，於是拿給科朗所的路易・尼倫伯格（Louis Nirenberg）看了，他是研究偏微分方程的權威。哪知他也對這估計也感到陌生，為此我很高興，以他在這方面淵博的知識也沒有看過，那即是說，這是新的東西了。這個估計在幾何分析的很多問題都用上了，以後我花了不少時間來加強它的內容。

前面已提過，在石溪這年，我也花了工夫研究極小曲面，其中一篇分上下兩部分的論文給《美國數學學報》接納發表了。我當時不認為這文章多麼有價值，可它卻引起了某些人的注意，其中包括史丹佛的羅伯特・奧塞曼（Robert Osserman），他對極小曲面曾作過巨大的貢獻。奧塞曼對這論文和其他的預印本印象深刻，他邀請我於次年、即一九七三——一九七四年度到史丹佛去。好極了，史丹佛當時已經是著名的學府（現在仍是），而且我心儀的友雲會在一九七三年的秋天到那裡當博士後。我們已有兩年身處美國的兩端，她在聖地牙哥，我在紐澤西或紐約。我們終於有機會生活在同一海岸，實際上是同一校園。想到這，我不禁緊張起來，因為這是對我倆關係的考驗。

到史丹佛去，還有個乘便之處：我正在準備參加一個在當地舉行的微分幾何的重要會議，時間是從一九七三年的七月三十日到八月十七日，全世界重要的幾何學者都會出席，當然我也不會錯過這難得的機會。

汽車是加州文化的重要組成部分，正如沙灘小子（The Beach Boys）幾首流行曲所說的「雙門小轎車」（Little Deuce Coupe）、「我到處去」（I Get Around）、「在我車內」（In My Car）。在加州時也需要一部車子，換言之，我要開那部大眾方背橫過美國了。以在下的駕駛往績來看，這是個大膽的嘗試。幸好，西門斯的研究生項文潮對微分幾何有興趣，他也想參加會議，自告奮勇說可以一起開車。由於缺乏經驗，我跑到ＡＡＡ（美國汽車協會）拿地圖、買司機保險和旅行支票，頭幾天旅行支票就丟失了，幸好ＡＡＡ立即補發（這便是使用旅行支票的好處）。項和我選好了一條經過黃石公園和其他景點的路線，我們打算花兩星期才到加州，中間有充裕的時間觀光。

五月的某一天我們出發了，「看看美國」，正如戴安娜・索爾（Dinah Shore）在老雪佛蘭歌曲中高唱。對我而言，這是初次有幸欣賞美國的自然風光，在超過三千哩的車程中，可以感受到美國有多大。車子安全地完成了任務，只是有次輪胎在某處洩了氣，項替我換了它。

到史丹佛之前，先繞道柏克萊看望鄭紹遠。他剛結了婚，太太就是我們住在歐幾里得街時的鄰居。次天早上，我往數學系看伍鴻熙，途中給項武義招到他的辦公室。為了迎合他的口味，我告訴他自己近期的工作，利用微分幾何中的偏微分方程解決了一個拓撲問題。項武義不以為然，說結果顯而易見，用拓撲的方法便足以證明。同樣的偏見，曾出現在以後的研討班中。那次陳先生讓我主講，主題便是用微分幾何來解決純粹拓撲的問題。當時有五十多個聽眾，大家聚精會神聽我講一個新的用微分幾何研究群作用的理論。項武義站起來，說：拓撲學者不需要幾何學者來幫忙解拓撲問題，說罷就在陳先生和其他人的面前，拂袖而去。

於是，項武義在辦公室的黑板上勾劃他的做法，即是如何不用幾何去解決拓撲的問題，可是差不多過了一個鐘頭，還是沒有找到頭緒。他突然離開辦公室，說要上洗手間去，可是過了大半個鐘頭，還沒有回到辦公室來。我只好和伍鴻熙吃飯去了，此後未聞項再談此事。

抵達史丹佛時正值六月，即開會前的一個月，我租了一間在大學道的公寓，其實是某大宅的僕人宿舍，美中不足之處是它並無廚房。不久，陳先生和師母來看我，師母看見我把電煮鍋放在洗手間旁邊，便指著馬桶開玩笑說：這叫做量入為出！

公寓的缺點我是知道的，但我仍然喜歡它。不久，我便跟鄰家的華人夫婦和他們的子女混熟了。附帶一提，他們的女兒後來嫁給了我的朋友陳啟宗，他是香港商人，曾慷慨捐助哈佛和幾個亞洲我籌劃的數學計畫。

奧塞曼安排給我的辦公室在數學大樓的二摟，辦公室不大，但位置很好，尼奧・西門（Leon Simon）的辦公室就在隔鄰，西門來自澳大利亞，很快他便成了我的好友。他兩年前才從阿德雷德大學取得博士學位，史丹佛的系主任大衛・吉巴格（David Gilbarg）獨具慧眼，從遙遠而不那麼有名的大學中把他聘來了。西門和我一起擔任一位剛來的研究生的指導老師，孫理察（Richard Schoen）只比我少一歲。正是適逢其會，西門和理察都是名符其實的具原創性的數學家，和他們在一起可說是如虎添翼，我們三人合作無間，互相學習，採長補短。我深信以這小組為核心，緊密結合，不出數年，幾何分析就會正式成為一門學科，而非一己迷戀的空想。

很期待史丹佛的大會，那是一個真正國際性的大會，差不多所有做過一些和微分幾何有關工作的人都會出席。陳先生和奧塞曼請我做兩次報告，都是跟在高等研究院和石溪時做的極小曲面有關的。羅森則就我們關於怪球的工作做報告。在開會之前，很多事情都要想一想，為兩個報告作準備，又看看羅森如何講述我們的工作。

開會時，我聽了芝加哥大學的物理學家羅伯特・傑勒赫（Robert Geroch）做的報告，留下深刻的印象。他說到了正質量猜想，這是廣義相對論的命題，意謂每個孤立的系統，包括我們身處的宇宙，其總質量或總能量必須是正的。物理學者大都認為這是對的，但卻無法驗證之，傑勒赫相信幾何學者較具優勢去證明它。在場絕大多數的幾何學者對這問題興趣不大，但我卻一聽著迷。傑勒赫的問題並非遙不可及，只因它能完全化為幾何上的命題。即是說，當孤立的物理系統的物質密度為正時，則這系統源於重力的總質量為正。正的物質密度導至正的純量曲率（scalar curvature，純量曲率是曲率張量的一種平均值），而曲率正正是幾何學者一向重視的概念。我亦對曲率樂此不疲，故此隨即思考極小曲面理論中的技巧能否用到這問題上。我把這問題好好記住了，幾年之後果然有機會和理察一起研究它。

但在這次會上，卻發生了另一件令我一生難忘的事情。我跟好些人包括卡拉比、羅伯特・葛林（Robert Greene）、尼倫伯格、伍鴻熙等談到幾何時，對卡拉比猜想提出一些想法，我指出似乎可以構造出一兩個典型的反例。消息一下子傳開了，他們請我在晚飯後非正式地說一次。大約有三十人來了，包括卡拉比和他賓州大學的同事，房間充滿了期望，使我感到有點兒緊張，但我仍然充滿信心。講話進行了差不多一小時，過程很順利，沒有人找到論證中有甚麼漏洞，也沒人刁難我的論據，而且我亦從容地回答了問題。

到了研討會結束，大家都覺得我已經推翻了卡拉比猜想，於是各自散去。卡拉比和陳先生都認為我找到個很好的反例，卡拉比一點也不失望，差不多懸在心上二十年的大石終於放下來了，他的心情頓時輕鬆了。陳先生則說這講話是整個會議的高潮，我聽後十分受用。

會議在八月中結束了。我可以安頓一下，並準備史丹佛秋季學期的來臨。我繼續與西門和理察合作，亦開始認識系內其他人。我結識了代數幾何學者布魯斯・班尼特（Bruce Bennett），他是日本菲爾斯獎得主廣中平祐（Heisuke Hironaka）的弟子，本身也有一定的成就。他身材高大，異常健碩，有次硬把洗手間的門拆了下來，原因並非衝動起來搞破壞，只是急著要上廁所而已。路羅・奇果米德津（Garo Kiremidjian）和我同是系裡的後進，同樣研究複流形，因此有過不少有用的討論。

我亦花了不少時間跟鍾開萊在一起。鍾開萊是機率論的專家，他出生於上海，比我大差不多三十年。他喜歡在帕羅奧圖（Palo Alto）的公園散步，我也陪他走過幾次。散步時，他每每提到老一輩數學家的奇聞軼事，其中包括陳省身和華羅庚的競爭。我長於聆聽而不多言，因此跟他很合得來。

在這些故事中，鍾開萊對華羅庚每多溢美之詞，早年他曾隨華羅庚學習，而對陳省身則沒甚麼好話。從這些交談之中，再加上後來的四處打聽，我知道了陳華不和的部分原因，他們的交惡對整個中國數學界都有負面的影響，對我個人而言亦復如是。

根據鍾開萊講的故事，華羅庚是別人眼中的天才。他生長在貧窮的家庭，沒受過甚麼教育，光靠自學，竟破解了數學上好些難題。陳省身終究成就更大，但這是後來的事了。陳省身並沒有經濟上的困難，他父親是個法官，但華羅庚的父親只是個店員，家境並不富裕。一九四一年，中國政府成立了國家科學大獎，第一屆的得主是郭沫若和華羅庚。這個獎類似於美國的國家科學獎，由總統親自頒發。當時兩人住在一起，可以想像這是對陳省身的打擊。隨著歲月的推移，陳省身的憤憤不平或許愈來愈盛，因他從未得過這榮譽，而說故事的鍾開萊，其貢獻當然未堪與陳省身比肩，但也得了個銀獎。

陳華之爭，原來起自芥毫的差別，但隨著歲月而加劇。據在下觀察，紛爭容易形成，但難於化解。有時直到當事人皆不在世，紛爭都不見得消散。

鍾開萊為人怪僻，和系裡其他人相處不來。他和山姆・卡林（Sam Karlin）都是研究機率的，但從來不聞不問。雖然已經是教員，但我也去旁聽一些課。鍾開萊講布朗運動，我去聽了。布朗運動這現象源自分子的不斷運動，數學上是由愛因斯坦首先解釋的。

學期的期終考試之後，鍾開萊出了一道特別困難的題目，說誰做對了額外加分，有幾個學生於是加倍努力。在解題中，有需要引用拓撲上的某個命題，他們覺得應該是正確的。哈佛的安德魯・格萊森（Andrew Gleason）當時正在此間訪問，他叫學生去找卡齊米日・庫拉托夫斯基（Kazimierz Kuratowski）的一篇文章，他們果然從這文中找到了想要的東西。不久之後，學生便在課堂黑板上，向鍾開萊講解這道題，正當講到要引用這結果時，鍾叫停了他們，學生說是格萊森指點他們去找這篇文章的。「和我想的一樣」，他說了這話後，就憤憤然地離開了課室，把作講解的學生扔在那兒呆著。

在場目睹整件事的我目瞪口呆，難以相信鍾開萊對待學生如此冷酷（縱使他對我非常不錯）。毛里・賓姆生（Maury Bramson）那時還在史丹佛當數學研究生，他告訴我，主要就是鍾開萊這種傲岸的態度，使他決定離開史丹佛，到康乃爾完成博士學位的。

雖然已是教員，但我仍是「後生」，因此和研究生混在一起的時間，往往比其他教授來得多。我時常和賓姆生及系裡其他年輕人外出吃飯，雖然我們常常光顧的是月宮，但到了周末就會去北京園，那裡有「任你吃」的自助午餐。記得有一次，賓姆生一下子就吃光了五大盤，然後說未來兩天都不用再吃了（不過他回憶說「一天不吃東西就活不下去」。）飯店的老闆娘看見有人這麼欣賞她家的手藝，高興得很，竟不收他錢。

有次我在男洗手間小解，背後有人在說標準的粵語，我以為是鄭紹遠，當時他正在史丹佛訪問，但原來是一個叫大衛・貝利（David Bailey）的研究生，他是個摩門教徒，剛從楊百翰大學念完大學。貝利要通過外語考試，我作弄他，給他一份困難的文件翻譯。文件是用簡體字寫的，有別於傳統的中文，由於摩門學的是繁體字，因此簡體字卻比繁體字難搞。我以為貝利這次必會頭痛了，可是出乎意外，他翻譯得很好。

又有一次，我聽到他和另一位師兄的對答，他們就坐在我門外的沙發。貝利在研究某個數學問題，想知道寫出一篇高品質的論文後，如何在具審稿制度的學報上發表，因此向師兄求教。「做數學就像是和女孩子睡，」老大哥如此說。「第一次或許有點兒麻煩，但下一次就會順利得多了。」我不會這樣說，但師兄的話或許真的見效，貝利後來在數學界發展不錯，後來他轉到電腦科學，事業也同樣成功。

對我來說，在史丹佛的日子愈來愈滿意。我盡量找機會跟友雲見面，大家都有新的工作，都忙不過來，是以在一起的時間並不多。就算經過了四十年的婚姻，我們在做學問時還是頗為獨立的。在那個時候，我們的關係還未穩定下來，當時我的同事們都不認識友雲，更不知道我和她交往了。寫下數學方程式很容易，但傾訴心事卻很難，是以我們要過了這麼多年才能確定下來。這也可說是數學人的通病，或更合理說，是受數學吸引的那類人的特性，這些人和我一樣，對數字要比說話來得流利暢順。

在這期間，史丹佛數學系內大部分人，都盡量令我有賓至如歸之感。我第一次有了秘書，麥太太是個和藹的中國人，她替我打論文，大大的提高了工作效率。這時我仍然把絕大部分的時間花在數學上，但休憩的選項倒有不少。在校園散步，穿過整理得整整齊齊的校園，從來是偷閒樂事，放眼皆是棕櫚樹和起伏的山丘，而西班牙殖民風格的樓房，粉牆紅瓦，典雅美麗教人難忘。有時我們一起拋擲飛盤，或在辦公室不遠打乒乓球。要找人到外面吃唐餐也不難，此地中餐館的選擇遠比普林斯頓多。

總的來說，我在史丹佛過得很愉快，而史丹佛也很明顯地對我很滿意。只過了幾個月到了秋天，奧塞曼和系主任雷夫・菲利浦斯（Ralph Phillips）便勸我留下來，他們會給我副教授的位子，雖非終身職，但會在信上說明一年後便可拿到。

差不多同時，約翰霍普金斯和康乃爾都說要請我當副教授，我不知道他們如何知道我，但陳先生應與此有關。他和霍普金斯的周煒良是老朋友，周煒良來自上海，霍普金斯的條件不算很好，據我了解，副教授的位置一般是拿不到終身職的。另一方面，康乃爾的王憲鍾來自北京，陳先生是他的論文導師。康乃爾還有個自以為吸引的殺著，就是王憲鍾願意牽紅線，說可以替我找到一位中國姑娘共偕連理。但這對我來說並不算吸引人，因我已經心有所屬，雖然坦白地說，我不肯定在這條路上走了多遠。

雖然只在史丹佛過了數月，除了要在幾份不錯的工作中選擇外，一切頗為安穩。當前工作沒有太多的壓力，在史丹佛才剛剛開始，所以並不想很快便搬到別處去。我很想留下來，享受加州的生活方式，甚至放鬆一點兒，雖然我的字典中難找到「放鬆」一詞，這段日子中，精神壓力之低可說是前所未有的。

就在這時，一九七三年的秋天，收到卡拉比寄來的一封信，信簡短而措辭得體。八月聽過我的演講後，他一直在想這個問題，深思之餘對某些方面還感迷惘，他希望我把東西扼要地寫下來，好教他更好地弄明白。對我來說，卡拉比的信就如暮鼓晨鐘，把我驚醒了。在其後的兩星期中，我把所有事情都拋在一旁，廢寢忘食，不分晝夜地工作。我先把最強的反例找出來，然後開始導出矛盾，可是，在仔細檢視下並不成功。在最後一刻，當我把所有論據放在一起時，問題便出現了。於是試用其他反例，可是一個接著一個都出現問題。太抓狂了，我進入了寢食難安的狀態。當花的時間足夠多時，我漸漸意識到這樣做等於走進了死胡同。

花了兩星期去證明卡拉比猜想不對，結果弄到差不多要掛掉了。到了此刻，必須考慮這個希欽和我還有許多人都認為「好到難以置信」的猜想或許是對的。確是如此，過了一段日子後，漸漸相信它是對的了，於是我作了一百八十度的轉變，傾注心力去證明卡拉比說的沒有錯。我尚未知道要如何去證明它，但有一點卻一開始就明白不過，那就是，它不會是唾手可得的。

第五章——高峰挺進

一七四六年，加斯帕特・蒙日（Gaspard Monge）生於博納，法國勃艮第產酒區鄰近第戎的城市，他爸爸是個貨郎。蒙日從小就顯露出繪製建築物草圖的才能，還是少年的時候，他繪畫的一幅大型鉅細無遺的家鄉圖，引起了一位軍官的注意。在這位軍官的幫助下，蒙日進了法國北部的一所軍事學院。由於學校只為貴族子弟而設，平民出身的他並不能正式入學，只能在分隔開來的另一部學習繪圖和測量，這樣的安排並不能使蒙日滿意，他渴望能碰上一個能盡展所長的機遇。

一年多後，機會終於來了。當時正要建造一個堡壘，有人問他如何設計槍炮的位置，好使堡壘的守軍能避開敵人的炮火。蒙日利用自己創造的幾何方法，完成了這個任務，速度之快甚至引起一些人的疑心。但無可懷疑的，是他數學上的才能，蒙日由是遂能一展所長。

一七六八年，他開始教授物理和數學，並且研究偏微分方程，以及微積分在幾何上的應用。到了一七八〇年代，他在巴黎找到數學的教席，並著手研究一類特殊的非線性偏微分方程，這方程後來稱為蒙日—安培方程。之所以把安培的名字放上去，可能是反映數十年後，安培對方程的某些修訂。安德烈—瑪里・安培（André-Marie Ampère）是法國科學家，對電磁學有很大的貢獻，電流的單位安培就是以他命名的。（說「可能」是因為我不肯定安培實質作了甚麼貢獻，有時方程式會不知何解地附上某人的名字。）

蒙日的故事告訴人們，除了對數學本身的興趣外，數學事業的開展可以是間接或出乎意外的。這裡提到蒙日的原因，乃因卡拉比猜想可以由一條蒙日—安培方程表達出來。前面說過，這是一條非線性的方程，含有至少兩個獨立的變量，並且是「複」的，即是說，它和複數有關。對我而言，面對的挑戰是，除了一維的簡單情況外，沒有人曾經解過複的蒙日—安培方程。在卡拉比猜想中，我要求解的乃是高維空間上的複蒙日—安培方程，這是整個猜想的巨大絆腳石。卡拉比提出這猜想二十年來，工作的進展甚為緩慢，其因在此。

在史丹佛一九七三—七四的學年，我開始著手求解蒙日—安培方程。那時距離蒙日發現這方程已差不多兩個世紀了。可幸人們已經找到一些可使用的數學工具，而我自己也找到一些新的法子，這是蒙日當年不可能想像到的。我首先考慮在實數域上的蒙日—安培方程，它和曲面的曲率有關。實方程比複方程的處理來得容易一些，我邀請友人鄭紹遠合作。他當時在柏克萊，時常來史丹佛來看我。我的策略是藉著對實方程的研究，來加強對方程的了解，然後才對付比較麻煩的複方程。

也許是幸運之神的眷顧，紹遠和我不久即有所獲，我們解了一條在著名的閔可夫斯基問題（Minkowski problem）中出現的蒙日—安培型的方程。這個問題，以最簡略的言辭來說，就是要找出給定曲率的曲面。你或許已經猜到為何我對這問題感到興趣，自從四年前修了莫瑞的課後，我一直對幾何和偏微分方程的關係情有獨鍾。這亦是幾何分析發展的主要動力，我正在這領域中努力，開發耕耘，並與其他志同道合者如鄭紹遠、理察和西門等群策群力。

解決這類問題的策略，正如在上一章已經論及，在於尋求一系列的近似解，近似的程度愈來愈精準，以至最後能收斂至真正的解。我希望同樣的方法可以應用於複的蒙日—安培方程，從而破解卡拉比猜想。證明這方程存在解，建立了卡拉比所設想的具特殊幾何性質的空間的存在性。

一九七四年春天，陳先生邀請我到柏克萊演講。出生於俄羅斯的數學家米哈依爾·格羅莫夫（Mikhail Gromov）被視為當世最傑出的年輕幾何學者之一，他正初次訪問柏克萊，柏克萊待之為上賓。在六個月前，我曾和格羅莫夫有一次不甚愉快的經歷。那一次我用幾何分析的方法證明了某個空間具有無限的體積，格羅莫夫卻說我的證明一定不對。我並不能肯定他是否了解我採用的方法，無論如何，這結果經得起考驗沒有錯。

這次在柏克萊講的是另一主題，就是在幾何空間中的「譜」，即空間變形時產生的共鳴的、振動的頻率。原則上，它和敲打鼓面變形時產生的一系列頻率相似。格羅莫夫和上次一樣中間發難，宣稱我採取的研究路線根本不對。這次我的做法，就如上次爭辯中的做法一樣，非常倚重非線性偏微分方程，而格羅莫夫並非這方面的專家，或許他只不過是弄不清楚那證明，但他並沒有要求我解釋明白，而是嚷道我的理論有嚴重錯誤。

他對我說話的態度，好像我是個差劣的學生，沒有好好的做作業。在研討班上，他花了不少時間來表達對內容的不滿。講到底，據我揣摩，是他不認為幾何分析值得發展。他堅信任何幾何上的定理，都必須用直觀幾何的方法來證明，不能用拓撲或圖形解釋的方法都不理想，而我卻不這麼看，整個幾何分析正好建基於這信念：深入的幾何資訊，除了從拓撲或幾何圖形直接得到外，還需要加上大量分析的方法，尤其是新近發展的非線性分析的工具，並由其成果支撐。我也很希望從現代物理學和工程學上學習到新的工具和理念，四十年來的經驗，顯示這是正確而且豐富的想法。

這次研討班不算成功，格羅莫夫高聲不斷窒礙，它怎可能會好。不過，其後我把證明詳細地再講給他聽，並答覆了他一次又一次的問難，終於把分析的方法，化作純粹的幾何術語，闡明了上述空間有無限體積。他最後也釋然，對結果默然接受了。幾年後，他將我的幾何解釋應用於其他幾何問題上，他的追隨者甚至將這些結果冠上他的名字。

後來我和瑟斯頓也有類似但卻和諧的交流。瑟斯頓和我同時期在柏克萊當研究生，他在幾何和拓撲上揚名立萬。瑟斯頓看待幾何學，就有點像用細小的片片，如樂高般嵌成整個幾何的空間或流形，從而勾劃其內部的結構。我則採取差不多相反的做法，利用微分方程來開啟物體的內在結構和總體的拓撲。兩種理念非常不同，但卻殊途同歸。必須重申，瑟斯頓想得透徹而具原創力，他的論證不必時時詳盡清晰，但其意念卻對數學有深刻而長遠的影響。

從與格羅莫夫和瑟斯頓等人的交流中，我上了寶貴的一課。那就是，在幾何分析作為一種工具廣為人所接受之前，必須克服來自主流的幾何和拓撲學者的重重阻力。想深一層，所有新的方法，尤其是和已知迥異的，在成為潮流前莫不如此。對新事物保守的反應，一方面使新事物小心謹慎地發展，這是好事，但另一方面亦會阻慢其向前的步伐。

我並沒有讓這些挑剔破壞工作上的熱情，一切進展得很順利，可在個人方面卻遇到些少挫折。一九七四年六月，友雲原來在史丹佛當博士後，但她隨即在普林斯頓找到另一份博士後。普林斯頓的電漿物理實驗座落大學校園，是美國能源部的實驗室，對她來說這是份絕佳的差事。正常來說，我會替她高興，然而，這意味著我們不久之後，又要分隔在美國的兩端了。她很快便離開，駛著車子和她母親往普林斯頓去了。

一個香港的老朋友徐少達，出其不意來訪，還帶上他的女朋友，這使我暫時把苦惱拋開。他女友打算短期內回香港，正和他處於分手的邊緣。我們即興到優山美地國家公園一行，黃昏時就坐上我的車子出發，到山上已經很晚了。這次倉卒的出遊，正正是我們需要的，高聳入雲的山峯，令人呼吸屏息，神奇的力量使人精神超越，縱覽天下，耳目一新。此行如此美妙，少達和女友決定共訂鴛盟。

我為他們高興的同時，想到自己目前是孤身一人。我一如既往投身於工作，我早慣了長時間的工作，有時直至深夜，甚至在案前睡著了。這樣的生活方式，當然不利於呵護一段男女關係。不過，我現在孑然一身，手頭也不乏數學工作，供我消耗時間，燃燒思想，尤其是卡拉比猜想，早已令我沉迷而不知返了。

複蒙日—安培方程是卡拉比猜想的中心問題，在對付它之前，紹遠和我認為應先做些額外的工作。一九七四年，我們開始研究狄利克雷問題，彼德・古斯塔夫・勒熱納・狄利克雷（Peter Gustave Lejeune Dirichlet）是德國數學家。我們開始時並不知卡拉比和尼倫伯格也在研究同一問題。所謂「邊界值問題」，其基本思想可簡言如下：正如簡單的方程式的解是一點集如圓形或拋物線，更複雜的微分方程的解乃是曲面。狄利克雷問題提出：假如這個曲面的邊界已知，能否從

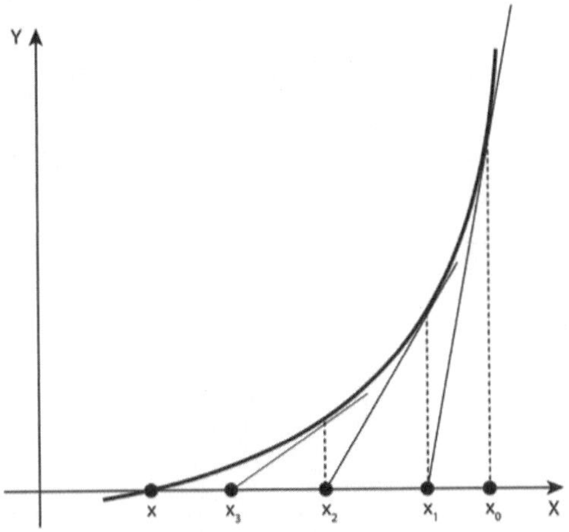

在狄利克雷問題或卡拉比猜想中應用的估計方法過於繁複，不適合在此描述。作為類比，底下介紹較簡易的逼近技巧，用牛頓法逼近實數值函數的零點，亦即該函數圖形和x軸的交點。我們從初始估值x_0開始，作函數圖形上過$x=x_0$的切線，與x軸交於x_1，以此類推，繼續得到x_2、x_3等點，這些點會愈來愈接近於零點x。（繪圖：顧險峰和殷曉田）

此確定曲面內部每一點的位置，使這曲面滿足給出的微分方程？標準的方法是，正如上面已經提過，利用一連串的估值和逼近，最後得出滿足這偏微分方程的函數。

尼倫伯格已安排了在一九七四年溫哥華舉行的國際數學家大會上，作一小時的主題演講，題目正是他和卡拉比對這個狄利克雷問題的解答。但是，陳先生告訴我們，卡拉比和尼倫伯格在他們流通的預印本中，發現了一個錯處，於是問題頓成懸案，成為眾人注目的難題。

我告訴陳先生，紹遠和我很有信心已經解決了這個問題。當時，尼倫伯格正打算一九七四年春來訪柏克萊，陳先生於是安排我們四人在路易餐廳共進午餐，餐廳座落在離金門大橋不遠的沙灘上。在見面前一晚，紹遠和我小心翼翼地把證明檢查一遍，確定不要犯錯。尼倫伯格是偏微分方程的權威，我們不想犯錯令自己尷尬。我們找到論證中的一個錯誤，幸好在凌晨二時改正了。吃飯之前，我們向尼倫伯格說明我們的解法，他覺得看來十分合理，紹遠和我都很開心，但晚上再看時卻發現了更多漏洞，這些漏洞令人沮喪，但同時亦使我們對這類方程有了更進一步的了解。六個月之後，我們終於想出補救漏洞的方法，並最終解了一個比較弱的狄利克雷問題。十年之後，尼倫伯格和其他人一起解決了狄利克雷問題的一個強的版本。

不過，這次和尼倫伯格在舊金山的會面，倒在另一方面發揮了作用。同年較早一點時，奧塞曼推薦我為斯隆學人（Sloan Fellow），這是對年輕助理教授的殊榮。斯隆學人可以在任何學校訪問一年，薪水由斯隆基金資助。開始時，我計畫利用這身分到普林斯頓，藉此機會和友雲再聚，重新開始，甚至更進一步。

我寫了封信給項武忠，他當時剛從耶魯轉到普林斯頓，問他我可否在普林斯頓以斯隆學人的身分至少待上半年。幾天後，他告訴我數學系並沒有足夠的辦公室。事隔多年，人也比較世故了，知道項武忠和其他人如果願意我來，辦公室總是可以找到的。我寫信給系主任可能有不同的結果，但已經太遲了。依靠相識的人是個錯誤，因你不知道他是否歡迎你。（不無諷刺地，幾年後情況完全改變了。普林斯頓的系主任請項武忠打電話來，說要請我去當教授。我當下推卻了，那不是報復，只是當時還不是去的時機。）

幸好，尼倫伯格毫不猶疑就說，我應該在一九七五年的秋天訪問紐約大學的科朗所，那兒距離普林斯頓不遠。尼倫伯格對我到曼哈頓一事十分熱心，午餐快完時，事情也差不多敲定了。

當狄利克雷問題（弱形式）告一段落，我立即向卡拉比猜想發起進攻。我的策略很直接，就是把從實蒙日—安培方程學到的東西，盡量套用在複蒙日—安培方程上。紹遠對做複幾何的興趣不大，這時就鞠躬退場，轉戰他感興趣而又更熟悉的題目去了。附帶一說，他也會到科朗所去，我們還有機會在那兒聚首，並且一起為幾何分析這門新的領域增添磚瓦。

一九七五年八月，我到了紐約。這次紐約之行對我還有個好處，斯隆學人是不用教書的，我可以全心全意地破解卡拉比猜想和其他數學難題。

我一心要充分利用這個機會，然而首要的事，卻是在曼哈頓找一個落腳的地方。那兒租金很貴，一個單身的公寓，月租最少也得二百元，這不適合我的預算。幸好，于爾根·莫澤（Jurgen Moser）伸出援手，莫澤曾當過科朗所的所長，也是陳先生的朋友。他的朋友在泉水街租了一間租金管制下的公寓，月租只需五十元，簡直妙極了。莫澤可沒有權力把公寓租出，因為租約上不是他名字，所以他囑咐我不要跟房東接觸。剛巧那房東是個不通曉英語只講粵語的華人，我當然能講粵語，但卻要假裝一句也聽不懂他說的話。如果公寓出了甚麼問題，我只管跟莫澤說，他會把問題弄妥。莫澤願意為一個可說是萍水相逢的人這樣做，可見他仗義之心。

科朗所給我如此理想的工作環境，然而，我到那裡而非其他地方的主要目的，卻是要親近友雲。她離開史丹佛已差不多十五個月了，我們之間沒怎麼聯絡。如果要與她約會，帶她到校園外的地方去，車子是必須的。可是很不幸，我當時沒有信用卡，而在紐約租車子非信用卡不可。我請史丹佛替我開了證明，說我是史丹佛的教員，現正在科朗所訪問，但租車公司依然不為所動。

我不禁慌起來了，沒有車子，跑到東岸來，整個陪伴友雲的計畫都要泡湯了。幸運地，我遇上一位舊同學，他在紐約的旅行社工作。他告訴我有一種低廉的「租輛破車」的地方，只要拿出一筆較高的押金，便可以租部車子。租來的車可勉強開動，外表平平，但也夠用了，畢竟我的選擇不多。

車子雖殘破，但開到普林斯頓絕無問題。我盡量抽時間去看望她，她做研究忙得不亦樂乎，而我心中常記掛著卡拉比猜想，工作一直在進展，雖然還未到達攻頂的時刻，但可行的攻頂路線已漸漸露出眉目了。

為了對付這條關鍵的複蒙日—安培方程式，我把整個證明分拆成四個不同的估計，那就是所謂零階、一階、二階和三階估計。前面說過，蒙日—安培方程的解是個函數，我們要做的乃是找出對這函數的界，說明它沿正的方向不能太大，沿負的方向不能太小，即是說，該函數不可能變成無限大。零階的估計說明函數的極大值能夠達到，一階估計則給出函數一次導數的大小，具體而言，必須證明一階導數的絕對值不會變得很大。換句話說，函數本身的振幅不能過大。類似地，二階估計有關函數的二階導數的最大絕對值，我們需要證明它是有界的，即一階導數不能有快速的振動。同樣的想法可用於三階或更高階的情況。這些高階的估計提供了函數如何變化的訊息，如變化有多大和多快等等。

一九七四年時，我已經知道如何處理三階估計。到了一九七五年的夏天，我要到紐約前，成功導出了二階估計。在科朗所這幾個月，在概念上想通了，原來有了零階和二階估計，就可以推導出一階的估計。換句話說，整個證明就剩下一個估計，即零階估計。我只需要證明函數不能變得太大，即它的極大值不能超過某個既定的常數。到了這一步，這個複雜的猜想，原來只有少數數學家明白的難題，一下子變成了一個看似水到渠成的命題了。可是，要建立這估計，即是在函數上面找到一個隱藏的天花板，實際上並不好辦。

在紐約逗留期間，這個最後的障礙一直無法跨越。不過，失之東隅，收之桑榆，紹遠和我在另一方面卻成功了，我們解決了高維的閔可夫斯基問題。其實早在年初，在這問題上已有些進展。莫澤知道我們的工作後十分興奮，反正科朗所的人，看見所中有人解決了某些難題，都會興奮莫名。他請我們在研討班上作了報告，大家的反應非常不錯。

可是不久之後，就知悉蘇聯幾何學家阿力克斯・普哥理諾夫（Aleksei Pogorelov）獨立地解決了同樣的問題，他採用的方法跟我們的完全不一樣。他的文章比我們的早問世，不過那是用俄文寫的，而且發表在不甚著名的學報上，所以我們並不知曉。我們的論文縱然不是首出，但它並非多餘之作，除結果本身外，其中所用的方法很重要，後來也用於解決其他問題上。

且說一些數學之外的事吧。在紐約這三四個月是非常愉快的，在科朗所跟艾里克・貝德福德（Eric Bedford）交上朋友，他剛從密西根州拿了博士，他教我如何搭地鐵。我們在這城市到處逛，邊走邊談複蒙日—安培方程，他正在研究這類方程式，但手法卻和我偏重幾何的截然不同。

每天從蘇活的公寓，穿過格林威治村，走向科朗所是很好玩的一程，途中不乏有趣而出乎意外的景況。例如，好幾天都經過一部停在泉水街的車子，開始時車子外觀無恙。可是一天後，車胎就不翼而飛了。再過了幾天，車身所剩的東西愈來愈少。到了最後，整部車子就不見了。原來的位置給停上一部簇新的車，大家都不知它能待在那裡多久。

小義大利距離我的公寓很近，節慶的活動多得很，我很愛看。空閒時我常和紹遠、他太太和他們的幼兒小兵在一起，我抱著小兵和他們一起在唐人街或其他地方閒逛（小兵後來在哈佛作了我的研究生，二〇〇四年拿了博士。）鄰近唐人街是美事，一方面有五花八門的餐廳可供選擇，另一方面也可以在書店中瀏覽書籍。到了週末，我便到普林斯頓去看友雲。總的來說，在紐約的日子是頗為適意的。

可是，到了十二月底，我便要返回加州。我陪友雲飛往洛杉磯，到大型科技公司ＴＲＷ（後為諾斯洛普．格魯門〔Northrop Grumman〕吞併）面試，面試很順利，不久便被僱了。

面試過後，友雲回到普林斯頓，而我則返回史丹佛，繼續埋首於卡拉比猜想之中，我意識到破解已近在咫尺，峰巔已經在望，只差跨過最後的障礙，只要再堅持一下，就能登上頂峰。

不過，另一件事也時刻記掛在心上。一九七六年夏天，史丹佛春季學期過後，我到普林斯頓看望友雲，此行的目的就是向她求婚，這距離柏克萊圖書館那刻骨銘心的一瞥已有五年半了。在這段不短的日子中，我倆的關係有起有落，但足以告慰的是，她答應了。我們正式訂婚，弟弟成棟從石溪來到普林斯頓，我們一起吃晚飯慶祝。

友雲不僅答應了我的求婚，她也接受了ＴＲＷ的工作，工作從年秋天開始，即是說，我們要搬到洛杉機去了。為了此事，我接觸了ＵＣＬＡ的朋友、幾何學者羅伯特．葛林，說希望到那裡訪問一年，我的斯隆學人足以支付秋季學期的薪金，希望大學能支付冬天和春天兩個學期，我可以教書。葛林說這事容易辦，這樣友雲和我便可以在洛杉磯住在一起了。她知道我這麼快就把事辦好之後很驚訝，要知道，那段日子找教書的工作並不容易。直到如今，我還是很感激葛林的幫忙，UCLA的工作環境很理想。

我一直留在普林斯頓，到了七月初，友雲和她實驗室中的同事告別。我們收拾行裝，和她爸爸媽媽一起，打算作一次橫跨美國之行。第一站到了首都華盛頓，正趕上慶祝美國立國二百周年的國慶煙火表演。當時和百萬群眾在一起，很多人滿懷激情，歡呼喧鬧，我們欣賞了國家廣場的煙火，華盛頓紀念碑和國會山莊成了璀璨煙火的背景，更形壯觀。

接著，我們開車去了波士頓去探訪友雲的表姐，她的丈夫剛剛過世。這是第一次到這個城市，覺得挺不錯，沒想到不久之後會以此為家，至今生活了三十多年。

接著我們在紐約州的伊薩卡停下來，去看友雲的另一位表親。之後我們便開始橫跨的旅程，路上觀光不絕，友雲父母目不暇給。我們到了黃石國家公園，沿著洛磯山脈向南到了大峽谷，之後我們在亞利桑那州的弗拉格斯塔夫市上了四十號州際公路，一直開到加州的巴斯托市，然後轉上十五號州際公路到達洛杉磯。沿途風景極其壯觀，當時正沉醉於愛情的甜蜜之中，嚮往著未來的婚姻，心情尤覺興奮。

然而，在差不多整個旅程之中，我的心思卻悄悄地移向數學。在駕車時，我想到一個拓撲學上的古老難題龐卡萊猜想，至今沒有人能找到解決它的途徑。原來的龐卡萊猜想和如何在拓撲上刻劃球面有關，猜想斷言任何「緊」的三維曲面（或流形）在拓撲的意義等價於球面的條件是：在這曲面上任一閉曲線能在連續的變形下縮成一點。所謂緊是指這曲面只占著有限有界的空間。滿足上述條件的曲面叫「單連通」，或是說，它不像甜甜圈般，有一個或多個的洞。依照這樣的定義，猜想可以這樣陳述：是否每一個緊而單連通的三維曲面在拓撲上等價於球面？這猜想看起來不是那麼難解，然而自從一九〇四年提出後，一直沒有多大的進展。

大家或者以為我會把精神放在卡拉比猜想上，畢竟這猜想占據了我的心思好多年了。我對它特別關注，乃因它較為普遍，而且能幫助人們找到一大類未知的流形。但我一直喜歡同時考慮幾個題目，當一個題目過不去時，便可以轉到另外一個去。如果這些題目具有某些共通之處，那麼從某題目中得到的新想法，或許可以應用到原來的題目上去。

況且，解決卡拉比猜想關鍵的零階估計，需要用紙和筆做大量的計算，試問雙手放在駕駛盤的我，如何能安全和有效地做計算呢？這就是我選一個較思考性題目的原因，龐卡萊猜想是個好的選擇，這樣我腦子中負責數學的部分就不用閒下來了。具體上如何求解這個猜想還有待探索，或者，目前能作的是幻想一番。這樣，至少在路上也有些思想性的東西可做。

這次從普林斯頓到南加州的長途旅程，我們總共開了四千多哩的車。在整個旅程中，心中總離不開龐卡萊猜想（在第十一章中會詳細談及）。很遺憾向大家說並沒有突破，但我相信幾何分析會在其中發揮作用，未來的發展將會印證我這想法。

七月中我們到了洛杉磯，我們租了一個三房公寓，同時也在找房子，時間並不多。我們的婚禮已定在九月初，必須在這個大日子前找到。不久，我們在聖費爾南多谷、以前是農區的色普爾維達（Sepulveda）找到一個地方，那裡離海頗遠，到UCLA開車也要花些時間，交通順暢時需半小時。但交通順暢和洛杉磯兩詞是很難共存的，故此一般要超過一小時，而友雲要到在列當度海灘的TRW上班，時間還要長一點。當然，如果能找到更方便的地方就好了，可是這間首置的房子是我勉強能負擔、而又能提供所需設施的唯一選擇。

然後我們就忙得一團糟了，在一個月多一點日子中，既要收拾新房子，又要籌備婚禮。我開車到處走，購置舊家具和其他基本用品，而友雲則準備她的新娘禮服及其他婚禮上的有關事宜。她的父母和我們在一起，我母親和弟弟成棟則在婚禮前十天左右到達，母親從香港飛過來，而成棟則從哈佛來。他幾個月前在石溪取得數學博士學位，現在在哈佛當班傑明—皮爾斯講師。

婚禮於一九七六年九月四日舉行，隨即和親友午宴。事前跟陳先生說了結婚的事，因為將會從簡，沒有想過他會出席，結果他和師母都來了，我十分高興。友人羅伯特・葛林和班尼特也來了，還有母親住在加州的表親和她丈夫。

友雲和我原先計畫到聖卡塔尼那島渡蜜月的，但我們低估了洛杉磯的交通，結果趕不上渡輪，只好去了聖地牙哥。那兒也不錯，我們享受了一段美好的時光，但時光很短暫，兩天後便要上班了。

回到研究工作上，一如既往，感到十分興奮。由於友雲和我、她父母和我母親全住在一起，難免有些磨擦，工作頓時成了我的避難所。我盡量把自己關在書房，把全副心血都傾注在卡拉比猜想上，一兩個星期之內，零階估計完成了，於是整個問題亦解決了。我如釋重負，十分高興，但也驚詫最後的那幾步比預期順利。

別人問我花了六年時間，斷斷續續地工作，最後證明了猜想有何感想。也不知為甚麼，也許是父親精神的感召吧，我想到五十年前去世的學者王國維。王國維擷取宋詞的片段來描述成就大事時的三段經歷。開始時，「昨夜西風凋碧樹，獨上高樓，望盡天涯路」；其次是，「衣帶漸寬終不悔，為伊消得人憔悴」；到了最後，「驀然回首，那人卻在，燈火闌珊處」。

這三個段落，簡潔而又富詩意地概括了證明卡拉比猜想時我的心路歷程。首先，要找到一個制高點，對整個問題有了通透的理解，然後不眠不休、廢寢忘餐地工作，最後，靈光一閃，突然看到了完成證明的途徑。

或是由於王國維的文章，又記起宋詞的另一名句：「落花人獨立，微雨燕雙飛。」它精確地捕捉了解決卡拉比猜想之後我的心情。句子描寫的，乃是暮春園林的情景。這個意像出現在腦海之中，乃因解決了這數學問題後，不知何故令我對大自然有了一種新的認知和感受。想到這句子，感受與自然契合，正如飛行中的雙燕般二合為一。

這只是在感性的層面上而言，在理性的層面上，我還未能完全說勝利。三年前曾錯誤地證明猜想是不對的，這次不能重蹈覆轍。我用上了四種不同的方法，小心翼翼地把證明檢查了一遍又一遍。我跟自己說，如果這次再錯的話，就放棄數學改行，就是養鴨也行。我也找別人替我看，一份文稿寄了給卡拉比，又接著安排去賓州大學訪問。

UCLA的同事吉賽克爾早在高等研究院的時候便認識了，他告訴我哈佛的代數幾何學家蒙福德要來演講，我開了兩小時車到加州大學的爾灣分校他演講的地方。聽傑出學者的演講，雖遠也值得。蒙福德講的主要是一條在代數幾何中出現的「不等式」，數學中所謂不等式是指某項小於或大於另一項。原來的不等式是約十年前由萊頓大學的安東尼奧斯・凡・德文（Antonius van de Ven）提出的，但蒙福德特別提俄國數學家費多爾・保哥摩諾夫（Fedor Bogomolov）最近有關的工作。

聽著聽著，突然發覺曾見過這不等式，就在最初嘗試反證卡拉比猜想時，可以肯定它可以表達成蒙福德寫出來的樣子。演講後，立即就跟他說，我能證明他提出來的東西。但我很肯定他並不相信，我太年輕，而且在代數幾何界又寂寂無名。回家後，遂把計算重新再做一遍，發現一模一樣的不等式，在構造卡拉比猜想的反例時確實出現過，現在猜想的正確性建立了，則其推論也是對的。這意味著我證明了蒙福德提出的不等式，現在這條不等式通稱為保哥摩諾夫—宮岡—丘不等式（Bogomolov-Miyaoka-Yau inequality）。關於這不等式還有一個未解決的問題，就是當式中的不等號變成等號時會是甚麼情況，我的證明能夠說明在甚麼情況下才能有等號。等號的刻劃又能導出另一個著名問題的答案，這個問題可追溯至一九三〇年代，稱為施維里（Severi）猜想。

第二天，我寫了封信給蒙福德，把論證說了一次。他把這信給同事菲力・葛理菲斯（Phillip Griffiths）看了，兩人都覺得論證合理。破解的消息傳得很快，開始時，大家對不等式和施維里猜想的興奮程度比對卡拉比猜想的還要高，縱使我反覆指出卡拉比猜想是更重要的結果。

葛林在UCLA的辦公室就在我隔壁，他和數學界許多人一樣很讚賞這件工作。由於工作就在他的學校完成，他就更加興奮了。但是，好些代數幾何學者卻對兩個代數幾何上著名的猜想同時破解並不高興，因為我並未用到任何這領域中的標準方法。但蒙福德和其他人不一樣，他思想開放，兩年後哈佛要聘請我，部分原因或許在此。

這件工作使我一夜成名，至少是聲望高了，各種機會接踵而來。麻省理工的艾沙道爾・辛格（Isadore Singer）這時候問我可否從十一月開始到麻省理工訪問一個月，那時我仍然拿著斯隆學人獎，不用教書，於是接受了他的邀請。

到麻省理工前，稍停在費城看卡拉比和其他人，把證明詳細演示一次，系裡的傑里・卡斯丹（Jerry Kazdan）作了一份詳細的筆記。令人失望的是，在我不知悉的情況下，他把筆記給法國數學家蒂埃里・奧賓（Thierry Aubin）看了。奧賓曾獨立地證明了卡拉比猜想的一個特殊情況，但有了卡斯丹的筆記之後，他便宣稱證明了這個猜想。幸好卡斯丹把事情講清楚，在一篇公開發表的注記中，說明他在「一九七六年十二月在一場演講中，知道了丘解決卡拉比猜想的方法，並做了詳細的筆記。然後在與奧賓一起主持的討論班中討論了筆記，並做了適當的推廣」。這樣一來，卡斯丹避免了可能由此衍生的令人煩厭的爭論。

跟卡拉比談完之後，他說證明看來很不錯。卡拉比是卓越的幾何學家，但卻不是偏微分方程的專家，他提議不如一起找尼倫伯格談談。我們三人都有空的日子，竟是聖誕的正日，於是約好那天在紐約見面。卡拉比宣稱他一生中只有這一次聖誕日有工作在身，縱使他和尼倫伯格都是猶太人。我也從來不過聖誕，我們三人能夠在這一天會面，其因在此。

在費城短暫逗留後，便去了波士頓，中間在紐黑文的耶魯停了一下。辛格雖然是請我去麻省理工的人，但他當時卻有些私人事務要處理，常常不在波士頓，因此在停留期間，我們只見過一次面吃晚飯，但這次晚飯卻有意想不到的後果。辛格當時正和阿蒂亞和希欽（在高等研究院的朋友）合作，研究楊—米爾斯方程的特殊解，這些方程在粒子物理學中很重要。辛格十分重視物理和數學的統一，我也受到他的影響。幾年之後，也著手從事研究楊—米爾斯方程的解了。我和凱倫・烏倫貝克（Karen Uhlenbeck）在這方面的文章被認為是代數幾何中舉足輕重的工作，那要感謝辛格給我指對了方向。

除了和辛格吃了一頓飯外，在麻省理工基本上是一個人過，周圍也沒有甚麼幾何的專家。他們給我一個小小的公寓，到系裡只是步行的距離，我花了大部分時間把卡拉比猜想的證明寫出來。雪愈積愈深了，從窗口外望，景色很美。文章寫完後，我打算把它投到科朗所出版的《純粹和應用數學通訊》（Communications on Pure and Applied Mathematics）。莫澤、尼倫伯格和其他的科朗人對我一直很好，故此把文章投到那裡以示謝意。我亦完成了一份簡短公報，略去技術細節，刊登在一九七七年的《國家科學院通訊》（Proceedings of the National Academy of Sciences）上。陳先生是國家科學備受尊敬的院士，我的文章是經由他送出去的，份量自然有所提升。

哈佛從麻省理工沿著路往下走一哩半便到了。他們請我給卡拉比猜想的證明作一系列的報告。哈佛的人，包含蒙德福、葛理菲斯、廣中平祐、訪問學者安德葉・托多羅夫（Andrey Todorov）等，除了事務纏身的辛格外，似乎都比麻省理工的人對卡拉比猜想更感興趣，所以我逗留在哈佛的時間更多，哈佛甚至請我在麻省理工結束後到那裡再待一個月。

我仍然記得在稍後時間發生的，和代數幾何學者廣中平祐一段有趣的對話，談及亞裔在美國從事數學研究的情況。生於日本的廣中平祐，一九七〇年在哈佛時拿了菲爾茲獎。他指出：「亞裔在美國好的大學拿到終身職，要比在二流大學拿終身職來得容易，因為在二流大學裡，研究不是排在首位的，工作的升遷和其他因素有關，例如高球。」對於從未拿起一枝高球桿的我來說，這話令我鬆了一口氣。只要在自己的專業上出類拔萃，就不用靠運動上位了，運動恐怕永遠不會成為我的強項。

已說過了，我喜歡哈佛，尤其是數學系內同事的融洽令人羨慕。聖誕快來了，我前往紐約和卡拉比、尼倫伯格赴那命運攸關的約會。那天雪不停地下，除了中間到唐人街吃飯外，我們整天都在尼倫伯格的辦公室內，把證明再次推演。聖誕日只有唐人街的飯館還照常營業。到了天將黑時，我的證明猶是屹立不倒，大家都沒有發現任何漏洞。卡拉比和尼倫伯格說他們會再小心看，但至今都沒有發現任何問題。

上面說過，證明卡拉比猜想的簡略版本發表於一九七七年，而詳盡的版本則見於一年之後。那整整一天長的聚會確立了證明的真確性，卡拉比宣稱那是他一生最美好的聖誕禮物，我也有同感。一九七六年就借此這美好的音符作結。除了一事，睽違了二個月，我十分掛念友雲，是時候回到洛杉磯，在溫暖的南加州陽光下與她重聚了。

也許值得再回顧一下，卡拉比猜想的證明成就了甚麼。首先，它說明了非線性偏微分方程和幾何學結合起來，會產生很好的效果，過去幾年努力工作，即是基於這樣的看法。其次，證明了一大類由卡拉比猜測的多維空間的存在性，這些空間具有種種特殊的屬性，是以前從未發現過的。最後，證明不僅找到無物質時愛因斯坦方程的一個解，而且是迄今所知最大的一族解。

從一九一五年愛因斯坦發明廣義相對論開始，正如物理學和電腦專家安德魯・漢森（Andrew Hanson）所言：「我們一直努力尋找滿足這條複雜方程的流形，或所謂愛因斯坦空間。多年來，求解並不是容易的事。但現在，奇妙而簡明地，一下子在任意維數上都找到了。它們很多，甚至可能有無限多個，每個都滿足愛因斯坦方程。」

有時候，一條定理的證明標誌著一個篇章的終結。舉例來說，大數學家希爾伯特於一九〇〇年提出的「希爾伯特第五問題」，到一九五二年便完全解決了，其中哈佛的安德魯・格萊森出了不少力。整個證明牽涉及不少精妙的步驟，但它沒有誘發新的研究，反而把這領域中大部分有趣的問題都解決了，接著可做的事情並不多。

打從一開始，便知道卡拉比猜想不一樣，因為它連通著幾何學的某一區域，深入而又寬廣。這猜想的破解打開了一個缺口，帶我們走進了亟待開拓的數學領域。這並不是一廂情願，而是基於我證明的方式。回憶一下，開始時我嘗試構造反例來說明猜想不對，但如果猜想是對的，事實上也證明了，那麼這些反例也是對的了，於是它們都各自成為定理了。是以我在證明猜想的公報中，也附上了五條在代數幾何學上有關定理的證明。其中最重要的結果，上面講過，乃是懸空超過四十年的施維里猜想的證明。此外，五、六條代數幾何中沒那麼重要的問題也解決了。總而言之，曾經視為「好到難以置信」的猜想，其結論竟比原先認為的還要好。

這還不是整個故事的全部，我心中深處有種異常的感覺，覺得卡拉比猜想及其證明，除了和愛因斯坦的廣義相對論有關之外，還和物理其他方面有著重要的聯繫。我對這種聯毫無頭緒，只是堅信一定是有的。過了整整八年，物理學者才找到這種和「卡拉比—丘定理」的聯繫，但這等待是值得的。

第六章——故里難通

少年時最喜愛的小說是《紅樓夢》，相信和我有同感者不乏人在，一般都認為這是中國文學中最偉大的小說。曹雪芹於十八世紀中開始寫作這書，可能於一七六三年他死後由別人續成。紅樓夢訴說賈府的興亡，逐漸蹇澀的命運平行於清王朝的衰敗。這是一部浩瀚的長篇，在五卷一百廿回幾千頁中，主流和支線互相交織，構成極度繁複的畫卷。我從十歲開始閱讀這小說，被書中對十八世紀中國人生活和社會的描繪所深深吸引。

我為這鉅著的愛情主線感動的同時，也對它描寫的階級衝突有切膚之感，當時家道正在中落，但自命書香世代，當居貧而志堅。當時意想不到的，卻是這小說的結構，後來竟然影響了我對數學的看法。書中情節千絲萬縷，角色層出不窮，要花時間和眼力，始能把情節和人物連繫起來，形成紛沓而又渾成的整體。

我看待數學，尤其是幾何分析便類此。到了一九七七年，我已證明了好幾條定理，往後更多了幾條。大部分定理看來彼此之間並無關聯，然而漸漸可以看出，幾何分析中有某種結構，能夠把這些不相干的定理連繫起來。其實，整個數學領域亦復如此，數學有很多不同的分支，乍看之下毫無關係，但當你站得足夠遠再看，就會知道它們都是一棵大樹的各部分，就如紅樓夢中賈府各人的宗譜關係一樣。我努力思考，希望對整棵數學大樹有整體的認識，同時亦專注於幾何分析這剛發芽的新枝，它正從微分幾何這更粗更長的老枝中冒出來。

說到這裡，還未提到自視為最重要的成就，即卡拉比猜想的證明及由此導出的若干定理。總體來看，它們是幾何分析第一場勝仗，充分地表明了新方法的潛力。

上世紀五〇年代，日本數學家小平邦彥等人，發展了利用線性微分方程來解決幾何難題的方法，小平參考了前人，包括赫爾曼・魏爾（Hermann Weyl）和威廉・霍奇（William Hodge）的工作，其他人如阿蒂亞和辛格等接著亦作出了極重要的貢獻。我則提出利用非線性微分方程，使以往線性方法束手無策的幾何難題，看到破解的曙光。

總的來說，幾年以來，我的努力提升了幾何分析的地位，激勵了其他研究者利用幾何分析去解題，或至少認真地考慮如何去運用它。開始時，我和一些志同道合的友人埋頭苦幹，待得到了一些有意思的結果後，捲入的人便愈來愈多了。

其中一項富有成果的合作，純粹出於一次偶然的相遇。一九七六年聖誕日，在紐約見過卡拉比和尼倫伯格後回到加州，在UCLA數學系意外地碰上威廉・米卡斯（William Meeks），一個早在柏克萊就認識的朋友。我們聊了一回，很快便發覺大家都對極小曲面甚感興趣，於是有了合作的打算。

米卡斯在講授三維流形，先去了聽他的課。課上他提到德恩引理，立時引起我的共鳴，我對這個結果早就感興趣了。二十世紀初，德國數學家麥士・德恩（Max Dehn）提出了這樣的結果：如果浸入三維空間的一個圓盤上含有一奇點，即曲面在某點或自相交，或摺疊，或具其他異常狀態，則在它附近，可用一相同邊值但不具奇點的圓盤替代之。這個引理在三維空間的理論中極為重要，不幸的是德恩的證明出現了問題。一九五六年，普林斯頓的希臘數學家基斯托斯・柏柏卡里亞可普路斯（Christos Papakyriakopoulos）給出了正確的證明，約翰・米勒用以下的打油

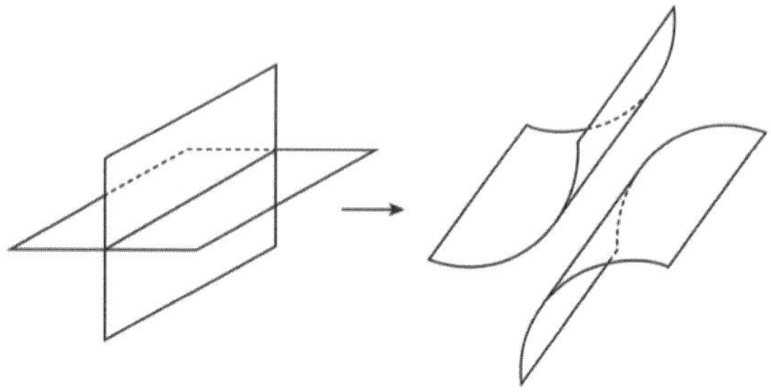

作者和米卡斯證明的德恩引理給出簡化或化解自相交曲面的技巧，使原來曲面變成沒有自相交、疊摺或其他奇點的曲面。（繪圖：顧險峰和殷曉田）

詩描述其成就：

何德恩之困惑兮引理證而履險，
君子坐堂求解兮心瘋狂而意顛。
希臘有士來援兮柏卡里亞可普，
路斯殆得天授兮題解出乎瞬間。

米卡斯和我找到了德恩引理的一個加強的版本，並利用裡面使用的技巧，證明了一個著名的猜想：邊界是凸曲線時，傑西・道格拉斯（Jesse Douglas）極小曲面不含奇異點。道格拉斯一九三六年獲頒首屆的菲爾茲獎。

這個加強版的德恩引理，後來成為破解一個屹立四十年的拓撲問題的關鍵，這個問題叫史密斯猜想，它是在一九三九年由美國拓撲學者保羅・史密斯（Paul Smith）提出的。要知道我們身處的三維空間，當然可以圍繞著一根直軸旋轉，使得只有直軸上的點是不動的。這類似平面上的旋轉只有一點不動，又如大廳或書房內放置的地球儀，旋轉時只有南北兩極不動。史密斯卻考慮三維空間有沒有其他的「旋轉」，令不動的軸心像一條打了結的繩子。史密斯斷言這是沒有可能的，這看來清楚不過，你如何能把球繞著打結的軸轉呢？可是要證明它，光用我們的結果還不夠，還得加上其他人包括卡梅倫・哥頓（Cameron Gordan）和瑟斯頓等人的結果，才能證明猜想在三維空間中成立。據我所知，利用極小曲面為工具來解決拓撲上的問題，這是第一次。在這次成功的驅使下，很多人利用這些想法來證明其他拓撲問題。

我喜歡和米卡斯合作，一部分的原因，是他從數學中獲得如此多的快樂。不少行家看見他吊兒郎當的生活方式，便錯看他是個輕浮的人，從而忽視他一流的成就，沒有給他恰如其分的待遇。柏克萊要請一位幾何學者，我替他寫了推薦信，但他還是拿不到那份終身職，其因在此。然而米卡斯毫不在乎，依然故我，他對自己的能力毫不懷疑，有次他跟我說：「如果我認真地想去解決一個數學難題，我一定能把它解掉，至今從未有過例外。」

一九七七年上半年，我們繼續在UCLA合作，直到他的教學任務完結為止。之後他就跑到里約熱內盧當訪問教授去了，還在巴西從事某些商業（和浪漫）的活動。結果生意算盤沒有打響，但愛情方面卻有收獲，他跟兩位女性糾纏在一起，最後和其中一位結了婚。

米卡斯熱愛數學，我也見過其他熱愛數學的美國人。他們研究數學，只為其中的快樂，對其他東西懶得一顧。然而，很多中國人不過視數學為一份好工作，數學對他們而言，只是手段而非目的，數學是工作並非真愛，故此罕見如此的激情。

米卡斯和我同樣熱愛幾何分析。他把我們將心力傾注於此視為一場豪賭，幸好這次我們贏得遠遠超出了預期。解決了卡拉比猜想和發表了其他文章後，我逐漸收到頗多的聘書。所羅門・博克納（Salomon Bochner）是卡拉比的老師，他想吸引我到萊斯大學去，但我對休士頓興趣不大。前面說過，項武忠不久前才說普林斯頓沒辦公室給我，現在卻又打電話來，說他代表普林斯頓數學系聘請我，語氣和一年前大不相同。平心而論，這是很好的機會，但我還是謝絕了，部分是因妻子在西岸工作得頗為愉快。

UCLA也有興趣聘請我，只是頭一個學期的學生教學評鑑非常糟糕，他們因此遇到困難。那班上有一大群念經濟或文科的學生，他們對數學毫無興趣，在課堂上高聲交談，有時甚至蓋過講課的聲音。我決定採取行動，宣稱會作突襲測驗。這不過是要他們專心上課的手法，事實上也從未試過。這群學生的學業因而突飛猛進，但卻仍然非常討厭我。到了課程結束之後，他們的成績都出乎意外的不錯（正如塞繆爾・約翰遜〔Samuel Johnson〕所言：「懸疑使人專注。」）這些學生從來就不喜歡我，是以他們對我的教學評鑑也很負面，最後要靠一些史丹佛的研究生，告訴UCLA數學系我教書的能力很好。

我的終身職仍然在史丹佛，如果要在加州大學所有分校中選擇，我只願意去母校柏克萊。那時正在柏克萊訪問的辛格和陳先生都分別專程來到洛杉磯，想說服我離開史丹佛到柏克萊去。陳先生出了很大的氣力，說可以給我「第六級」正教授的位置，對一個三十還不到的年輕人來說，這是個很高的職級了。通常只有多封非常有力的推薦信，教授才能擢升到那個等級。有些人在系裡工作多年，還未能攀到那位置，而我一個相對新的人卻得到如此的待遇，心裡自然有些不爽了。

友雲仍然在洛杉磯的TRW工作，灣區那邊並無合心意的職位，因此決定眼下不作大的變動。我留在史丹佛，只是回到柏克萊當一年的訪問教授，那是一九七七—七八的事了。母親和我留在柏克萊，友雲和她父母則留在洛杉磯。鄭紹遠用他的斯隆獎學金來了柏克萊，而孫理察則剛從史丹佛拿了博士，也到柏克萊當講師來了。如此一來，合該有運，我最親密的工作伙伴都聚在一起了。

稍後我也開始跟李偉光（Peter Li）合作。他也是陳先生的弟子，來自香港的富家子，開一輛有型的愛快羅密歐。陳先生讓他開車送我四處去，好使我開心。米卡斯也從巴西來了，說要和我工作好幾個星期。他常常來我家吃飯，理察也是如此。母親煮得一手好菜，在下的廚藝則尚待磨練。

有一晚，我邀請了某些大頭過來吃飯，其中就有斯蒂芬・斯梅爾（Stephen Smale）。他十年前因證明了高維的龐卡萊猜想而拿了菲爾茲獎，還有仍在系裡訪問的辛格。理察來了，米卡斯也出現了，還帶上一位剛認識的赤腳女士，他對帶上一位不請自來的客人若無其事，絲毫不感尷尬，正正說明了加州人跟東岸人的差異，這種情況在比較拘謹和貴族化的哈佛永遠不會發生。母親有時會為這些唐突的行為弄得不知所措，但到了最後，卻能處之泰然，不讓食物的水平絲毫受損。

一九七七年深秋的一天傍晚，理察和我從柏克萊的辨公室回家吃飯，在途中我們對正質量猜想有了新想法。前面已經說過，正質量猜想是我一九七三年在史丹佛的一個會議上，從傑勒赫的演講那兒知道的，它是愛因斯坦想要解決的重要問題。這個猜想斷言在一個孤立的引力系統，包括我們見到的星雲，總質量或總能量必須是正的。很多包括傑勒赫在內的物理學家對這命題深信不疑，故此他向幾何學者下戰書，挑戰他們能否證明這個廣義相對論中的老問題。

另一方面，有些幾何學者如格羅莫夫卻極力辯稱，正質量猜想在最一般的情況下不可能成立。我可不會這麼容易相信這些反話就此罷手，我認為此中大有可為，且亦隱隱約約知道如何做。

在廣義相對論中，人們研究時空中每一點（粗略而言，宇宙每一點）的曲率，這是一套高度非線性的理論。我們想要證明的，講到底就是時空中每一點的物質密度都是正的時候，它的總能量也是正的。理察和我都覺得幾何分析中的非線性方法，尤其是來自極小曲面的技巧，能對解決這猜想有所幫助。這些方法從來沒有應用到這問題上，原因一點也不稀奇，正質量猜想跟最小曲面乍看之下毫無共通之處，但我們有一種預感，依稀覺得後者正正是解決猜想有效的解析工具。

碰過一些釘子後，我們歸結出包含兩步的方案：首先證明一個時空的純量曲率點點為正時，它的總質量必為正；其次是構造一個純量曲率點點為正的時空，它的質量和我們的宇宙一樣。把這兩者結合起來，即可知這新構造的時空具有正的總質量，是以我們所處的星雲系統，質量也是正的。

一九七八年春，理察和我利用這個做法，先解決了猜想的一個特殊情況，即所謂時軸對稱的情況，這是傑勒赫原來就提出的。我們採用反證法，簡單而言，假如孤立空間的總質量是負時，我們可在這空間中構造一個極小面積曲面，利用宇宙間物質密度非負的事實，可推導出這曲面的曲率必須為零，從而知道出這個空間必須是平坦的矛盾結論。於是，我們證明了時空在時軸對稱而又是非平坦時，空間的總質量必須大於零。這是正質量猜想中極為重要的一步。

然而，很多物理學者認定我們摘不掉時軸對稱的假設。布蘭戴斯大學的斯坦利・德塞爾（Stanley Deser）和拉里・斯馬爾（Larry Smarr）當時在哈佛訪問，他們說除非在一般情況下證明了正質量猜想，這猜想不可能視為解決。其實在一九七八年夏天，訪問柏克萊一年後回到史丹佛，理察和我重拾這項目，我們借用了韓國物理學家姜奉洙（音譯，Pong Soo Jang）所研究的一條非線性方程，觀察到它和我們考慮的極小曲面方程有相似之處。利用這方程，我們最終把整個猜想歸結到早已證明的特殊情況上去。

證明了最一般的情況具有深遠的意義。當宇宙的能量是正時，它意味著能量永遠在零值之上，即它具有下界。另一方面，當總體能量取負值時，它並沒有下界，能量可以持續地遞減而不停止，這樣宇宙會變得很不穩定，最後分崩離析。如此結局，以困擾二字來形容，還嫌不足。如果說，理察和我的證明拯救了整個宇宙，未免誇張了些，但它的確沿這方向踏前了一步。這項工作可以視為幾何分析的一個主要成就，它亦顯示出這科目在數學中大有可為。求解這問題時發展出來的諸多工具至今還在使用，有些人甚至相信，這些工具和證明本身同樣重要。

雖然如此，我們的文章一九七九年發表時，並沒有引起許多物理學者的附和，或許裡面的非線性計算令他們卻步，甚至許多數學家也有同感。馬里蘭大學的物理學者胡比樂是我的中學校友，後來在高等研究院我還參加了他領導的毛澤東思想研讀小組，他和許多研究者一樣，完全不相信我們的證明。他在惠勒的指導下取得博士學位，惠勒是廣義相對論數一數二的權威。比樂直截了當地說：「數學家怎可能證明這樣重要的物理問題？」然而，經過四十多年，我們的證明依然屹立不搖。而這件工作的可信性，也因一九七八年八月史提芬・霍金（Stephen Hawking）邀請我到劍橋訪問而迅速提升。

我愉快地接受了邀請，並打算在赴劍橋的途中也應邀訪問巴黎、羅馬和芬蘭，並在赫爾辛基的國際數學家大會上演說。但這次旅程並不順利，英國領事館不久前取消我的香港身分證，理由是我拿了綠卡。於是我變成了無國籍的人，我不是任何國家的公民，只是美國的合法居民而已。由這段日子到一九九〇年成為美國公民為止，我是個不折不扣的無國之民，夾在兩個國家和兩種文化之間。因此之故，海外旅行常常帶來極大的困擾。我要先用「白卡」申請離開美國，如果程序有少許錯漏，或許不能返回美國。

我拿不到去義大利的簽證，只好把羅馬從行程中刪去。其實我已付了額外的「費用」給義大利領事，他本來說是可以搞定的，但最後還是不行。同樣的情況在我再要去義大利時又重覆了一次，付了額外的費用，卻拿不到簽證。另外有一次，阿蒂亞邀請我到威爾斯，在倫敦數學會的年會上演講。當拿著白卡通過倫敦的海關時，他們給我諸多留難。他們如此問：「你到英國幹甚麼？」我答道此行是為觀光。「打算去哪裡？」我答道：「去威爾斯。」關員續道：「很明顯那裡不是觀光的地方。」問到最後，我說我會和友人希欽教授一起去威爾斯，希欽是牛津的名教授，至此我才被放行。總的來說，拿白卡旅遊教人十分頭痛。

回到一九七八年的八月，我拿到法國、德國和芬蘭的簽證，最後也到了英倫與霍金和他的同事見面。我停留的第一站是巴黎，在法國高等科學研究所（IHES）我跟布吉尼翁、尼古拉斯・古柏爾（Nicolaas Kuiper）和其他數學家見面。

我也遇見羅森，他從石溪來此地訪問。我告訴他正質量定理的一些後繼工作，其中包括有關具正純量曲率流形的定理，以及理察和我有關這類流形結構的深入研究。特別地，我提到利用米勒和其他人引入的割補技巧，足以構造一大類幾何上相似的三維流形。這種方法在數學上稱為割補手術（surgery），因為它和人體器官的移植相類。它的基本想法是先把流形的某一部分（如一球面）移除，然後接上其他東西（如不同位置或維數的嵌入球面），手術前後不改流形純量曲率為正的性質。這一點很要緊，因為我們可以大幅地利用拓撲的方法，來構造這純量曲率為正的空間。在廣義相對論中，由於物質密度必須為正，理察和我證明了黑洞以外的空間都存在純量曲率為正的黎曼尺度，所以上述的拓撲方法可以用來了解宇宙的拓撲性質。

我們同時也證明了，如果拿兩個同是三維的具正純量曲率的流形，即如兩個不同的宇宙，用一根管子或一條橋連在一起，可以造出一個新的三維流形或宇宙，其純量曲率保持為正值。我詳細地把方法跟羅森解釋了，並且闡明如何在正純量曲率空間中去完成割補手術的方法。

一年後，即一九七九年，理察和我的文章發表在一份名聲稍遜的學報《數學手稿》（*Manuscripta Mathematica*）上。文中勾劃的手術割補方法，後來成了研究具有正純量曲率的流形的重要工具。現在大家都知道，每當手術割補用得著時，很多拓撲結果都會水到渠成。我們並沒有在上文中探討這些性質，畢竟當時的興趣在於正質量猜想和更一般的廣義相對論上。

在這期間，羅森和格羅莫夫合作，並探討這種割補蘊含的拓撲性質。他們的文章緊接我們的論文，發表於《數學年刊》上。

幾何學家古柏爾當時是IHES的院長，他邀請我和羅伯特・康諾利（Robert Connelly）一起吃飯。來自康乃爾的康諾利一年前有一個重要的發現，當時他在研究大數學家歐拉一七六六年提出的問題：「在空間中封閉的形體，除非把它撕開，它是不會變形的。」三維空間中的封閉曲面有「可塑」的概念；如果曲面能連續地變形，而其內在結構包括它的幾何卻始終不變的話，則稱該曲面為可塑的曲面。

試以一簡單例子說明這概念。把一張平放的紙逐漸捲起來成一圓筒，在這過程中紙作為一個曲面不斷地在改變，但它的幾何卻是不變的，事關紙上兩點在曲面上的距離，無論它是扁平或管狀時，都沒有改變。在這個例子中，紙張是可塑（但不是封閉）的。

一八一三年，法國數學家奧古斯丁—路易・柯西（Augustin-Louis Cauchy）論證三維空間中的凸多面體具有「剛性」，即是非可塑的。多面體由若干個多邊形接合而成。凸多面體即其表面

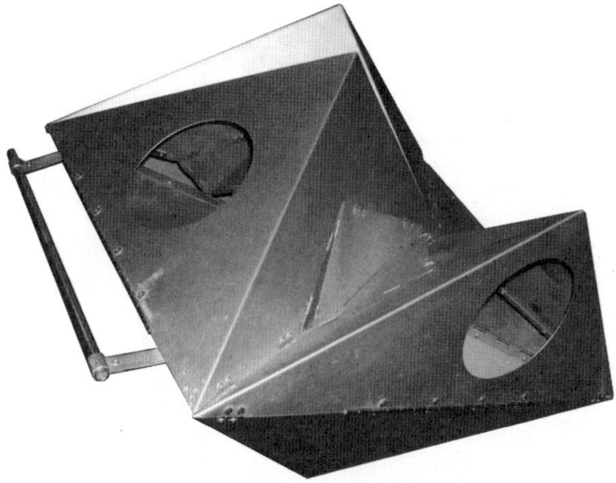

1760年代，歐拉猜測所有多面體都具有剛性，但到了1970年中期，康諾利找到一個反例，即一個可塑的多面體。這類多面體必須是非凸的，並具有某些特殊的幾何屬性。這個建於IHES的「康納利球面」本於康納利較早前的工作。其後，人們找到了更簡單的可塑多面體。（鳴謝布吉尼翁和IHES，相片取自康諾利和西門·蓋斯〔Simon Guest〕的著作《框架、張拉整體和對稱性：了解穩定結構》〔*Frameworks, Tensegrities and Symmetry: Understanding Stable Structures*〕。）

每點皆向外突出，如一個充了氣的足球。可是，凹的多面體，如下塌洩了氣的足球，原則上是可塑的。

一九七七年，康諾利找到了第一個可塑的閉多面體，它由十八個三角形作為面構成。每個三角形都是堅實不可拗彎的，但每一對相接的三角形的邊像鉸鏈，可以向外或向內彎曲。就如前面例子中的紙張，多面體表面任何兩點之間的最短距離，和這些三角形接邊拗出或拗入無關。康諾利的多面體具可塑性，歐拉兩個多世紀前的命題，數學家一直找不到的例子，終於被找出來了。其後康諾利和其他人更進一步，證明這些多面體雖然不斷變形，但體積卻保持不變。

這個多面體後來被稱為康諾利球面。他帶了一個模型到巴黎，古柏爾很喜歡這個模型。不久之後，他和當時也在ＩＨＥＳ的皮埃爾・德利涅（Pierre Deligne）修改它又得到另外一可塑的、具有十八個面的多面體。

在訪問期間，古柏爾邀請我、康諾利和美國數學家肯・里貝特（Ken Ribet）一起去探訪巴黎的藝術家，把康諾利的模型也拿上了。我們十分驚訝地發現，這些藝術家早就創造了可塑的多面體，並且製成了雕像。縱使並未正正式式的學過幾何，他們對幾何具有極之深刻的體會。藝術家和數學家的出發點大異其趣，方法截然不同，然而大家追求的都是美。恐怕創造美麗之物，或揭露大自然隱藏之美，乃是人類的通性，和職業與國藉並無關係。

那次逛巴黎挑起我的興趣，雖然ＩＨＥＳ離巴黎廿哩之遙，我盡可能往城裡走走。一天晚上，正和一位在ＩＨＥＳ的史丹佛研究生在巴黎蹓躂，我們打算去看一部叫《希特勒》的電影，怎料在街上碰到法國數學家伯納德・聖・當拿（Bernard Saint Dona），他建議我們和他一起去聽歌劇，可是，那研究生卻堅持要看電影。失望的聖・當拿只能慨嘆兩個美國的鄉巴佬，竟為了看一套瘋子和暴君的電影，而放棄城中更高尚的表演藝術。不過也要辯解一下，我稍後也參觀了不少出色的博物館，而且以後每次到巴黎，也會這樣做。

下一站到了波昂，希策布魯克邀請我作報告。弗果德里希・希策布魯克是偉大的代數幾何學家，我很欽佩他的工作，從他的書《代數幾何中的拓撲方法》中首次認識陳類。在波昂我還結識了史蒂芬・希爾德布蘭特（Stefan Hildebrandt）和威廉・格陵金伯格（Wilhelm Klingenberg），後來他們都向我推薦過很出色的學生。我也有幸周遊德國其他充滿數學史蹟的名城，德國是數學巨人高斯、黎曼、希爾伯特等人的家鄉，它豐富的數學傳統令人難忘。

我從波昂乘火車到法蘭克福，打算從那裡再乘機到赫爾辛基，參加國際數學家大會。鄰座是同樣往大會日本數學家鹽田徹治（Tetsuji Shioda），途中我們交談了頗長的時間，其中談到漢字。鹽田堅定認為漢字完全沒有用，部分原因是它不能用於打字機。我則持反對意見，爭辯雖然時而變得激烈，但始終沒有過火。三十五年後在東京重遇鹽田，喜見他終於改變了看法，承認漢字確是具有一定價值的了。

一九七八年芬蘭之旅，我受邀在國際數學家大會發表主題演說。除我之外，發表主題演說的還有拉斯・阿爾福斯（Lars Ahlfors）、羅伯特・朗蘭茲（Robert Langlands）、羅傑・潘洛斯（Roger Penrose）和韋依。我當時只有廿九歲，是所有人中最年輕的。

就在大會召開前幾天，史丹佛那邊傳來可怕的消息，一個神經錯亂的研究生西奧多・斯特萊爾斯基（Theodore Streleski），闖進了卡里爾・狄萊烏（Karel deLeeuw）教授的辦公室，用斧頭把他砍死了。狄萊烏是三個孩子的父親，為人和善，他的辦公室距我的只有兩門之遙。他的被殺是個慘劇，與會者聞此莫不痛惜。當然，大會還是如期舉行，只是不免蒙上一層哀傷的氣氛。

我打算把主題演講作為幾何分析的導引，當時這科目仍未廣為人知。我嘗試解釋它的理念及闡述其發展，指出非線性微分方程如何能用於幾何。但是一當看見講演廳是這麼大時，之前的準備就明顯不足以應付了。我一直以為能在黑板前講話，就像教書一般，但講堂是如此之大，在黑板前講話實在不行。史丹佛聘蕭蔭堂時我出了點力，他那時已大大有名，也要在會上作報告。在普林斯頓當研究生時，他曾替米勒的書準備奇點的圖像，得他拔刀相助，替我的演講配了些圖。

一個生於美國但住在加拿大已久的數論學者比爾・卡斯爾曼（Bill Casselman）也幫了忙，他把腕錶借了給我，讓我在演講時能知道時間，不要過時。一待講完，卡斯爾曼就一個箭步衝上來，我以為他聽完演講後心情激動，要祝賀我或要問些問題，原來他只是把腕錶拿回去。

多年後，他對這次大會最清晰的記憶不是我的演講，也不是他自己的報告（實可約群的雅凱〔Jacquet〕模式），而是那位每天早餐時為我們服務的，身高六呎以上的金髮芬蘭妹子。

無論如何，我的講話在一些人心中留下印象。大會結束之後，我從赫爾辛基飛往倫敦，打算跟霍金見面。在飛機上，我坐在陳先生的旁邊，他另一邊則是李普曼・貝爾斯（Lipman Bers），一位來自哥倫比亞大學的知名數學家。他帶點嘲諷地恭維說，我的演講是「整個會議次佳的演講」，而瑟斯頓的演講「三維空間的幾何和拓撲」才是最好的演講。我同意這位柏克萊同窗的工作十分重要，但同時也對自己報告的工作深有同感，不過對於演講技巧的名次並不看重。

霍金早已由於他關於黑洞，尤其是黑洞輻射（或稱霍金輻射）的研究，而成為聞名全球的科學家，我很期望跟他會晤。到了劍橋的第一個早晨，我們就在大學房舍外面的花園見面。他向我提了不少有關正質量猜想的問題，由一位學生擔任傳譯，因長期患上肌萎縮側索硬化症，他的說話已難於分辨了。

當時霍金還是三十五、六歲，精力充沛，思維敏捷如電，只是行動卻因疾病帶來的肌肉退化而愈形不便。心知見面機會之可貴，我亦在他可應付的情況下，向他請教，霍金機智而富吸引力，治學出色，這次見面我獲益匪淺（霍金於二〇一八年三月逝世，我和世界其他人一起悼念他。他告訴全世界，縱使軀體殘損，一個人依然能夠有如此的成就，以及圓滿的人生。）

先前理察和我證明了三維空間的正質量猜想，然而霍金卻對這個猜想的四維版本深感興趣，事關廣義相對論中時空是四維的，空間三維，另加上一維的時間。霍金正和他物理系的同事加里・吉朋斯（Gary Gibbons）正在發展一套叫歐氏量子重力的嶄新引力理論。在這理論中，時間變成了空間的一部分，他們想知道這樣子構造出來的四維空間，其能量是否為正。是以霍金亟欲了解理察和我原來的證明，能否適用於高維的情況。

一下子不能回答這問題，只是心中在想，把原來的做法稍微改動一下，看看能不能成功。回到史丹佛後，我立即和理察埋首工作，幾個月之後，我們成功地證明了四維的正質量猜想，很高興能和霍金一起分享這結果。

理察和我也著手考慮霍金和潘洛斯在一九六〇年代末到一九七〇年初的工作。在一系列文章中，他們精確地描述了在廣義相對論中奇點產生的條件。奇點指時空中的一點，諸如黑洞的中央，那裡的重力、曲率和質量密度通通變成無限大，利用幾何論證，霍金和潘洛斯証明了拘束曲面（trapped surface）的出現必然導致奇點。拘束曲面是正在崩塌中的曲面，它的「牆壁」向內收縮，迅速地面積趨於零，同時曲率趨於無限大。

理察和我更進一步，著手尋找拘束曲面出現的條件。經過一番努力，利用與霍金和潘洛斯非常不同的幾何方法，我們證明了如果某區域的密度是中子星的一到兩倍時，拘束曲面就必然會出現。顧名思義，中子星差不多全由中子構成，它是宇宙中最細小但密度最高的星體，比水的一百萬兆倍還要密。換句話說，一茶匙那麼多份量的中子星物質，重量已經超過十億公噸，比吉薩的大金字塔還要重五百倍。

把我們的結果與霍金和潘洛斯先前的結果合併起來，就得到黑洞必然地產生的條件。換句話說，我們利用數學證明了當物質分布的密度足夠大時，黑洞必然產生，這個結果比由觀察找到它們要來得早。到了今天，天體物理學家認識到黑洞是十分常見的東西，差不多所有大的星系，其中心都隱藏著大大的黑洞。依我看來，證明黑洞的存在，是幾何學對探索宇宙的重要貢獻。

我們完成正質量猜想的工作後，我住在鄰近史丹佛、自行購置的小屋子，母親來了與我同住。友雲搬到聖地牙哥去，她在拉霍亞一間叫物理動力的小公司找了份工作。我們把在洛杉磯的房子賣了，隨即在聖地牙哥北面廿哩的德爾馬買了房子，友雲和她的父母住進去。各自和自己的父母住在一起，對中國家庭來說，不值得大驚小怪。

我這一年在柏克萊，是訪問性質。主要是試試看我能不能夠適應柏克萊的環境。陳先生希望我能在柏克萊長留下去，這當然是我的榮耀，柏克萊的慷慨。他甚至強調，只要我留下來，我就是他的繼任人。

當其時，陳先生、辛格和卡爾文・摩爾（Calvin Moore）正在進行一項大計畫，就是要在柏克萊建立一個新的數學中心，即數學科學研究所（ＭＳＲＩ），它部分由國家科學基金（ＮＳＦ）資助。籌建中心的主要阻力來自普林斯頓，他們認為ＮＳＦ如要出資支持建立中心，它必須建於最好、聲譽最隆的地方，即普林斯頓是也。但是普林斯頓已經有一個歷史悠久的高等研究院，所以美國政府不應當浪費金錢在其他地方再建立新的研究所。芝加哥大學的桑德斯・麥克蘭恩（Saunders Mac Lane）也加入競爭，他們四處遊說，以求達到目的。到了最後，還是陳先生、辛格和摩爾贏了。一九八二年，ＭＳＲＩ在柏克萊成立了，陳先生出任首任所長。他跟我說，如果我願意留在柏克萊，我應該會接任所長的位置。

但人生非事事如願，柏克萊並不適合我。部分原因是我仍想把精力投放在數學研究上。況且，我覺得行政事務非常瑣碎。進一步說，要管理或參與管理一個主要的數學中心，必然會牽涉及很多人事上的互動，我對此興趣索然。柏克萊數學系的規模雖然很大，人才濟濟，但從事和我有興趣的非線性偏微分方程和幾何的人卻不多。理察的講師任期將要結束了，人要到科朗所去了。我曾提議柏克萊聘請西門，他當時在明尼蘇達大學，但陳先生卻說不行，系方當時正把焦點放在其他領域上。

一九七八年春，我婉轉地跟陳先生說，不會留在柏克萊了。柏克萊的人興趣不在我的領域，而我需要和一群志同道合的人合作。史丹佛數學系更適合我的口味，我能更方便地作研究，訓練學生。在柏克萊我不會開心，創造性也會受到損害。

陳先生卻大不以為然，他說我若留在柏克萊，我會成為他的繼承人。他的提議確是難於拒絕，我感謝他在柏克萊為我做的一切。從我到柏克萊做學生開始，一直保護我、提拔我。但我當時更有興趣從事研究，讓工作本身提高自己的影響力，而非領導別人，相信這便是陳先生與我的基本分歧了。這時陳先生已到了六十多快七十了，他懂得利用上層的力量，由上而下地推動數學的發展。而我呢，我還未到三十，對權勢沒有興趣，只願意在基層，或更確切地說，在紙上留下我的影響，一支筆和一部打字機便是我的主要工具。

我先後三次跟他說要離開柏克萊，但他拒絕相信。我不想他不開心，但經過多月在腦中往返，我下定了決心離開。

從這刻開始，陳先生對我有了不同的看法。雖然我感到在此之前，已經有人在挑撥生事，離間我們。記得幾個月前一次晚餐，項武義在我和陳先生面前，談起陳先生最近的一次中國之行。他問陳先生有沒有跟別人說，我在解決了卡拉比猜想之後，成就已超過了他呢？陳先生聽了之後非常意外，一下子臉都紅了。我如坐針氈，渾身不舒服，雖然我極力解釋先生的工作對我來說，高山仰止，怎敢比較，但還是怕陳先生懷疑我在他背後有此想法。有些人出盡辦法使陳先生反對我，這只是一個在我面前發生的例子而已。

一九七八年秋季，我回到史丹佛，甫即和剛來的蕭蔭堂合作，我們很快便解決了一個複幾何中的重要問題法蘭高（Franekel）猜想。我們的證明以偏微分方程為工具，而日本數學家森重文（Shigefumi Mori）則完全用代數幾何的方法，證明了更廣泛的結果。蕭和我相處得不錯，只是他歡喜較勁，這種性格最終要為我倆的關係付出代價。

那段日子我忙得不可開交。一九七九年三月底四月初，李偉光安排了鄭紹遠、理察和我到夏威夷參加一個會議，開會為主觀光為副。雖然對會議的主題「拉普勒斯算子的幾何」極感興趣，我們也不忘盡情享受夏威夷的風光。在歐胡島（Oahu）愉快地開了四天會後，我們便到了奇景處處的可愛島（Kauai）島觀光。理察利用休息的時間，掌握了用石頭把椰子打下來的技巧，椰子掉下來後，我們便面對剖開椰子的難題。很遺憾地告訴大家，即使深諳拓撲學，我們也對破開椰子堅硬的外殼束手無策，最終只能丟開方程式而改用開山刀了。

回程時，恰巧碰到聯合航空罷工，我們只好租了間公寓再住幾天。有一晚小偷想潛入作案，鄭紹遠說我的鼻鼾聲太大，把小偷嚇退了。

罷工結束之後，我從檀香山飛波士頓，在哈佛作了一個有關正質量猜想的報告。我住在麻省理工偏微分方程學者理察・梅洛斯（Richard Melrose）的家中，雖然離我的生日還有好幾個星期，我們還是一起慶祝三十歲生日，之後飛回聖地牙哥，快快樂樂地在四月四日和友雲慶祝我真正的生日。

隱約之中有些大事在發展，瑞士數學家阿爾芒・博雷爾（Armand Borel）從一九五七年開始就在高等研究院。他邀請我在高等研究院組織一個幾何分析的「專題年」，由一九七九秋季直到次年的春季，我可以藉著這機會，把所有有關這科目的關鍵人物都聚在一起。但這不僅是選擇適當的人的問題，我還要考慮如何安排各種活動，俾使達到最大的成效。負責一年期的活動是千載難逢的機會，但在流程中要花頗多心思。刻不容緩，我立即著手籌備了。

一九七九年那麼特別還有另外一個原因，中國當時剛剛對外開放，著名學者華羅庚教授邀請我到北京的中國科學院數學研究所作一系列的演講，就在該年的五月底開始。眾所周知，華羅庚跟我的老師陳省身不和已久，但是他們都是我尊敬的數學大師。對我來說，回國意義重大，畢竟自從由嬰兒離開汕頭，到如今已經三十年了，終於可以見到盼望已久的祖國了。除了我以外，還有不少去國已久的海外學者和專家，也踏上回歸故里的旅程了。

我的計畫是先到中國訪問幾個星期，到了八月，就到高等研究院開始那為期一年幾何分析年。當飛機在北京著陸時，我心潮澎湃，就在飛機旁，俯身觸摸祖國的泥土。這是個激動人心的時刻，縱使離開中國已久，對往事已全無記憶，但祖國一直在我的生命中占著重要的地位。

我在數學所作了有關幾何分析和其他方面的幾個報告，又抽空在北京附近觀光，長城、故宮、避暑山莊等著名景點我都去了。這些地方雖是首次親臨，但卻彷彿舊識。此行收獲甚豐，感觸極大，既有喜，也有悲。當時老百姓普遍貧窮，教育又不普及，生活可不容易，我雖然被視為上賓，但卻未能視而不見。

在科學院的演講十分順利，只是在訪問期間發生了一件不愉快的事情。事情是這樣的，吳文俊在法國留學，在代數拓撲學中以引進「吳類」成名。他曾經受過陳先生的栽培，長期跟華羅庚不和，他們之間的矛盾導致中國科學院數學所的分裂。當時吳正在創立一個新的獨立於數學所的數學研究中心，即系統科學研究所。數學所是由華創立的，作為一個純數學的拓撲學者，對應用數學所知不多，但卻去建立系統所，確使人大惑不解，由此就可見華吳矛盾之深了。

一天，有個曾師事吳文俊的學者登門求見，並出示他寫的一篇論文。我沒時間細看文章，只是隨口說它不錯。但吳文俊即向中國的一位副總理作報告，說我認為這學者作出了重要的工作，值得拿一個國家級的獎項。華羅庚的一些同事，對此感到不快，覺得這人的工作不值得這個獎項。他們找到了蕭蔭堂。蕭堅持要我上書方毅副總理，糾正我客氣話導致錯誤。我本無意做這種煩惱事，只是經過蕭多次遊說後，才勉強上書說明，這項工作不值得國家級的獎項。當時意見要直達高層，必先經過特殊的渠道方可。事情在最後關頭才起波折，這門生當然甚為不快，為一年後一次激烈的爭辯埋下伏線。

行程之前，華羅庚的弟子陸啟鏗問我，訪問北京後有何計畫。起先我沒有主意，於是和朋友商討。「你當然要去父親的老家看看，還要祭拜先人」，一個生於大陸的朋友這樣說。於是我告訴陸，希望能到蕉嶺看看先父的出生地，和祖輩扎根八百多年的地方（根據推算，我們這一輩乃是蕉嶺丘氏第廿三代子孫。）怎料這個頗為簡單的要求，卻被用一些理由婉拒了。開始時是說那鄉鎮在地圖上已不復存在，接著又說因國防的理由那一區不接待外賓，總之是諸多推搪，真正的原因耐人尋味，我只不過是依朋友的提議回鄉一行，那是合情合理的要求啊。

事情拖拉了好些日子，最後他們答應我去蕉嶺探訪，由中國科學院數學所的王光寅教授陪同。我們繞道，先在桂林稍作勾留。桂林是中國南方著名的風景區，我們在桂林乘船遊了一小段，欣賞那兒絕美的喀斯特地貌，雄奇的石山矗立江邊，峭壁上樹木豐茂，鬱鬱蒼蒼。

王為人和氣，是旅遊良伴。但此行的安排却不無突兀之處。由於我是國家級的「貴賓」，休憩的房間比他的好；外出吃飯時，我們也分桌坐，我的食物要比他的精美。心知受到殷勤的接待，但對他們這種做法，心中著實感到不是味兒。

遊罷桂林，我們乘飛機到了廣州，見到了我的遠房親戚，她丈夫是當地的大學教授。在其他人的幫忙下，他們夫婦設蛇宴為我洗塵，席間有蛇羹、炸蛇等等，都是老廣的拿手菜式。從前在香港吃過一點蛇肉，但是這次是大規模的蛇宴。開始時，心中不無惴惴，但很快便克服了，味道真還不賴。

蛇宴之後，主人家向我請托，看能不能幫他們兒子到美國升大學，這類的請求很快便見怪不怪了。我猶豫了一下，我不認識那孩子，不知他的數學能力如何。最後，我給他一些甄別考試，看看他的長處在那裡，結果發現他不怎樣行。我提議他到北京先學習半年，由我認識的人輔導，如果表現理想，會推薦他到史丹佛。自以為這是頗合理的方案，但主人家卻另有想法。他們後來找到別的途徑把兒子送往美國，陰差陽錯地他竟成為理察的學生。但這個年輕人終究沒有成為成功的數學家，依我看，他並沒有把精力貫注在這學科上。也許這是一種文化現象，許多中國學生念研究院時，都沒有花工夫做學問，掙錢乃是念書的主要目的，而研習某科某目極其量次之。數學上，他們只關注細小的問題，得到一丁點兒結果便急急發表，以此作為升職升等、從而加薪的憑藉。

在這次和以後多次中國之旅中，我遇見整整一代的年輕數學家，或將來的數學家，他們缺乏基本的訓練的同時，也缺乏動機。很多人一知道我不會即時向美國的研究所推薦這些學生時便生氣，其實我深知他們不能通過博士資格考試，這類情況已煩得生厭，但還是不停地出現。

王和我一起從廣州坐車去梅州，我母親的出生地。那天晚上見了些親戚，次天早上即驅車往蕉嶺。司機在未鋪的路面上走了差不多個半小時，路上都是新淨黃色的砂子，看來有點奇怪。在電影《綠野仙蹤》（*The Wizard of Oz*）中，「沿著黃磚路走」是探險者的口號，現在我們卻是沿著黃沙路走，我從來未見過如此的幹線。

幾年之後，這個疑團才給解開，這條鋪上沙子的路是全新的，專門為我的來訪建造。我為此頗為內疚，自忖不是甚麼大人物，只是個三十歲的中國人，在細小的微分幾何世界外不為人知。對為何不想我去蕉嶺，以及在途中拖延，我一下子明白了，他們要爭取時間把路修好。

這是個小小的鄉鎮，在此之前連一條像樣的路也沒有，所以沒有酒店一點也不奇怪。我在一間賓館安頓，裡面的蚊子比客人還要多。床上蓋著蚊帳，但蚊子藏在帳內叮人，整晚皆是嗡嗡的攻擊聲。賓館外的大鐘到了清晨五點便發出巨響，把附近的所有人都吵醒了。我輾轉反側，一夜未睡好。

第二天，到祖父和先祖的墳前掃墓（父親葬在香港）。之後去了父親出生、並且和母親住過的房子看看。房子殘破得很，地下鋪著塵，不，更精確地說是一片泥濘。很多親戚陪著我到處走，我不認識他們，但總覺得應該請他們吃一頓。他們為我殺了一頭牛，花了我三百元人民幣

（以當時幣值算只約十四元）。那時候在中國，牛不是要殺就殺的，你要說牠已經無力下田才能動手。到了開席，他們先給我夾來一大塊白花花的肥膏，據說這最矜貴的部位，專門留給最尊貴客人（或付鈔者）享用的。客氣一點說，這肉不大對頭，我用筷子碰了一下，沈吟不語。

一大群小孩在四圍喧鬧跑動，他們都沒穿鞋子。小孩沒有大人喝止時，通常都是滿開心的，他們衣衫破舊，面色也不太好。付了牛肉錢後，口袋中還剩下二百元人民幣，於是每個親戚都給十元，不過來者愈來愈多，只能給五元、一元，直至花光為止。有些人拿得多，有些人拿得少，有些人拿不到，鄉親們起了爭執。後來，家鄉的人前來請求幫忙者眾，但絕大部分我都無能為力，這也引起不少怨言。

總的來說，回歸故國非我原來想像的一樣，之前對農村的田園生活過於理想化，奈何殘酷的現實卻顯示，這是個貧窮落後的國家。中國傳統過於重視血緣關係，從而對親戚諸多索求，令人失望。當然，這種傳統也有好處，至少在困難時，大家會互助扶持，但過猶不及，跑到反面就不好了。

在美國，一般人都知道有些事情應當適可而止，過份的請求可以免提。但是在中國，據在下所見，請求是罕有底線的。只要你是他的親戚，你便有義務去幫他，不管難易或對錯，也不管場合，在蕉嶺的鄉下也好，在學術界的殿堂也好，事例層出不窮，我早已司空見慣。

我對這些做法不以為然，而這種態度不時也招惹麻煩。但更甚者，是這種心態對整個社會的影響，單位之間互相依賴變成一種文化，人們喪失了自己事情自己辦的心態，總是想著別人來幫忙。

帶著複雜的心情回到美國。一方面我終於踏足故土，到過中國；另一方面，我對中國的想法變得更現實一點。中國要在生活程度和教育水平上追及西方，還有一大段路要走。這時文化大革命結束沒幾年，經過這段清除異己、大量仇恨和風雨飄搖的日子，中國可謂一窮二白。距離成千上萬人餓死的大饑荒還不到二十年，人們在美國還在以「在中國挨餓的小孩」的說法，誘使美國的小孩不要浪費食物及吃掉蔬菜，但也如實地道出當時中國的困境。

面對極度艱巨的挑戰，在一個住著差不多十億人的土地，我對一個人能發揮甚麼作用一籌莫展。但，我還是希望能竭力相助，那怕是一絲一毫都好。也許眾志成城，只要大家共同努力，有一天能有所成就，扭轉乾坤。

第七章——斯年堪紀

協同效應指出兩種或多種事物的相互作用，成效會多於每個獨立事物成效的總和，或是各獨立事物根本不能產生任何結果。協同效應在自然世界比比皆是，例如，兩個氫原子和一個氧原子結合成一氧化二氫，即水，構成地球表面百分之七十一。水十分神奇，它能維持生命，但是把氫和氧分開，這些神奇作用就消失得無影無蹤了。蜜蜂和螞蟻亦是如此，個別的蜜蜂或螞蟻能做的事情有限，只有牠們聯合起來，才能完成種種任務。神經元亦復如此，一個神經元做不到甚麼，但當一千億個神經元由一百兆個突觸連結起來之後，便形成了腦，其功能非當今科技所能仿效，簡直望塵莫及。

人類的活動也依賴協同效應，十七世紀中期新阿姆斯特丹，即後來易名為紐約的殖民城市，其突擊拯救隊撲滅了火災。三百五十年後，我期望在普林斯頓的幾何分析年中集思廣益，利用協同效應來解決一些數學上的難題，當然這不再是生死攸關的緊急問題了。

回顧歷史，數學上的突破皆來自個人或小組的合作，重要的難題從來不靠成立委員會，把工作分拆，然後攤派開去如做作業般完成。縱使如此，我仍然相信，把不同領域但相關的精英聚在一起作思想交流，仍然是可取的。他們會有充足的空間和資源，依照興趣而進行研究，不受時間的約束。回顧自己的工作，也得益於類似的環境。我期望從一九七九年九月到一九八〇年四月的八個月內，能得到豐碩的結果。我會盡力使這個幾何分析特殊年，變成名符其實的特殊。

我邀請了好些出色的學者參加這特殊年，他們大部分會訪問一段日子，中心人物包括卡拉比、鄭紹遠、理察、西門和烏倫貝克，還有奧賓、布吉尼翁、羅伯特・布萊恩特（Robert

Bryant）、多麗絲・菲舍爾─柯爾碧里（Doris Fischer-Colbrie）和李偉光。好幾位我的研究生，包括安德斯・特里伯格斯（Andrejs Treibergs）以及高等研究院的菲爾茲獎得主恩里科・邦必里（Enrico Bombieri）也來了。短程訪問的則有傑夫・切格（Jeff Cheeger）、希爾德布蘭特、羅森、尼倫伯格、潘洛斯、馬爾科姆・佩里（Malcolm Perry）和蕭蔭堂。

差不多所有講者都由我邀請，有的早已參加了特殊年。正如預期，我們成功營造了一種暢所欲言、無所不談的氣氛。出於對數學的激情，而非受到甚麼壓力，大家努力工作。很多當時完成的工作，都在會上報告，這是我樂於見到的。特殊年以我的報告開始，在演講中對整個幾何分析作了概括性的描述。接著卡比拉談了他最近有關凱勒流形的工作，這類流形和卡拉比猜想有著密切的關係。布吉尼翁和羅森談到楊─米爾斯場的幾何屬性。潘洛斯談到經典廣義相對論中一些和幾何有關懸而未決的問題，相信會引起幾何學者的興趣。理察和我在這期間證明了龐卡萊猜想的一個變體，那是有關帶正里奇曲率的非緊三維空間的。

按照博雷爾的說法，這是高等研究院歷來主辦規模最大的數學計畫。雖然高等研究院指派他來共同領導整個計畫，他卻放手讓我幹。我安排了每個星期舉辦三個研討班：微分幾何，極小曲面，其他題目（以廣義相對論和物理數學為主）各一，後者由潘洛斯和霍金的學生佩里負責。博雷爾曾說，數學家跟物理學家在這水平的合作，恐怕是研究所創所以來前所未見的。

當然，這裡的人專注於數學，但也不忘忙中取樂，營造出今天所說的工作和生活的平衡，令人精神抖擻，我敢說還提高了工作效率。我們不時外出就餐，星期六早上玩排球。我們也打乒乓球，邦必里比我強，但他打不過西門，每次輸了球，他都能找出些新的藉口，如手臂痛呀，手腕僵硬呀等等，不一而足。

陸啟鏗是華羅庚手下，中科院數學所的副所長。在特殊年期間，他到了高等研究院，打算訪問幾星期。他在多複變函數論中有過出色的工作，作為華羅庚最出色的一個弟子，不幸地也牽扯進華陳的爭鬥之中。一九七九年，他安排了我的「回家」之旅，所以這次我也以參觀紐約市為回報，鄭紹遠和蕭蔭堂比較熟悉紐約，全程由他們當嚮導。

他們在四十二街蹓躂，帶他看了舞臺劇《噢！加爾各答！》（*Oh! Calcutta*）。這劇中有不少裸體場面，一眾演員不穿衣服大解放，演著男女愛做的事兒。這類題材在公眾演出，在中國大陸固然聞所未聞，就是在美國也頗招人物議。鄭紹遠擔憂這劇會令他不快，幸好出人意表地，他竟能欣賞這齣長壽的百老匯舞劇。

高等研究院數學大樓通常一派肅穆，但現在頗有些大型派對，酣飲狂舞。別人告訴我，不知巧合還是別的原因，這類狂歡中最酣暢者，竟發生在我的兩房公寓，當我到外地之時。這也難怪，畢竟和我同住的是一個研究生，趁著我不在時，總會大開門戶，大家的心情會特別輕鬆。

一九七九年秋天，我應邀到康乃爾作報告，很期望跟那裡的理察・漢米爾頓（Richard Hamilton）見面，他並沒有參加普林斯頓的特殊年。他正開始從事「里奇流」（Ricci flow）的研究，這是個雄心萬丈而又非常困難的工作。在幾何流中，人們研究空間或曲面微細連續的形變。舉例來說，我們可以透過充氣，使洩氣的棒球變回完美的球體。同樣，我們可以利用微分方程來誘導幾何對象發生形變，畢竟講到底，微分方程所描述的，就是一種無限小的形變。漢米爾頓開創的里奇流是一種形變的過程，使在複雜空間或曲面中，大範圍或「全局」的不規則性變得光滑。然而在這個過程中，一些小範圍或「局部」的不規則卻可能會出現。故此，這套理論最大的困難，在於弄清楚這些在形變過程中形成的不規則點，它們如何出現及應該如何處理，或乾脆就找出一些條件保證它們不會形成。

這個想法固然絕妙，但有關的微分方程（後來稱為漢米爾頓方程）卻非常難於對付。我對如何克服這方程的種種困難並無把握，但漢米爾頓卻以一往無前的精神，堅毅地工作了幾十年，不久之後他就得到驚人的進展。多年來我一直緊貼他的工作，與他緊密連繫，而且定期向他推薦研究生和博士後。

除了高等研究院特殊年外，一九七九年還發生了幾件事，使這一年對我來說變成名副其實的「特殊」。我被選為為加州年度科學家，這是首次有數學家獲此殊榮，我也是這獎項二十多年來最年輕的得獎者。麥可・史特爾（Michael Steele）早在史丹佛當研究生時已和我很熟，他提議我添置一套正式的禮服，不要再去租了。他說，這是個開始，你還有一大堆機會穿呢。我依他的話買了一套禮服，果然兩年後的一九八一年，美國科學院頒獎給我，這個獎叫卡蒂獎（Carty Award），直到今天只有三位數學家拿到過這獎項。當時我在普林斯頓當教授，就穿上這禮服，和母親、弟弟一起到華盛頓出席頒獎禮。以後體形漸豐，禮服再也穿不下了。

起初，我對成為年度科學家沒有甚麼感覺，這個獎聞所未聞。我甚至跟史特爾說，小小一個的委員會，怎能真正評價別人的工作呢。又不無自大地繼續說，只有歷史才能下定論。但另一方面，母親卻笑不攏嘴，她和住在加州的表親一起出席了授獎儀式。她經過多年的辛勞，把我養育成人，現在還出人頭地，想到這裡，我也由衷起開心起來了。

另一件值得紀念的，是七九年底，有一天博雷爾突然走進我的辦公室，告訴我哈佛要給我下聘書（其後知道是真的），但不要急不及待地答允，高等研究院也會給我下聘書（後來知道也是真的）。此外，香港的友人也傳來消息，說香港中文大學準備在來年向我頒贈榮譽學位，這也是好消息，尤其是在母校從來沒有獲頒大學學位。

然而，從香港傳來的也有不好的消息。大哥成煜跟腦癌搏鬥了差不多十年，近來情況惡化了。他本來在雜貨店工作，現在住進了醫院。X光顯示腫瘤生長在大腦深處，外科醫生也束手無策。十二月時到香港看望他兩星期，讓我了解到他得到的和得不到的治療。

我們都不滿意治療他的醫生，他不肯把醫療紀錄給我們選定的外科醫生看，於是我決定把大哥送到美國治療。可是，事情說時容易辦時難，頭一次申請簽證未能成功。我向高等研究院的高層求救，他們找了一個紐澤西州的眾議員替我們出頭，但是也不得要領。

於是我請求當時崇基書院的副院長芮陶庵（Andrew Tod Roy）幫忙，他兒子芮效儉（J. Stapleton Roy）是美國外交部的高官，後來出任美國駐華大使，芮陶庵替我寫了一封情詞並茂的信，可是他的兒子和領事館依然不為所動。

柳暗花明，友人辛格當時是美國總統的科學顧問，他和一位國務院的高級官員是網球球友，透過這位朋友的幫助，我哥終於拿到了美國的簽證。

差不多同時，高等研究院果然如博雷爾所言，給我送來了終身教授的聘書。這一下子難為了，我喜歡史丹佛，同時也對哈佛極之難忘。見過拉烏爾・博特（Raoul Bott）、廣中平祐、蒙福德和其他哈佛多位睿智的學者，你很難不見賢思齊。當然，高等研究院也有輝煌的過去，教授的陣容也超強，它總是把研究放在首位，加以過去得到的大量成就，高等研究院被全球數學家視為就算不是最好，也是最好的幾個地方之一。

最後，我決定留在高等研究院，其中一個原因是它數學部中有博雷爾、哈里殊—錢德拉（Harish-Chandra）、米勒和阿特勒・塞爾伯格（Atle Selberg）等傑出人物，在那裡我有賓至如歸之感。而且，高等研究院的院長哈里・伍爾夫（Harry Woolf）原任約翰霍普金斯醫學院的院長，他跟我保證，我哥能到巴爾的摩的約翰霍普金斯醫院醫治。當時霍普金斯神經外科的主管是一位董林・隆（Donlin Long）的名醫，他願意主診，部分是由於他對我哥的病例感到興趣，而且和他的研究計畫相符合。更有甚者，成煜的治療基本上免費。這樣難得的機會當然要好好把握，我至今還感謝隆大夫把他的診金免了。我們決定一當他的簽證核發後，便立即出發，他於一九八〇年夏季將完時到達美國。

回到原來的話題，幾何分析特殊年於四月完結了，好幾位與會者都向我提議，整理一份這學科中的公開問題。記得十年前，我剛當了一年的研究生，陳先生出席尼斯的國際數學家大會。他在演講中討論了好些懸而未決的問題，以期藉著破解它們，從而開闢新的數學領域。我清楚記得，他說這樣做對同行大有幫助，也記得美國發明家查里斯・凱特靈（Charles Kettering）曾說：「問題問得好，就是成功的一半。」

因此之故，我提了一百二十條問題。這些問題大多數曾在演講中論及，大部分問題是我想出來的，別人的也有，有的甚至早見於文獻之中。無論如何，這些問題流傳很快，差不多每個工作和幾何分析有關的人都知曉。到了今天，其中約三十條已完全或部分解決，其他的都得到廣泛的關注。我清楚明白這些局限於幾何一角的問題，絕不能與一九〇〇年希爾伯特提出的二十三條問題比肩，後者在數學上的影響至為深遠。無論如何，這些問題在幾何分析確能引起關注，刺激研究活動。因此之故，在這個高等研究院規劃結束的時刻發表它們，也算是適當的閉幕辭吧。

高等研究院計畫結束之後那個夏天，我和妻子在聖地牙哥休息了好幾個月。到了八月，我們便一起到中國去了，陳先生在北京辦了一個會，我應邀參加。友雲和我打算看望親友，並四處走走，之後我會到香港陪伴患病的兄長赴美。

陳先生組織的微分方程和微分幾何會議在北京的友誼賓館召開，好些大人物如阿蒂亞、邦必里、尼倫伯格、博特、拉爾斯・戈丁（Lars Gårding），拉爾斯・霍爾曼德爾（Lars Hörmander），當然還有他自己也都來了。當時中國還是很窮，這個會議可說花費不菲。陳先生的目的，乃是向中國的學生和研究人員顯示幾何的吸引力。他了解到中國迫切需要派遣學生和學者到海外學習，是以和海外研究機關建立聯繫至為重要，故此把柏克萊理論及應用數學中心的主任莫瑞・普羅特（Murray Protter）也請來了。

為了顯示整個會議級別的尊貴，車子載著我和妻子以及其他同行人員從機場駛向酒店時，總是沿著馬路的中線走，其他的車輛只能迴避兩旁。幸好當時北京路上的車子不多，我們的車子不斷響喇叭，驅使大量的自行車讓出路來。

我把幾個月前在高等研究院講過的公開問題再次講了一遍，希望它們在中國數學家當中能引發一些迴響，後來知道確實有效。陳先生安排了一些不錯的在北京城內外的觀光節目。很不幸，這次訪問卻因一次不愉快的會面而掃了興。吳文俊的門人又登門求見了，他咄咄逼人地要求我推薦他拿一個重要的獎項，我拒絕了，大家便爭吵起來，愈來愈激烈，以至我的血壓飆升，差不多要昏倒了。經此可怕的一幕，當地負責接待的老一輩數學家小心翼翼，不讓我再受到不速之客的騷擾。

一天晚上，陳先生在晚飯後，請了十位受邀來華的重要客人茶會。他先請各人坐下來，聽取大家對中國數學現狀的看法。他批評華羅庚領導的數學所，儘管那是中國數學主要活動之處，並敦促把它關掉。他提議在座十人聯名上書，籲請中國政府把數學所永遠關閉，話畢全場鴉雀無聲，於是他又重覆再說了一遍。

最後，我打破緘默，說：我們都是中國請來的客人，我們只是來訪問，不宜喧賓奪主，這樣做不恰當。博特同意我的看法，其他人也紛紛表態支持，對陳先生的提法都不願沾手。

回顧一下，我懷疑陳先生的動作，實質上是在反擊一九七七年美國國家科學院（NAS）的一份關於中國數學現狀的報告。這報名以小冊子的形式出現，編者中有芝加哥大學的數學家麥克蘭恩，他曾帶領一個由美國數學家組成的代表團，在成書前的一年到中國訪問。麥克蘭恩帶領的理論和應用數學代表團，特別提到陳景潤關於哥德巴赫猜想和華林問題的工作，還有楊樂和張廣厚有關值分布理論的貢獻，這些研究人員皆出自數學所。他們的事蹟在中國家傳戶曉，深入人心，連小學課本也教導小孩要努力學習，以陳叔叔、楊叔叔和張叔叔為榜樣。

依我琢磨，陳先生想用一封信反擊NAS的報告，由十位他請來北京的著名數學家聯署，說明數學所及所內人其實不行。

在北京，時間並沒有通通花在數學，還花在各種手段打交道上，友雲和我見了一些想移民美國的親戚，我們沒法子幫忙。在這次旅程中，類似的要求陸續地來，但都給我們婉轉地推掉了。

會議結束後不多久，友雲和我便到了上海。黃浦江是長江的支流，它流經上海。我們在黃浦江畔閒逛，只見以千計的成雙男女在江邊憑欄融融細語，形成一道奇異的風景。他們付不起錢光顧飯店，其實，就算有錢，你還需要有許可證，當時叫糧票的，才能從食店買到食物，這是文化大革命過後不久的現象。友雲和我都愛散步，我們在著名的外灘，沿著風景美麗的黃浦江蹓躂，看著其他人在談戀愛。

接著我們到了杭州，杭州在上海的西南約一百哩。我們在風景如畫的西湖乘船遊覽，還到了名剎古寺參觀，可惜它們都在文化大革命中被破壞殆盡，一片又一片的狼藉殘垣，是這個狂飆時代的標誌。不到幾個十年，這些美麗而富含歷史的建築物給拆卸，代之以難看的水泥結構，美名之曰進步。

友雲在旅程中已懷孕，並開始「表現」出來了。開始晨吐時，她決定先回聖地牙哥，而我則南下香港。我到領事館替兄長拿簽證，領事館的官員並不願意放行，反對的理由填滿一吋厚的文件。但由於來自「國務院高層」的命令，一切都被推翻了。若是真的如此，我只能感謝辛格和他的朋友，可幸辛格打的是網球，而不是曲棍球或板球呢。

回美的機票可不便宜，我得買三個連在一排的座位，好使成煜能躺下來。我們先飛舊金山，然後轉飛芝加哥，母親和我們一起從芝加哥飛往巴爾的摩。數學家王彬是我中學同學，他當時在約翰霍普金斯大學訪問。他來機場接我們，直接把兄長送到醫院去了。母親和我在醫院附近找了一套公寓，這不是個很好的社區，母親一句英語也不會說，但她懂如何坐公車到醫院看兒子。我必須趕回普林斯頓，馬上要在高等研究院上班了。

不久，我又趕回巴爾的摩看望兄長，隆大夫花了十個小時進行手術，腫瘤生長在腦的中部，因此非常複雜。手術後的康復過程漫長，我哥最終可以稍稍步行，但平衡還是不很好。他頭顱骨曾經移除，必須長期戴頭盔來保護。

成煜出院後，母親和他住在普林斯頓刺槐徑我購置的房子，當時那是郊區的一條普通的街道，現在已屬高尚住宅區了。

由於兄長不分日夜需要別人照顧，母親絕大部分時間留在家中。鄭紹遠和王彬等友人間中會上門跟她打麻將，以打發時間解悶，我在時也會加入戰圈。多年後，這簡單不過的事，竟在網路上惹來了一連串對我的人身攻擊，指責我逼學生陪母親打麻雀。當時正在責問某弟子學術上一些不當行為，這些流言就出現了。流言明顯與事實不符，這些朋友自願來訪乃是出於好意，他們是成年人，又不是我的學生。麻將共一百四十四張牌，估計世界上有幾億人在玩這桌上遊戲，我竟要為這樣的事申辯，說起來也啼笑皆非。

回到我較喜歡的現實世界吧。博雷爾要求我把特殊年的演講和文章編為兩冊，一冊和微分幾何有關，另一冊則是極小曲面，由普林斯頓大學出版社出版。我把兩冊都差不多編完了，可以付印。六十多頁有關幾何分析的導引，主要是在霍普金斯醫院等候時寫好的。我主編的有關微分幾何的那冊一九八二年面世，有關極小曲面的那冊，我已經準備好了，但是有一天，邦必里跑到我的辦公室來，要求他作主編。我將全部收集來的文章交給他，沒有想到他拖了兩年，才原封不動的交給出版社。由於長期的推遲，很多作者對我頗有微辭。

就在這個時候，我忽然闖進了編輯及出版數學學報的的陌生世界中。一九八〇年，我同意出任《微分幾何學報》的主編，它的創刊兼首任編輯理海大學的熊全治教授出生於中國，是陳先生的朋友。

《微分幾何學報》一九六七年問世，是第一份專注於數學某單一而非所有領域的學報，學報的開局很好，刊登了摩爾斯、阿蒂亞、辛格、米勒和其他重量級人物的文章。米勒的論文〈有關曲率和基本群的一個注記〉一九六八年發表在該學報的第二期，我當時正在柏克萊念研究所第二年，這論文給我很深的印象。

不過，到了我接手時，學報的情況卻不太好。雖然我的專長是微分幾何，並因此受托出掌學報，但對主辦數學學報全無經驗。我曾對是否接受這任務猶豫不決，不過陳先生、卡拉比和尼倫伯格都鼓勵我，熊全治明智地提議加強陣容，把葛理菲斯和羅森都請進編委會中。

我一直努力使自己和數學的重要進展不脫節，在微分幾何的領域尤其如此。現在，更有新的動機這樣做，我無時無刻不在留意有甚麼文章適合《微分幾何學報》。友雲和我會在聖地牙度過夏天的日子，因此之故，UCSD給了我一個辦公室。在多次訪問中，我認識了麥克・弗里德曼（Michael Freedman）。那時弗里德曼還是系裡的年輕小伙子，正在努力破解四維空間的龐卡萊猜想，我們曾經多次討論這問題，有時就在他家後院的游泳池裡面或者旁邊。

普林斯頓好些拓撲學者對弗里德曼的方法不以為然，他們傾向於米勒創立的割補手術技巧，但是我卻對弗里德曼的方案感到興趣，他利用一種叫賓氏拓撲（Bing topology）的東西。當工作接近尾聲時，我問他結果可否在《微分幾何學報》上發表，他同意了。

普林斯頓的人很快便發覺他們看走眼了。他們斷言，文章應該在普林斯頓出版的《數學年刊》發表，這是天下第一的數學學報。那裡的拓撲學家比爾・勞德（Bill Browder），以及他的同事項武忠都打電話給我，說拓撲學中最好的文章應該在最好的學報、即《數學年刊》上發表，這才是正路。但我不為所動，平靜地解釋說，已經跟弗里德曼談過多次了，這是他的決定。如他要撤回文章，我會二話不說立即應允。在最後關頭，我跟弗里德曼說，他的文章對《微分幾何學報》十分重要，會大大提升學報的地位，由此也對微分幾何這科目有利。

這些話最後令曼里德曼沒有改變初衷，他的論文〈四維流形的拓撲〉於一九八二年發表於《微分幾何學報》，他憑此文獲得菲爾茲獎。為了此事普林斯頓大學《數學年刊》那些人對在下頗有微言，縱使我在高等研究院上班，離大學只有一哩之遙而已。

甚至是柏克萊的拓撲學者羅比恩・卡比（Robion Kirby），他和此事無直接關係，也對我處理弗里德曼論文一事表示不滿。世界中頗有些人，一見別人用非正規的方法來解決問題，心中就不爽。卡比屬於那種地域性很強的人，他要趕走所有入侵者。我對這種態度不以為然，這樣做太小器了，同時也不符合數學求真的精神。過去曾多次和這類心態的人發生摩擦，自己不免也受到損傷，但我不會向現實低頭，尤其是當沿用的方法束手無策之時。

一九八二《微分幾何學報》發表了另一篇重要論文，即克利福特・托布斯（Clifford Taubes）有關楊─米爾斯場論的文章。再過了一年，學報又刊登了西門・唐納森（Simon Donaldson）的巨著，這文章最終使作者獲得菲爾茲獎。同一年即一九八三年，《微分幾何學報》又刊登了愛德華・維騰（Edward Witten）的論文〈超對稱和摩爾斯理論〉，此文的影響深遠。開始時，有些幾何學者對它嗤之以鼻，我找的三位審稿人一致提議退稿，但作為主編的我卻推翻了他們的決定。現在回頭看，很高興當時做對了，這論文不只在數學和物理上具有重大的影響，同時它的刊登也提升了《微分幾何學報》的地位。學報在我接手時已到了山窮水盡的地步，幾年之間發生了一百八十度的轉變，現在它是一本主要的學報了。

學報主編的新職並不妨礙我在高等研究院的研究工作。我收了一批優秀的研究生，第一位是來自澳洲的羅伯特・巴特尼克（Robert Bartnik），而我的第一個博士後于爾根・約斯特（Jürgen Jost）則是波昂希爾德布蘭特的博士，他頭腦非常靈活。過去廿多年，一直在萊比錫的馬克斯普朗克數學研究所擔任所長。

我讓學生組織了一個研討班。有些上了年紀的同事卻嘀嘀咕咕，他們認為高等研究院只需要高級的研討班，討論最新的進展。但我卻不這樣看，培育後進也應該是研討班的目的。他們又投訴學生討論所引起的嘈雜聲，其實最吵耳之處只在我辦公室方圓之地、學生聚集之所。這使我回憶起小時在香港，鄰居也曾因父親教授自己和附近的小孩詩詞而抱怨。人常常為這樣或那樣的事情惱怒，但無論如何，年輕人為學習數學或詩詞的熱情，都不應當是抱怨的理由。

有個天資聰穎的華裔研究生，他父親替他找指導老師，最後在阿蒂亞的推薦下找到了我。項武忠當時任普林斯頓數學系的系主任，他知道後頗為不滿，他如此說：「你從高等研究院過來，把我們的好學生都搶走了！」我平靜的告訴他，我沒有搶走或硬逼他，是他跑來跟我的。

爭吵發生在一次晚餐席上，當時我們在喬・科恩（Joe Kohn）家中作客吃飯。科恩雖是數學系的人，但卻十分贊成學生跑到所裡找指導老師，因此整件事有些好笑。後來跟博雷爾談及此事，他亦有類似的經驗，並指出數學系和研究所之間存在著競爭。

但是這位研究生碰了釘子，他在資格口試中給刷下來了。我向考試委員會中的一位成員查問他答錯了甚麼，他說該考生答不出辛幾何和力學的聯繫。我請教當時負責研究生事務的代數幾何專家尼克・卡茨（Nick Katz），他說這道題他也不大了了。從歷史上看，辛幾何（微分幾何的一個分支）導源於牛頓的運動定律，而這些定律正是經典力學的基礎。這種聯繫始於一八三〇年代威廉．路文．漢密爾頓（William Rowan Hamilton）的觀察，他發現物體的位置和動能存在一種深刻的數學對稱。差不多一個半世紀之後，辛幾何已經發展這個地步，大家都忘了它的根源是來自經典力學，就好像大家也許不知道肉毒桿菌原是眼藥，而威而鋼則是降血壓用的。

我據此要求重考。喬．科恩和我再給他口試，這回他的表現不錯。但是，那次不及格是對他很大的挫折，他回家休養了半年，再回來跟我念完了博士，現在事業還不錯。

莫毅明生於香港，一九八〇年來到了普林斯頓，當時剛剛從史丹佛拿到博士學位，師從蕭蔭堂。他到來不久之後，我們開始合作，一同考慮蕭蔭堂跟我在特殊年中的工作之後衍生的問題，當時我們考慮非緊的凱勒流形，這種流形是無窮無界的，故難於處理。我們找到一種方法將之閉合起來，用以考察它在無限遠處的結構。博雷爾、蒙福德、讓─皮埃爾．塞爾（Jean-Pierre Serre），卡爾．路維格．西格爾（Carl Ludwig Siegel）等人利用代數方法來考慮這類問題，而我則創新用解析的方法，通過微分方程和各種幾何方法來處理。蕭蔭堂和我首次對一個重要的特殊情況，即在流形具有強負曲率時，解決了問題。

大概一年後，華羅庚的弟子鍾家慶來訪問普林斯頓。我提議他跟莫毅明一起，考慮某些複幾何上的問題。在我的指導下，他們進展良好，並得到一些有趣的結果。可是，正如前面說過，蕭蔭堂喜歡和我競爭較量，當他知道我在指導莫毅明和鍾家慶的合作、有時也加入時，就緊張起來了，他建議莫毅明不要和我合作。從那一刻開始直到現在，我再沒有和蕭蔭堂或他的弟子合作。這樣的結局使我不快，蕭蔭堂是位卓越的數學家，我們曾一起做了些好的工作，如果能繼續下去會多好啊。

在這期間，我和蕭蔭堂又另有瓜葛。彼德・薩那克（Peter Sarnark）是菲爾茲獎得主保羅・科恩（Paul Cohen）的學生，畢業之後一直留在史丹佛。科恩希望在短短幾年之內將他提升為正教授，這是十分不尋常的，蕭蔭堂託我向普林斯頓的同事朗蘭茲取得專業意見。我不想應允，一方面不認識薩那克，另一方面不熟識薩那克專精的那類數論。可是蕭蔭堂找了我多次，我不得不向朗蘭茲求助。薩那克畢業沒幾年，朗蘭茲並沒有覺得薩那克的工作有多了不起，這是可以理解的，於是我把這些頗為草率的意見轉告了蕭蔭堂。

不久之後，就傳來史丹佛在一次系務會議時，有人說我反對薩那克的升等。真相是我甚麼都沒說過，只是在反覆的要求下，傳達了朗蘭茲的某些初步看法而已。這樣一來，開罪了一向和我關係不錯的科恩，另一方面也搞砸了和薩那克的關係，他們都說升職一事由我一錘定音。雖然其後薩那克和我還是客客氣氣的，但從這件事中，我上了寶貴的一課。就是在學術上，人際關係可以十分微妙，有時還會在背後捅一刀。此後對不相干的事情，總要避之則吉，但於這方面只算是部分成功而已。

一九八一年三月廿一日，趕上最後一班飛機往聖地牙哥，友雲通知我孩子比預期早出生了。幸好，長子明誠在我抵達醫院後八個小時才出世。友雲生產的過程非常不順利，陣痛持續了廿四小時，她忍受了巨大的痛楚，堅決不吃任何藥物以免胎兒受影響，最後嬰兒平平安安地生了下來。當嬰兒最後露出來，哭叫並睜開眼睛四望時，我們都開心得說不出話來。

我盡量逗留在聖地牙哥，然後趕回高等研究院完成學期最後那幾星期。幸好友雲的母親來了，幫忙照顧這個胖娃娃，直到夏天我回到聖地牙哥為止。我倆都是照料嬰兒的新手，我對自己的耐性也感到吃驚，數學上我燥動急於求進，頃刻也不能停下來，但現在卻可以花上幾個小時，抱著明誠甚麼也不做，非常滿足（只要他不高聲哭鬧）。這種寧謐的感覺似乎有些神祕，或許只因我念的是數學而非生物學吧。

當然，還是要回到普林斯頓工作，這是忙碌而又多姿多彩的一年。數學家烏倫貝克來訪三天，我們日以繼夜地研究有關埃爾米特—楊—米爾斯（Hermitian-Yang-Mills）方程的數學，它是量子場論的中心，粒子物理的基礎。

漢米爾頓出其不意地通知我，研究里奇流終於有了初步的突破。他證明了龐卡萊猜想的一個特殊情況，即對所有具有正里奇曲率的三維緊流形，龐卡萊猜想成立。他的攻略進展得如此順利，令人喜出望外。這項工作美麗而激動人心，結果要比兩年前理察和我得到的強得多。尤有進者，他似乎找到一條能打開從未開啟之門的鑰匙，我立時了解到，漢米爾頓的路走下去會開花結果。

我請他來高等研究院作了一系列的演講，同時也花了大量時間，和他探討里奇流的潛力。我跟他說，這些技巧可以借用來證明三維空間的龐卡萊猜想，這是自二十世紀以來就懸而未解的老大難題。同樣的方法，也足以解決瑟斯頓的幾何化猜想，把三維的拓撲空間分成八大類。瑟斯頓的猜想包含著三維的龐卡萊猜想，是以證明前者，後者會隨之成立。想到這裡，我連忙請三個弟子：日本的板東重稔（Shigetoshi Bando）、中國的曹懷東和美國的周培能（Bennett Chow）開始研究里奇流。

漢米爾頓從康乃爾來訪一個星期。他離開後，數學部的大秘書氣炸了，漢米爾頓把公寓弄得一團糟，花了很長的時間才清理乾淨。另一方面，他的演講十分有意思，漢米爾頓、我的學生還有我自己從這時開始合作。總的而言，這是一次超成功的訪問，漢米爾頓雖然給清潔工人添了不少麻煩，但是卻給數學家提供了極豐富的遠景，我和我的學生都興奮地接受了挑戰，探索這遠景。

一九七五年我在科朗所訪問時，莫澤對我很好，後來他去了蘇黎世的瑞士聯邦技術學院（ETH）。他邀請我一九八一年秋到那裡訪問兩周，並在國際數學聯盟（IMU）講學，博士後約斯特陪我同行。有他在一切都很方便，他來自德國，而我卻不懂德語。除了數學活動外，約斯特和我在山中健行，所傳不虛，瑞士的風景確是美不勝收。

在蘇黎世的時候，有晚受邀出席在一高級餐廳的晚宴，同席者除莫澤外，還有出生於印度的數學家科馬拉沃路．錢德拉錫克朗（Komaravolu Chandrasekharan），他有份創辦蘇黎世研究所的數學部。二人皆是國際數學聯盟的高層，後者在上世紀七〇年代曾任聯盟的主席，而莫澤則是候任主席。錢德拉錫克朗催促我坐在餐廳某一座位，並說好幾個坐上那座位的人，後來都拿了菲爾茲獎。我不好猜他話中玄機，他似乎知道了某些消息，而我仍蒙在鼓裡。

不用在這方面多費心神，不久便遇到許多別的事情。一九八一年秋，物理學者蓋里．霍羅維茨（Gary Horowitz）成為我的博士後，雖然在高等研究院其職位是助理。他跟芝加哥大學的傑勒赫，有志於推廣兩年前理察和我證明的正質量猜想。他到了高等研究院不久，便與普林斯頓的佩里合作，但開始時我對他們的合作一無所知。

質量這概念在經典力學中清楚明白，但在廣義相對論中卻不然。由於其中方程的非線性，質量變得異常複雜。在大部分的情況下，質量只能夠對孤立的系統的極遠處，本質上是無限遠，才能有定義。而且，「質量」也有不同的定義，不同的場合採用不同的定義。在一些情況中，甚至沒有公認的定義。故此，一旦你在愛因斯坦的理論裡說質量，就無可避免地身陷泥沼，寸步難行。

理察和我的證明中，質量是所謂ＡＤＭ質量，因其引進者理察．阿諾維特（Richard Arnowitt）、德塞爾和查爾斯．米斯納（Charles Misner）而得名，這定義嚴格而廣泛為人們所接受（事實上，在比較不嚴格的狀況下，這個定義愛因斯坦本人早就提出了，他也希望知道，在這個定義下質量為正值。）霍羅維茨和佩里則希望把證明推廣至邦迪（Bondi）質量，這種質量的定義沒那麼清楚，很多物理學者認為它等於ＡＤＭ質量減掉由引力波所帶走的能量。引力波即重力的幅射，愛因斯坦一九一六年預言重力幅射的存在，一百年後，人們利用雷射干擾引力波天文臺（LIGO）的觀測結果，證實了他的預言。

正質量猜想指出每個物理系統的能量必為正，即是說其ＡＤＭ質量不會給引力幅射完全帶走，所以邦迪質量亦應取正值，這就是理察和我致力去證明的。

上面說過，我並不知道霍羅維茨和佩里正在合作，直到有次巴特尼克漫不經意地提到，他們的工作已接近尾聲。我對霍羅維茨不跟我說的做法有些不快，但也以這消息作為動力，和理察趕快把工作完成。

當時理察在科朗所，次天早上到了他那裡。我們不休止地工作，直到晚上六時半才把所有計算完成。這時才突然想起當晚法蘭索瓦・特里爾（François Trèves）在家中請吃飯，而我正是晚宴的主客。主人是有名的法國數學家，他正在羅格斯大學任教，要出席晚餐是不可能的了。晚餐已經開始了，而我距離新布朗斯維克還有一小時的車程。主人家早在兩個月前就跟我講，而且中間還提過數次，這次失約令我尷尬不已。

三十五年後到了現在，還是要為這次爽約深深抱歉。但當時除了在電話上說了多次對不起外，還能做甚麼呢？我留下來和理察把工作完成。我們的論文〈邦迪質量為正的證明〉數月後在《物理評論》發表，緊接著的是霍羅維茨和佩里的文章〈引力能量不能變負〉。這兩篇文章為宇宙的穩定性提出進一步的證據，同時亦保證了它不會崩塌。

這次我竟和自己的助理競爭，是不是有點兒奇怪呢？不是的。據個人經驗，在數學或其他科學領域，當你正傾注心力從事某項工作，突然發現別人在同一個問題上已占先機，於是受驅使而奮力向前，這是司空見慣的事。只要不牽涉抄襲或其他不當的行為，競爭是有益的。事實上，有競爭，才有進步。

差不多同時，我認識了高志勇。他來自復旦大學，得到楊振寧的幫助來了石溪，正跟隨羅森攻讀博士學位。我們合作，解決了一個令幾何學者困惑已久的重要問題，那是有關負里奇曲率的。簡單來說，就是能否構造出具負里奇曲率的單連通（即沒有洞）的緊流形。里奇曲率跟宇宙常數有關，後者包含在愛氏方程之中，和宇宙自大爆炸後的加速膨脹有關。負的里奇曲率對應於負的宇宙常數，這是和膨脹的宇宙相容的。

高志勇和我利用瑟斯頓早前的一些成果，構造了一個具有這些性質的流形，實際上它是個三維球面。我認為這是一項非凡的成就，為此替他寫了封極強烈的推薦信，讓他最終在萊斯大學取得終身教席。

可是，高志勇拿到終身職後，文章漸漸少了，數學會議上也愈少見身影，對數學的熱忱已減退了，這令我很失望。類似的情況也在其他中國學生身上出現，他們熱中於找好工作，但對數學卻不大熱心。或者這是中國教育系統始料未及的後果，過份重視把課程背得滾瓜爛熟，卻把做學問的精義丟失了。

一九八二年四月，高等研究院的學期結束了，就在明誠慶祝一周歲後幾個星期，我飛回聖地牙哥，和友雲、明誠團聚。這時，弟弟成棟正在高等研究院訪問一年，他打電話來，說收到國際數學聯盟寄給我的信，通知我是本屆菲爾茲獎三位得獎者之一，得獎工作是卡拉比猜想、正質量猜想、實和複的蒙日—安培方程，我是首位出生於中國的獲獎者。其他兩位得獎者是IHES的阿倫・科納（Alain Connes）和普林斯頓的瑟斯頓，前者的工作是算子代數和其他項目，而後者則「徹底的改變了二維及三維拓撲學」。頒獎典禮原本定於一九八二年在波蘭華沙的國際數學家大會上舉行，但當時波蘭政府正因鎮壓親民主的團結工聯下了戒嚴令，有鑒於此，國際數學聯盟決定把大會推遲一年。幸運地，戒嚴令於一九八三年七月取消，是以一個月之後，國際數學家大會便召開了。

友雲向公司請了三個月假，好使一九八二年秋與明誠和我在一起。她喜歡費城多於普林斯頓，因此我們在卡拉比家不遠處找到一間公寓。卡拉比人很好，他把嬰兒床和其他育兒物品借給我們，有時甚至花時間替我們準備東西。從公寓到普林斯頓需要一小時的車程，我花了二百元買了部車子。車子雖陳舊，但仍然可用，只是外貌寒傖了些，而且沒有了頂皮。高等研究院的秘書們都覺得教授開這樣子的破車很丟臉，不僅如此，還斗膽把車停在所的停車場裡。

現在明誠是個一歲半大的胖娃，我有時帶他到所裡的餐廳。一直十分支持我的博雷爾教授，對我不分工作和照顧嬰孩的樂趣頗有微辭，我知道後，便不再這樣做了。普林斯頓是個正經八百的地方，在西岸隨意生活了多年，使我和東岸拘謹的社會規範格格不入。

一九八三年，陳先生在柏克萊組織了一個幾何分析的計畫，四月我到了那裡訪問三個月。理察和我開了一門幾個星期的課，專門討論有關正純量曲率流形的一些新定理，以極小曲面作為工具。好幾位在石溪的中國研究生告訴我，羅森一位已畢業的學生做了一份詳細的筆記，那些筆記可能給格羅莫夫和羅森看了。事關他們不久之後寫了一篇論文，理察看了預印本後指出，其中似是襲用了我們的一些想法。理察寫了一封申訴信給羅森，他把信寄到柏克萊的伊文斯樓的信箱。但信箱卻封閉了，幾個月後信退回給理察，到那時再寄信已來不及了，事情只好不了了之。由此可見，說到底，數學也是講究競爭的。

次子正熙於一九八三年六月出生，再一次的歡欣喜悅。新生命的來臨永遠令人振奮，激動猶如初次。不過，兩個月後，友雲和我把孩子留給外母照料，一同赴華沙參加菲爾茲獎的頒獎典禮。在華沙，反對波蘭政府的遊行示威仍然持續，瑟斯頓告戒我不要接受記者的訪問，我無所謂，很多記者不懂英語，我根本不明白他們在說甚麼。典禮過後，蕭蔭堂、項武忠及其他人，邀請友雲和我去喝一杯，期間談到一個話題，最後導致某些對我而言尤其嚴重的後果，真是始料不及。

蕭項二人都強烈反對陳先生和葛理菲斯在籌劃中的錄取中國學生赴美留學的計畫，此計畫參照「中美物理考試與申請」（CUSPEA）這個由諾貝爾物理獎得獎人李政道幾年前創辦的著名計畫，目的是幫助中國的物理學生考取美國和加拿大的研究院。文革後，學校的成績單、老師的推薦信和類似的文件都難於找到，同時也不見得可信。於是李政道（當時在哥倫比亞大學）就和美國其他物理學者設計了一個考試，每年挑選一百個中國學生赴海外留學。

陳先生也想對數學學生按方抓藥，由於實驗設備價格高昂，不需做實驗的數學學生要比物理生多得多。蕭、項和我對派留學生出國沒有異議，但是根據陳先生和葛理菲斯提出的計畫，主要的考官由美國數學會會決定。舉例來說，一九八四年的考試，純數由葛理菲斯主考（後來為了要我改變想法，他們堅持將我也拉進來參與這個考試），應用數學則由麻省理工的大衛・班尼

（David Benny）負責，代表美國數學會的教授們對那個學生到那所學校有很大的決定權。

我們對這個中國學生的計畫心中不踏實，它的規章使權力落到少數外國學者手上。我們三人都認為參加這計畫的學生，應該比原先計畫的對選校有更大的自主權，我們傾向讓學生直接申請美國的學校，這樣做選擇會較多，並且較不受美國數學會的束縛。

我曾前後三次詢問陳先生，美國數學會在計畫中的角色是否他的主意，每次他都否認了，說和此事無關。由此可見，我們對美國數學會原計畫的疑問，不應該給視作對陳先生、葛理菲斯或班尼的攻擊，我並沒有反對他們。

雖然項武忠、蕭蔭堂和我都十分關注此事，他們提議不如給中國教育部寫信，表明對這計畫不同的意見，不過他們這封信始終沒有寫。幾個月後，我和鄭紹遠，學生曹懷東和來自臺灣、正在高等研究院訪問的林長壽再次談起這事，這次我們坐言起行，起草了一封信，內容基本上和上次跟蕭項談的差不多。這封信本來是由項武忠、蕭蔭堂和我一起署名的，於是我把信（其實是手寫的未定稿）寄給蕭，看他有何意見。在沒有詢問我的情形下，蕭蔭堂快速的將它譯成英文，送給葛理菲斯。不久之後，陳先生也看見了。

聽說陳先生對這個草稿大不高興，他和我的關係也從此走了下坡路。我一向抱著「自反而縮，雖千萬人吾往矣」的原則做人，但情況比事實更糟糕，項蕭兩人最初和我一同構思上書，此時卻加油添醋，使陳先生更加憤怒，而責任卻由我一力承擔。

此事在中國大陸教育界釀成相當大的風波。國內一眾學者為了平息陳先生的憤怒，請求我在第一次口試時，和葛理菲斯及班尼一同參加。我也不願意過分激怒陳先生，同時我參加也表示美國數學會沒有全面控制中國大學生出國，所以我同意參加這一次的口試。

回顧一下整個事件，不無諷刺地，這對我造成長久傷害的事件，竟源自我獲得數學界至高無上的菲爾茲獎時，一次酒後慶祝的交談。

贏得獎項固然興高彩烈，但卻被傳來的壞消息潑了一頭冷水。在華沙和妻子與眾多賓客杯酒言歡之際，兄長成煜又病倒了。送院後，大夫發現他大腿的血管出現了血栓，因此開了抗凝血藥給他。成煜服了抗凝血藥一段日子，不久腦出血，陷入昏迷，他昏迷了六個月後去世。兄長年輕時即患病，從無機會一展所長，令人痛惜。在華沙時，我不時念及他脆弱的身子，但誰能料到，世事竟會如此發生。

從這次和多年來同行間的摩擦，可見世事從來就不是一帆風順的，就算拿到菲爾茲獎，人生也不會步步高升。地心吸力會發揮作用，拖你後腿，有時甚至拖垮你。

雖然有幸拿到不少獎項，但個人對數學獎項的感覺卻苦樂參半。我從來不為拿獎而工作，堅信做好數學本身就是回報，尤其是工作順利時。另一方面，努力工作得到認同，自然是開心的事。但得到世人的認可（或者可稱之為名聲）也有缺失之處，我不再是一個藉藉無名的研究工作者，歡喜時可以整天埋首於數學之中，現在我成了某個權威，句句話都有份量。人們要我對事情發表意見，在政策上、行政上、政治事務上扮演比較重要的角色。如此一來，難免給扯進那些原本無關的紛爭之中。

首個華裔贏得菲爾茲獎的消息傳得很快，我在中國瞬間變成民族英雄。但有些人卻不高興，他們五味雜陳，甚至心懷妒忌。或者，他們覺得應得菲爾斯獎的是他們而非本人。

惱怒我者另有一人，理由完全不同。明誠現在兩歲了，每次離開聖地牙哥往普林斯頓時，他都非常不開心。他激烈抗議，大力跺著地，有時其至把頭碰在地上。數學圈子中有些人不喜歡我，對我飽含敵意，我都能處之泰然，但卻不能不顧兒子的感受，尤其是表現得如此直接和激烈之時。

或者是後知後覺，到了此刻，事態已清楚不過，自己住在東岸而把家庭留在西岸是不可能的，必須有所行動，使整個家庭能夠團聚。友雲不想來普林斯頓，那我只得另覓一枝之棲了。

蒙福德常常來高等研究院，他和葛理菲斯在辦一個代數幾何的計畫。我告訴他正在考慮離開，蒙福德把消息告訴哈佛的文理院長亨利．羅梭夫斯基（Henry Rosovsky）。他跑到費城我的公寓來，試圖說服我跳槽哈佛。羅梭夫斯基富魅力兼且博學，他甚至引用中國名著《三國演義》的某些段落，來說明我到哈佛去的好處。現在已不詳細記得他說的理由，還有他如何把我跑到哈佛的事，和一千七百年前漢末三國爭雄的故事連繫起來。反正他說得天花亂墜，頭頭是道，使我怦然心動。然而，底牌卻是，哈佛只能付我現在薪水的四分之三，這就沒法子了。當時的經濟狀況是：友雲和我有兩個孩子要照顧，再加上她的父母、我母親、和當時已病入膏肓的兄長，有鑑於此，只能再一次婉拒哈佛的好意。

離開史丹佛時，我十分難過，奧賽曼、系主任漢斯．森穆遜（Hans Samelson）和許多人待我都很好，我對史丹佛毫無挑剔之言。但苦思良久，終究認為UCSD才是理想之地，妻子和孩子住的房子就座落在校園不遠處。認識的人當中，以辛格最富人脈，他把我引薦給他的朋友UCSD的校長理察・艾金森（Richard Atkinson），他開出非常吸引人的條件。

我把決定跟博雷爾說了，他體諒地向高等研究院要求，並得到同意，把我的職位保留兩年，隨時可以回來。UCSD具有其他學校不能比擬的優點，首先也是最重要的，是我的家在那裡，而且友雲在聖地牙哥有份頗為愜意的工作。其次，大學答應讓我在系裡聘請兩位額外的人，好使我能和理想的人合作。對我而言，這點十分重要，理察答應從柏克萊搬過來，而漢米爾頓也願意離開康乃爾，我們會形成一個很強的團隊。漢米爾頓深信UCSD能提供一個理想的環境，讓他好好地發展里奇流的理論。他視聖地牙哥為理想之地還有一個另外的原因；他是個狂熱的衝浪者和風帆客，熱愛親近海洋，而按直線距離算，在吉爾曼路的UCSD數學大樓，離海灘不過一哩多而已。

雖然高等研究院對我而言是安逸之所，但不足之處是不易招研究生，個人一直認為和年輕人交流不只是健康而且必要，能令你思想保持活躍，源源不絕的研究生也令研究源源不絕。在規模大如UCSD的學校，找學生並非難事。

再者，漢米爾頓、理察和我已形成幾何分析的核心，德國幾何學家葛哈・惠斯康（Gerhard Huisken）不久也會來當訪問教授。我開始有了這樣的想法，就是請來更多的高手，聖地牙哥自詡有著全世界最好的天氣，我要把它建成數學家的樂土。

弗里德曼還在UCSD，四維流形的工作之後，榮譽紛至沓來，那裡也有好幾位有成就的人。既然得到大學管理層的鼓勵，我即著手在數學系大展拳腳，對可能出現的煩惱，要面對的阻力，以及潛在的爭吵視而不見。此刻回顧，我應該明智地只管好自己的研究。不過，人有時要從諸般挫折中學習，而對我而言，無論是吉是凶，事情都不會是一帆風順的。

第八章——弦籌共融

一九八四年，我決定從美國東岸遷往西岸。啟程前，有幾件事情要辦，其中一件是應著名數學家楊樂的邀請訪問中國。當時楊樂正要出任中科院數學所的所長，不久之後，又出任數學及系統科學所的創所所長。國內的學生都親切地叫他楊叔叔。在內地旅行，認識他非常有用。有一次，他送我到機場趕一班飛機，怎料登機櫃臺已經關了。楊叔叔向地勤保安表露身分，保安立即向他敬禮，說：「您是楊樂，我們在課本上讀過您的故事，您和您的朋友進去吧。」

這次行程把母親也帶上了，希望旅行能舒緩她的喪子之痛。楊樂安排我們和黨內的一位高幹見面。這位高幹很親切，他給我們講廣州時裝表演的花絮，意在說明中國有多開放。我雖然為他的平易近人感動，但中國傳統的高官都知道「君子不重則不威」的道理。太隨和的話，往往被人誤會為輕佻，我擔心他的位置會坐不穩。果不其然，不到一年他便倒臺了。

此行的主要目的是讓母親散心，她一直照顧兄長，人一旦去世便悲慟不已。我們逛了些景點，也見了些親戚，她的精神好了一點。

此行另一個目的，是招一些出色的學生到UCSD去當我的研究生。但願這些學生能有機會，像我二十歲時去柏克萊一樣，面對耳目一新的數學天地。一九六九年赴美時，中國還在經歷十年文革的浩劫。神州大地，武鬥傷亡，民不聊生，大學教授和知識分子都下放勞動，學術研究都停頓了。到了一九八〇年中，情況開始改變，但中國仍然非常貧窮，大學的水平和西方比較相差甚遠。我能盡一把力的，就是把具潛質的中國研究生、博士後、教授等帶到美國的頂尖學府，使他們能夠接觸到最尖端的研究，並參與其中。

在這次旅程中，我從復旦大學招了李駿，北京大學招了田剛，中科院招了施皖雄和鄭方洋，此後四人各自學有所成，都在美國的大學當上教授。

在北京的時候，我還到醫院探望華羅庚，當時他因嚴重的心臟問題住院。他看來頗為憔悴，當時正被一些醜聞所困擾。他斷言否認了，但謠言揮之不去。華先生認定是他的對頭在煽風點火，但他沒有直接責怪誰。

他曾在給我的信中暗示這場爭鬥，其中引用了杜甫的詩：「王楊盧駱當時體，輕薄為文哂未休。爾曹身與名俱滅，不廢江河萬古流」來說明傑出的詩人時常在比拚。似乎華先生相信他和對手之間的競爭，在有生之年也不會完結，和這詩所說的一樣。

令人煩厭的故事沒完沒了的同時，教人興奮和富含成果的篇章也開展了。在高等研究院時的助理加里・霍洛維茨是物理學者，上面說過，我常常找物理學者當博士後或助理，藉以掌握物理的最新進展，讓思想能於物理和數學相交的領域中馳騁。在霍洛維茨兩年的任期中，我和他談過幾次卡拉比猜想，物理學者安德魯・施勞明格（Andrew Strominger）和維騰也曾在場。我說猜想的證明，動機來自物理，具體是真空即不具物質的空間之中，重力仍會存在。我肯定這在物理上十分重要，雖然不知其具體所指為何，但開始時他們似乎不大感興趣。

一九八四年，我離開高等研究院後情況改變了，施勞明格和霍洛維茨也離開了高等研究院，到了加州大學的聖芭芭拉分校。施勞明格和菲利普・坎德拉斯（Philip Candelas）一起研究新興流行的弦論，坎德拉斯是來自德州大學的物理和數學家。弦論大膽地試圖把廿世紀最成功的兩套物理理論，即量子力學和廣義相對論統一起來。這兩套理論各具特徵，看起來並不相容。細小物體或粒子運動時，重力極之微弱，量子力學能精確地描述箇中情況；而當形態和質量極大時重力很強，這時廣義相對論則很合用。但在有些情況中，兩個理論皆不適用。比如，在黑洞的內部或宇宙大爆炸時，巨大的質量會擠壓成極小，物理學者如把兩者硬併在一起進行計算，只能得出亂七八糟的結果。

從一九八〇年開始到了中期，愈來愈多研究工作者相信弦論能把這個鴻溝連接起來。基本架構是：物質和能量在最細小、最基本的水平乃是由微細的震動的弦所構成的，而非點狀的粒子。在弦論中，人們進一步假設人類置身的宇宙具有十維，其中三維是熟悉的伸展至無窮的空間，一維是時間，還有六個微形的維數，它們緊緊地捲起來，讓人看不見。坎德拉斯和施勞明格及其他人亟欲理解的，乃是這六個縮小的或所謂「緊化」的幾何。換句話說，這六個維數以怎樣的形式存在？

施勞明格知道他要找一個具有某些特性的流形，它具有一種叫「超對稱」的對稱性。後來知道，凱勒流形具有超對稱性，弦論要求的最基本流形不帶任何物質分布，它們是真空的。這種不帶物質的凱勒流形是我構造出來的。超對稱是各種各樣弦論必需的特徵，故此弦論有時又叫做「超弦理論」。

霍洛維茨和我的關係較密切，對我的工作較為熟悉。施勞明格和他談過後，打電話給我，問我這些流形存在不存在，存在的話，如何應用到超弦理論上。當時我正坐在妻子在拉霍亞的辦公室內，凝視著外面美麗蔚藍的海洋，它一望無際地伸展到彼岸的中國。此時此刻，彷彿看到這些幾何上的創造物也在伸延，不僅和物理結合了，而且還和眼前浩瀚的海洋，甚至和涵蓋它的整個宇宙融為一體了。

我告訴施勞明格，根據我得到的種種訊息，這些流形在維數等於六時確實能滿足弦論的要求，這正正是他想知道的。稍後施勞明格和維騰見面，後者亦獨立地得到類似的結論。他乘飛機來了聖地牙哥，花了整整一天跟我討論如何用代數幾何的技巧來構造這些流形。

稍後，坎德拉斯、霍洛維茨、施勞明格和維騰他們四劍合璧，於一九八五年發表論文〈超弦的真空結構〉。這篇奠基性的文章被視為「第一次弦革命」的一章，文中論證這多出來的六個維必須隱藏於卡拉比—丘流形之內。這些流形的形狀將會決定大自然中甚麼粒子能夠存在、它們的質量、粒子間相互作用的強度和其他種種物理特徵。物理學家布萊恩・葛林（Brian Greene）斷言：「宇宙的密碼，恐怕就刻在卡拉比—丘空間的幾何之中。」

人類能用自己的感官去了解的宇宙共有四維，而弦論卻指出宇宙應有十維，只是新添的六維很細小，我們看不見。「真空結構」一文本質上為兩者的共容架起了一道橋樑。除此之外，加上其他新近的發展，尤其是物理學家麥可・格林（Michael Green）和約翰・施瓦茨（John Schwarz）的工作，一時之間，弦論鬧得沸沸揚揚。大家都期望，這套理論能夠把物理統一起來，完成愛因斯坦生命最後三十年未竟的工作。

我也感染了「弦熱」，一方面因卡拉比—丘空間在整個理論中擔當了重要的角色，另一方

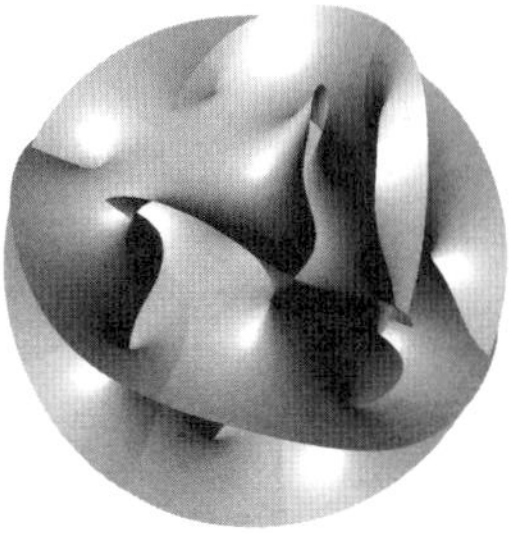

六維的五次卡拉比—丘流形的三維切片。（感謝印第安納大學的漢森提供。）

面，當時很多物理學者都不熟悉理論背後抽象的幾何，因此常常給人問詢，要求解釋。弦論促使數學工作者和物理學者的大量合作，這現象一直持續了好多年。我給推到風浪尖端，親眼看到在物理和數學上非凡的進展，實在是激動人心。

卡拉比—丘這個名詞是由坎德拉斯和他的合作者三十年前率先叫起的。谷歌此詞，相關的訊息有四十萬條。更進一步，《卡拉比—丘》也是二〇〇一年一齣話劇的劇名。而《卡拉比—丘空間》則是底特律樂隊「都卜勒效應」（The Doppler Effect）一張唱片的標題。義大利藝術家弗朗切斯科・馬丁（Francesco Martin）也有幾幅作品，標題中含有卡拉比—丘這個詞。伍迪・艾倫（Woody Allen）二〇〇三年在《紐約客》上的故事，裡面提到一位女士的微笑，「向上彎形成卡拉比—丘的形狀」。這名稱如此普遍，有時也產生錯覺，卡拉比是否我的名字？我並不介意，我欽佩卡拉比的創作能力，很榮幸能和他並稱。卡拉比也說：「我很高興我的名字和丘永遠連在一起。」

有一個問題施勞明格和維騰都覺得很重要，那就是有多少個卡拉比—丘空間。一九八四年施勞明格就向我提出這個問題，他心中

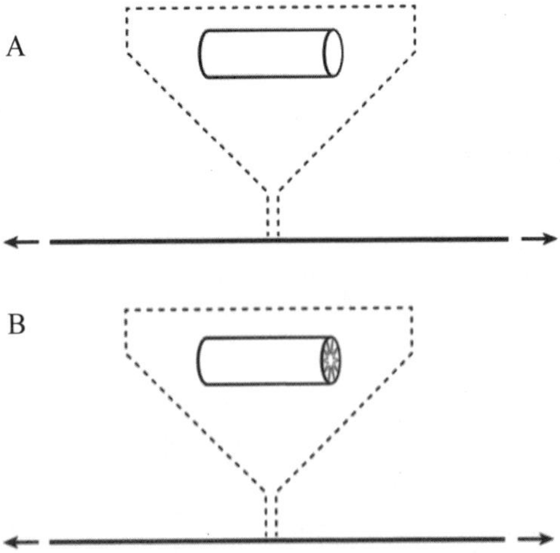

圖A是一條往兩端延伸的直線，這條線初看沒有厚度，但如用放大鏡去看卻不然，它擁有一個額外維數，也就是截圓的直徑。弦論採取類似的「額外維」觀點，而且更進一步。想像我們身處的四維時空宛如一條直線向無限延伸，如果仔細檢視，則處處可見一個額外的六維卡拉比—丘流形蜷縮深藏在內（如圖B）。所有這些流形都是一樣的。（繪圖：顧險峰和殷曉田）

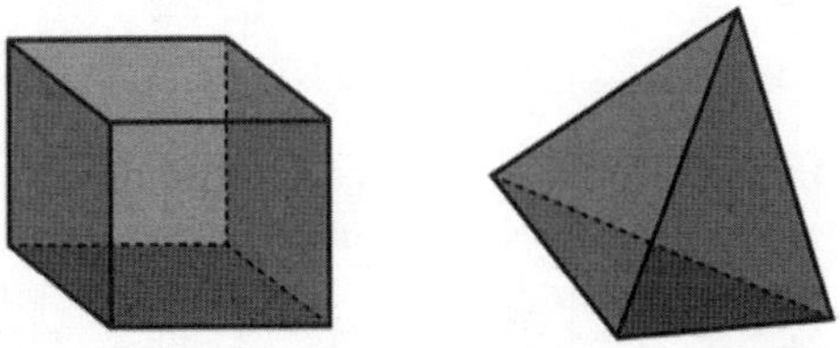

歐拉數或歐拉特徵值原來是用來分類多面體的，後來發現也可用來描述更複雜的拓撲空間（包括卡拉比—丘流形）。對多面體來說，歐拉數的公式是V-E+F，其中V為頂點的數目，E為稜邊的數目，F為面的數目。用這簡明的公式，即知正立方體的歐拉數為8-12+6＝2；正四面體則為4-6+4＝2。1750年，歐拉首先發現所有凸多面體的歐拉數皆等於2。（繪圖：施瑞伯）

希望只有一個，那麼一切都會變得順利。當時我只知道有兩個卡拉比—丘流形，過了不久又找到了幾個。從建構這些流形的方法看，例子會有更多。我估計卡拉比—丘流形有上萬個，不同的流形對應弦論方程不同的解，並具有不同的拓撲結構。現在，我們知道，卡拉比—丘流形比我原先的想像多許多。我曾提出這樣的猜想，就是六維的（或複三維）卡拉比—丘空間只有有限個（但數目也不少）。

回到一九八四年弦論還剛剛起步時，施勞明格對我的回答感到沮喪。從理論家的觀點看，只有一個或僅僅好幾個這樣的流形，一切都會變得簡單。一九八五年在伊利諾州的阿貢（Argonne）國家實驗室召開了早期弦論的主要會議，我在會上向大批的物理學者宣布了這個消息，使大家的狂熱冷卻了一點。

這次會議中，所有弦論的領軍人物和其他領域的高手都來了。他們作報告，提交論文，其中包括了大衛・格羅斯（David Gross）和傑拉德・特胡夫特（Gerard 't Hooft）兩位未來的諾貝爾物理學獎的得主。上面提過的格林、施瓦茨和維騰也來了。我也提交了有關卡拉比—丘空間幾何的論文，題目很專業，叫〈具零里奇曲率的緊三維凱勒流形〉，題目中的凱勒流形是複流形，三維複流形的實維等於六，符合弦論的要求。

到阿貢開會之前，霍洛維茨、施勞明格和維騰問我能否找到一個歐拉數為正六或負六的卡拉比—丘流形。歐拉數（或歐拉特徵）是把拓撲空間分類的簡易方法，它是個可正可負的整數，人們用它來測試兩個拓撲空間是否等價。試看一個簡單的例子，四面體或「三角形金字塔」含有四個三角形的面，它的歐拉數為二，即由面的數目（四）加上頂點的數目（四），然後減去稜邊的數目（六）而成。

維騰說明了粒子類別的數目必須等於流形歐拉數絕對值的一半。因比，物理界的友人都希望能找到一個歐拉數為正或負六的卡拉比—丘流形。一個歐拉數絕對值為六的流形，剛好能導致三大類粒子，這是現代物理的「標準模型」中的基本特徵。

弦論學者的宏圖大計，首先是要說明如何從弦論推導出物理學界眾所周知的「標準模型」，然後始能更進一步。可是，坎德拉斯他們利用的卡拉比—丘流形只能導出四類粒子，雖然離三不遠，但還不夠。相差了一類是嚴重的偏差，就像在電影《小鬼當家》（*Home Alone*）中，一個小孩給丟失了，情況必須盡快解決。

出發往阿貢之前，我沒有時間考慮這個問題。從聖地牙哥飛往芝加哥途中，在飛機上開始思考，到達奧哈爾國際機場前，我找到了一個歐拉數為負六的卡拉比—丘流形。我巴不得立刻把消息傳開去，但在這樣做之前必須找人送我到會場。有個人上前和我打招呼，我以為他就是大會安排的司機。可是上車後才知道他從來未聞阿岡實驗室，當然亦不知它在那裡。二十五哩的路程，繞道而行，車資竟花了五十元，而且已經是狠狠地殺了價。

我在這次會議上的講話迴響很好。參加過很多科學上的聚會，以這次的印象最為深刻。大會彌漫著一片激動的氣氛，充滿樂觀的情緒。與會者對大會主題的專注亦使人難忘，他們不僅把自己的工作成果和大家分享，而是對於同一個主題，天大的主題，竭盡心力去破解它。傳媒也派人來了，他們字字留心，大家都有這樣的想法，科學到了一個萬眾期待的關鍵時刻，這將是個影響深遠的會議。

要長久地保持這種激情是不可能的，可是弦論的終極目標是如此偉岸恢宏，就算真的能完全實現，也要花上很多年的時間。理論剛開始時，大家都滿懷希望，心想創造一套包羅萬有的理論，可是迄今還未成功，亦可能永遠不會完全成事。縱然如此，弦論對物理和數學已有了許多意想不到的貢獻，就算弦論終究成不了大自然的終極理論，至少它是邁向這方向的一步。到了現在，這套理論已有許多有趣的結果，使人們讚嘆不已。所以，就算到了最後，弦論達不成人們原來對它的指望，我們也不能視之為失敗，畢竟弦論引發出來的數學結果可以說是劃時代的。

對個人來說，帶著雀躍的心情從阿貢實驗室回到聖地牙哥，急不及待地投入弦論的研究，我請了一個物理的博士後布萊恩·哈特菲爾德（Brian Hatfield），他的博士論文和弦論有關。那年我有十五個研究生，我跟他們講述如何構造卡拉比—丘流形，那是在往芝加哥的飛機上想到的。學生田剛指出這方法能用來構造更多歐拉數為負六的流形，稍後確實也造出來了。不過，後來發現這些所謂新的流形，雖然看來非常不同，其實它們都可以由我找到的那個流形通過形變產生，因此它們和原來的流形在拓撲上是等價的。

卡拉比—丘流形既然有大用於弦論和數學，我便繼續研究這些流形的諸般性質，更編輯了一本名為《弦論的數學》的書。然而，正如在前面說過，我很少在同一時間只專注一事，弦論並沒有占據我全部的心思，我仍然希望在幾何分析上多做點工作。事實上，弦論中用上的卡拉比—

丘流形便出自幾何分析，我的「同伙」理察和漢米爾頓都在UCSD，大家一起在這方面努力。

理察和我繼續合作，例如研究正純量曲率流形的分類，還有緊流形的山辺問題（Yamabe Problem）。理察努力攻克後面的課題，終於在一九八四年成功了，這是他的一項主要成就。一九八二年我們在高等研究院講課，現在到了聖地牙哥便繼續下去。在這課上講述的是我們原創的工作，其中包含尚未發表的想法，有時我們工作過了午夜，為的就是準備隔天的課。

我們要找人抄一份好的筆記，把課上的內容保存下來，最終整理成兩本書：《微分幾何講義》和《調和映射講義》，打算幾年後出版。由於總希望幫助中國的學者來美國訪問，既能體驗一下研究的氣氛，同時又能掙點錢，我向楊樂打聽有無適當的人選。中科院有位姓許的研究人員毛遂自薦。為了這份差事，我付了超過一年的酬勞給他，後來才知犯了大錯。他對數學雖然不算外行，但卻追不上我們的進度，很多時聽不明白，可他又不願意向理察或我求教。有時，他會私底下問我的學生，但他們對他不好，或許覺得他年紀太大，又或許他們不願花時間。

最後，他整理出來的講義全無價值，這對理察和我是一大打擊。我們並沒有把所有東西記下來，到了發現他的講義不能用時，要重新再做一次為時已晚了。

到了他要向中科院呈交進展報告時，事情變得更糟了。為了掩飾未能把工作做妥，他把報告變成對我的攻擊，說我圖謀反對陳先生，又說我想營結他所謂的「丘黨」，專門和我的老師作對。其做法是如此拙劣，中科院的人都看出他無中生有。楊樂知道後非常意外，他把許的報告信件給我看了，並且對派遣他來一事道歉，不久他就回去了。

或許是命中注定，久不久就遇上這類瘋狂的事。幸好，上天作出補償，在UCSD工作開展得很順利。一向以來，我都喜歡理察在我身邊一起工作，我們的興趣和思想方式都很合拍，合作非常成功，他是我最好的合作者。弗里德曼不久前才完成有關四維龐卡萊猜想的著名論文，他有時也參與討論，帶來新鮮感和獨到的見解。

漢米爾頓的辦公室就在我的旁邊，我們常常聊天，這樣的安排可真不錯。我們談到了一年多前我和李偉光的工作，那叫李—丘不等式。李偉光和我研究了一條和幾何流有關的方程，它描述熱或其他變量在曲面上隨著時間變化的傳播。我告訴漢米爾頓，「李—丘估計」可以用來研究里奇流中可能形成的奇點，奇點就是在空間某處擠壓成的尖刺或摺疊，更重要的是，它可以用來把奇點光滑化。我說服他這方法對於求解三維的龐卡萊猜想或許是關鍵的一步，不過，要用上李—丘不等式，先要把它推廣到更複雜、更非線性的里奇流上去。

漢米爾頓花了差不多六年時間才把工作完成，這是求解龐卡萊猜想道路上關鍵的一步。好幾位學生，包括曹懷東和周培能，都跟隨漢米爾頓研究里奇流中的問題。

有位老同學是香港一個基金的受託人。得到他的贊助，一九八五年夏天，我在UCSD主辦了一個計畫，旨在訓練來自大陸、香港和臺灣的學者做研究。前來的學生、博士後和學者差不多有四十人，漢米爾頓、理察、弗理德曼、我和其他人都講了課。大部分參加計畫的人都說獲益良多，其中來自臺灣清華大學的阮希石和我合作，寫了一篇利用環面法（toric method）來構造卡拉比—丘流形的論文，這方法是蒙福德引入的，但是用這種方法來構造卡拉比—丘流形，我們大概是最早的。希石後來當了我的博士後，我幫助他在臺灣中研所的數學研究所找到工作。

大部分與會的人都覺得此行收獲甚豐。來訪的目的雖是數學，但大家還擠出時間在沙灘上玩排球，這就是聖地牙哥的好處，普林斯頓和哈佛都比不上呢。

在這期間，我接待了不少訪客，他們不只來自亞洲，還有來自歐洲、美國本土和其他地方的。聖母大學的王必敏來了，在香港時我們都念同一所中學，兼且同樣出生於汕頭。剛到聖地牙哥的第一年，他就來請教做研究的題目。我把和烏倫貝克合作有關楊—米爾斯方程的手稿拿給他看，並說看完後可以談談如何利用其中的想法做下去。（這論文是我得意之作，它刊登於一九八六年的《純粹和應用數學通訊》，八年之前，我解決卡拉比猜想的文章也刊登在這學報上。）當時他正在放年假，我說他可以待在聖地牙哥，楊—米爾斯方程中還有一些有趣的問題，可以一起試做看看。可惜，王早已安排了在年假時到哈佛和蕭蔭堂一起工作。

碰巧，曾跟我當過博士後的鍾家慶正在哈佛訪問蕭蔭堂。他打電話給我，說蕭蔭堂非常生氣，事關他發覺田剛抄襲了他的一個結果，這結果是他一九八五年在哥倫比亞大學的一次會議中提出的。會議之後約一年，蕭蔭堂在給我的信中說：「我看不出你的學生的演算有多獨立」，他認為田剛的文章，「把我在公開講座中發表過的方法，改頭換面變成了自己的東西」。

為了弄清楚是否原創和先後次序，蕭蔭堂說要看看田剛的原稿。我對這點有保留，同時也不想逼田這樣做。由於此事關係著一個勤奮年輕人的一生前途，即使我對於整件事情將信將疑，我還是採取寬容的態度。

為了消弭雙方的分歧，我對蕭蔭堂提議，可否讓田剛就這個題目在哈佛大學的研討班上公開講一次，其他人可以從中判別他有無抄襲，可惜蕭蔭堂並無因這提議息了怒。根據別的人說，蕭蔭堂跟其他人說，丘利用學生來攻擊他，當然這是全無根據的。蕭蔭堂就此事憤憤不平了好幾年，比我想的還更嚴重。但是到了後來，我覺得他對田剛的看法，不見得是全部錯誤的。

除了這類小故事外，聖地牙哥一切安好如常。一九八五年我獲得麥克阿瑟獎（MacArthur Fellows），這完全是意料之外的，可說是驚喜。洛杉磯時報一篇報導說，我在微分幾何的工作「如此複雜，就算他的同事也一頭霧水」。一年前，同一報章曾報導在下受聘於UCSD，今天的報導可以視為那篇報導的升級版。當時，同一位記者寫道，丘研究的數學基本上是無用的。他曾問我在幾何方面的工作對社會有何作用，我跟他說，長遠而言，純粹數學對社會有很大的影響，但短期不容易看見。例如，它大概不能用來開關車庫的門。對這個記者來說，很明顯，這和「無用」就只有一步之遙了。無論如何，拿到麥克阿瑟獎是件喜事，十分榮幸能和其他出類拔萃的人物共享此殊榮，他們包括保護兒童基金會的主席瑪麗安・艾特・愛德曼（Marian Wright Edelman），著名文學評論家哈洛・卜倫（Harold Bloom），科學家和作家賈德・戴蒙（Jared Diamond），還有舞蹈家和編舞者梅西・康寧漢（Merce Cunningham）和保羅・泰勒（Paul Taylor）。這個獎還帶獎金，我卻之不恭，決定把錢存起來，供孩子以後上大學用。

聖地牙哥的生活在其他方面也相當愜意，我有時間陪小孩，帶他們到海洋世界和聖地牙哥動物園，大家都很開心，有時感到活在「美國夢」中。這裡氣候怡人，陽光充沛，沙灘海浪近在咫尺。

UCSD既有大批用功的研究生，加上圍繞在核心的同事，發展的前景一片光明。據說數學系還可以多僱十五個資深或資淺的同事，我試圖推動聘請自己認識並信任的人，包括西門和烏倫貝克，還有德米特里‧赫里斯托努（Demetrios Christodoulou），後者研究廣義相對論，不久便聲名大噪了。

在UCSD一切看來都很順利，正當千帆並舉之際，奈何碰上系內人事鬥爭這攔路虎，出現了阻滯。我的願景不為其他人接受，雖說屬意我強化整個數學系，但他們對聘請西門、烏倫貝克和赫里斯托努沒多大興趣，也許是我的支持話語太率直，如此一來，我和同事之間產生了摩擦。

就在這時候，弗理德曼打電話來，UCSD剛剛升他為理查士‧李‧鮑威爾講座教授。當時已是一九八五年的下半年，我正在哥倫比亞大學參加會議，和沙利文在一起，沙利文是紐約城市大學的亞爾伯特‧愛因斯坦講座教授（迄今還是）。弗理德曼想知道他會不會在明年拿到菲爾茲獎，他以為我們兩人會知道，但事實上我們對此一無所知。情急之下，弗理德曼說他比我更值得拿菲爾茲獎，因為在解決龐卡萊猜想時，他用了五個原創的想法，而我解卡拉比猜想只用了一個。差不多一年之後，一九八六年八月，弗理德曼果真拿了菲爾茲獎，可說是實至名歸。

我給捲入了一個大白象式的倡議，就是在UCSD建立一個應用數學中心，這計畫並不以大團圓為結局。數學研究中心（MRC）自一九五六年成立以來，基地一直設在威斯康辛大學的麥迪遜分校，它是由美國軍方和大學合辦的。中心所在的斯特林樓於一九七〇年學生「反越戰反軍方」的運動中炸毀，一個物理學家死了，另外三人受傷了，這些都不是MRC的人。

到了八〇年代中期，軍方決定把中心搬到別處去，UCSD希望中心建在他們那裡。他們請我幫忙競投，個人雖然和這計畫沒有關係，但也願意伸出援手。可是當要動筆草擬計畫書時，事情便觸了礁，系裡的應用數學家沒法把材料組合起來，寫成一個具說服力的計畫書。我雖非應用數學家，寫作技巧也不算強，如果由在下動筆，先要徵求專家的意見，普林斯頓的馬丁・克魯斯卡（Martin Kruskal），科朗研究所的保羅・加拉貝迪安（Paul Garabedian）和紐約州立大學石溪分校的詹姆士・格利姆（James Glimm）都是我請教的對象，也是我企圖通過引入這個所來聘請的名教授，他們都表示有興趣。這樣一來，便惹怒了系內應用數學的同事，他們對我找外援甚為不快。他們也許認為這些都是純數學家，而我只喜歡聘請純數的人。說到最後，他們不要我再過問系裡有關應用數學的事務。

舉例來說，大衛・多諾霍（David Donoho）是位已經嶄露頭角的年輕統計學者，剛剛從哈佛畢業。同事理察・奧臣（Richard Olshen）是搞統計的，他很想聘多諾霍，跑來問我意見，我說這主意不錯。奧臣接著跟莫瑞・羅森布拉特（Murray Rosenblatt）說，我非常希望聘請多諾霍，羅森布拉特是系內有關統計和機率論最資深的專家。他聽了後十分不高興，要我停止干預系內種種有關統計學的人事決定。

應用數學組中反對我的人不少，他們抗議校方倚重我去軍方求建數學中心。

為了緩和矛盾，原是基本粒子物理學家的副校長哈羅德・狄祖（Harod Ticho）決定把整個計畫移交給斯克里普斯（Scripps）海洋研究所的約翰・邁爾士（John Miles），這個研究所隸屬於UCSD。不過，狄祖仍然希望我能代表學校繼續去遊說。我拒絕了，指出我的興趣只在於利用這個計畫來加強數學系，不會花費時間和精力把中心建於海洋研究所。

很明顯，我和UCSD的關係從此有了裂痕，很多應用數學的同事反對聘請西門和烏倫貝克，理由是先前已聘了理察和漢米爾頓，這已經足夠了。我跟狄祖說我在系裡缺乏在家的感覺，可能會離開，有些人卻說我在玩加薪的把戲，縱使我說的都是實話。

在招募人才的事務上出現各種分歧時，狄祖找弗理德曼和我一起午膳，希望能釐清系裡的情況。狄祖問弗理德曼系裡可有甚麼困難，弗理德曼答道他看不見有甚麼不對勁。那即是說，如果真的有甚麼不對勁，那是我的問題，跟數學系無關，我感到有些孤立無援。到了午餐快完結時，我覺得留在聖地牙哥已是沒有指望的了。

UCSD方面卻傳來不少謠言，一個是由當時的數學系主任散播的，他說學校將我薪水大幅增加到五十萬美金一年。另一個謠言據說來自校長艾金森，他多次在校務會議上解釋為什麼我會離開UCSD，原因是我要求解散數學系，然後將之重建為世界一流的研究中心。當然這兩件都是子虛烏有的事，卻對我的名譽做成了一定的損失。

最後我搬到很遠，從美國大陸的一端跑到另一端。離開這個美麗而號稱全球氣候最怡人的地方，我不無遺憾，而且，在UCSD建立一個很強的數學系也功敗垂成了。同事中有好些人並不樂意見此，或者說，不樂意在我手中見此。這也無話可說，有的人留戀過去的安逸，並不認同要把UCSD建成世界級的數學系，其他人也許有不同的願景，或對發展數學系的方案抱著異議，我想起了那老掉牙的笑話，「換電燈泡需要幾個人？」一個就夠了，「但是要電燈泡想更換才行」。

漢米爾頓多待了幾年，找到一個能滿足他兩個至愛即數學和衝浪的地方，自然樂不思蜀。一九九六年，他到了哥倫比亞大學，那兒的長島是個頗為不錯的衝浪區，但和南加州卻無法比擬。理察一九八七年離開了UCSD，重新回到史丹佛去了。

而我呢，得到幸運之神的眷顧，也找到一個新的落腳點。一九八六年下半年，我在柏克萊見到博特，他不單止是個傑出的數學家，為人也和善，我一直很欣賞他。他告訴我哈佛要再發聘書的消息，這已經是第三次要聘我了，也不確定有沒有第四次。我告訴他目前在UCSD的困境，他說哈佛雖然渴望我加入，但我應該從詳計議，不要感情用事貿然下決定。

一九八七年初，我到了哈佛跟數學系系主任巴里・馬聚爾（Barry Mazur）會晤，他非常親切。我們寒暄了一會，待我心情放鬆了些，他便帶我引見文理學院的院長麥可・史彭斯（Michael Spence），後來他贏得了諾貝爾的經濟學獎。史彭斯很友善，盡量令我有賓至如歸之感。他的妻子乃是梁啟超的外孫女，我久仰梁任公大名，很佩服他。哈佛給出的薪水沒有UCSD那麼多，但卻能提供很好的房屋貸款，從而彌補了薪水的不足。

我覺得哈佛的職位十分吸引人。而令我下決心的是，麻省理工的林肯實驗室願意給友雲一份有關應用物理的工作，她可以在那裡從事她最愛做的研究。我接受了哈佛的聘書，自從一九八七年開始，過去三十多年我都在哈佛度過。誠然，這麼多年，不一定天天都快樂，但總的來說是美好的日子，或者諺語說得對，「第三次，便順意」。

第九章——適彼樂土

哈佛大學號稱「全美歷史最悠久的高等教育機構」，聽起來有點造作。然而，它確實和其他學校不同，一九八七年七月我初臨此地，瞬即感受到那凝結在空氣的歷史感。環顧數學系近鄰的古老大樓，建於一七一八年的麻薩諸塞樓，還有一七六六年的哈佛樓，可以確定自己已經加入了一個飽含傳統、比美國建國還要早一個半世紀的大學。起初，我對哈佛的種種傳聞所知不多，其後盡力去了解哈佛先賢的貢獻。

「書院」建於一六三六年，土地出於一位當地官員約翰・哈佛（John Harvard）的遺贈。同時送出的，還有四百卷藏書的圖書館。到了今天，整所大學藏書已達一千七百萬本。在原來圖書館的書架上，數學書並不算多。而且在學校早期的課程裡，數學也非必修，正如歷史學者塞繆爾・艾略特・莫里森（Samuel Eliot Morison）所言：「算術和幾何，只適合機械工，並不屬於學者。」

建校後差不多一百年，即到了一七二〇—三〇年之間，哈佛才開始教授代數。又過了約一個世紀，才開始有了數學的研究。一八三二年，一位廿三歲的導師本傑明・普爾斯（Benjamen Peirce）發表了一個有關完全數的結果。所謂完全數，如六和二十八，是指那些因子之和等於自身的正整數，我們有六＝一＋二＋三，二十八＝一＋二＋四＋七＋十四。可是，普爾斯卻得不到時人的讚賞。當時，教師的職責只在教學和撰寫教材，而非證明定理。

這種情況到了一八九〇年初，才開始起了急劇的變化。兩位在歐洲受教育的學者威廉・佛格・奧斯古德（William Fogg Osgood）和馬克希莫・博謝（Maxime Bocher）來了哈佛任教，最終升為正教授。他們把「現代」的概念引進學校，在數學系內培養出一種做研究的文化。百年後我到來時，這傳統已根深蒂固了。

數學在上世紀進展良多，新的數學領域如範疇理論、朗蘭茲綱領、幾何分析等等都出現了。在物理方面，早在一九〇〇年初期，就目睹了量子力學和廣義相對論的驚人成就，其後更有嘗試把兩者統一起來的弦論。當時，我的心思正傾注在弦論上。友人辛格也對這理論深感興趣，他在麻省理工的辦公室和我的只有兩哩之遙。交遊廣闊的他說可以幫我向能源部申請一些經費，用來僱一些這方面的博士後。

阿瑟・賈菲（Arthur Jaffe）剛剛接任系主任，他提議把請求寫成一份計畫書，如果事成，就把錢平分來用，我同意了。

能源部要求賈菲和我一同到華盛頓，親自講解計畫書。我們有半個小時講解的時間，賈菲說他先講十五分鐘，然後輪到我。可是他的講話超時了，只留下五分鐘給我。無論如何，我們拿到了資助。

約有十二個研究生隨我從聖地牙哥來到了波士頓。其中四個：李駿、施皖雄、田剛和鄭方洋進了哈佛，其他人分別安排到附近的學校，包括布蘭戴斯大學、麻省理工、東北大學等，我仍舊當他們的論文導師。

哈佛數學系內有博特、格萊森、格羅斯、廣中平祐、喬治・麥基（George Mackay）、馬聚爾、蒙福德、威爾弗里德・舒密德（Wilfried Schmid）、什洛莫・斯騰伯格（Shlomo Sternberg）、約翰・泰特（John Tate）、托布斯等名家，人才濟濟，星光熠熠，令人肅然起敬。

不久之後，我就被一批中國來的學生和學者圍得團團轉，他們人數太多，以至給別人我只收中國學生的錯覺，其實我約有三分之一的學生不是華裔，能進入哈佛的學生都非凡品，我都願意納入門下。

雖然如此，我的中國學生如此之多，引起了中央情報局的注意。中情局每隔一段時間，就會打電話來問我一些問題。我回答說我的學生和訪客在研究卡拉比—丘流形、里奇流、楊—米爾斯場論等，不一而足。這些內容實在提不起他們的興趣，問了幾年後，中情局就作罷了。明顯地，情報局的官員認為國家安全沒有受到威脅，而幾何分析也不在他們管轄的範圍之內。

自從我有記憶以來，差不多追溯到不情願地被稱作「冬菇」的日子，生活總是匆匆忙忙的。一大批研究生令我忙得不可開交，在新地方又建立了新的流程。下午四時前完成所有授課，然後到托兒中心接正熙，再到貝爾蒙特的小學接明誠，明誠現在六歲了。我們住在貝爾蒙特，一個劍橋旁邊的小鎮。下課後跟小孩玩一回，然後教他們一些中國詩歌，但他們卻不太樂意。

我花了不少時間培養田剛。一般來說，他每星期來我家三次，每次都和我一起工作數小時，這是自聖地牙哥就開始的習慣。我覺得他很用功，對他有很高的期許，故此鞭策甚勤，可惜最後弄巧反拙。我懷疑是否他太心急於成名，不免走上僥倖的歪路。我亦發現，有些人你愈給他援手，他卻愈來愈不滿，總覺得你待他今不如昔，或者有意漠視你替他所做過的事，從而突現其成就乃自己獨力奮鬥的結果。這和借錢給朋友相似，他借後就翻臉不認人了，只因看見你就令他或她想起那筆債。

可是回到一九八七年，田剛和我還是很親近的。一九八八年他拿了博士，我替他寫了一封措辭極強的推薦信，雖然聽某大學有人說蕭蔭堂在背後說了些話，但普林斯頓還是請了他。無意藉著支持田剛來和蕭蔭堂作對，我只不過想扶自己的學生一把，幫他邁開事業第一步，畢竟幫助剛畢業的學生，是自然不過的事。

但到了後來，知道蕭蔭堂確是嗅出了一點不對勁時，已經為時已晚了。幾年之後，田剛說他找到解決所謂丘猜想的途徑，這當然是十分有意思的發展。（田剛有時把自己的名字放上去，稱之為「丘—田—唐納森猜想」。）九三年時，有一次跟辛格聊天，我特別提到田剛的成就。辛格當時剛剛被命名為「學院教授」，這是麻省理工最高的榮譽，他在校內的影響力亦罕有其匹。由於他的推薦，麻省理工很快就給田剛下了聘書，他愉快地接受了。

可是一九九五年到了麻省理工數學系時，他聲稱破解丘猜想的論文還沒有寫出來。事實上，直到二〇一五年九月即整整二十年時間，他都沒有在網路上傳過猜想的完整證明。最後，他的證明問世時，已比另一個上傳的證明晚了相當長的時間。這個完整的證明是陳秀雄、唐納森和孫崧三人做出來的。二十年過去了，回想起來，當時跟辛格談話時，真不該如此輕率。

這兩篇論文在幾何學界卻引起很大的紛爭。田剛在二〇一二年十月廿五日在石溪的一次講話中宣布他可以證明我的猜想，卻沒有提到證明的內容，但是唐納森等人也隨即宣布了他們的工作，同時在二〇一二年十一月十九日將他們第一篇文章放在網路上，田剛在二十日趕快將他的文章也上網發表。（但是二〇一三年一月二十八日添加了十五頁的修正。）專家一般都認為田剛還是沒有完成他的證明，所以陳、唐納森和孫把不忿公之於世，從「原創性、先後性和數學的正確性」三方面反駁田剛的宣稱。田剛的講話「欠缺詳情」，並且指出，他們看不見「任何證據足以說明，田在石溪那次演講時就具有完成整個證明的能力。」當時人們能看見在田剛的工作中，含有「嚴重的漏洞和錯誤」，而其後田剛所作許多的修改和添加，「重現了我們先前引入的想法和技巧，而這些想法和技巧都是早已公開的。」

唐納森才華洋溢，聲譽極隆，兼且是公認的謙謙君子。我不知道有任何人能有力地反駁唐納森等三人對他的指控，就連田本人也無法。

我講得過了頭，還是回到一九八八年底、八九年初，我應邀加入了國家自然基金會的評委會，工作是甄別誰能獲得國家自然基金會在幾何方面的研究基金，其他委員包括布萊恩特、滕楚蓮等人。到了開會時，我沒有講過甚麼話，部分原因是避嫌，ＮＳＦ不允許委員討論自己同事、學生和合作者的計畫書。由於很多人都屬於這幾個範疇，我只好在他們討論這些計畫書時離席。到我回來時，很驚訝地發現，評委會對其中一些計畫書的評語頗為尖刻，而且也有不公允的地方。

事情過去後一段日子，我在加州大學爾灣分校碰到滕楚蓮，她在那兒教書。她跟我說我在會上對那些申請書的批評太刻薄了，ＮＳＦ以後也不會找我當評委了。她的說話令我大吃一驚，開會時我不比其他人多說話啊。她續道：「你一出現，大家都戰戰兢兢的，不敢說話了。」

我對滕楚蓮的說法有所保留，但有一點她是對的；ＮＳＦ再沒有找我當幾何的基金評委了。我從此事中得到好些教訓，首先，別人需要的話，他可以說你這樣那樣，而你卻百口莫辯。其次，有時光坐在那裡，一臉漠然，或瞪著眼睛，不用開口，已有奇效，姑勿論是好是壞。

由於一些突發事件，一九九〇年我決定申請為美國公民。申請時其中一項要做的事，是在波士頓的移民和歸化辦事處（ＩＮＳ）接受測驗，我匆匆前往，並無作太多的準備。那考官問了我一大串問題。例如，他問：「你認為美國總統能直接向別國宣戰而不通過國會嗎？」我說國會一定會通過的，尼克森總統總能找到法子的。考官不同意我的看法，說雖然尼克森做了錯事，但他在宣戰一事上並無走捷徑。

總的來說，一些問題我答得不錯，但另外一些則不怎樣。那官員取笑我的錯誤，有的確是令人發噱。不過，他在我答完後便立即說及格了，不久我便落實得到了美國公民的身分。

我作為無國藉者已過了頗長的時間，成了美國公民之後，國外旅行頓時變得很方便。但這種突然的身分變動，也令我難於釋懷。我對出生地中國仍然懷著強烈的感情，但身分上卻無憑無證。我曾考慮成為中國公民，並且向華羅庚的弟子陸啟鏗提到這個想法。過了相當時間後，他托人向我解釋，中國政府不希望我這樣做。並且暗示，在兩岸對立的時刻裡，這樣比較合適，我也沒有追問下去。

我拿到了公民身分後，不久和理察到日本開會。他看見我的新護照，便知道我改換了國藉，於是提名我當美國國家科學院的院士，科學院通過了，這可說是新身分帶來的額外驚喜。埃利・斯泰因（Elias Stein）是普林斯頓一位有影響力的分析學者，他對我說，如果你早點拿到美藉，八年前你剛得到菲爾茲獎時，便已入選科學院了。

一九八九年十一月號到一九九〇年一月號期間，葛理菲斯離開了《微分幾何學報》的編委會。這份學報屬於理海大學，聘人的事務由雜誌的創辦人熊全治教授負責。從熊處得知，葛理菲斯給解除職務後很不爽，並怪罪在下，但本人實在和學報的人事任命無關。葛理菲斯在數學界深具影響力，乃美國數學會和國際數學聯盟的活躍分子，是個難纏的對手，可一時不察，又得罪了他。

一九九〇年還有一件事值得一提，那就是美國數學會的微分幾何的夏季國際大會，這次由我、羅伯特·葛林、鄭紹遠三人負責。國際大會共三星期，從七月八日到二十八日在UCLA舉行，這是美國數學會有史以來規模最大的國際會議，參加的學者多達四百二十六人，期間共有二百七十個講座。我們決定把會作為陳先生七十九壽辰的獻禮（按照中國人的習慣是八十大壽，中國把剛出生的嬰兒叫做一歲。）我提出設立一個陳獎，由《微分幾何學報》資助，陳先生也衷心地支持這個想法。可是當公布了這個安排之後，先生卻決定把這獎取消，聽說這是他和朋友商量之後的決定，但卻從來沒有跟我說過原因。

這樣，這個國際大會如期舉行，只是沒有陳獎了。我在UCLA旁邊租了個大大的公寓，作為一次家庭大團聚的地方。孩子和母親都來了，還有姐姐成瑤，弟弟成棟和他兒子，兩個妹妹成琪、成珂和她們的孩子。這是個大型的喜慶式的家庭聚會，以大量數學作配菜，很對我的胃口。可是母親病倒了，我們帶她去做檢查，經過一輪測試，發現了惡性腫瘤。當晚她就留院，次日開刀，醫生發現癌細胞早已擴散，手術亦無能為力了。

接著下來的幾個星期，我往返於醫院和會議場地，也作學術專題演講和參加工作會議。在眾多與會者的要求下，我作了一系列的演講，內容有關幾何分析的一百個公開難題，乃是一九七九年在高等研究院特殊年那一百二十個難題的延伸或重提。

會議完結後，我跟哈佛的系主任舒密德相討，我們的關係一向很不錯，他好意幫忙，允許我在秋季的學期休假，好陪伴母親度過化療的程序，並幫助她面對治療期間種種可能出現的問題。這時，在加州理工的友人，包括數學的湯馬士・沃爾夫（Thomas Wolff）和物理的施瓦茨和基普・索恩（Kip Thorne），替我申請了一個費萊查爾德學人（Fairchild Fellowship）身分，好讓我能在那裡訪問。加州理工給費萊查爾德學人很好的待遇，除了提供一部很漂亮的車子外，又安排我入住校園裡一幢漂亮別墅。但我到加州來的目的是照顧母親，因此婉言謝絕了安排。我決定住在母親的公寓裡，在蓆子上打地鋪。

有一段日子，母親的病況改善了，癌腫瘤似在消退之中。一九九一年初，我回到哈佛教學，而成瑤則陪伴母親。但是，到了五月課結束，她的癌細胞又活躍起來了，我立即趕回加州陪伴。我們見了醫生，他帶來了不幸的預測，已無能為力了。現在，只剩下一個主要的決定，那就是：「要不要以必要的手段來維持生命呢？」母親說不，以巨大的痛苦來稍稍延長那必然到來的一刻並不值得，她只想再一次看看孫兒，我們便叫孫兒看她去了。我答應她走後會照顧弟弟妹妹。

母親一九九一年六月二日去世，享壽七十，以現代的標準來說是早了些。古語有云：「人生七十古來稀」，這句話或者已經過時。美國人的平均壽命是七十六，她沒能活過這年紀。她離開前向親友道別，感謝他們的支持和關愛。而差不多所有近親，包括兒女孫兒都在彌留的時刻在床邊守候。母親很痛楚，但看見孩子到來後安靜了些。眼看所有兒女和他們的孩子們都得到好好的照顧，她神態變得安祥。兒孫圍繞在旁，她從此亦無牽掛，不久她就去世了。

我們花了幾天安排葬禮。那個曾經提議我們養鴨的大舅住在加州的奧克蘭，他沒有出席儀式，舅母代表他來了。她對母親的逝世，沒有任何哀傷的表示，她解釋道：「我沒有早些來，看見垂死的人會令人不快。」在這樣的場合說這樣的話當然不合禮數，但畢竟這是她的心裡話。其他人則神情肅穆，十歲的明誠把我們的悲慟寫在信上：今天是非常、非常悲傷的日子，笑聲都變了悲泣。

母親葬禮剛過，我們便要決定如何安放她的骨灰。最理想的做法，乃是把骨灰和葬在香港的父親放在一起。可是，當時正值香港從英國移交中國的日子，我們不知將來會如何。我們也想過把父親的骨灰移葬美國，但想深一層，父親和美國全無淵源，他從未學過英語，也沒想過來美國居住。最後，我們在洛杉磯的墳場買了一塊小小的土地，把母親的骨灰葬在那裡，近鄰有不少炎黃子孫在長眠。有些長輩說，不要葬得這麼快，要先等一段日子。我們不懂那些玄妙的傳統規矩，到知道時，已經為時已晚了。

只有在這些葬禮事宜都辦妥後，才真正感受到喪母的悲慟。我淒痛欲絕，彷彿和父親過世

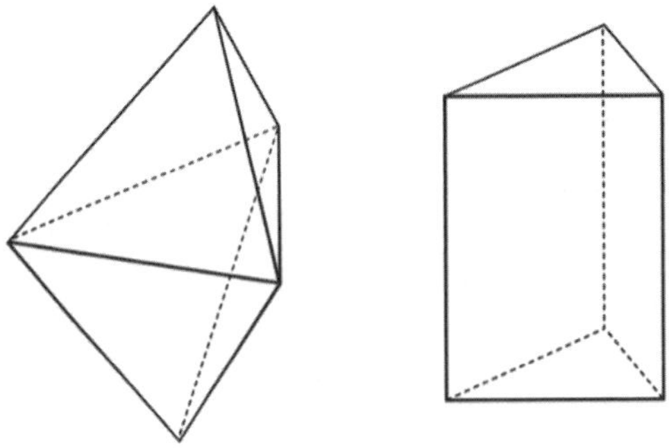

鏡對稱的簡單例子。二重四面體（左）具有5個頂點和6個面，而三角錐（右）則有6個頂點和5個面。這些常見的多面體可以用來構造卡拉比—丘流形及其鏡像，其中組成的多面體，其頂點和面的數目和這個卡拉比—丘流形的內部結構有關。（繪圖：顧險峰和殷曉田）

時相似。只是現在父母皆離我而去，有疑慮時，家中已無長輩可以提供意見，我必須負起維護家族的責任。冷靜下來，便知要面對這現實，因為兄弟姊妹散布在不同的地方，很難聚在一起。

細心思考一下母親最後的日子，我為她大半生辛勤工作，撫養我們深感歉意。她為家庭差不多獻出一切，很少為自己的需要和幸福著想。命蹇的兄長成煜需要她恆常照料，幾年前才去世。我原來期望母親能安享晚年，弄孫為樂，閒時打理花草，或是做些賞心的事，但她太短命了，沒機會安享。

母親是傳統的中國婦女，她重男輕女，深信只有兒子才能把家族繁衍下去。她常說我的成就等於她的成就，這是一種異常無私的看法，源自她從小培養的價值觀。我全心全意把時間和精力傾注於事業時，深知揚名聲顯父母的意義。即是說，愈能有所成就，愈能使父母開懷。父母的付出，激勵我努力奮鬥，追求卓越。在這方向上，我已不需要進一步的動力，自父親逝世後，除了少年時荒廢了少許日子，我一直在努力。

這時在哈佛，一件令人振奮的工作開展了，它源於我的博士後葛林。開始時我沒怎樣牽涉其中，但不久之後，它成了熱鬧的潮流，很多人包括我也給捲進去了。

葛林來到哈佛不久，便和羅恩・普萊澤（Ronen Plesser）合作，後者是物理系卡姆朗・瓦法（Cumrun Vafa）的研究生，他們在瓦法和其他物理學者包括蘭斯・迪克森（Lance Dixon）、多倫・熱普內（Doron Gepner）、沃爾夫岡・雷爾克（Wolfgang Lerche）、尼古拉斯・華納（Nicholas Warner）等人工作的基礎上，仔細檢視了六維的卡拉比—丘流形。前面說過，這些流形在弦論中被視為是附著在空間上的額外結構。兩人把一個卡拉比—丘流形用一種特殊的方式轉動，產生了另一個看起來非常不同的卡拉比—丘流形。他們發現這兩個流形之間有某種關聯，並擁有同樣的物理規律。葛林和普萊澤稱這種現象為「鏡對稱」（mirror symmetry），並就此在一九九〇年發表了一篇論文，兩個具有同一物理規律的卡拉比—丘流形被稱為「鏡流形」。

鏡對稱是「對偶性」的一例，這種現象在弦論或物理中很常見，相同的物理現象可以用兩種看起來完全不相干的圖像或模型來描述。這種想法令我想起中國古代哲學中陰陽的概念，尤其是道家強調貌似相反力量的互補和統一。對偶性在弦論及其他方面都有驚人的啟示，鏡對稱在這方面尤其富有成果。

葛林和普萊澤取得突破一年之後，德州大學的物理學家坎德拉斯和三位合作者保羅・格

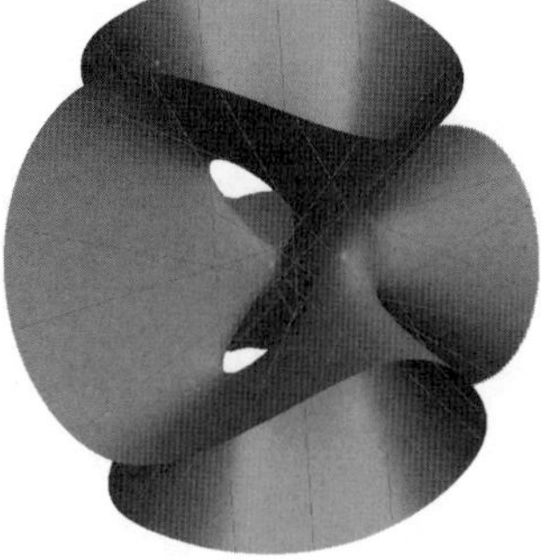

此圖旨在說明在曲面上找曲線或直線的一般概念，圖中曲面和文內討論的不同。圖中顯示的是十九世紀枚舉幾何的一個著名結果，亞瑟・凱萊（Arthur Cayley）和喬治・沙門（George Salmon）證明在三次曲面上恰可容納27條直線。其後舒伯特推廣了這結果，後人稱之為凱萊—沙文定理。（取自理察・帕拉〔Richard Palais〕和3D-XplorMath Consortium，特此鳴謝。）

林（Paul Green）、仙尼亞・德・拉・奧沙（Xenia de la Ossa）和蓮達・柏可斯（Linda Parkes）就檢驗鏡對稱進行了大量有關的計算。在工作的過程中，他們利用鏡對稱解決了一個長達百年的在「枚舉幾何」上的難題。枚舉幾何的主題是決定在幾何空間或曲面上物體的數目。坎德拉斯等人解決的問題，具體上說，是要確定在一個五次三維形（quintic 3-fold）上能放進多少條曲線。這樣的流形是最簡單的卡拉比—丘流形，所謂五次是指空間由五次多項式的根所構成，而三維指這空間的複維數是三，即實維數為六。

　　這個難題有時也稱作舒伯特問題。事緣十九世紀後期，德國數學家赫爾曼・舒伯特（Hermann Schubert）首先破解了最簡單的情況，即在五次三維形上能容納多少條一次的曲線（即直線）。一九八六年，數學家謝爾登・卡茨（Sheldon Katz）確定了二次曲線（如圓形）在五次三維形上的數目，這個問題當然更難。坎德拉斯及其合作者攻堅的是更進一步的難題，即決定三次曲線能放進五次三維形的數目。

鏡對稱是這樣發揮作用的。首先，在原來的五次三維形上，曲線有多少條很難計算，但在它的鏡流形上數則容易得多，而這些鏡流形是葛林和普萊澤早前找到的。正如葛林所說，鏡對稱提供一種方法「巧妙地重組計算，使一切變得容易」。在鏡流形而非在原來的流形上進行計算，坎德拉斯小組最終得到精確的結果，在五次三維形上能放進三次曲線的數目為三億一千七百二十萬六千三百七十五。

這立即引起我的關注，因為如果他們的結論是正確的話，那便足以說明鏡對稱可用於其他枚舉幾何的問題上了。對我來說，好好搞清楚這個嶄新的概念，頓時變成當務之急了。

差不多就在這時，辛格問我可不可以在ＭＳＲＩ舉辦一個以數學物理為主題的會議，他原來的想法是把主題放在「規範場論」上，這比較接近量子場論和基本粒子。但當前鏡對稱的新發展實在令人鼓舞，我提議把焦點改變一下。辛格對這題目並不陌生，他剛在哈佛聽過葛林的演講，我跟他再多說了一點詳情，他立即同意以鏡對稱為主題在ＭＳＲＩ辦一個一星期長的會議，時間是一九九一年五月，他提議我來當會議的主席。

這次會議充滿火藥味，由於鏡對稱早期的工作都是由物理學者如葛林、普萊澤、坎德拉斯等人完成的，數學家不大相信這些結果，也不情願把這些想法用於他們的領域如枚舉幾何和代數幾何上去。講到底，這種猶豫不決的態度，背後源於數學家總覺得物理學家不夠嚴謹。

到了兩位挪威數學家蓋爾・埃林斯若德（Geir Ellingsrud）和斯坦・阿爾德・斯特勒密（Stein Arild Strømme）在會上公布了他們對舒伯特問題的答案時，會場氣氛一下子高漲起來。他們利用古典的代數工具，推算出答案二十六億八千二百五十四萬九千四百二十五，跟物理學者推導的數目相差很遠，沒有人能肯定那個才是真正的答案。坎德拉斯、葛林和其他鏡對稱的擁戴者都不免面帶愁容。我用他們的辦法重新算了一次，但真的無法找到任何漏洞。但轉過頭來，不到一個月，埃林斯若德和斯特勒密發現他們用的電腦程式出了錯，改正後再算一次，結果得出數字三億一千七百二十萬六千三百七十五，竟和坎德拉斯他們算的相同！這樣，不只對鏡對稱，就是對弦論，大家都投下了信任票。

坎德拉斯的工作其實更為廣泛，他們找到的不僅僅是有關直線、圓等能放進五次三維形數目的公式，所有次數曲線數目的公式也找到了。這是一條強而有力、包羅萬有的命題，對次數等於一、二和三的情況已經證明了，但其他次數還有待證明。一九九四年底，馬克西姆・康采維奇（Maxim Kontsevich）把這個命題其中一部分加上數學的想法，提出了個猜想，名之為同調鏡猜想（homological mirror symmetry conjecture）。

其實我一直在思考如何證明由鏡對稱得到的舒伯特問題的公式，它和上述的同調鏡猜想具有不同的形式。坎德拉斯和他的合作者只能從物理猜想這個公式，但是沒有嚴格的數學推導，頂多只能算是數學上的一個猜想。和曾作我博士後的連文豪和學生劉克鋒探討過後，我們決定放手一搏。這個題目除了本身的興趣之外，證明也會賦予由弦論所引發的鏡對稱嚴格的數學基礎，這便是我考究這問題背後的動機。

我們在這問題上的工作引發了一段插曲。一九九六年三月，在一篇上載於數學檔案（arXiv）的文章中，柏克萊的幾何學者亞歷山大・吉文特爾（Alexander Givental）聲稱對鏡猜想給出了證明。連、劉和我很細心地看了文章，和其他人一樣，沒法搞清楚這篇文章的正確性，深感疑惑。和其他同行談及此文時，他們大部分都有同感，雖然有些作者的朋友則持不同意見，但是他們也沒有辦法將文章的內容解釋清楚。

我們曾請吉文特爾釐清某些至為晦澀的步驟，可是他的回答並不足以重構整個證明，因此我們決定重頭開始。一個獨立的鏡對稱猜想的證明在一年之後問世。有人說吉文特爾的證明是這猜想第一個完整的證明，有人卻說我們的證明才是第一個完整的證明，為這事件蓋棺論定，我們或者可稱這兩篇論文的作者一起證明了這猜想。

或許還是有些人要挑起紛爭，但是我沒有興趣在這事情上糾纏不清。我要解決數學上的重要問題，還有更大的困惑待我們去破解。鏡猜想的證明，使坎德拉斯的公式得到證實，可以看到不同次數曲線在五次三維形中的數目並不是隨便的，它服從某些巧妙的數學式子，而這式子卻是由所謂鏡對稱所啟發，由物理學者找到的。這個猜想的證明可以說是一個里程牌，把物理上的直覺結果用另外的方法驗證了，但它卻沒有觸及鏡對稱的本質。我一直在想如何用幾何方法去解釋鏡對稱這現象，這個同步進行的工作，在下文將會論及。

一九九五年，我到了義大利的德里雅斯特參加了瓦法等人組織的鏡對稱會議，在會議上見到維騰，他告訴我他和喬・波爾欽斯基（Joe Polchinsky）及其他人在發展一種叫「膜」的新理論。膜指某些特殊種類的各種維數的曲面，如超對稱的極小子流形之類，它們的重要性在弦論和其他物理科目中日漸顯現，物理學者對膜論產生興趣，理由之一是它大大地推廣了弦論，一維膜或所謂「一膜」，即等於弦。但這理論還有其他基本的對像，二膜狀如薄膜或紙張，三膜如三維的空間，諸如此類。如此一來，學者手頭把弄的對象愈來愈多，理論亦愈豐富了。

維騰談到了其他物理學者施勞明格、卡特琳・貝克爾（Katrin Becker）、梅蘭尼・貝克爾（Melanie Becker）等人對膜論的一些新想法，並問我這些想法從幾何的觀點看是否有意義及自然，我對他說那是自然不過的。過了一會，才想起數學家羅森和Ｆ・里斯・哈維（F. Reese Harvey）早想到本質上相同的東西，只不過他們稱之為特殊拉格朗日圓環（special Lagrangian cycles）而不叫膜罷了。

我開始思考這些特殊拉格朗日圓環，是否和弦論中的卡拉比—丘流形的內在結構有關。我從義大利回到哈佛後，迅即找到我的博士後埃里克・札斯洛（Eric Zaslow）展開工作，其中我們取得進展的，是卡拉比—丘流形中的子流形，在鏡像的卡拉比—丘流形中的對應物是甚麼。例如，一個三維的車胎，或甜甜圈，在鏡像中變成一點。

不久之後，施勞明格來了哈佛的物理系面試，並且受聘了。我們三人攜手，嘗試從幾何上賦予鏡對稱一個簡單明白的解釋，其中主要的成就是ＳＹＺ（施勞明格—丘—札斯洛）猜想，其內容是有關鏡對稱如何生成，和如何構造鏡流形的。基本的做法是把一個六維的卡拉比—丘流

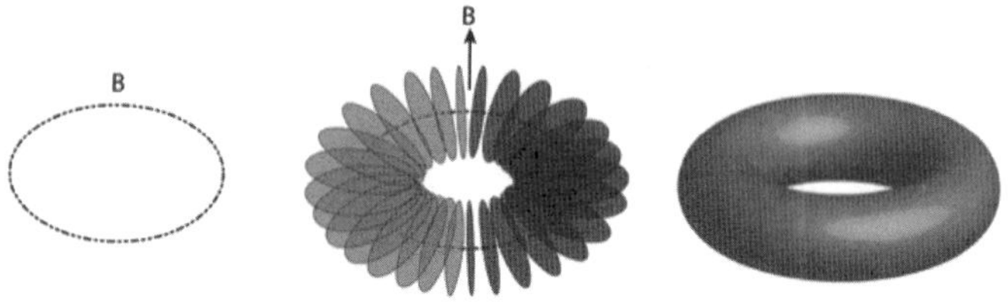

「SYZ猜想」以提出者施勞明格、丘成桐和札斯洛命名。它描述如何把複雜的卡拉比—丘空間分解成「子流形」的組合。由於六維的卡拉比—丘流形畫不出來，此處顯示的是二（實）維的輪胎或甜甜圈。構成甜甜圈的子流形是圓。甜甜圈可以想成是一系列的圓沿著一條軸整齊排列，這條軸構成空間B，它也是一個圓。空間B上每一點分別對應一個圓，整個流形（甜甜圈）即由所有這些小圓合成。（繪圖：顧險峰和殷曉田）

形分拆成一族三維的特殊拉格朗日圓環，然後以一定的方法改變它們，再放回一起。如果一切步驟無誤，就可以得到原來流形的鏡流形。施勞明格、札斯洛和我的方法，釐清了每對鏡流形之間微妙的幾何關係，由此給出鏡對稱如何起作用的線索。很多人看了我們一九九六年的文章後，都為如此簡潔的方法而感到意外。

施勞明格指出：「有了SYZ猜想，鏡對稱的神祕感褪了一層。數學家尤其喜愛它，因為它提供了鏡對稱生成的幾何圖像，而他們可以用這些圖像來解釋從前弦論提供的物理看法。」

二十年過去了，猜想的一些特殊情況被證明了，但一般的情況還有待證明。不過，所有跡象都顯示，我們提出的方向是正確而且富於成果的。它仍是活躍的題目，你或可相信我的弟子，密西根大學的季理真所言，這猜想乃是「整整一世代鏡對稱工作者的指導原則。」另一個弟子梁迺聰持續地發表有關這猜想的美妙論文，並且宣稱ＳＹＺ猜想和數論的朗蘭茲綱領同樣重要，指引著一代又一代的數學家在融合幾何、分析、和物理學的工作中努力。由西門斯基金會（吉姆・西門斯創立）資助的ＳＹＺ猜想和有關的「同調鏡對稱」工作坊，每年都會舉辦好幾次，哈佛、柏克萊、布蘭戴斯、哥倫比亞、石溪、賓州、邁阿密等大學和法國的ＩＨＥＳ，都有人來參加。

我的同行連文豪說：「過去幾年，鏡對稱的幾何方面和代數方面漸漸走近了，把鏡對稱用一條（複雜的）公式來表達的工作漸見成果。」

鏡對稱對枚舉幾何、代數幾何及其他很多數學分析都有驚人的、出乎意料之外的巨大影響。現在世界各地都常常召開有關鏡對稱和鏡對稱猜想的數學會議。數學舞臺這精彩的一角來自弦論，以及我的博士後葛林和合作者普萊澤在八〇年代後期的工作。回想起來，令人感到欣慰。雖然迄今，弦論還未被公認為「無所不包的理論」，但它的應用已見於數學和物理的許多領域之中，在那些領域的研究正方興未艾，想到這兒已令人激動，何況是身居其中。

施勞明格一九九七年到了哈佛的物理系。我開始對他十年前引入的一系列方程式感到興趣，這些方程和弦論中的一些更廣泛的解有關，並不局限於卡拉比—丘流形。卡拉比—丘流形是凱勒的，意味著它擁有一種內在的對稱，但施勞明格方程對非凱勒的流形也成立，我們對這類流形所知甚少。可以探索新的事物，這便是它吸引住我的地方。在代數幾何中，研究凱勒幾何的工具甚多，但非凱勒幾何的工具則甚為缺乏，可說仍是一片不毛之地。

致力於這方面的研究，也是因為數學是測試弦論真確性的一個好方法。由於牽涉的能量出奇的高和距離極度的接近，時至今天，人們無法設計實驗來檢測這理論。故此，現在採取的做法是，假定它是對的，然後看看它能推演出甚麼數學的結果，如果推演出來的數學結果是合理的，則一開始時作出的假定便有些譜。當然，最終還是要從大自然中尋求答案，即以實驗檢測，但至少數學能告訴你走的方向大致對不對。直至今天，弦論在數學上是沒有矛盾的。

施勞明格的方程並不容易處理，不過弄了多年後，終於，我先和學生李駿（史丹佛的教授），繼與傅吉祥（曾任哈佛博士後，現在上海復旦大學任教）合作找到了一些重要的解。

傅吉祥的工作經多年才修成正果，他不屈不撓，終獲成功。中國的學者來美國當博士後研究員，一般都急於求成，文章愈多愈好（這種情緒，必須指出，並不限於中國學者，「不出版、便消亡」的心態對整個學術界都不利，恢宏或冒險的研究都不敢涉足了。）傅吉祥和我工作了兩年，我們證明了方程有解。但是仔細檢視後，發現別人發表的方程裡面有一個符號搞錯了，也就是說我們解決了和原來方程相差了一個負號的方程。我們有點失望，傅吉祥兩手空空回國，以為虛幹了一場。可是後來，他重回哈佛，繼續奮戰，這回我們終於成功了，發表了幾篇重要的論文。他也應邀在印度海得拉巴的國際數學家大會上發表演說，從此事業蒸蒸日上。我對他堅持到底印象甚深，也為他的勇氣所感動。

這方面的研究還處於初期階段，至今我們只能找到施勞明格方程的特殊解。友人梅蘭尼・貝克爾是德州 A&M 大學的弦學專家，她跟我說，如果我能成功把施勞明格方程的解都找出來，會是比求解卡拉比猜想更偉大的成就。當然，要解決這難題，無論由我或由別人，成功是沒有保證的。而且，卡拉比猜想在數學和物理上的重要性要用好多年才能參透。同樣地，對施勞明格方程的工作，就算能完成，也可能要花很長的時間，才能完全了解其中的深意。

一九九七年十二月，我帶友雲、孩子們到華盛頓接受國家科學獎章。獲得科學上的獎章，之前已經說過，既不會影響我的工作，也不會使我更努力。但這次和其他的獎都不同，它受到美國總統柯林頓的尊重，頒獎典禮在白宮舉行。這一屆得獎者中，著名的學者有詹姆士・華生（James Watson），ＤＮＡ雙螺旋結構的發現者之一。兩個孩子在學校都讀過生物科，能夠見到華生，他們都很興奮。我們都讀過《雙螺旋》一書，我覺得這書不錯，尤其是華生說得坦白，只是我對他與弗朗西斯・克里克（Francis Crick）拿走應歸功於羅莎琳・富蘭克林（Rosalind Franklin）的功勞，但卻若無其事的態度不以為然，就算是多偉大的工作，這樣做也不光彩啊。

在白宮的盛會上，我碰到羅伯特・溫伯格（Robert Weinberg），來自麻省理工的著名癌症專家，我夫婦和他們夫婦寒暄了一會，他問我怎樣看數學教育，我說這十分重要，但這個領域沒有成功的原因，乃是所謂搞數學教育的人壟斷了這個領域，而「大部分從事數學教育的人只研究如何教數學，而不講求數學的內容、目標和意義」。溫伯格答道：「我太太是搞數學教育的。」對話的氣氛立時僵起來了。

比爾・柯林頓出來講話之前，副總統阿爾・高爾給每位得獎者一份證書，我跟高爾說了甚麼他是哈佛的畢業生，而我則是哈佛的教授，他似乎聽不清楚我在說甚麼，或是不明白，他沒有回答。我們等柯林頓等了許久，有些客人甚至不耐煩了，到了他最後出現時，和藹親切，片言隻字便使四座如沐春風，我想這便是所謂的魅力了。柯林頓雖然在判斷和行為上偶有失誤，但他的魅力卻驚人。

以前我拿到的如菲爾茲獎，數學界以外的人所知不多，但這個獎就不同了，傳媒都作了報導。孩子們常常說我是地球上最悶蛋的人，我從事的研究又十分繁瑣，這次看到父親竟周旋於名人之間，更不要說美國的總統了。大兒子明誠說：「爸爸常常覺得自己了不起」，到目前為止都拿不出甚麼證據，但是現在他改觀了，他對弟弟正熙說，「或者他確是很行。」

在貝爾蒙特的鄰居，是從來不會理睬我的。他們突然在地方新聞上，看到我獲獎的消息，才知道這個難於了解、又不大和鄰人打交道的中國佬，原來非等閒之輩。和許多來自中國的人一樣，我和美國這種郊區生活格格不入。我不玩網球和高球，也不碰美式足球和棒球，除了偶爾交談外，沒有甚麼和鄰人交往的機會。雖然住處近在咫尺，內心卻距千里之遙。這個獎並沒有改變這種狀況，但至少，他們對我的了解會多了一點，至少知道這人不平凡的成就。

孩子也常抱怨說他們不適應，雖然我已經努力使他們參與種種「正常」的美式活動，帶他們到迪士尼和海洋世界，還有聖地牙哥動物園。我帶他們到劍橋的新塘影院看電影，到附近的錄影帶店租流行電影看。我也開車載他們城中到處走，練習或參加游泳、足球和其他運動的比賽。我甚至帶他們去滑雪，整天坐在大樓裡面做數學，而他們則在雪坡上滑行。正熙有次說沒有孩子來我家玩，因為家中沒有足夠多的玩具。於是我們花了數百元，購置了各種時下的玩意，可是仍然了吸引不到別家的孩子來。

雖然如比，兩個兒子在學校理科的優異成績，使他們漸漸受人注意。哈佛的生物學家和免疫學家傑克・施勞明格（Jack Strominger），即吾友安迪的父親，讓兩個小孩都在他的實驗室內工作，一般他不許中學生這樣做。我沒有讓他們學數學，不想給予太大的壓力，畢竟他們已有一個著名的數學家父親。人們常常把麻省理工的代數學家麥可・阿廷（Michael Artin）跟他有名的父親埃米爾・阿廷（Emil Artin）相比較。同樣，哈佛的嘉特・貝克霍夫（Garret Birkhoff）也不免跟其父即著名的佐治・大衛・貝克霍夫（George David Birkhoff）相比，他是同時代影響力最大的數學家之一。有個名人父親並不好過，尤其是對新進者而言。

我想，孩子嘗試從事另一理科領域比較好些。他們似乎都對生物學抱有興趣。他們把在施勞明格實驗室從事的研究專案，拿去參加英特爾全國性的「科學天才搜索」計畫，明誠進了準決賽。

三年後，正熙在貝爾蒙特市區的蓋璞（Gap）衣服店打工時，發現全職工作要繳稅和長期站立（雖然有免費衣服）後，他也跑到施勞明格的實驗室工作了。開始時，他負責清潔實驗室，但他說服了一個相識的博士後，讓他邊清潔邊做實驗。他的研究項目進展良好，也參加了英特爾的比賽，並且打進了決賽，勝利使他在校內聲名大噪，很多女孩子居然注意他起來了。

我收到主辦英特爾比賽的「天才搜索」寄來的一封信，說正熙把我稱作「我科學生涯中最具影響力」的人，我快慰莫名。我父親雖非數學家，但我能成為數學家，以他的影響最大，我母則是最盡心盡力使我達成志願的人。我能給兒子起類似的作用，是以感到欣慰。正熙在哈佛主修生物，後在史丹佛醫學院取得醫學學位，明誠則在哈佛醫學院取得哲學博士學位，現在教授微生物學和免疫學。

「揚名聲、顯父母」乃中國文化中的格言。我亦深知，在培養孩子在科學上的興趣這方面，從事物理研究的妻子所擔當的角色，比我只有重沒有輕。我們並肩攜手地努力，對孩子在學術上的優異表現，深感滿意。

第十章——矢志興中

一九九八年，兒子明誠中學畢業後，我帶友雲、他和正熙到中國遊覽去了。我們並沒有跟隨一般人走的路線，局限於北京和上海那些頗為現代化的城市，相反的是走向偏遠的區域，即中國最西北的新疆。這個省夾在西藏和蒙古之間，遙遠而又美得教人難忘。它壯麗的高山湖泊媲美班夫（Banff）的露易斯湖（Lake Louise），而且沒有成群結隊的遊客。我們在那裡健行，飽覽各種大自然的奇景，之後便乘飛機到了甘肅的城市敦煌。

敦煌以莫高窟（又名千佛洞）聞名於世，它地處城南的懸岩。在這些洞窟之內，曾發現不可勝數的古代經卷、壁畫和其他遺址，有的可追溯至公元四世紀，它們給一車一車地偷偷運走，如今散落在世界各地的博物館。敦煌地處亞洲最大的戈壁沙漠邊緣，我們花了三天越過它，不時在綠洲上逗留，最後到了蘭州。蘭州是個古城，曾經是絲綢之路上的貿易重鎮。

我們不時帶孩子往中國去，希望能夠多接觸他們的根。一九九一年，我們曾作了一次更漫長的亞洲之旅，部分是由於正熙的一次嘀咕而引起的。他嚷道：「我幹嘛要學中文？」我沒有直接回答他的問題，代之以認真的行動。一九九一—九二那年的長假，我帶著家人到新竹的清華大學訪問一年，孩子會在新竹上一年學。友雲和我都希望能藉這機會，讓他們學好國語，同時也對中華文化有較深的認識。不無諷刺地，臺灣比大陸保存了更多的中國傳統文化，這主要是拜文化大革命之賜。

正熙和明誠當時分別要升上二和四年級。可是在入學試中，中文水平不如理想，因此分別編入一和二年級。我倆堅決要求他們和同齡孩子一起就讀，幸好得到當時清華大學校長劉兆玄的支持，最後如願（劉校長後來出任行政院院長）。對中文程度只有小一的孩子而言，這是個巨大的挑戰，他們得花上雙倍的努力，才能通過難關。在起初兩個月，友雲每天都要花上幾個小時，替他們惡補中文。

同學之間的壓力也很有用，我發現小孩在不能不學習一種語言時，他們很快便會上手。事實上，他們不久便趕上了進度，尤更甚者，他們竟在游泳比賽中勝出。想起在美國時，我要拉他們到泳池，逼他們下水，現在情況竟大相逕庭，令我驚訝不已。

雖然孩子們順利適應了新環境，但清大數學系的情況非如我當初所料。盛名之下，有部分同事憂慮我巨大的影響力會主宰一切，系內有好幾位資深的教授不來聽我的講座，以宣示不屑，有的則用其他方法來貶低我。由於我在純數的成就不容挑戰，他們就說只要我在的一天，都會把學校有限的資源盡占，那麼應用數學便遭殃了。類似的說法在聖地牙哥也曾浮現，不同的是，劉校長不理這些言論，全力支持我。其實，心知只會在清華逗留一年，我對這種種做法，只有一笑置之。

在清大的驚喜，是遇到三位臺灣大學非常出色的學生：劉艾克、王金龍和王慕道。他們常常花個多小時坐車來聽課。他們專心致志於數學的研究，後來都來了哈佛，在我的指導下拿了博士學位。

訪問臺灣那一年，我多次往返母校香港中文大學。物理學家楊振寧自一九八六年開始便在那兒兼任教授，他計畫在北京建立一間數學研究所。他認為中國要在科學領域中追上世界水平，最容易的莫過於數學。發展數學不似物理或生物般需要這麼多的資源，他有信心能說服人民政府撥出一百萬美元，另外的一百萬則向私人籌措。他想知道我的意見，並願意如何幫忙。

我跟楊先生說他的主意不錯，但行動前必須和陳先生商討。早在一九八四年，陳先生就在天津的南開大學辦了一個數學研究所。要另立新所，必先與他取得共識。我不曉得後來他們見面時，陳先生跟他說了甚麼，只知道楊再也沒提他的大計，而他對我的態度也戲劇性地發生了變化。

有次早上我看見楊先生，順口說同一天中午會跟查濟民午膳。查是香港的富商，跟楊陳兩位都很熟，我打算游說他捐錢給中大建立數學研究所。怎知到了吃飯前一刻，查的秘書打電話來，說情況有變，午膳時查先生不想再談捐款的事了。我在錯愕之餘，意識到有人不同意我的觀點。

在見查濟民之前，中大校長高錕（其後因在電子通訊中開發光纖而獲諾貝爾獎）提議我在中大辦一個數學中心。父親生前諄諄教晦，作為中國人，有機會要為國家做點事，因此深感義不容辭。當時國內數學界確實缺乏人才，而且研究的風氣亦頗欠缺，我正能在這方面略盡綿力。只有數學知識普及了，並且培養出一大批尖端數學家，中國方能充分利用最新的科技，成為一個真正現代的社會。中心的建立，使附近的優秀人才薈萃，集中培養，由一個中心出發（後來發展為多個中心），長遠的目標乃是中國在數學上的成就，能與美國和歐洲並駕齊驅。在向這目標努力邁進的同時，我也找到自己心靈上的安身立命之所，為我在西方的事業和東方的根柢找到平衡點。由這時開始，每當哈佛的學期結束後，我大部分暑假都在亞洲度過。一方面為中國培養數學人才，另一方面也得到精神上的慰藉。可是，在中國內地辨所，並非是一帆風順的，也曾遇上一系列的挫折，下文會論及。

當時香港政府對基本科學興趣不大，找政府資助有極大的難度。高校長批了二百萬美元給我開始，所餘的資金我打算找私人募捐。第一個想到的便是香港賽馬會，華爾街日報曾說馬會是個「超然的賺錢機器」。它創立於一八八四年，是一個壟斷了賽馬和彩票的非營利機構。當地賭風甚盛，馬會創立後更是如此，滾滾不絕的財源使它成為香港最大的納稅者，同時也是最大的慈善家。

一九九〇年香港賽馬捐出了鉅款，在俯瞰清水灣的山頭建了香港科技大學，占地一百五十英畝。我到馬場去並非把賭注押在馬兒上，而是押在數學上，希望找到一些大豪客，要的錢也遠遠不及馬會投資在科技大學的五億美元之多。要生意人掏腰包捐錢，投放在醫療上也許不是難事，但給數學研究就難多了，畢竟數學離開日常生活頗遠。通常我會用數學在工程、電腦和其他科學的重要性來打動他們。

皇天不負有心人，在一次籌款活動中，認識了威廉・本特爾（William Benter），他對數學的神通早已深有體會。我們不是在馬會相遇的，他也不是那裡的會員，但他卻是個職業賭徒，專門賭馬，而且十分成功。他利用自己在電腦上的專業知識，很早就從賭博中賺個盤滿砵滿。他是個不折不扣的美國人，在拉斯維加斯的二十一點賭桌開始賭博事業。一九八四年他到了香港，並且利用電腦軟體來預測馬匹的名次。不久，每星期的收入就超過百萬美元。他創辦了一個慈善基金，並當上了香港扶輪社的主席。我有幸得到他捐款予中大數學所。他跟我說：「丘，我靠數學賺了錢，想捐點錢給數學。」

數學所的最重要的基金是從郭鶴年先生那裡籌得的。郭先生是香港的富豪，香格里拉酒店集團的老闆。我兒時朋友周炳華是位會計師，替郭氏家族工作，他穿針引線，把我介紹給他。郭氏為人非常慷慨，他又介紹李嘉誠給我認識。李嘉誠是亞洲首富，他出生於潮州，而我則在隔鄰的汕頭出生。李氏也捐了一筆錢給數學所。此外，友人陳啟宗的叔父陳曾燾，還有蒙文偉也捐了錢，蒙先生在香港開電器行。利氏基金贊助了冠名的講座教授及其他活動。作為數學家，與眾多數字打交道是等閒事，但周旋於這些億兆富豪之間，要求他們慷慨解囊，雖然他們都很慷慨，卻也不是容易的事。

籌款活動搞了多年，終於成功籌得了足夠的資金，以供研究所運作和資助學者來訪。有人說我籌款時太直接，久缺技巧，但我時間並不夠啊，況且和贊助人吃吃喝喝地酬酢也不是我的風格。我相信人性的善良，故此單刀直入，這次收到奇效。一九九三年，香港中文大學數學科學研究所終於成立了。老友鄭紹遠應邀出任副所長，負責研究所的日常工作，而我則出任所長，直至如今。

縱使鄭紹遠在數學上卓有成就，搞起行政來卻步步為艱。當時中大理學院院長嘮嘮叨叨，鄭最後煩到受不了拂袖而去。幸好我立即找到來自紐約大學科朗研究所的辛周平出任副所長，從一九九八年直到現在，日常行政得以順利進行。很多人不知道，建立研究所的最大挑戰，並非在於籌錢建造樓房，而是找到大師和合適的人負責日常行政。

中大數學所是我創辦的第一個研究所。它開辦了學位課程，至今培養了超過四十名博士，它也有博士後和訪問學者，其中大部分來自內地。研究所也辦了三份國際性數學期刊，其中的《亞洲數學學報》（The Asian Journal of Mathematics）刊登了不少重要論文。雖然草創之初有少許波折，最後研究所受到亞洲數學界的重視。

一九九二年我在臺灣清華大學的訪問完了，孩子們的學期也快結束了，我帶他們再次遊覽中國，其中包括從長江三峽順流而下的驚險航程。兩年後，此地便截流，搖身一變，成為全世界最大的水力發電站。遊覽後，我們便飛返波士頓。

我想，正熙終於找到他為何要學習中文的原因了。多年後，驚訝地發現他在哈佛念大學時修了一門中國文學，其中包括古代詩歌，之後更在上海上了一個中文課程。

天下無不散之筵席，長假也有放完之時。我回到哈佛，照舊當我的教授。但依然浮想聯翩，心繫七千哩外的北京，還有一些在考慮的計畫。

我打電話給中國科學院的楊樂，他當時正在擔任中國數學會的會長，提議中國爭取於一九九八年主辦國際數學家大會。楊樂也覺得可取，稍後更跟我說，國內數學界和科學界的領導一致認同這項提議。事情出乎意外地順利，但我知道必須得到陳先生的肯首。他開始時並不以為然，但鄭紹遠最後說服了他，他同意了。國際數學家大會是由國際數學聯盟主辦的，我接觸了兩位聯盟的前主席里納特・卡爾松（Lennart Carleson）和莫澤，得到他們的支持。

胡國定當時是南開數學研究所（後改名陳省身數學研究所）的副所長，他運用在黨內深厚的人脈，安排陳先生和我去見國家主席江澤民，和他討論主辦數學大會和中國科學發展等話題。一九九三年四月底，會見江主席的數天前，我到了中國，一方面打算在南開跟陳先生準備一下，同時也抽空到杭州浙江大學參加紀念陳建功先生百年冥壽的會議。陳建功是三角級數的專家，八〇年代初，他的弟子王斯雷曾在高等研究院當我的助手，這次會議是他籌辦的。我跟王說了，我一定會在會議上講話。

但那次講話最終沒有實現，南開大學數學所管事的人拿走了我的護照，沒有辦法買飛機票。過了幾天，我和陳先生一起坐車往北京會見江主席。我不是汲汲求進、努力鑽營以求見國家領導的人，然而對會見江澤民非常期待。當車子駛向中南海時，我不禁回憶起數年前錯失的一次機會。一九八六年一次北京之旅，楊樂跟我說，如果能多逗留一星期，就可以跟中國最高領導人鄧小平見面了。很不幸我當時必須趕返美國，因此錯過了一生人難得的機會。回想起來，無論如何，我應該面見這位主導中國在廿世紀下半期經濟改革的總設計師。

但這都是過去的事兒了，現在我正在從天津往北京途中。在這兩小時的車程中，我要好好想想跟總書記見面時要說甚麼。陳先生也有點兒緊張，但是當時他只關心南開數學所，對於中國主辦國際數學家大會，他則有些事不關己，之所以如此，或許因八十二高齡的他並不肯定到時還是否健在，但是他希望為南開數學所爭取更多的經費，胡國定為他準備了很多資料，尤其是江主席那幾個月的講話。

見到江主席時，我強調數學家大會的作用。我說，中國的數理科學在文化大革命中深受摧殘，目前提升刻不容緩。大會的舉行，使全世界頂級數學家薈萃京華，顯示出國家對數學的重視，國內數學家尤其需要支援，他們的收入也夠菲薄了。江主席對這情況十分了解，他說他的月薪也不過是八百元人民幣，聽到這話，我就不好再說下去了。

和江澤民見面的時候，中國正在申辦二千年的奧運會，主辦的經費以數十億元計。我跟江總書記說，為何不花一個小零頭，即幾百萬元之數，就能主辦數學界的盛事，把全世界頂級的數學家請到中國開會了。也許是天意，電子工程師出身的江總書記同意我們的建議。會見的時間原先是定了半小時，但總書記談興正濃，滔滔不絕，結果前後花了一個半時，總書記談到科學的重要性，以及他改善中國科學研究的心願。

原先計畫北京申辦一九九八年的數學家大會，但國際數學聯盟把主辦權給了柏林，於是我們便申辦二〇〇二的大會。（附帶一提，北京二〇〇〇年申奧失敗了，但二〇〇八卻成功了，根據華爾街日報，花了差不多四百億元。）縱使是江總同意了我的建議，情況最後變得複雜，以致九年後大會召開時，我竟然完全給排斥於外。

先岔開話題，一九九四年中國科學院設立了外籍院士。在第一批院士中，數學領域的院士只有陳先生和我。我沒能出席院士頒授典禮，一年後我在北京紀念中國數學學會成立六十周年的場合發表演說，見到了科學院的副院長路甬祥。在演講中我講解當今各國的研究機制，中國不足之處在那裡，及應當如何改進，並以歐美的先進機構作範例。我亦指出，任重而道遠，我國的研究機構在文革中破壞無餘，已經遠遠比不上西方世界了。同時我們不要自欺欺人，要腳踏實地，不吹噓、不製造畝產萬斤等信息。一步一步地走，我們有信心的在政府的領導下，為祖國完成一流的數學事業。

演講之後，路院長跟我說，他已經把演講錄了下來，並打算給各領導看。他說：「科學院需要你的幫忙。」具體而言，他期望我能在科學院內，依照我演講的精神，創立一個全新的數學研究所。「老法子不行，得把整個系統更新，我們需要你幫手。」得到路院長的支持非常重要，他在黨內的地位不斷攀升，影響力亦愈來愈大，最後官至人大副委員長。

次天早餐時，我在北京酒店碰到一個朋友。陳啟宗是地產大亨，我們自七〇年代便相識。他看來十分興奮，他說：「學術界這回轉運了。」我問他何出此言，他說我演講的新聞竟然登上了人民日報的頭版，而江總書記接見李嘉誠和其他生意人的新聞只放在次版，他繼續道：「即是說政府同意你的說法，它會更支持學術研究。」

我為他的興奮所感動，但更令人感動的是他有意支持發展數學研究，這恰如及時雨，事關路院長還未能鎖定新所的基金從何處來。一九九六年，經過數次商討後，我和陳啟宗、樂宗兄弟達成協定，陳氏兄弟是以香港為基地的地產鉅子，啟宗熱中於為新所建一大樓，樂宗則對研究活動更感興趣，他說光是一幢大樓是不夠的，他們願意支付新所首五年的日常開支。如此慷慨的資助，誰能夠說不呢？路院長提議把所命名為晨興數學中心，晨興是陳氏家族投資集團和基金會的名字。啟宗尤其歡喜我們談了幾次的方案，即每隔若干年（後來定下是三年）晨興所都會頒發晨興數學獎，這將會是中國的菲爾茲獎。

動土儀式於一九九六年六月十日舉行，中國科學院路甬祥院長出席了儀式以表謝意。我在集會上致詞，宣稱這是國內首個「開放」的數學中心，每個符合資格的人都可以申請來訪，在中心逗留數月至一年進行研究，然後回到原來的學校。這樣一來，其他地方就沒有人才流失的擔憂了。

我們邀請了陳省身先生出席動土禮，但他沒有來。建所一事，我曾跟他談過幾次，他總是表現出一種無所謂的態度。然而，後來我聽別人說他改變了主意。

動土時我這樣說：

> 作為數學家，我們追求的不是敵國的財富，也不是千年的霸業，這些東西終究不免化為塵土。我們追求的乃是理論和方程，它們帶領著我們在尋求永恆真理的道路上邁進。這些想法比金子來得珍貴，比詩歌來得炫目，兩者在簡樸的真理面前黯然失色。數學是諸多應用科學的基礎，它能使國家富強。善用數學，能為現代社會維持其現狀、規劃其未來，達至國家的長治久安。

張恭慶，一位來自北京大學深具影響力的數學家，也在儀式上致詞。他傳達的訊息，就是他要不惜一切代價把中心搬到北大去。此言一出，大家心裡都是一沉。北大的人不滿政府撥款給晨興中心，以北大傲視同儕的地位，它要得到一半的撥款，進而言之，凡是給數學的撥款，都要給他們一半，這次毫不例外，這是他們一貫的想法。可是陳氏昆仲對在北京大學建所不感興趣，而我也無此想法。從始至終，我們都希望新的中心建於中國科學院，那裡才是中國數學實力所在，而且，至少就我的品味而言，學術氣氛也較濃厚。

我們沒有把募捐分一半給北大，北大就不高興了。他們於是和南開大學聯合起來，說路院長不肯和北大為首的其他高校合作，要求他辭職。由於北大的畢業生很多都在政府中當了高官，他們在中國頗有影響力，可幸其力尚不能扳倒中國科學院。北大幫還有一項投訴，那就是以一間私人公司來命名一中心，這是叛國的行為。我覺得這是虛偽的說法，如果我們依照他們的要求，把一半錢分給他們，他們只會高高興興地拿了，還會說甚麼。

宋健是我的朋友，本來是想參加動土典禮的。他是中科院的院士，同時也是副總理級的高級幹部。可是北大的人在開幕典禮前一天深夜打電話給他，曉以利害，遊說他不要來，於是他就沒有來了。

這又是多次失敗中得到的一次教訓。在美國，辦事情有時會很複雜令人氣餒，但在中國則更糟糕。幸好這次交手，我們有大人物在背後撐腰，排除了北大的種種說法。在他的支持下，克服了種種波折，晨興中心依原定計畫動工了。

在動土儀式時，大樓不只仍未落成，就連設計也未有定案。陳氏昆仲和我對如何建它花了不少心思，我精簡地提出「大樓要適合研究學者交流」的原則。啟宗把這點記在心上，他找了個一直合作愉快的出色建築師，大樓最終也贏得了北京（在同類中）的最佳樓房獎。不過，在此之前，也有過嚴重的爭執，其中竟和洗手間有關。

建商為了省錢，打算建蹲廁而非坐廁。到了最後，大部分洗手間都用了坐廁，但一樓的洗手間還是用了蹲廁，啟宗、樂宗的母親在大樓開幕典禮時不肯用這洗手間。在號稱世界級的研究所，竟用上如此落後的設備，自己也感尷尬。

一九九八年，大樓竣工了，中心開始運作，我任所長直到今天。大樓動工伊始，我即籌備在晨興所召開一次世界華裔數學家大會。早在十年前，楊振寧和李政道兩位諾獎得主已經在物理界辦過類似的盛會，當時鄧小平也來了。心想數學家也可見賢思齊，我寫了封信給中國數學會會長張恭慶，爭取他的支持。

張恭慶說學會支持這個大會，但堅持對會議要有完全的控制權，不只這屆如此，大會如以後辦下去也須如此（後來確成常態）。他又說，所有講者必須由他們邀請，而本人不在顧問之列，是以亦無機會「堅持」甚麼。我十分在意的，乃是挑選講者必須以學術成就為先，但是由北大領導的中國數學學會卻不管這些，他們只想討好全國各地的學者。對他們來說，這次大會的目的，在於搞關係，團結各方力量，使大家都高興滿足。這不是我在中國發展數學的做法，我一直都以學術水平為準則，如想搞大派對，那他們自己辦吧。

我的說法令他們不快，以張為首的中國數學會發出了兩點聲明，說世界華裔數學家大會如非由學會主辦不得召開。他甚至向國際數學聯盟遊說，請他們出手。有位曾活躍於國際數學聯盟的美國數學家問我為何要搞這樣的會，他甚至提議不如由國際數學聯盟或中國數學會來辦吧。我回答說，我在哈佛和別處也辦過很多會議，有的你還參加了，但從來沒見過美國數學會牽涉其中。我說：「你們這些人不是常批評中國沒有言論自由嗎？怎麼現在又讓中國數學會來破壞它呢？」

在大會籌備了半年多以後，中國數學會中一部分負責人讓楊樂轉告，大會必須更名。我跟楊樂說，只要中國政府正式來信，要求本人取消這會議，或抽身退出，本人當即從命。我肯定這樣的信不會來，而事實上亦如此。當張恭慶知道我按原有計畫實行時，他即致函全國各地的中國數學會的分會，呼籲所有會員不要出席大會。

第一屆國際華裔數學家大會於一九九八年十二月十二日至十六日在北京舉行。以後成為慣例，每三年舉辦一次。大會開幕儀式在北京人民大會堂舉行，那裡距離晨興中心約一小時車程。十二月十二日大會開幕，十多輛旅遊車載著超過四百名與會者，浩浩蕩蕩地從晨興中心駛向大會堂，參加頒獎儀式。

按慣例，晨興獎是在大會首天頒發，二個金獎各帶獎金約二萬五千元，四個銀獎各帶獎金約一萬元，頒給不超過四十五歲的華裔數學家。菲爾茲獎的年齡界限是四十歲，但我覺得數學家四十多歲時還能作出重要的工作，例如安德魯・懷爾斯（Andrew Wiles）一九九五年完成費馬大定理的證明時，他正四十二歲。臺灣中正大學的林長壽和哥倫比亞大學的張壽武二人拿了金獎。

遴選委員中除我以外皆非華裔，這樣做的目的是要把內部的人事因素排除在評審之外，這樣做的效果很好。對得獎者沒有異議，只是聞說北大對田剛拿不到獎頗為失望。但我早已訂下原則，為了顯示公正，我的弟子不會在第一屆晨興獎中拿到獎項。

二〇〇一年第二屆的國際華裔數學家大會，由於評委發現田剛並沒有完成我的猜想的證明，他也沒能拿到獎項，拿到金獎的是李駿（我的學生）和姚鴻澤（現在哈佛的同事），遴選委員會一致認為兩人的工作極為出色。

在同一屆中，陳先生獲頒終身成就獎。他因健康關係沒有出席，他女兒代表他拿了獎。開始時，他並不支持大會，但後來卻改變了主意，說要出席下次的大會，甚至捐了一筆可觀的數目作為支持。他對事情改變初衷並非首次，但他通常不會解釋為何如此。

衡量得失之後，我還是覺得主辦國際華裔數學家大會非常成功，相信與會者和我皆有同感。在一九九八年首次大會的開幕辭中，我形容這次大會是「具歷史性的，這是有史以來全世界的華裔數學家走到一起參加盛開，發表研究成果」。好幾位非華裔的貴賓也來了，包括前美國數學會會長羅納德・葛拉漢（Ronald Graham），歐洲數學會長和ＩＨＥＳ的所長尚皮耶・布吉尼翁，還有馬克斯普朗克（Max Planck）數學科學研究所的所長於爾根・約斯特，和倫敦數學會會長馬丁・泰勒（Martin Taylor）。

晨興中心確實為中國數學的發展出了不少力，說它是全中國最好的數學研究所之一，相信同意者不少。其後我在中國還辦了好幾個數學中心：北京的清華大學、杭州的浙江大學和海南的三亞，之前已在的香港的中文大學數學科學所究所，再加上在臺灣新辦的中心：先在清華大學，後在臺灣大學。然而，在籌備晨興中心和舉辦國際華裔數學家大會的諸多摩擦中，我都遇到很大的困擾。事實上，在內地、香港和臺灣創建每個中心時，都曾有經過激烈的爭執。

大概是二〇一〇年，阿蒂亞打電話來，說楊先生找他當北京清華數學中心的所長，徵詢我的意見。很明顯，楊振寧找了這位著名的數學家，請他當中心的所長，這是頗為不尋常的舉措。我是中心的創所所長，但對此事竟然完全蒙在鼓裡。進一步來說，也不清楚楊有無獲得授權這樣做，清大校長說他對楊（時任大學高等研究院的名譽所長）跟阿蒂亞說的話一無所知。以阿蒂亞在數學界的地位，他來當所長，投身幫助中國數學的發展，我當然喜聞樂見，可是阿蒂亞跟楊說，他只能一年內來中國一個星期左右，楊先生說這無所謂，但我卻認為並不可行，以我的經驗來看，用「遙控」的方法辦研究中心行之無效。

據我所知，跟阿蒂亞談過後，此事就不再提了。只知道我在清大數學科學中心的職務從二〇〇九年創所後一直沒變，對行政人員一直以來無時無刻的支持衷心感謝。二〇一五年，教育部確立中心為國家級的研究中心，並且正式將之易名為「丘成桐數學科學中心」。

就算大會早已成為最多華裔數學家參加的盛會，有關國際華裔數學家大會的爭執持續多年仍未完結。主要是北大有一批人不喜歡風頭給別人蓋過，他們持續杯葛大會，要求將它取消。後來我把教育部陳至立部長表揚大會的信拿給他們看，他們才不敢再說三道四了。領導的說話，通常都經過所有高層商討後才發出，這一次這做法發揮了作用，以在下的「有色眼鏡」來看，陳部長推許國際華裔數學家大會的話是有道理的。

這樣國際華裔數學家大會就穩若泰山了。他們於是又另闢戰場，這次找到我提議在中國舉辦國際數學家大會（ＩＣＭ，比國際華裔數學家大會ＩＣＣＭ少一Ｃ）的計畫書。這個建議沒有遇到困難，國際數學聯盟已經決定二〇〇二年在北京舉行大會。我原先的想法是藉大會激勵中國數學界，可惜卻由此引起爭權和擴大影響力，後果適得其反。遠在大會開幕之前，我即被排斥，只能靠邊站。

國際數學聯盟決定由中國數學會推薦八位中國數學家在大會上作報告。一如既往，我堅持揀選講者，必須以其新近工作為原則，但我的對頭卻要排除我對大會的影響。這時，大家都為成為講者而競爭，有的也想進入甄選委員會中。大家因應各種關係而非學術成就而定下人選，我沒有被邀請發表任何意見。

中國學者為了爭取成為講者，四處拉攏具有影響力的人，投資不少，有如一場彩金很大的賭博。能在ＩＣＭ演講意味著即時的認同，還附上金錢和地位。所在單位會把你視為你領域中的主要人物，擢升自然而來，或許還帶著某些獎項。一夜之間，你成為一個傑出的、可以倚重的人物。

中國數學會把這八個名額確定後，才寫信勉強地邀請我參加大會，信裡還說這是求同存異的精神。他們認為如早些時找我，我便會在人選上跟他們爭吵。到了此刻，我對他們的辦事手法已倒盡胃口，已經不想和這大會有任何瓜葛了。

就算他們如何想把我踢開，那些主辦人覺得我完全不出現，面子上總過不去。中國政府也想要我出席，有些官員請陳先生來勸我出席。我於是到南開跟他會面，共進午餐，並待了幾小時。會面期間，陳先生絕口不提我去不去大會一事。

大會舉行前一年多，ICM二〇〇二的地方組織委員會主席、中國數學會會長馬志明寫信給我，說他會到美國，希望和我商討大會事宜，之後就沒有音訊了。直到最後一刻，他說明天會到波士頓和我見面，直覺告訴我他是希望我說沒空的，但我卻請他共進晚餐，期間他對大會之事隻字不提。

但國際數學聯盟卻預期我會參與。到了二〇〇二年，地方組織委員會感受到來自國際數學聯盟的壓力，聽說國際數學聯盟主席雅可比・派歷斯（Jacobi Palis）希望我能在會上作主題演講，然而所有演講的空檔早已填滿了。在壓力下，委員會邀請我在晚宴後作特別報告。

我再次寫信給他們，表達我對他們不挑選香港和臺灣學者在大會演講的不滿，大會不應以學術以外的考慮來邀請學者。這些話當然聽不入耳，他們的回信表面上看不出來，但弦外之音卻是：閣下就不用來了。雖然中國政府和中國科學院的院長都希望我能出席，但是中國數學學會的掌權者卻不以為然。

到了最後，這項由我倡議的活動已完全變質，我決定不理它，但我也沒有叫其他人不要去。在這期間，我把心力傾注於由我組織的國際弦論會議，它從八月十七日至十九日在北京舉行。參加會議的不乏大人物，包括霍金、維騰、大衛・葛羅斯和施勞明格等，他們的來訪是大新聞。霍金的公眾演講，聽眾竟超過二千。我把維騰、潘洛斯和施勞明格引見給江總書記，並且聯名要求中央派遣學者到外國，研究和數學及物理有關的學問，江總也同意了。

三天的會議令人很滿意，它把數學和物理，東方和西方都放在一起，兩者都是我所關注的，而且一直花了不少心血。眼見來自全世界超過二百位研究者相聚在我的祖國，參加這個廣受傳媒關注的大會，心中高興得很。

八月二十日，即弦論會議結束後一天，國際數學家大會便召開了，我沒有出席。這個大會沾染了太多人事問題。誠然，每個主辦ＩＣＭ的國家都不免牽涉人事，但中國數學會這次是太過份了些。

不幸的是，網上流傳不知名的虛構故事實在太多了（這現象當然不限於中國）。其中一個廣傳的故事說丘成桐想在香港辦ＩＣＭ，故此讓香港數學會去信國際數學聯盟，用人權作理由，請求國際數學聯盟停辦北京的大會。鄭紹遠時任香港數學會副會長，負責和國際數學聯盟聯繫，他已經作出聲明，說我從無這樣做。事實上，香港數學會早已發信熱烈支持在北京召開大會。中國的公眾人物受到汙蔑醜化是常見之事，這次說我要改變大會的地點便是一例。

二〇〇二年後我偶爾還和陳先生見面，雖然我們對於很多事情有不同的看法，但意見相同的事情還有不少。我們都熱愛中國，期望提高她的數學水平，雖然對如何達成這目標有不同的看法。陳先生有點迫不及待（或和年齡有關），希望短期就見成效，而我則偏愛較長遠的策略，旨在造就高質的研究環境，這並不是一蹴可幾的，要到達非凡的境地並沒有捷徑。

既然大家都懷著同樣的抱負，假以時日，或許我們能夠攜手，一起建設中國的數學。令人惋惜的是天命難測，時不我予，二〇〇四年十二月初接到楊樂的電話，陳先生與世長辭，享耆壽九十三。

對我們關係的不如當初，我心中非常遺憾，但他永遠離開了。回想他對我所作的一切，感謝他開始時的提攜，包括幫我到柏克萊。陳先生的形象高大若神，我記得師母剛去世後不久，他搬回加州的舊居。我專誠從波士頓飛去加州拜候他，陳先生一個人坐在客廳裡，將剛好完成的一本書放在茶几上。夕陽西下，我走進客廳時，感覺就如向由馬龍白蘭度在電影《教父》（*The Godfather*）中扮演的維托・柯里昂先生求助一樣。

我對陳先生在數學上的驕人成就，充滿欽佩之情，他是現代微分幾何的主要開山祖師。陳先生走後兩星期，二〇〇四年度的國際華裔數學家大會在香港召開，會議專門悼念他。開幕時我在演講中向他致敬，並且誦讀了自己寫的一首詩獻給他，可惜講廳只能容納二百五十人，一大批人擁擠在外沒法進來。

根據接近陳先生最後那些日子的人所說，他離世前說要「去看希臘的幾何學家」。毫無疑問，他在那群人中自有突出的地位，就如畢達哥拉斯和數學史上那些傳奇人物一樣，他的貢獻將流芳百世。國際天文聯盟把在國家天文臺興隆觀測基地發現的一顆小行星以他命名，紀念他在數學上的貢獻。

就算已遠超退休的年紀，陳先生對數學的熱情從未冷卻，還是孜孜不倦，全力投入工作。

部分的動力可能來自他的拚勁，到了年邁還是如此旺盛，但講到底，主要還是來自對數學的熱愛，不可能一日無此君。

總括而言，陳先生在數學上成就驚人，留下豐富的遺產讓後世人繼續開發。同時也留下一顆以他命名的小行星，永遠繞著太陽，在橢圓的軌道上運行。

第十一章——龐氏餘波

「玫瑰是玫瑰就是玫瑰」，這是格特魯德・斯泰因（Gertrude Stein）一九一三年著名的詩句。但對球面能說相同的話嗎？比如說拿一個洩了些氣的足球，從一面按壓它，或拉它、擠它，踏上去，跳上去，扭它，揍它或做任何你想到的動作，只要不弄穿孔或撕開它，球面在拓撲的意義下都是一個球面嗎？

法國數學大師龐卡萊學識淵博，對數學的眾多領域都作出過重要貢獻，這些領域包括天體力學、特殊相對論和其他物理分支。一九〇四年，他提出一個和上面類似的問題，用詞比斯泰因的詩句來得專業，以成熟的數學猜想的形式表達出來的。毫無疑問，這是最為世人熟知的一個猜想。它屹立了差不多一個世紀，抵擋過不少破解的衝擊，直至一系列由俄國數學家格里沙・佩雷爾曼（Grisha Perelman）在網路上的文章毫無先兆地出現時，首個可信的證明才告問世，這是二〇〇二年底到二〇〇三年中的事。

這個在過去百年期間吸引了這麼多目光，直至今天還給人議論紛紛的猜想究竟是怎樣的？第五章中已說過，龐卡萊斷言一個緊的空間在拓撲上等同於球面的條件是，每條在空間上的閉曲線（迴圈）能連續地縮成一點。即是說，在空間裡的迴圈能在無障礙的狀態下縮成一點。很早以前，我已為這猜想之簡短而嘖嘖稱奇。就是這麼簡單的一句話，使世人忙了一個世紀。龐卡萊猜想使人神往，部分原因就在這裡。（請記住上述的猜想只適用於三維的空間，在 n 維空間中，收縮的迴圈要用所有維數小於 n 的收縮球面代替。）

要了解龐卡萊心中的想法，可以先考慮二維球面，它便是地球儀的表面（內部不計）。你可

球面是個二維曲面，它是「單連通」的。意謂球面上的閉曲線皆可無障礙地在其上縮成一點。（繪圖：施瑞伯）

以把橡皮圈拉長，沿赤道勒上去，然後把它逐漸向南極或北極推動。這時，橡皮圈就會毫不費力地縮成一點。另一方面，考慮帶洞的甜甜圈，把橡皮圈纏繞在圈的中部，除非橡皮圈或甜甜圈斷開了，它是不能縮成一點的。繞著甜甜圈外側或內側的橡皮圈也不能縮成一點，除非把甜甜圈擠壓成一團，但那時它就不再是甜甜圈了。

再次提醒讀者，我們在說甜甜圈的表面或它的外層，不包括它可口的內部。球面和甜甜圈這兩個形狀，本質上的區別在於有洞或沒有洞。球面無洞而甜甜圈卻有，這意味著球面不能在不弄破它的狀態下變成甜甜圈，反之亦然。

二維的曲面早在十九世紀已為人熟知。龐卡萊猜想與三維球面有關，三維球面即是四維球的表面，對一般人來說有點難於想像。正如二維球面由在三維空間中所有和原點距離等於 r 的點所組成，這些點的座標（x, y, z）滿足方程式 $x^2+y^2+z^2=r^2$；類似地，三維球面由所有四維空間中和原點距離等於 r 的點所組成，這些點的座標 (x, y, z, w) 滿足方程式 $x^2+y^2+z^2+w^2=r^2$。可以預見，通過研究對這猜想，我們會對三維空間有更深刻的認識。不過，龐卡萊早知這猜想的證明並不容易。他說：「這問題會領著我們走得很遠。」的確，為了求解這個猜

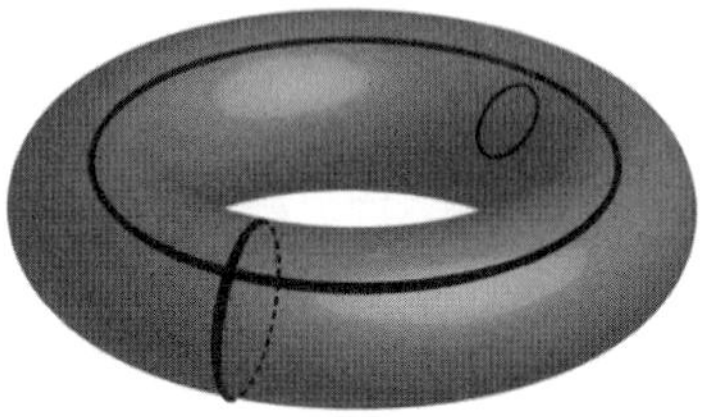

(a) 輪胎／甜甜圈上有三條不同的迴圈（閉曲線）。只有右上方的小迴圈能在甜甜圈上縮成一點，所以甜甜圈不是「單連通」。

(b) 圍繞在車胎外圈的迴圈，由於中間的洞，並不能縮成一點。

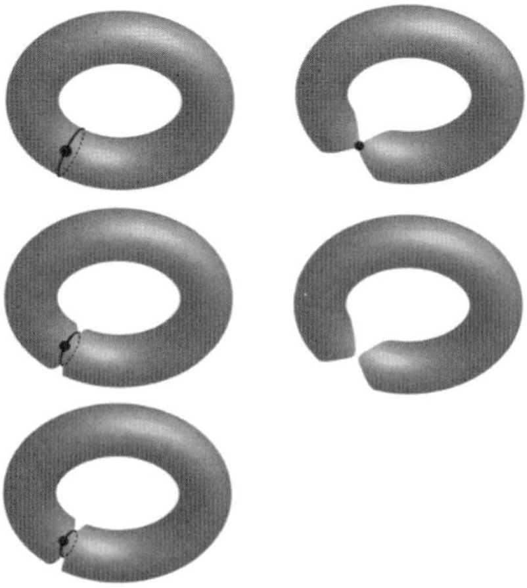

(c) 圖示迴圈也不能縮成一點，除非把它切開，但這會改變甜甜圈的拓撲。（繪圖：施瑞伯）

想，人們走過了漫漫長途。

這個問題的二維情況，早在龐卡萊提出猜想前就解決了。高維的情況亦分別在不同的時期解決了。一九六二年斯梅爾對維數大於四的情況證明了猜想。一九八二年弗里德曼對四維的情況給出了證明，文章刊登在《微分幾何學報》（見第七章）。然而，正如龐卡萊所料，三維的情況最為棘手，困難在於高維空間能採用的方法並不適用於三維，三維空間相對局促，難於迴旋。

是以三維的龐卡萊猜想，是眾多失敗的證明的葬身之地，即如大西洋的百慕達三角，大量飛機和船隻在那裡長眠。數學家約翰・斯托林斯（John Stallings）曾於一九六〇年證明了維數大於六時的猜想，一九六六年在他在一篇題為〈如何不去證明龐卡萊猜想〉的文章中，洋洋灑灑地描述他證明三維猜想時遭遇的種種挫折。

我對這猜想早有興趣，會時不時想一下。上面說過，一九七六年結婚前，我和友雲、她父母駕車橫過美國時便如此。但我沒有埋首於破解它，原因是從來沒有破解猜想的靈感。龐卡萊曾形容靈感如「漫漫長夜中的一霎電光，這一霎就是一切。」可是對這問題，在漢米爾頓創造里奇流之前，我期待的「一霎」始終沒有到訪過。但是它終於來了，照耀了漢米爾頓宏偉的思維，也照耀了我帶領的團隊。二十年的辛苦工作，完成了里奇流的奠基工作。然後那更強的電光再次照耀在佩雷爾曼身上，幾何分析的力量再次震撼科學界！

我只是扮演了輔助性的角色。漢米爾頓聲稱佩雷爾曼「因里奇流獲獎（菲爾茲獎），然而對建立整個里奇流的計畫而言，沒有人像丘的貢獻那麼大。」這話太容氣了，過了頭。沒有人比漢米爾頓有更大的貢獻才對。是他創造了整個方法，打下了基礎，佩雷爾曼據此前行一步。我的貢獻只是幫助漢米爾頓發展這個方法，因為打從一開始，我便看到它輝煌的前景。

里奇流（見第七章）差不多是漢米爾頓一手發展出來的。這種方法基於微分方程而非標準的拓撲方法，是熱方程的一種幾何形式。如你拿一塊金屬板，用火槍向一小地方噴射，那裡很快便變得很熱。可是放下來，熱便會逐漸從那小地方擴散開去，直到整塊板達到熱平衡，板上每點的溫度都一樣。

里奇流是個類似的平均化過程。有別於使熱均勻地分布，它把在幾何空間中凸狀物和不規則的東西都變得光滑。曲率大的區域逐漸變化成曲率較小的地方，最後整體的曲率就變得均勻如球面了，而球面就是曲率為正常數的曲面。不過，有些凸狀物比較頑固，不容易被熨平。恰恰相反，會出現尖刺和疊摺，數學上稱之為「奇點」，需要特殊的處理，我們會在下面討論。

漢米爾頓是在一九八〇年代初著手從事這個計畫的。我和他定期見面，討論在研究當中迫切要解決的問題，提供意見，並指出相關的結果，包括我和李偉光早些前完成的工作。總的來說，我會盡力支援和激勵他。我亦送了好幾個學生去跟他學習和合作，希望能對這個以十年為期的大計畫有所貢獻。打從一九八〇年代，我就跟漢米爾頓說，里奇流可能是破解龐卡萊猜想的關鍵，也許不是只有我才看出這關係，又或許這個見解已明白不過，但朗聲說出來，漢米爾頓還是大受鼓舞。我指出，在流動過程中可能出現奇點，了解它們的數目和形狀，是研究里奇流最大的挑戰。

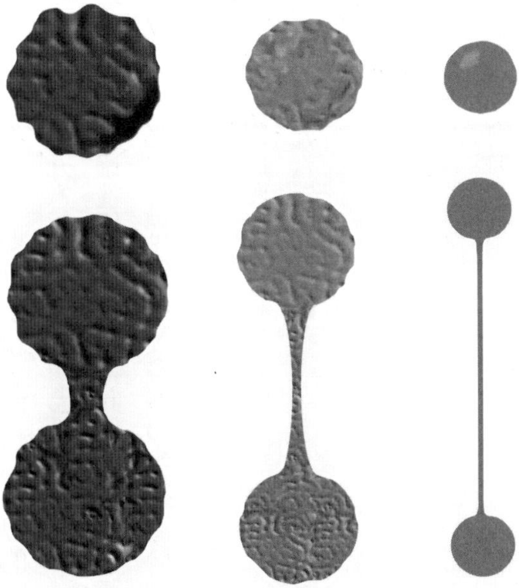

在里奇流下，本來凹凸不平的三維流形，其曲率會漸趨光滑和均勻（上圖）。數學家憂慮的是一般情況會不會出錯，尤其是在變化過程中，流形會否拉長出現「奇點」，其中連接兩端的頸部會不會變細而趨於折斷（下圖）。（繪圖：施瑞伯）

其中牽涉到的數學是複雜的微分方程，那是十分麻煩的，熟悉這方面的專家十分少。不過，其中的策略可以用比較直接的講法來說明：先取一顆為圓的物體，將之放在里奇流內，看看在將曲率均化的過程中，可否變成球面。而對一般的三維曲面，尤其是非常不規則的，在這個均化的過程中或會出現釘狀物即奇點，它們大部分都可以給拿掉，即利用如約翰・米勒引入的割補手術割走。只要這些步驟能在有限次內完成時，這是行之有效的做法。

但有一種奇點即像雪茄煙

的突狀物，卻不能用割補的方法除去。在里奇流流動的過程中，曲率一般而言在平均化，但在這些突觸中卻會不受控制地變大。漢米爾頓指出，所謂雪茄的出現，乃是證明龐卡萊猜想最大的障礙。它們的出現，意味著利用里奇流不可能達至均勻態的幾何，即空間等價於球面。

但從另一方面看，或可證明這些難纏的雪茄根本不會出現，那麼問題便會迎刃而解了。事實上，一九九六年時漢米爾頓已證明，假若雪茄不會生成，而且一般的割補方法又適用時，龐卡萊猜想的真確性便成立了。我向他提議，處理這些奇點，證明它們不存在的方法，或許在於早年我和李偉光研究熱方程時，發展出來的一條有力的不等式。他同意了我的見解，並立即著手利用此法。多年後，在我的協助下，他把李—丘不等式推廣到張量的情形，成為包含曲率張量的不等式，足以用於龐卡萊猜想的證明。

一九九六年，在哈佛數學系一次系務會中，我跟同事說漢米爾頓正向龐卡萊猜想和幾何化猜想進軍，他到哈佛來會對此有幫助，而且對大學也有利。於是從一九九七年秋開始，漢米爾頓來哈佛當了一年的訪問教授。我們定時交流，及後不斷交換想法。他暑假會跑到夏威夷去，我也去了幾趟。我們不談里奇流時，他就跑到太平洋衝浪，享受洋流。而我則在海灘休息，當然沒那麼激烈危險啦。

一九九九年，我擔任哥倫比亞的艾倫伯格（Eilenberg）訪問教授，有更多時間與漢米爾頓一起工作。其後，哥倫比亞想聘請我，但與妻子商量後，最終還是婉拒了。但漢米爾頓和我仍緊密聯繫，他的工作步步推進，我有時也給予意見，似乎快到尾聲了。然後，二〇〇二年的十一月十二日，在沒有任何徵兆下，我收到佩雷爾曼的電郵，我跟佩雷爾曼沒有甚麼交往。漢米爾頓同時也收到類似甚至相同的電郵，其上寫道：「附上論文，懇請指教。」文章在一天前上傳到數學檔案上，題為〈里奇流中的熵公式及其幾何應用〉。

據佩雷爾曼所言，文章給出「幾何化猜想證明的簡介」。這消息使我，恐怕連同整個數學界，也大吃一驚，我對普雷斯曼在研究這題目一無所知。幾何化猜想比龐卡萊猜想更為廣泛，把後者包進去了。他之前讓人記得的工作屬於幾何中完全不同的領域。事實上，他曾把他較為人知的一篇論文投寄《微分幾何學報》，而我當時正是編輯。我們溝通得很好，普雷斯曼緊密依從審稿人的意見，補充了證明的詳情。

人們有時稱普雷斯曼為隱士。他一九九五年離開柏克萊，回到聖彼德堡的家。他人是如此低調，大部分人都不知他在幹其甚麼，或者是否還在做數學。

三篇文章中的第一篇〈熵公式〉只有三十九頁長，二〇〇二年十一月十一日在網路上發表，接著次年三月十日在網路上發表的〈在三維流形上帶割補手術的里奇流〉只有二十二頁，而同年七月十七日，發表短短七頁對前文的附加版〈在某些三維流形上里奇流的有限消亡時間〉。

以幅度如此深廣，細節如此複雜的證明而言，這三篇論文加起來可說很短。在論文中，佩雷爾曼證明了漢米爾頓最忌憚的奇點不會在里奇流中產生，這是足以使人驚嘆的結果，同時也是佩雷爾曼一大功績，漢米爾頓說：「排除了雪茄出現的可能性，是我在奇點的分類中做不出來的地方。」引入了新的技巧來控制奇點，佩雷爾曼為證明瑟斯頓幾何化猜想（見第七章）鋪平了道路，而龐卡萊猜想只是個特殊情況，他有些結果也適用於高維空間。

瑟斯頓斷言，三維空間可以細分為八類具均態幾何的基本形狀，而球面是其中一類。幾何化猜想的證明說明如何精確地描述這空間是如何構造成的。如此，幾何化猜想的對球面而言，包含了龐卡萊猜想，而一般地它對所有三維的空間都作了分類。（對瑟斯頓提出八類形狀中，其中六類猜想早已證明，只有球面類和雙曲類尚未解決。）

在三篇論文中，佩雷爾曼旨在對幾何化猜想給出一個「不拘一格」的證明，而非詳細描繪每一細節。他用速記似的手法來勾勒梗概，把很技術性的細節都略去了，也許他覺得不需要提吧。可是，其他人卻不一定覺得略掉的細節顯而易見，就是這領域的專家也有此嘆。雖然佩雷爾曼的證明在起承轉合之間難以弄懂，我卻明白他的文章對理解三維空間和奇點的結構有極大的貢獻，毫無疑問這是重要的工作。

二〇〇三年四月，佩雷爾曼來到了美國，在麻省理工、石溪、普林斯頓和哥倫比亞討論了他的證明。在他的演講之旅中，行家只有一個月去消化他的第二篇論文，而第三篇論文則要等到暑期中才出現。到了那時，佩雷斯曼已經回到俄羅斯，並且和同行們失去了聯繫。他對英國報章《星期日電郵報》（Sunday Telegraph）說，他有關龐卡萊猜想和幾何化猜想的想法，通通都見於這三篇概括性的論文之中。他對記者娜德捷達・羅巴斯托娃（Nadejda Lobastova）說：「都在裡面了，所有計算都發表了。能給大家看的，都給出來了。」就我所知，他再沒就這題目說或寫甚麼。

佩雷爾曼並沒有把這些文章發表於學報。如果他真的這樣做，學報的編輯恐怕會要求他在這裡或那裡寫得詳細些。我曾幾次寫信給他，邀請他把工作發表在《微分幾何學報》上，這學報從一九八〇年開始就由我主編，但他並沒有回覆。

那就只能靠其他人在佩雷爾曼的論證中，正如紐約時報所謂，「把虛點連起來」，然後才能斷定它是完整的，還是存在重要的破綻，最後評估它究竟證明了甚麼。我讓理海大學的弟子曹懷東，和曾作我博士後中山大學的朱熹平，一起仔細地把佩雷爾曼的文章梳理一次，再重新把證明寫出來。曹懷東和朱熹平二人堪當此任，他們從一九九〇年代起便研究里奇流，累積了大量的經驗，比大部分其他人都適合。

克雷數學研究所（Clay Mathematics Institute）是個非營利的基金會，會址與哈佛差不多是一街之隔。他們也出資請了兩組數學家去檢驗佩雷爾曼的證明。他們是布魯斯・克雷納（Bruce Kleiner）和約翰・洛特（John Lott），與約翰・摩根（John Morgan）和田剛。克雷所對佩雷爾曼的工作特別有興趣，事關二〇〇〇年它把龐卡萊猜想放在「百萬獎金問題」之中。任何人只要在學報上發表了對其中一個問題的證明，而大家都認為是對的，則在發表二年後便可得到獎金一百萬元。

由於龐卡萊猜想可說是數學的里程碑，我當然希望審視證明的人愈多愈好。但作為一個「傳統的人」，我認為作者應負上最大的責任，而不是把責任推到別人身上。數學家不只有責任向別人清楚解釋自己的工作，同時本人也得弄明白，因為只有把證明通通付諸筆墨，每一步都寫出來，才能夠肯定其對錯。讀者或許仍然記得，一九七三年我以為推翻了卡拉比猜想的時候，便上了寶貴的一課。結果努力了三年，承受著面子上過不去的難堪，證明了這猜想的真確性。

我也覺得百萬獎金問題這個概念很奇怪，我看不到克雷數學研究所有何資格把龐卡萊猜想和其他著名的猜想，包括黎曼假設，都放在自己的名單上。這些問題流傳已久，所有權首先屬於它們的提出者，繼而屬於整個數學界。我們不必由於某個基金會的大筆獎金來研究它；如此有份量的難題，解決它本身就是很大的收獲，不需要甚麼額外的誘惑。我也不覺得一個基金會，無論如何財雄勢大，可以圈定那些才是數學界中最迫切的問題，並把自己的名字附上去。佩雷爾曼或許有相同的看法，對把龐卡萊猜想和金錢掛鈎不以為然。無論是否如此，當克雷所要給他一百萬元的獎金時，他謝絕了。他對俄國的國際文傳通訊社（Interfax）說：這獎不公平，他對破解猜想的貢獻並不比漢米爾頓多。

這樣重量級的證明我不會只讓克雷所審查，因它本身牽涉及金錢。我邀請了朱熹平二〇〇五—〇六學年到哈佛訪問。他每週講幾小時，一連講了半年，把他和曹懷東的文章從頭到尾講了一次。二〇〇五年十二月，他們兩人把三百多頁的論文投到我編輯的《亞洲數學學報》，說明會給出「漢米爾頓和佩雷爾曼有關龐卡萊猜想完整證明的詳細導引」。這篇論文發表於二〇〇六年六月，裡面給出了不少佩雷爾曼短文中沒有的細節。在此一個月前，克雷納和洛特發表了〈佩雷爾曼文章的注記〉，而一個月後，摩根和田剛的文章〈里奇流和龐卡萊猜想〉也在網路上發表了。

曹朱的論文發表後，我受到猛烈的抨擊，人們說文章投稿前後六個月便刊登，時間太短，根本不夠時間審稿。事實上，我早已考慮及此。首先，出版界會將重要的文章即時發表，這是向來的做法。而且，我也問過幾位幾何流的專家，包括漢米爾頓和佩雷爾曼，邀請他們審稿，而他們都回絕了，不得已之下我自己當審稿人。事實上，除了上述兩位外，我在這方面的認識比很多人深刻。而且在哈佛聽了朱熹平的講課超過六十小時，又細心看過文稿，並沒有發現任何修補不了的問題，我把推薦發表的意見告知其他編委。我沒有發現甚麼明顯的錯處，但也不能保證它百分百正確，事實上那個人能保證？你只能說，經過詳盡審視後，就我所知，此文正確。

我接著把文章在學報編委之間傳閱，看看有何反應，結果無人反對，亦無其他意見，是以依照學報既定的程序，論文便接受了。必須指出，這學報要求每篇刊登的論文，都必須經過全體編委的同意，這種做法比許多頂尖的數學期刊都來得嚴格。

但種種解釋不足以令批評者閉口，他們說我在編輯過程中走了捷徑。二〇〇六年六月二十日北京，在我組織的弦學會議中以龐卡萊猜想為題作了演議，這次又碰到麻煩。雖然佩雷爾曼曾說「在此文中，我們實現了漢米爾頓計畫的一些詳情」，他不只一次強調漢米爾頓工作的重要性，後來更堅持說漢米爾頓對龐卡萊猜想的貢獻和他一樣多。然而，聽眾中有些人覺得我過於著重漢米爾頓的基礎性工作。

有些人特別對這個差不多一小時長的演講中的兩句話感到不快。我說：「在佩雷爾曼的文章中，很多關鍵的想法只有勾劃或簡說，而完整的證明卻往往付之闕如。最近曹懷東和朱熹平的文章……首次給出龐卡萊猜想完整詳細的證明。」我想第一句句子是無可置疑的，佩雷爾曼的想法也許是對的，但他的證明太簡潔了，細節都找不到。對第二個講話，回想起來，我應該在用詞上更為小心。我不懷疑曹朱二人的論文是正式刊登的「詳細說明」。但這文章，還有克雷納・洛特和摩根・田的文章是否「完整」，似乎尚有可議之處。我並不認為曹朱的文章超越了佩雷爾曼的工作，也從未這麼說過，他們的貢獻在於補回佩雷爾曼沒有寫出來的東西。雖然他們的工作是介紹性的，但也很重要。讚揚曹朱二人把證明嚴格地寫出來之餘，我也激勵中國的研究人員要大著膽子，敢於和數學前沿中的重要問題拚搏。

中國的數學需要推一把。提升中國的數學水平是我一向的宗旨，這是先父的教導，老師陳省身也秉持同樣的宗旨。在這件事上，我的勉勵發揮了作用。曹朱盡了最大的努力，他們熱切地（也可說是成功地）弄清了整個證明。有時也不免有所懷疑，我的演講之所以招致了反彈，後面其實是一種情緒，即中國人在數學世界中仍然是二等公民，故此不要把自己放在世界的前列。

曹朱論文開始後不久，有若干頁重覆了克雷納・洛特的論證而沒有提到，這是不幸的錯誤。他們解釋說是因為在整年長的工作中，筆記當中有一具體的證明，即有限的距離意味著有限的曲率，其實來自克雷納・洛特的文稿。這個疏忽雖不經意，卻引發很大的尷尬。作為學報的編輯，這些過失也受到非議。幾個月後，學報刊登了曹朱的道歉，正式鳴謝克雷納和洛特的工作。

二〇〇六年八月二十八日，我再次受到攻擊，而且比以前都來得嚴重。《紐約客》雜誌刊登了西爾維亞・納沙爾（Sylvia Nasar）和大衛・格魯伯（David Gruber）合著的文章〈多重的命運〉

（Manifold Destiny）。納沙爾是數學家約翰・納許（John Nash）傳記《美麗境界》（*A Beautiful Mind*）一書的作書，我曾花了不少時間和她在一起。而另外的作者格魯伯畢業於哥倫比亞新聞系，當時在羅格斯大學攻讀海洋學，我沒有怎樣跟他接觸。我和納沙爾相處融洽，甚至答應她的要求，安排她去北京參加我組織的弦論學會，並且介紹那裡的數學家和物理學家和她相識。在她的文章出來之前，一直不知她葫蘆裡賣的是甚麼藥。

納沙爾的文章的架構是慣見的；佩雷爾曼是英雄，為理想奮鬥，視名利如糞土。而這高貴靈魂的對手是個卑鄙壞人，一心事事阻撓他。這角色由在下扮演，奈何我並無機會在角色扮演的課題上提出異議。

文章前面的一幅漫畫就足以說明一切；畫中我嘗試搶去佩雷爾曼頸上的菲爾茲獎。這插畫令人啼笑皆非，理由不止一個。首先，我已拿過菲爾茲獎，在過去超過八十年的歷史中，從來沒有人拿過多於一次獎，而我也肯定不會再次拿獎（其實也不可能，這獎只頒給四十歲以下的人，而我當時已五十多歲）。此外，我亦非往自已臉上貼金，漢米爾頓曾提議在一篇里奇流的關鍵性論文中把我列為合作者，我感謝他的好意之餘，婉拒了提議。而二〇〇六年佩雷爾曼獲得菲爾茲獎時，我曾恭賀他並說這是實至名歸的，這都見諸公開的紀錄。

正如漢米爾頓同年作證道：「丘不只沒有竊取佩雷爾曼的功勞，他還頌揚他的工作，並且和我一樣支持他拿菲爾茲獎。」順便一提，佩雷爾曼並無出席二〇〇六年八月在馬德里的頒獎儀式，根據官方的讚辭，是因「他在幾何學和里奇流中的分析和幾何結構的革命性洞見」，這裡見不到龐卡萊猜想一詞。事實上，他二〇〇二和二〇〇三年的文章中都沒有明顯地提到這猜想。

我對《紐約客》文章中的其他論述也甚感不快，很多根本並非事實。他們攻擊我在卡拉比猜想和卡拉比—丘流形中多拿了功勞，縱使卡拉比曾親口說過，我給他太多功勞了。〈多重的命運〉又宣稱陳省身先生想在北京主辦國際數學家大會，但我卻在最後關頭要把它弄到香港去。這樣的說法錯處不只一端，從一開始，我是第一個提議在中國召開國際數學家大會的人。劍橋大學的約翰·科特斯（John Coates）從一九八六至一九九四是國際數學聯盟執行委員會的成員，他可以肯定我於一九八八左右正式向執委會寫信，提出在北京召開大會的。科特斯說：「我記得很清楚，回信是我草擬的。」

其實一開始時，陳省身先生對很多人表示，他對北京召開數學大會一事不感興趣，經過我和鄭紹遠的遊說，才勉強同意。鄭紹遠當時是香港數學會的副會長，他能證明我從來沒有試圖把大會移師香港。所有有關的傳聞都是憑空捏造出來的，正如科特斯所說，「文章說的都是沒有根據的小道，消息的來源也不明。」

《紐約客》又說，「很多數學家」都擔心我搞的陰謀詭計會使整個數學界蒙塵，又引用葛理菲斯的的講話：「權術、權力和操控在我們的圈子內並無立足之地，這些東西損害了整個數學界的良知。」這種離奇的講法，正正出自一個熱中於玩弄手段的數學家。舒密德是葛理菲斯的弟子，雖然他一直很感謝其師，但也在一封為我辯護的信中，指出這個講法可笑之處。他寫道：「納沙爾應當知道葛理菲斯在數學界的影響力」，他曾當過國際數學聯盟的秘書，高等研究院的院長和杜克大學的教務長。他繼續說：「和葛理菲斯不同，丘從來沒有謀取具有影響力的行政職務。」

《紐約客》又把我描畫成一個惡霸，並引中文報章中的一篇文章作證，說我曾抨擊弟子田剛在「某中國大學幾個月內收了十二萬五千元」。雜誌稱田剛是我「最出色的學生」，本人對此不敢苟同。它又把田剛描寫為謹遵古訓「尊師重道」的人。但是，我們這一行的人大都知道，我們之間尊師愛弟兩者皆不聞久矣。尤有進者，有理由相信，田剛和一場無論在公開場合或網上抹黑本人的運動息息相關。每當我批評他時，網上就會出現攻擊我或者有關人士的言論，這些攻擊含有我個人的資料，有一些是田剛還是學生時我告訴他的，而且只告訴他一個人，故此不得不引起我的疑心。

跟田剛失和，主因是中國的大學推行一項我強烈反對的政策，而他卻為這政策打開決口，先拔頭籌，結果弄得一發不可收拾。根據在《科學雜誌》二〇〇六年的一篇文章說，某幾所中國的大學「設置了百萬元教授的職銜，年薪達十二萬五千元，在中國這是天文數字。」文章形容我這位弟子站在「席捲中國學術界的風暴的中心，田是這個可爭議現象的主要個案，出生於中國而在海外全職工作的研究人員，在其祖國短期工作而獲取巨大的報酬。」

一百萬元人民幣是當時國內頂級大學教授薪酬的十倍。其實，早在《科學》的文章前，我已知悉田剛在普林斯頓收取薪金的同時，在國內拿著優厚的津貼。其他海外的中國數學家步其後塵，紛紛在國外全職的同時，在國內大學收取巨大的薪酬。

我是首批公開抨擊這種做法的人，反對的理由有好幾個。首先，在中國當教授，薪金非常低微，研究生的每月津貼也只是五十元而已，教授和研究生的資助都亟需改善。我大聲疾呼，特別因為田剛是我門人，必須講清楚我不會接受這類行為。

容許這類行為，中國本身也有責任。差不多同時，中國也開始了所謂「千人計畫」，花上億萬金錢，吸引美國和西方的知名學者到中國的大學訪問，以提高大學的地位。可是得到的回報並不多，很多訪問學者把錢放進了口袋，卻沒有付出時間和精力。事實上，制度每每被濫用了。曾有學者既在美國全職工作，同時又在中國三處任職，而土產教授的薪酬卻如此地低。反觀本人從未在主持的數學中心中拿過一分錢，《紐約客》上的這篇「龐卡萊真相」的文章把我描寫成一個壞人，真不知從何說起。

最後，雜誌還指我的事業每況愈下，說「丘上一次比較重要的工作，已是十年以前的了」。這論斷把我近年來在弦論中包括鏡猜想、SYZ猜想和施勞明格方程式等可說是重要的工作，還有在廣義相對論和其他領域的努力，都通通抹殺了。可喜的是，這些工作得到同行的首肯，二〇一〇年我因在幾何分析中，把「偏微分方程、幾何和數學物理以嶄新的方法共冶一爐」獲頒沃爾夫獎（Wolf Prize），也許可以說明，我在行內的地位，並無因四年前《紐約客》的描述而受損。

縱使如此，這篇十八頁長的文章，基本上醜化本人，神化佩雷爾曼，這種做法令人費解。讀對自己作品的劣評固然令人難受，但是看到有意醜化自己事業和生平的文章更覺驚訝，尤其是那些評語如此明顯地不公，兼且錯誤連篇。擺在眼前的問題，是如何作出最佳的反擊。

能不能告雜誌誹謗，我跟波士頓一位頂級律師談過，他覺得這是有勝算的，但會弄很久，起碼要拖一年以上，就算最後贏了，也不能肯定能得到甚麼。雖然名譽受損令我不快，但最後決定恢復名譽的方法不在法庭，而在課堂、在書房之中。我適宜把此事拋諸腦後，法律上的纏鬥只會適得其反。

這時又想到了父親提過的《禮記》上的故事，它發生在公元前五百年，是我有記憶以來最早聽過的故事。有個名黔敖的富人在路上派發食物賑濟饑民，他對其中一人呼喝道：「嗟！來食。」那人挨餓也不要他的施捨。黔敖後來找到他，跟他賠罪，但那人依然拒絕救濟，不久便餓死了。

這個故事的教訓，據我的了解，是人必須活得有尊嚴，同時也不可侮慢別人。這一課我學得很好，五十多年後還記得很清楚。小時候對這故事不大了了，回想起來才驚覺它對我的影響，在人生不同的時刻，我都會想起這故事。

這當然包括納沙爾文章裡面的負評，但和《禮記》中這個饑民不一樣，他受到冒犯卻不反抗，而我則不會受損而退縮，我不會受到「全美最優秀的雜誌」抹黑後默然不語，保護自己是人的天性，不會讓別人動我分毫的。

雖說是令人生厭的一幕，但人生曲折多艱，更苦的日子我也嘗過了。父親的去世是迄今我嘗過最痛苦的經驗，和它相比，這次不過是小小的刺痛吧了。受到攻擊後即時的反應是自衛，但最終，我意識到最佳的對策乃是忘記它，繼續前進。

人生最大的榮耀，乃是屢敗屢戰，尤其是受到陰險的招數攻擊之後。稍堪告慰者是二〇〇六年十月在《紐約時報》刊登的，以我為主角、題為〈數學大帝〉的文章，裡面洋溢著頌揚之辭。它比紐約客的文章遲了兩個月，這並非偶然。納沙爾曾跟我說，她聽說《紐約時報》在訪問我，因此她要趕快寫，好搶在時報前面，引人注目。

《時報》的文章寫得非常客氣，我認為，對本人以及本人的工作，這篇文章都是比較全面的寫照。部分的原因或在於文章的作者丹尼斯・奧弗拜（Dennis Overbye）花了不少時間訪問我，斷斷續續地做了半年。如前面貶我的文章一樣，這篇文章的內容我從無過問，並無參以己意，或提出任何刪改。對我而言，更重要的是自己能掌握的，只有不斷向前，才能完成事業上定下的目標。因此，那些有關本人的文章，不管是褒是貶，也不用想太多。希望能集中精力對付數學，進行研究，這才是我之所樂，我之所愛。精神受到壓力的日子，我每以工作為寄托，數學從來沒有讓我失望。

舉例來說，我把注意力放在廣義相對論上。有一個問題我想了幾十年，它是由早期有關正質量猜想（和孫理察或其他人合作）引出來的。這問題源於直到今天，人們還搞不懂如何在愛因斯坦的理論中定義「局部質量」。在封閉的系統中，我們只能定義在差不多無限遠處，還乾脆就是無限遠的質量，我和理察早已證明了這質量必須為正，不然整個系統會不穩定。但我們亦希望能描述系統在附近周圍，這便涉及所謂「擬局部質量」的概念。例如，當兩個黑洞相互作用時，從遠處去看，如何定義其中一個黑洞的質量，而非兩者合起來的總質量呢？

這類問題當然不僅僅限於黑洞，在空間給出一個閉合的二維曲面，除了要求其質量必須為正時，我們還能進一步對它說甚麼。二〇〇三年，我的學生劉秋菊（現任哥倫比亞大學教授）和我在一篇論文中給出了一個擬局部質量的定義，並進一步證明，它在所有情況下都取正值（除了在某一顯然的情況下，質量可以為零）。我在劍橋以此為題，向霍金和潘洛斯以及吉朋斯等物理學者說明了我們的定義。霍潘二人各有自己擬局部質量的定義，雖然他們沒有說我們找到了正確的定義，但他們也沒有反對。這些學者不是內歛的人，如果我的推演中有任何弱點，他們肯定不會讓我好過。

個人以為，我們的結果是重要的。找到了量度空間中任一區域的質量和能量的方法，這是以前做不到的，但有些地方仍需改進。我和弟子王慕道（也是哥大的教授）從二〇〇六年至今在一系列文章中得到不少成果，我相信這是迄今關於擬局部質量最好的定義，它對更廣泛更自然的一大類空間都有效。我們的工作也增進了對角動量和質心的理解，這兩個概念在廣義相對論中，都尚未有明確的定義。

二〇〇八年，美國金融危機波及整個銀行體系。正值此風雨飄搖之際，我出任哈佛數學系的系主任。當時哈佛的儲備金，在股票市場已經虧了一百一十億，而還有可能再虧幾十億。大家都憂慮，大學要完蛋了，每個系的預算都要大幅削減，第一步是每個部門先削二成。我跟理學院院長解釋，說其實數學系沒有甚麼閒錢，如再削下去必將危及大學部教學，而大學部教學一直是哈佛最重視的教育使命。唯一可削的只是同事加起來三萬元的電話費，我特意這樣說，是想表現出並非一成不變的態度。院長不久也發現這裡省不了多少錢，最後就把預算保持在原來已經節儉的水平了。

另一件要辦的事便是聘請年輕的同事。過去每年我們都會聘三至四位助理教授，但現在大家都在問今年還能聘人嗎。我從西門斯基金（Simons Foundation）、哈佛數學之友（由法國數學家伯納德・聖─多納特〔Bernard Saint-Donat〕帶頭，他是蒙福德的學生）、和其他人士募到充足的經費，後者包括慈善家威廉・蘭多夫・赫斯特三世（William Randolph Hearst III），他一九七二年畢業於哈佛數學大學部。有了這些資源，那年我們請了五位新人，比原來的還多了一位。二〇〇九年，我們聘了三位知名的教授：很有前途的數論專家馬克・基辛（Mark Kisin），在代數幾何、範疇理論等領域才能出眾的雅各布・盧里（Jacob Lurie），還有在朗蘭茲綱領、數論、代數幾何、表示論等領域的明日之星索菲・莫雷爾（Sophie Morel）。本人尤其以邀得莫雷爾加盟為榮，她是哈佛數學系有史以來第一位女性終身教授（可惜三年後她到普林斯頓去了。）

這些舉措恢復了數學系的士氣，安撫了因財政緊絀而惶惶的人心。我又籌了些錢，讓系內同事、大學部學生、研究生和博士後每兩星期能在學系四樓的休憩區共進午餐。這樣一來，全系的人都能交流，互相認識，活動空前成功。但另一做法卻在振奮精神、提高效率之餘，引起了更多的關注。我是不喝咖啡的，但有人卻在系主任的辦公室添置了一部質優價昂的咖啡機。辦公室的助理們都被排在門外等斟咖啡的人弄得不勝其擾，最後只好把咖啡機搬到休憩區去，那麼人人都能用了。這大概是數學系差不多三百年來，系主任最受擁戴的德政之一。（一六三〇年代學生曾因啤酒短缺而暴動，因咖啡短缺而暴動者則聞所未聞。）

哈佛的系主任是在資深同事之間輪替的，雖然開始時我對就任此職的興趣不大。但從別人那裡聽來，口碑還是不錯的。事實上，院長對我的工作很滿意。三年正常任期完成後，他希望我再做一任，但我則選擇遵照傳統，三年就夠了。於是院長用他的經費開了一個隆重的餐會，感謝我在任時對數學系的貢獻。我受寵若驚，相信這是哈佛數學系系主任從來沒有得到過的榮譽。

二〇〇八或二〇〇九年初，北京清華大學的校長顧秉林到劍橋我家作客，邀請我到清華辦一個數學中心。一九五〇年前，清華是中國基礎研究最重要的大學之一。建國初期，毛主席決定把大學的重點放在工程、工業應用和技術發展上，於是將大批數學家搬到科學院、北京大學及其他地方去。北京清華的理科和數學自此一蹶不振數十年，直至近年始再復興。應用數學專業從一九七〇年代引入，而純粹數學也於一九九〇年代恢復了。

其實，要在北京清華建立中心，數年之前，他們已跟我談過一次。我猜想整件事由顧毓琇的一封信開始（顧教授曾經將這封信的複印本寄送給我）。顧是賓州大學電子工程學的教授，一九三〇年代在上海交通大學當過江澤民的老師。他寫了一封信給當時任國家主席的江澤民，指出中國要強大，科學和技術都是必須的。而科學和技術的強大，數學尤其是基礎數學更不可或缺。這封信令江主席下了決心，在包括北京清華等幾所大學中加強數學的建設。

消息傳到北京清華大學校長王大中那裡，王校長於是在二〇〇〇年前後邀請我在大學辦一個中心，可是沒法籌得到足夠的資金，我只能告訴他沒錢事情不好辦，王聽後也就不了了之。

弟子劉克鋒說，王也找過陳先生做同樣的事，但陳先生說數學系應該擁有自己的圖書館，事情便沒有辦成了。

數年後，顧秉林繼任校長，陳希作為黨委書記，情況變了。由陳希書記拍板，顧校長來到我在波士頓的家，請我幫忙。交談後，很快就能感覺到他真心希望把中心建成，學校高層決心使北京清華建成一流的大學。顧校長是物理學家，他保證了提供興建中心所需的資金，我們都同意新成立的中心會成為提升整間大學數學的催化劑，一旦傳播開去，影響或會遍及全國。不久之後我到了北京，陳希書記作出了同樣的保證，這次我決定放手一搏了。

前一章已提過，阿蒂亞曾通知我，楊振寧要讓他在北京清華主管一個數學中心。很明顯，楊先生並沒將此事告知顧校長或陳書記。我知道後，就跟清華說：「楊先生要托阿蒂亞辦所，那沒有問題，可是你們不應該同時找兩個人辦所啊。」事情很快便明朗了，阿蒂亞告訴我，自始至終他對辦所的興趣不大。

首要之務是招攬人才，這在這事上，我和楊先生又有不同意見。他的做法和我迥異，他傾向以重金聘請名家來作短期的訪問，我則以為此法從來成效不彰，而且也不利於中國數學的健康發展。

我於是跟北京清華校方再接觸，說我不介意跟中國科學院、北京大學和中國其他學術機構競爭，但這中心卻不必跟清華本校較量。大學聘請數學人才，應該用一致的標準。由於數學是在下的本行，這領域招人的事務，應該由在下統籌。他們同意了，不久之後我找到一批不錯的人作班底。

幾年之後，中國教育部通知清華大學將這個中心升級為教育部的中心，並且易名為丘成桐數學科學中心。到了二〇一四年底，那裡的數學專家，全職和兼職的加起來，大約有四十位。我深信，中心將會訓練出一批中國的數學專才，進行高水平的研究，使西方做研究的方式在東方落地生根。

為免讀者以為我把心血都灌注在東方，必須指出我亦領頭於二〇一四年在哈佛創建了數理科學及應用中心（ＣＭＳＡ）。哈佛大學通過我的搭線，向中國最大的地產商恆大集團籌得二億元，用以創建三個中心：ＣＭＳＡ、哈佛綠色建築和城市中心、屬於哈佛醫學院的恆大免疫疾病中心。有些同事半開玩笑的說，丘籌款比研究幾何更行。當然，能夠為有意義的事情略盡棉力，創建各式各樣的數學所和推廣有關活動，誠為樂事，但掌聲之餘，謝幕之後，我還是希望以數學的成就，而非以成功的籌款者之名傳世。

你如特別要問為何辦ＣＭＳＡ，我的動機有幾個。首先，就純數而言，哈佛數學系可說是首屈一指的了，但它太「純」了。系裡的人對應用有強烈的反感，這種態度穩如泰山，很難動搖。系裡要請應用數學的人，我嘗試過，確實很難。評估延攬對象時需要不同的準則，但負責聘請者只會依一般的標準去辦。著名數學家蒙福德一九九六年到布朗大學去了，原因是他要多做點應用的東西，但在哈佛卻得不到支持。

活在現代社會，數學在很多地方日益重要，其中包括生物、化學、經濟、工程，當然還有物理，我們不能再對應用數學坐視不理。古代很多大數學家，如歐拉、高斯、黎曼、龐卡萊和希爾伯特等，他們都曾涉足應用。有見及此，我向外籌募捐款，開拓應用數學的職位。哈佛的院長和教務長都熱烈支持這想法，他們十分期望校內有更多跨科目的研究。具體而言，CMSA能填補數學系空白的領域，加上系內同事麥可・霍金斯（Michael Hopkins）、托布斯、姚鴻澤，還有應用數學家和物理學家麥可・布倫納（Michael Brenner）、統計學家劉軍等的幫助，我們已經有了一個很好的開始。

誠然，本人絕大部分工作都是和「純粹」的數學有關的，但在偶然的場合中也會鑽研一些「不純粹」的數學。早在一九九〇年代初期，我和加大聖地牙哥的金芳蓉一起在圖論方面做了些工作，圖的研究對各式各樣的物理、生物和社會系統中的演化過程很有用。另外，我也跟弟弟成棟在非線性控制論中發表過一些論文，控制論是應用數學的分枝，在工業上有廣泛的應用。當蒙福德離開哈佛到布朗大學時，我接收了他在計算機方面的學生顧險峰。我們和其他人把我們把從前在做幾何分析時用到的工具，如保角幾何和蒙日—安培方程等，應用到計算機圖像的研究上去，從而得到醫學影像包括腦影像好些有趣的新成果。

這方面的工作也愜意，它讓我換換新鮮的口味。我對在哈佛開始了應用和跨科目的數學研究亦很高興。但這些都只是旁枝，純數學一直是、在可見的將來也是我主要追求的目標和至愛。縱使有時會拓展一些，但我始終認為，數學中最美好的和最精要的內容在於它的純粹和基本。十多年多來，我花了不少工夫投入弦論的一個專案之中，這項專案是一九九〇年代中期開始的。

鏡對稱指出了弦論和枚舉幾何的密切關係。我期望弦論跟數論也能對上，有理由相信這將有大用。我的信心部分來自卡拉比—丘流形乃是弦論的核心（見第八章），一維的卡拉比—丘流形即「橢圓曲線」理論是數學中極深奧的一枝，和數論有莫大關係。有見卡拉比—丘流形是橢圓曲線的高維版本，對這些流形透徹的認識將會把物理（以弦論的形式）帶進數論，反之亦然。所以說這會是條康莊的大路，並不太牽強。

扎斯諾和我在這方面開了個頭。在一九九六年的一篇論文中，我們確定了在K三流形上有理曲線（rational curves）的數目。K三流形是二維的卡拉比—丘空間，即複二維的橢圓曲線。上述的數目是個整數，和艾塔函數（eta function）有關。艾塔函數是數論中重要的概念，由狄德金於一八七七年引入。可惜我們的分析只適用於一小類，即虧格為零的曲線，籠統地說，即是沒有洞的曲線（或曲面）。哈佛物理學家瓦法和另外三人對如何在三維卡拉比—丘空間上確定高虧格曲線的數目作出重要貢獻。在他們工作的基礎上，二〇〇四年我和當時的博士後山口智（Satoshi Yamaguchi）對枚舉函數的結構給出新的看法。直到今天，我還跟其他人在一起考慮這個項目，我相信枚舉函數會有朝一日成為艾塔函數的某種推廣。這類聯繫愈多，弦論和數論的關係就愈緊密，為弦論在數論中的各種應用打下了基礎。

在另一項探討弦論和數論關係的工作中，連文豪和我證明了在五次的卡拉比—丘空間中，那些定義方程的次不是五的倍數時，它們對應的曲線的數目必定是一百二十五的倍數。這發現回答了赫伯特・克萊門斯（Herbert Clemens）在代數幾何上的一個問題。過去十年間，我們也利用鏡對稱啟發出來的想法，嘗試計算某些積分的周期，這些周期和某個可追溯至歐拉的問題有關，問題迄今未完全解決。

我深信弦論會給數論開闢新的途經，目前看見的只是皮毛的工作而已。關鍵的發展也許由別人而非本人得到，但也無所謂，能夠吸引人向這個方向走，我已心滿意足了。

前面已經說過，空檔的時候，例如在駕車時或在牙醫診所裡，我喜歡有一籃子不同的問題供考慮或浮想聯翩。目前放在籃子內的幾件東西中，就有上面講過，來自弦論的施勞明格方程。人們對非凱勒流形所知不多，這些方程會對此很有幫助。數學上最大的進步，並不在於解決難題，因為這樣只會使某些研究領域完結，而在於開闢了全新的、各式各樣的問題以供探索。

龐卡萊猜想卻是個我不太願意去碰的題目，一旦把圍繞著這個猜想的許多爭議拋諸腦後，實在高興得很。但卻有時忍不住想到它，因為還抱著一絲絲的懷疑，如果大大聲聲地說出來，又會招惹麻煩。或者你可以說這是妖言惑眾，但我真的不肯定證明已完全明確。前面已講過多次，我相信佩雷爾曼對三維空間奇點的形成和結構有傑出的貢獻，完全有資格得到菲爾茲獎（只是他不接受）。要知道，先是龐卡萊指出了方向，然後漢米爾頓艱辛地打下了基礎，最後佩雷爾曼帶領大家走得很遠。這樣看來，無可置疑地，佩雷爾曼立了大功，我也想知道他在里奇流中發展出來的技巧可以走多遠。而我亦不能忘記另一種方法，即利用多年前我和米卡斯、理察、西門等發展出來的極小曲面技巧，能否把問題釐清。

二〇〇三年，佩雷爾曼告訴《科學》的記者丹娜・麥肯齊（Dana Mackenzie），說：在有關專家檢視這些文章完畢之前，便向公眾宣布幾何化猜想和龐卡萊猜都證明了，可說是言之過早。現今說證明為正確的所謂專家，大部分都不是這個領域的人，而佩雷爾曼自己也從數學界隱退，可說是巨大的損失。問題是，里奇流的專家並不多，佩雷爾曼的證明結尾處最為晦澀，至今我尚未碰見過一個專家說完全了解。

二〇〇六年左右，一位對這題目熟悉的數學家訪問哈佛，他來到我的辦公室，責難我對佩雷爾曼的證明說三道四。但在我的詰問之下，他也承認不能完全掌握證明的後半部。我不是要駁倒他，只不過他承認了就歸了類。事實上，我不知道有誰，包括漢米爾頓在內，能完全懂得那證明，自忖也只能歸在那一類。據我所知，沒有人利用佩雷爾曼在文章後半部引入的技巧，成功地解決過其他有意思的題目。這事實意味著其他數學學者並不完全掌握這工作，以及其中的方法。

漢米爾頓七十多歲了，他告訴我，證明龐卡萊猜想仍然是他的夢想。這可不是說佩雷爾曼錯了，作為一個真正獨立的人，漢米爾頓不會沿著別人的足跡走，也不會替別人的論文「以線把點連起來」。過去三十五年的心血已傾注於此，他只想憑一己之力去完成它。

我總覺得問題並非絕不含糊地解決了，或者要留待涵蓋異常廣泛的定理出現後，才能掃清這些迷霧。對這問題提出異議，在現實上是非常危險的做法。但為了問題的本身，為了數學上的真理，我還是希望知悉我們走到了那裡。如果這樣會給別人鄙視，就由他吧。半個世紀前我選擇了數學這條道路，講到底還是數學比較重要，別人的看法沒這麼要緊。

第十一章——東風西風

開。

一九六九年初次踏足美國時，我只是一個從未出過門的二十歲小伙子，那清澈爽塏的藍天給我很深的印象。我對前途充滿憧憬，彷彿看到終有一天，數學的神祕的面紗將會為我揭開。

十年後首次踏足中國，那是自孩提時就離開、已經全無印象的國度，但我卻心潮澎湃，不禁俯身觸摸地上的土，像要和這個父輩生長的地方建立聯繫，其後我確實如此做了。我不是個大情大性的人，時時都會收攝心神，那次我竟會有如此的舉動，連自己也感到驚訝。

很快地跳到了當前，現在每年我都會往返中美數次，而且早已習以為常。每次到訪都有些新的感受，我不會從社會的角度去批判，也並非對這兩個迥異的文化有何偉大的見解，只是留意到一些細微的變化，是以前沒有見過的。

我生活起居中的某些細節，無論去到那兒都不會改變，但另外有些卻完全不同。在執筆的當下，正是二〇一七年秋天，我休假一年，在北京的清華大學以我命名的數學科學中心訪問。我不喝咖啡，但會整天喝茶，尤其是中國茶，因此隨身攜帶不少，到那兒去都一樣。我對數學的態度也不變，無論是在北京標準時間、回到哈佛的東部時間，或是界於兩者之間如格林威治的平均時間，皆是如此。

試看一個例子。一九九〇年代中期，我的學生劉克鋒到南開大學的陳所訪問陳省身先生，當時陳先生剛剛辭任所長不久。我問克鋒，陳先生近況如何。克鋒答道：「他人還可以，但是不開心。」當時雖然有了新的所長，但陳先生還有很大的影響力。這位新所長每事皆依循陳先生的命令去辦，故此克鋒對陳先生為何不開心摸不著頭腦。他的疑惑乃因不明白中國人的做法，這種做法或可以拜占庭式形容，即知名而廣受政府推崇的學者每每公開說一套話，但真的想法卻不便公開，旁人必須揣摩其意而行。

新所長以為他遵從陳先生的意願而行，實際上正是反其道而行之，是以陳先生鬱鬱不歡也。（當然，我們不能排除他明知陳先生的真意，卻怕負責任，就照著陳先生口頭命令而行。）這件事反映了中國傳統的做法，我覺得那是奇怪而又迂迴的。根據我的了解，陳先生不覺這樣做有何不妥，他早就習慣了，可是克鋒對背面那套玄虛一無所知。

當我以某個數學所所長的身分，跟大學的行政人員打交道時，他們一般都很隨和。和我周旋的人，如院長、系主任、校長等等，甚麼要求都會答應，不過一般都是口惠而沒有筆錄作憑據的。一旦到了要兌現的時候，他們就無法或不願意照辦了。

我身處的清華大學可說是例外。在這方面，它比大部分中國的大學都要進步，他們採用了比較接近西方的辦事方式。縱然如此，中國的學術體系比較複雜，主要的大學都由政府透過教育部來領導，定期的大學領導層的更替可以引致大亂。新領導上場後，往往不願意兌現前任的承諾，因為這樣做他們就領不到功了。他們傾向於建立新猷，以顯示自己超卓的能力，是以政策必須有所不同，就算取消原來成功的規劃，而代之以無用者也在所不惜。這在中國的大學中造就了不確定的元素，和美國很不一樣。

美國每一所大學，內部肯定都有不可避免的人事上的傾軋，系內的、系和系之間的、教員和行政人員的，各個層次都有。可是，當全國一致選出一個新的總統時，國家領導層的改變，除了會導致撥款的減少或政策的轉變外，在校園內也沒有多大的影響。

中國的高等教育機構，既與政府有如此緊密的聯緊，學術界中人便有了動機從政治的階梯往上爬。在體系之內，所有大學的行政人員都屬既定的等級，級別愈高，薪酬愈豐，優待也愈廣，連進醫院或經過機場時的待遇也有所區別。

丁石孫卸任北大數學系系主任後，晉升為北大校長，繼而成為中國民主同盟的主席，民盟是國家八大民主黨派之一，由此可見丁石孫是如何累積其政治實力的。他利用自己的影響力，扶助北京大學的學生田剛取得權力。田剛現在是北大的兼任教授，過去他在北大取得碩士學位，在哈佛我的指導下成為博士。田剛也是議政團體中國人民政治協商會議的高級官員。最近他又成為北大的副校長，副校長與副部長同級別。他就職後，成為北大的一股未來力量，期望接年已九十的丁石孫的班。

很早就知道，田剛的目標並不局限於做學問。二〇〇一年某一天，我們坐在波士頓公園，他對我說希望有一天能成為中國的領導人，在全國有很大的影響力。我並不羨慕熱中功名權力的人，自己在數學領域中成功便心滿意足了。

但願我們的關係不會變得那麼僵，如關係能轉好那就更理想了。但在全面的和解到來之前，我希望能見到他糾正過去不當的行為。舉個最簡單的例子，這幾年來，西門・唐納森和他的合作者曾指責田剛大量抄襲他們的工作。在過去，田剛恐怕曾用這種手法得到不少好處，畢竟在中國，學術標準並不常如西方那麼嚴謹。

在美國，學術界的升遷主要繫於學術上的表現，即工作上的成就。但在中國，搞關係扮演著重要的角色，是以很多學者，包括數學工作者，忽視了研究，轉而把注意力投放在更易於向上爬的種種途徑之中。而最能攫取權力的途徑便是成為「院士」了。這是由中國科學院頒發的學術界的最高終身榮譽。現今科學及數學界共七百五十人，由中國工程學院頒發的則有八百五十人。

美國對應的是國家科學院，創建於一八六三年，比始於一九四九年的中國科學院要早。它現有約有二千三百多名院士。我當了院士二十五年了，當上院士當然是很高的榮譽，但從物質的角度上看，並沒有甚麼好處。可是在中國就不同了，院士享有不少特權，如醫院的專護病房和機場的VIP休息間等等。如果你再進一步，當上了「國家領導人」的話，你會享有專車服務，收入也會變得很可觀。除了各種個人利益外，院士還有很大的影響力。在中國，如果很多院士說同樣的話時，那麼大家就會相信了。如果你的研究委員會（research panel）中一個院士也沒有，那麼政府就不會把委員會放在眼內。另一方面，如果有超過三個院士連署信函給政府，這信給總理讀到的機會就會很高。

正如一所大學的地位繫於它有多少個院士，一個城市的學術水平也視乎它的市民中有多少個院士。偏遠的省分如西藏或許只有兩三個院士，那些院士的意見就變得很重要，必須認真考慮了。如果他一怒之下搬走，這個省的地位就會下降了。故此，院士是不能得罪的，就如古代的貴族一樣。可在另一方面，要成為院士，在學問上也毋需付出太大的努力。

中國科學院在評估誰能當上院士時，其實對誰在那個領域有多好的所知有限，他們又不願向外面的權威尋求意見，國內夠資格作評審的人並不多，況且他們往往給提名人或其支持者以種種好處收買了，是以院士選舉的結果，不時引起爭議。

我並非長住在中國，也沒有拿中國護照，因此並無投票選院士的資格。約二十年前，有人曾向我詢問某一個動力系統領域的候選人的意見。這候選人是北京大學張恭慶的妻舅。他和美國西北大學的夏志宏熟悉，他們都是研究動力系統的。夏志宏是我提拔的年輕學者，他寫信給我，希望我支持他的朋友。

我不是候選人研究領域上的專家，於是請動力系統的權威，包括麥可・赫爾曼（Michael Hermann）和約翰・馬瑟（John Mather）評估他的工作。結論是他的工作即就中國同行中也算一般。我把他們的信送給科學院院長看，院長於是把信給了遴選委員會考慮。據說在討論時，上面提到的院士說，這些信件可以不理，因為那是外國人寫的，中國人的事由中國人說了算。他的意見占了上風，候選人即他的妹夫順利當上了院士，幾年後還出任中國數學會的會長。

由於遊說日益重要，兼且每每投票給朋友、同黨、親戚或任何對自己有利的人，如此一來，學術實力就變了選舉院士時次要的考慮因素。很多學者把研究放在一旁，只關心如何取悅別人以達到個人升遷的目的。

情況令人很失望。很多人，包括在下冷眼旁觀，院士本應是學術上的楷模，現在卻成了窒礙中國科學進步的主要原因之一。

由於主要居住在美國，我並無資格成為院士，事實上我從未嘗試成為院士，也不將之放在心上。可是一九九五年我卻被選為第一屆中國科學院的外藉院士。楊振寧同時也當選，他當時居於美國，是石溪大學的愛因斯坦講座教授。

田剛二〇〇一年當選院士。他在此之前已經嘗試過，但因在美國全職工作而不合資格。當時他在普林斯頓工作，全職回國是很難辨到的。後來他答應全職回國，於是正式地成為候選人。有關候選人的討論進行了幾天，田剛還拿不到超過一半的支持票。這時，他在北大念碩士時的導師張恭慶和另外一兩個院士不顧規則，讓人到某個因病缺席的院士家中，把這個正在發高燒的院士帶到會場，投了一票給田剛。根據大會的規則，投票人必須出席之前參加所有的討論，才有資格投票，因此他是無權投票的。但就是這最後一刻的一票，加上扭曲了規則，田剛當選為院士了。

大概十年前，陳先生遊說，讓他柏克萊的同事項武義成為臺灣中央研究院（中國科學院的前身，一九四九年共產黨執政後搬到臺灣）的院士。一九九一年，項武義宣稱他證明了具有三百八十年歷史、由天文學家約翰尼斯・克卜勒（Johannes Kepler）提出的克卜勒猜想。這猜想又名球堆積問題，它是有關把球體放進正方形盒中最緊密的擺放方式。設想這些球體是大小相同的橘子，問題變成了：那種安排能放進數目最多的橘子？克卜勒提出，最佳的安排是每個橘子置於三個橘子形成的間隙之上，而每個和邊不相交的橘子和六個橘子相接。希爾伯特一九〇〇年時，用略為不同的敘述方式把問題再次提出來，並把它列為著名難題中的第十八題。

這便是項武義宣稱破解了的問題，他又說為了破解它，特意發展了許多球面幾何的新工具。他的論文〈球堆積問題和克卜勒猜想的證明〉發表於一九九三年十月的《國際數學學報》。這本雜誌在數學界並不起眼，但是陳先生認為這件工作令項武義當院士實至名歸，他熱情地在院士的聚會中推薦項武義，項武忠也為弟弟的當選造勢。

參與討論的人中有的人半信半疑，他們當場詢問我的意見。我提議為慎重起見，在親屬和朋友的推舉之餘，也聽取外面專家的意見。三個這方面的權威，普林斯頓的約翰・康威（John Conway），時在密西根大學的湯馬士・赫爾斯（Thomas Hales）和時在AT&T和山農實驗室的尼爾・斯諾恩（Neil Sloane）都認為項武義的證明無效，根據康威和赫爾斯所言，裡面包含「嚴重的錯誤」，或如斯諾恩所謂，含有「重要的漏洞」。楊忠道教授也指出他本人也做過這個問題，項的想法並無新意，匈牙利的數學家早就嘗試過，而且項的文章錯誤百出。聽了這些專家的意見後，其他的院士都說難以用這件工作來支持他成為院士。投票後，項武義落選了。

一個多月後，我在香港中文大學訪問。楊先生把我召到他的辦公室，他說：「你得罪了你的老師。」我的意見違背了陳先生的意願。我回答說我一直閉口不言，直至別人問我才開口，而且也是持平直說，並無虛言啊。「你只需要說證明是對的便好了！」聽他說完後，我只有無言地離開了他的辦公室。

對中國學術界一些人如何行事，從這事件中可略窺一二。我相信數學的真假並不是意志或欲望所能改變的，人類改動不了大自然的規律。但是中國人往往只是講究人情世故，權宜行事，科學真理竟成為次要的了。

二〇一七年，楊先生時年九十四，退出美國籍成為中國公民，轟動全國。他亦由外藉院士變為院士，新的頭銜使他在中國的影響力更大。

這種影響力當然有實質的支持，即他在物理學上的重大成就。他和羅伯特・米爾斯（Robert Mills）推廣了魏爾在一九二〇年代的基本工作，提出的「楊—米爾斯理論」在粒子物理學的標準模型中占中心地位。標準模型成功地統攝了至今人類了解的宇宙，描述自然界存在的所有粒子，以及它們相互的作用。不無諷刺地，楊先生卻對這它包羅萬有的框架中某些重要的環節有所保留，似乎並不完全相信它。雖然如此，他和米爾斯這項成就，還有和李政道獲得諾貝爾獎的工作，都是物理學的豐功偉績，粒子物理學也從中獲益不少。

出於某些不明的原因，二〇〇三年楊先生寫信給清大物理系系主任朱邦芬，提議「以後就不用再聘粒子物理或核物理的新人了，已在這些領域中的同事，可以鼓勵轉行」。在這道上諭中，楊先生援引的理由是這領域在「消亡」之中。很多專家指出，楊先生和米爾斯的著名工作已逾半世紀，楊先生跟這個領域已經很陌生了。二〇一二年，即那封信的九年後，希洛斯波色子的發現，標誌著粒子物理的重大發現。同年中國的實驗室發現了微中子的一種新的振動方式，對於說明為何宇宙中物質多於反物質很有幫助。這些和其他的成果綜合起來，可見粒子物理消亡論，正如幽默大師馬克吐溫所云，是「極度誇大」了。

二〇一六年，楊先生又發表了〈中國不應建超級對撞機〉一文。中國、美國、歐洲和世界各地都熱烈地號召中國興建全球最大、力量最強的粒子對撞機，它會是在瑞士日內瓦的大型強子對撞機的後繼者。我推動其事，全因這計畫無論對中國和對物理都有利，亦有助提升國際關係，甚至對數學也有好處。基本物理上的突破往往給數學家帶來許多新的想法，反過來數學也促進物理的發展，兩者是相輔相成的。

這些努力從最細小，也是最基本的水平上去了解宇宙，但楊先生卻反對，認為這是「金錢上的無底深潭」。反對之激烈，他甚至逼令取消王貽芳原本定在二〇一六年十一月舉行的演講會。王是中科院高能物理學所所長，也是這次對撞機的領軍人物。雖然宣傳海報早已在清華園和北京四處張貼，楊先生成功在最後一刻說服了管事的人，把演講取消了。一個月後，王在北大公開講了一次有關對撞機當前的研究和發展，聽眾真還不少呢。

我不懷疑楊先生是一番好意，真心促進物理的發展。但一個九十多歲的老人，久已離開研究的領域，應不應該對年輕學者的研究加上這麼沉重的壓力，值得我們深思。這恰恰就是中國科學界，甚至整個社會的普遍現象。近年來，雖然年輕的研究人員取得了不少進展，但年紀老邁者仍然握著很大的權力，情況在院士之間尤為明顯。

這現象來自千百年來的傳統，中國人「敬老」的概念可追溯至二千五百年前的孔夫子。這種取態由《孝經》一書中確定下來。揚名聲、顯父母、敬老、慎終追遠等皆視為義務和美德。這些中國文化中根深柢固的概念，我也贊同，而且做人處事，也一直依從父母的教誨，相信他們泉下有知，也會頷首。

可是，對於學術研究，同樣的態度做得過份時，反而有害。在美國的學術界，絕大部分年紀老邁的學者都不再企圖去影響年輕人的學術方向，但中國則不然，「愈老愈強」卻是正道。

舉例而言，楊先生是一流的科學家，在他的本行具領導地位。除了在物理學上做出貢獻外，一九五七年他和李政道獲得諾貝爾獎，提升了中國人的自信，說明就是遠遠落後於美國、歐洲、日本，國人仍然能夠做出世界級的成就，功勳不可磨滅。但也很明白，他們那一代的人，老早就應該鬆手了，讓年輕的研究人員有機會趕上來，留下他們的印記。

我對陳先生極為尊敬，他是公認的數學大師，對幾何學作出了偉大的貢獻。提升了芝加哥和柏克萊數學系的地位，又創立了MSRI，扶持了不少年輕學者包括在下的事業，我銘感於心。到了一九七〇年代的後期，即他助我到柏克萊的十年之後，我終究走上了自己的路。

顯而易見，在當今社會，中國的研究文化給老一輩的專橫窒礙了。傳統的做法已不合時宜了，部分院士腐化的行為更使情況進一步惡化。

那是不是意味無藥可救呢？我並不這樣想。如果是這樣想的話，我就不會花大量時間，在大陸、香港和臺灣辦了八個數學中心，也不會投身到那裡的數學和科學活動了。我相信情況終必會改變，那是阻擋不了的。一句話，我相信年輕人。無可避免地、自然而然地，在數學和科學的園地中，都會出現年輕的領導者。他們將新思維帶進各個領域，漸漸地加強影響，整個學術界都會煥然一新。

我正在嘗試在這方面鼓吹一下，在我辦的數學中心，做法和其他中心不同，我採取一種任人唯賢的方法。如果資源得到保證，便可以持續地幹下去，所以要努力不懈地向私人籌募經費。這些中心以年輕的數學人才為主，年輕得還不會打當院士的主意。我要他們以出色的研究成果作回報，和名利或其他動機無關。

即如在北京清華大學的中心，大批有才能的研究人員正在從事高品質的研究。只要有足夠數量的人懷著共同的抱負工作，我們或許能夠在中國建立一根據地，使其他數學和科學研究所有例可援。但這需要不懈的奮鬥，每當北京清華數學中心的年輕學者有所建樹而嘗試宣傳一下時，某些大學數學研究所的一些領導，就會想辦法出來打壓一下這些努力得到的成果。

雖然，任何時候都有把金錢和權力放置在首位的人，但我亦感到有愈來愈多的年輕研究人員把學術成就視為最重要的鵠的。懷著這種抱負的人多起來，中國的數學便有前途了。

除了聚焦在大學生、博士後、年資尚淺的教授外，二〇〇八年，在陳東升先生領導的泰康人壽保險公司的資助下，我還辦起了中學數學獎，俾使中學生也可以淺嘗做研究的滋味。這項計畫本於美國的英特爾科學獎（Science Talent Search），它最初由威斯汀公司贊助，後來由英特爾和雷傑納榮製藥（Regeneron Pharmaceuticals）支持。它不像國際數學奧林匹亞競賽（Math Olympiad）那樣，每年由學生比賽解題，而是鼓勵創造性和合作性。學生可自由選擇參賽的題目，然後花時間、精神和創造力去解決它。

中國刻板式的教育制度，學生多年來一直死記硬背，被動地接受老師的灌輸，這類競賽是我抗衡這種制度的一招。要知道真正的研究，並不是把老師給的習題解出來便算完成，而是至少在你研究的具體項目之中超越老師。

鼓勵獨立思考，並給予適當的空間，中國學生可以更具創造性，一如美國學生般，這是毫無疑問的，這些競賽的目的便在此。得獎的準則基於創造性，以及對題目熟悉的程度。

二〇一三年，中學生物理獎開始了。二〇一六年，生物和化學的科學獎也開始了。每一年，著名的科學家如物理學家尼馬・阿爾卡尼—哈米德（Nima Arkani-Hamed）、布萊恩・葛林、格羅斯（諾貝爾獎得主）、數學家科特斯、陶哲軒（菲爾茲獎得主）等都來過中國當評審。

一般而言，每年都有由來自三百所中學的二千學生，組成八百五十隊參加比賽。二〇一五年，二十四位數學比賽的得獎者中，其中三分之一獲得海外著名學府錄取。不久以前，我還不確定這些學生學成後會不會回國，但情況開始改變了。感謝國家經濟的迅猛發展，過去三十年，每年的經濟都維持了高成長率，因此薪水也愈來愈有競爭力。我的數學中心要聘請高明也愈來愈容易了，相信這全國性的趨勢還會持續下去。

雖然中國的高等教育存在種種問題，但在某些方面卻比美國優勝。近數十年，美國在阿富汗和伊拉克戰爭中的軍費花上億兆，經濟上大量流失。在這期間，投放在科學和數學上的研究發展資金都枯竭了。但另一邊廂，中國則沒有惹上這些漫長而又花費的軍事行動，因而可以投放更多的資源於內政，如打造基礎設施、提高生活水準，和增加科研資助等等。雖然美國的大學還是大大的領先，但雙方都有值得取長補短之處。

我則兼取兩者之長，交替以東方和西方的觀點處理事務。中國文化對我的影響至深，對中國文學和歷史的興趣也隨年歲的增長而轉強，悲喜之際，閒暇之時，不免寫些舊體詩詞來抒發情懷。

生活上離不開這些傳統的習慣和嗜好，使我和美國的同事很不相同。但畢竟在美國生活了差不多五十年，我和中國的同事也不相同。中國文化的精粹繼承自父母，父親教我儒家之道，還有他的倫理觀。友雲和我也將部分思想和價值傳了給兒子。喜見他們長大後心地善良而事業有成，也成家立室了。

「敬老」推得過了頭，會對後輩造成不必要的障礙，但它確有正面的影響。中國的小孩從小就學會忠於家庭和朋友。老年人一般都較受社會包容，不會不理不睬，因此能安享晚年。西方則不然，老年人往往獨自生活。在不太遠的將來，當自己進入所謂黃金的歲月，我也期望由此得到慰藉。

根據個人經驗，中國人注重歷史，這有好有壞。清朝的時候，大概是從一六〇〇至一九〇〇年，學者很少研究數學，反而把精力專注於數學史上。研究數學史當然很有價值，你可以知道前人（到我來說，如高斯、黎曼等幾何學家）的工作，這是十分有用的。很多美國人不喜歡回頭看，有時花了很長時間在某個問題上，當我告訴他們問題是從何處和從何人來的，他們會覺得很驚訝。

天人合一的概念也是傳統中國思想中可取的觀點。我們視己身為大自然的一部分，是以征服自然不是我們要做的事。美國人不會採納這樣的觀點，他們研究大自然，目的在於控制它。現今社會上，相信天人合一的人在中國也不多了，但至少這是文化上悠久的傳統。把這兩種不同的觀點糅合起來就最理想了，一方面我們銳意了解自然，這本來就是有價值的事，另一方面則和它和諧共處，並生和齊一，即是成為「道」的一部分。

我常常覺得奇怪，中國培養的科學家和西方相比，無論質和量皆不如。本人之所以比大部分中國數學家更有成就，或許乃得力於以先父教導的歷史和思想作根基，再加上在美國多年，承襲了彼邦的自由思想之故。

在過去差不多半個世紀中，美國對我不薄，我對美國感激良多，對美國數學界尤其如此。我非常贊賞它大力培養後進的傳統。再者，全世界的研究人才來到美國，都有賓至如歸之感。因此之故，我有幸能接觸到各種各樣的思想，從而大大地豐富了我對數學的看法。還有一點，那就是在美國我可以暢所欲言，可在中國可就不必了，大家出言都會謹慎些。另外，學生和同行對我蹩腳的口音都非常寬容。最後，在美國令人贊賞的一點就是，只要你的工作出色，升遷差不多是沒有懸念的。但在中國就不同了，個人工作上的成績未必足夠，還要看其他條件。

雖然如此，我仍然心繫祖國，決心改變她在教育和研究上的積習。聊堪告慰的是，尤其是近幾年，情況漸漸出現了變化，其中在下或許也有點功勞。

經過這麼多年，我的身心何在？縱使我對中國懷著深厚的感情和強烈的使命感，事實上，我大部分時間卻居住在美國。雖然對美國的情感沒那麼深厚，但那是孩子出生和成長的地方，而且我的家和工作還在那裡。正如前面說過，這令我有不知何處是吾家的奇怪感覺，我真正的家似乎介於兩者之間（在太平洋中部曲折地經過的國際換日線〔International Date Line〕）。講到底，只有一樣物事能不受這兩個國家和不同文化的支配，它就是數學，它早已變成我真正的護照了。

我在數學的長路上走了很久，從柏克萊當研究生起計，差不多有五十年了。然而，我尚未有打算高掛直尺和圓規。一些已經開始了的題目會繼續探究下去，同時還有些尚未著手、但列在「可研究」的項目待探索呢。

另一方面，我也不想賴著不走，到老來發表一些不及格的證明，令同事和朋友尷尬。當再無法做研究時，我會專注教學。至今我培養了七十個博士，還有幾個在攻讀中。漢米爾頓曾說我已「組織了一批俊才……讓他們攻克難題」。希望他說得對吧，無論如何，值得告慰的，是他們已完成的和將要完成的，肯定比我個人能完成的多得多。到了再不能教書的時候，我只能退下來，但願到時是心甘情願，不會變成我一直與之鬥爭的老頑固吧。

經過早年的折騰，我還能踏上數學這條路，實在很感恩。到了今天，數學依然令我內心激動，好像一條奔騰的河流。我曾有幸在河上航行，趁時清理支流上的一兩件障礙，從而使水流到以前未到的地方。我會再繼續探索一會，然後站在河岸，退後一點，觀賞風光，或為別人打氣。

至少對我來說，這是多采多姿的旅程。這個從汕頭來的窮孩子，一頭栽進了對自然奧祕的探求，又有幸在其中有所得著。這是他的傳記，希望你覺得有趣。

後記

在進行重大的實驗或研究計畫之前，有關的研究人員經常會討論他們想從中知道甚麼，但每次總有意想不到的事情發生，或是令人沮喪的挫敗，或是意外的收獲。人生亦是如此，你可以在日誌上把整個星期都安排好，甚至連每小時要做甚麼事都寫得清清楚楚，但每天都會有想不到的事發生，包括驚喜。

二〇一八年初，蕉嶺的幹部忽然透過一位客藉的朋友林健行接觸我。其實我從來沒有在故鄉生活過，首次到訪時剛剛度過了三十歲生辰。這些年來，前後只到訪蕉嶺三次。然而，那是父親和祖輩世世代代居住了八百多年的地方，我總是將蕉嶺看作我的根。

縣領導正計畫沿著石窟河興建公園，希望它會成為一個主要的旅遊景點。在計畫中，公園裡面會豎立一些雕塑。我也算是蕉嶺的名人了，縣府領導陳偉明通過林健行問我可不可以將我的雕像也放進去。（這個一九七九年我到訪過的偏遠鄉村，當時連酒店或柏油路都沒有的，現已發展成為一個欣欣向榮的城市，將要有自己的水上樂園了。）我覺得很榮幸，但還是提出另外的想法，與其豎立一個相貌普通的人像，何不考慮更不平凡的主題：一個卡拉比─丘流形。這是初次接觸時我作的提議，我們就這個提議討論了不少細節，堂侄丘文慈和林健行都花了很大工夫和縣

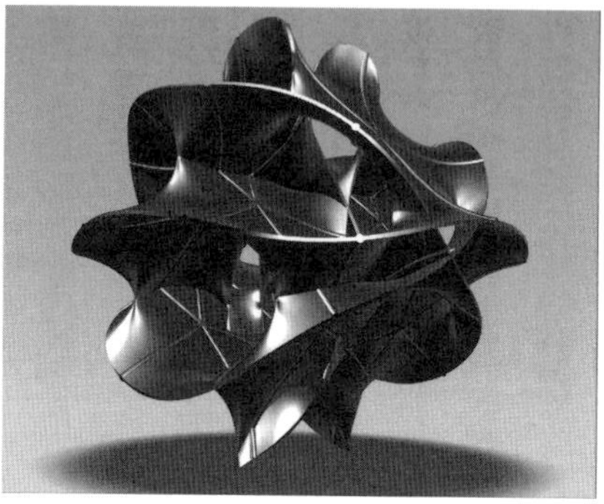

印第安納大學漢森和雕刻家威杜飛提供的卡拉比—丘流形雕塑。

領導及鄉親父老溝通，工程很快便會落實了。

差不多同時，我聽到漢森的消息，漢森是印第安納大學的電腦學者。他原本是搞弦論和相對論的，從麻省理工取得博士後，一九七一年他到了高等研究院當博士後。當時我剛從柏克萊畢業，也到了普林斯頓，時常跟辛欽等人討論那「好到難以置信」的卡拉比猜想。也許當時這些對話感染了漢森，他後來成了把卡拉比—丘流形視覺化的專家，聞名於世。

一九九九年，他為布萊恩・葛林的暢銷書《宇宙的琴弦》中的卡拉比—丘流形畫插圖，四年後又為同名大受歡迎的NOVA電視節目配動畫。我和別人合著的《The Shape of Inner Space》（臺灣版譯作《丘成桐談空間的內在形狀》）一書，封面也採用了他一張卡拉比—丘流形的照片。在各地講演時，他的圖像都能用上。所以，漢森正正是我要找的人。

漢森說，他剛好跟巴的摩爾的雕塑家比爾・杜飛（Billy Duffy）合作，打算製造了一個直徑四呎的卡拉比—丘流形，以三維的切片來表達六維的流形。質料是不銹鋼或銅，完成後會放置在印第安納大學校園內。設計已完成了一陣子，只待最後的批准。或者是出於個人的偏見，我相信不久之後，這些雕塑無論在藝術上還是在教育上的價值都會廣為人知。

我把蕉嶺的計畫告訴漢森，那將是一個約十二英呎高的卡拉比—流形銅雕，氣勢磅礴，名符其實是一首幾何的頌歌，漢森的設計會為整個計畫生色不少。消息傳得很快，北京清華大學的數學中心也想立一個卡拉比—丘雕塑，放置在數學四合院的外面。二〇一八年春，漢森到了中國，他和中心副所長鄭紹遠見面，考察放置雕塑的最佳地點。在這期間，同事和我也認真在考慮，在海南島三亞渡假城市、由清華管理的數學會議中心，也豎立一個卡拉比—丘雕塑。

可以想像不久之後，這個雕塑會在各地樹立起來。弦理論假設無論在空間那一點，身處何地，手觸何處，無不有一個微小的六維卡拉比—丘流形隱藏其中，對物質世界發揮著重要的影響。根據弦理論，這是隱藏宇宙（hidden universe）中重要而無處不在的特質。如果這理論是對的話，這些雕塑會有助於將肉眼看不見的顯示出來。就算這套大膽的理論終究不成，這些卡拉比—丘流形依然是美麗的。而且，它們的重要性早已在物理和數學上展現了許多次了。

在念研究院的第一年時，我已為卡拉比的方程式的美麗所傾倒，當時我只有二十歲。過了幾十年，才有機會看見漢森這些漂亮的圖像和三維的雕塑。數學家都希望和外行人共享深奧數學裡的激情和興奮。可是，在過去幾十年、甚至上百年間，種種使社會大眾了解的嘗試都沒有成功。我不會天真到認為這些雕塑能使大眾明白其中的數學，只願這些把藝術和數學結合起來的作品，能迸發出一點興趣的火花。也許有一個小孩，爸媽帶他來遊園踏青時，會對這個從未見過的奇怪物體感到新奇。當然，他不會知道那是非線性微分方程的副產品，就如他也會全神貫注地看著石庫河中自然生成的旋渦，不知道那也是種非線性現象。

在這些小孩之中，或許有幾個會進一步看看雕塑座下的說明，那裡提到卡拉比猜想，和它如何影響人類的宇宙觀、基本粒子物理，以及多種數學領域如微分和代數幾何與數論等等。換句話說，一個知者寥寥的幾何前因，竟引出了這麼多的後果，那是卡拉比六十五年前提出猜想時作夢也想不到的。由此，它喚起了這小孩對數學的興趣，最後竟以此為事業，就像我小時的情況一樣。就算是只有一個小孩因此藝術品而走上數學的道路，這也是很有意義的。在數學的領域，一個人具有濃厚的興趣和毅力，再加上一點兒天分，一點兒運氣，就足以成就大業了。

結果，縣政府在半年內就將一個四米高的雕塑豎立在公園當中。雕塑用三維列印機製作，相信是全球最大的銅制三維列印。公園的設計優雅，晚上用燈光照射雕塑，顯示出幾何的美和宇宙的真實，來自各地參觀的遊客還真不少呢。

二〇一八年十二月二十二日，我在蕉嶺召開國際數學會議，討論卡拉比—丘成桐理論的前沿問題，也為這件幾何雕塑舉行揭幕禮。參加盛會的有一百多位國際知名的學者，恐怕是梅州地區有史以來最大的學術會議。

我和丘氏家族出資，在縣政府的幫忙下，重修了破舊的祖居和祖傳的力田私塾，也搜集了不少歷史文物，其中有一本是我替父親編輯的丘鎮英教授文集。

文集裡有父親在二十九歲時寫的自序：

余生不辰，順逆迭起。故嘗以東西哲人自況，以勵余行。「眾生一日不成佛，我夢中霄有淚痕。」實為余之懷抱，曾子曰：「雖千萬人吾往矣！」末世頹風，浮華徵逐。余固守己志，不屈不撓，不輕易隨人之上下，故朋友輩中有鷄群矯鶴之譽。好讀書可以忘餐，好抱不平，有俠客氣，有忠於一而不移之清名，不苟同習俗之勁節。煙酒淫佚習慣，在余二十九年之生命史中從無此四字。記前作二十九自述一律中有「十八億人還個我，誓拋身力撥寒灰」之句，亦可窺余性格之一斑矣。然人性有長短，聖人不能免責，矧當新舊遞嬗之際，迎於新者未必合於舊，迎於舊者未必合新，苟吾性之不良，則為「狷介自持，不同人好」八字而已。狷介自持則不合時尚，不同人好則失友群。吾將篤行聖人忠恕之道，而廣求其友聲乎？或仍孤芳自賞而離世獨立乎？二者不可得兼，吾將捨後者而鍥而前者而行之也。

我寫這個自傳時也差不多七十歲了，父親這段話和我這幾十年來的生活何等相似，只不過在我成長期間，母親和友雲、我的老師和一眾友人一直不斷在矯正我的思想和行為。我也十分感激祖國和我居住的美國給了我學習和成長的機會，但願明誠和正熙也都記得我們家的根始終是在中國，我們家的成長和祖國的強盛息息相關。也希望中美友誼長青，願學問的真和美長存！

二〇一九年一月補記

附錄一——母親

一九九一年春天，母親病重，自知不起，交代後事時特別叮囑成桐，在葬禮時述說其生平。母親四十歲以前之事跡，成桐所知有限，多是母親病中口述，由成瑤姐筆錄轉告，其他兄弟姐妹亦有補不足之處。

我的母親若琳，生於一九二一年二月十五日，廣東梅縣人氏。外祖父梁伯聰為前清秀才，在廣東省立梅州中學任教三十多年，桃李滿天下。外祖父好吟詩作畫，與父親常有唱和，可謂門第清華之家。母親從小受外祖父熏陶，養成傳統中華文化婦女美德。婚後持家，相夫教子，處處可以看到她的美德，尤其是在家境極困難的時候，更顯示出她的客家婦女的堅忍精神。

母親的生母陳賽珍為外祖父的偏房，在舊社會的大家庭中，地位低微，受盡族人的歧視，雖然外祖母（外祖父之正室）很疼愛母親，母親亦很孝順她的生母，但是，生為庶出的母親，由於生母在大家庭中受鄙視，幼小的心靈從小就受到不可磨滅的影響。所以，母親常常努力做事，希望有所作為，不要為人輕視，又特別孝順外祖母陳氏和照顧比自己年幼的弟妹。外祖父去世時，舅舅阿姨們都還年幼，母親堅持由父親撫養，並攜同他們一起前往香港。

母親在梅縣女子師範學校讀小學，八歲時避亂到汕頭，九歲回梅縣，在梅州中學念初中，入廣益中學念高中，畢業後在梅州中學任圖書管理員。二十一歲時，由父母雙方之老師介紹認識。外祖父又極欣賞父親丘鎮英，在父母訂婚時還賀詩一首，我們小時候均能背誦。婚後，母親和父親一直很恩愛，母親對父親一直溫柔體貼，這都是從小受外祖父薰陶的緣故。

母親和父親對人生有相同的看法，要我們對得起國家，對得起民族，尤其痛恨日本帝國主義侵略中國。

我的父親丘鎮英，生長於農村社會中，祖父為狀師（即以前鄉間之律師）及中醫師，常贈醫施藥，為鄉民所敬仰和崇拜，但不幸早逝。祖父遺留給父親作學費的存款，為叔伯等先行挪用，父親無奈，只好借債念書。父親又以救國做學問為己願，不善理財，母親常要想法幫忙經營，維持一家的生計。父母結婚才三個多月，就需將訂婚戒指和結婚戒指賣去，用來維持生活。

父母結婚兩年後，在梅縣生大姐，再後兩年生二姐，當時父親在長汀工作，舉家便搬往長汀。一九四三年，父親大病，由傷寒轉痢疾，每日下痢七十多次，因為居處無廁所，半夜都由母親服侍父親。其時，祖母剛過世不久，父親分得家產最少，連碗筷都沒有，債務卻分擔最多，母親亦毫無怨言，依靠借錢為生。

父親在長汀驛運任總站長，家境轉好。然後，不久抗戰勝利，驛運結束，父親失業，只好到廣州謀事，母親帶同三位姐姐留住蕉嶺，用母親從前替父親存起的積蓄過日子，隨後便以借債為生，半年間，父親音信全無，母親被叔伯妯娌所譏笑，甚至建議母親改嫁。幸而，父親被聘到汕頭擔任救濟總署的工作，生活始有好轉。此時煜哥和我先後在汕頭出生，外婆和舅舅、阿姨們亦與我們一起同住，家中十多口人的生計均由父親一人維持。

一九四九年，父親攜同一家老小，包括外婆、舅舅和阿姨們，一起來到香港。到港後在元朗居住。當時，元朗還是一個農村，出入很不方便，父親因沒有想到會在香港長住，所以準備不足，經營農場又失敗，從汕頭帶到香港的親朋亦多，最後連母親所有的首飾貴重物品，都典當用盡，親朋方才相繼離去，只剩我們自己一家人，和一個從汕頭帶到香港的養女。

在元朗居住時，父親前往九龍執教，路途遙遠，早出晚歸，薪水微薄，實在不足以維持生計，往往早上不知道晚上有沒有飯吃。每日早上，母親除準備好早餐給我們吃，還要趕路前往市場買菜。家貧無力購買飯菜，常常向菜販賒貸，小販們都盡力幫助母親，除賒菜外，甚至有急需時還借錢給母親用。

每日，母親由街市趕回家，還需刺繡、穿珠、打毛衣掙些錢，協助父親維持生計，遇上趕活時，往往通宵達旦不寐。兒女們的衣服也由母親親自剪裁。為了兒女們的溫暖，母親常通宵不眠地趕打毛衣給我們穿。小時候，我們不懂母親的辛苦和慈愛，現在，自己只攜帶兩個兒子，已手忙腳亂，才知母親勤勞之苦。而母親除撫養我們兄弟姐妹八人之外，還要接濟其親戚的生計，可以想見母親辛勞之深，而母親卻從無怨言。

母親除心地善良，性情溫馴外，英明果斷，對自己的親戚或朋友，都先替對方著想，絕不吝嗇，不叫別人吃虧，雖然在極度艱苦的境況下，她亦常常救濟比我們更窮苦的親戚朋友，甚至對不相識的人，母親也常常慷慨相助。所以母親常常得到朋友的愛戴和幫助，連市場上的小販或是泥水匠都樂意與母親做朋友。

母親在汕頭時領養的養女妹妮姐，在家裡很能幹，母親對她亦很好。當時，雖然家中極需用人，但妹妮姐到了婚嫁年齡，母親亦能先為她的前途著想，為她物色合適的配偶，替她安排婚事，妹妮姐結婚時，父母都很高興。

由於母親處事為人處處先替別人著想，我們兒女長大後，對人稍有逾越的地方，母親即加規勸。母親臨終前，還告誡兒孫，不可為非作歹，有辱丘家祖宗。在其病得最痛苦時，口不能言，尚用筆寫字，囑咐我和棟弟二人互相合作，並說，丘家子孫都要好好合作，才對得起母親。

在元朗居住時，琪妹和棟弟相繼出生，家中也曾兩次搬家，姐姐、哥哥和我相繼入學，生活負擔加重，家境日益艱難。然而，母親依舊持家教子，不出怨言，使父親出外做事無後顧之憂，兒女們亦高高興興。雖然衣食不足，但在母親的慈愛庇蔭之下，卻毫不覺苦。

我們小時候有病或需要衣物，母親往往整夜不睡，為我們打點一切。多年以來，母親每天早上沒到六點就起床做家事，直到深夜才睡，所以父親常說，我們兒女若讀書不成，實無以報答母親。

父親去世將近三十年了。小時候，父親是嚴父亦是慈父，母親卻一直都是慈母，疼愛我們之心溢於言表。我們做兒女的，一直以為母親愛我們是天經地義的。然而，母親去世了，才知道珍惜這份母愛，已經太遲了。

一九五四年，父親任教崇基學院，因交通不便，舉家自元朗遷居沙田。當時，珂妹出生，諸兄弟姐妹都要上學，父親的薪金卑微，家中極窮困。可是，我們兄弟姐妹卻度過了最快樂的童年。我們無論在外面還是在家裡，有事都會找母親，都知道有困難的話，母親總會替我們解決的。

一九五五年，我們家由排頭村遷往下禾豐龍鳳台。環境優美，父親和我們都很高興。因父親和母親待人以誠、和睦謙厚，所以和鄰居們都相處得很好。

一九五五年，因生計困難，父親送瑚姐到澳門友人辦的學校做寄宿生，竟染上了惡疾。母親不但要照顧家中，還要照顧瑚姐的病，為了給她治病，母親到處奔走，不幸瑚姐終於不治早逝。父母都非常傷心，是為家中第一次不幸事件。

瑚姐去世後，家中尚有七兄弟姐妹需要撫養，瑚姐之喪事又用去一筆錢，我們兄弟姐妹的教育費便成為大問題。當時，除父親兼教三間學院外，母親還要做手工幫補家計。父親以教育子女為重，雖然困苦，仍堅持供養所有子女念書。大姐當時念英文中學，至初四時，因有很多同學前往英國念護士課程，自己也渴望前往英國進修。當時，我家雖然在赤貧之下，父母還是為大姐去英國讀書到處張羅經費。大姐念完初四時，即遠涉重洋前往英國攻讀。隨後，父親去世，母親早年守寡，大姐無法在旁照顧。然而，母親不僅絲毫不責怪大姐，在父親逝世時，她怕大姐傷心，影響學業，便不把父親逝世的噩耗告知大姐，處處為大姐著想。大姐婚後，由於她的丈夫的大哥早死，一門孤寡獨靠其丈夫一人維持。所以，大姐婚後從未寄過分文給家中。那時，家中極度艱難，母親不僅不責怪大姐，反而寫信安慰大姐說，我們家中雖然很窮困，我尚有其他子女在，不像你婆婆只有你丈夫一人照顧。母親反復囑咐大姐放心，悉心照顧婆家。凡此種種，都可以照見母親博大的慈愛之心。

一九六三年初，父親積勞成疾，加上心境不好，到六月九日竟然不治逝世。父親生病時已經失業，需要借債為生，母親為此常受屈辱，我們當時年紀雖小，亦可以體會到母親之焦慮，只是不能替母親分憂。然而，人情冷暖，此時一一可見，很多以前曾得到父親大力幫助的親朋，在我們極困難的時候竟然冷眼相看。為了醫治父親的病，母親想盡了辦法，到處哀求別人幫忙。母親本是一位注重尊嚴的人，如果僅僅為了自己，她是絕不會去乞求的。可是，為了父親，她卻忍辱負重，連尊嚴亦不顧。父親剛去世，母親悲痛欲絕。父親因為沒有想到他自己會這麼快過世，一切後事都沒有準備，幸虧得到父親的朋友和學生們的幫助，母親才得以將父親的喪事辦理得得體和莊嚴。

當時，我們有六個兄弟姐妹在香港。母親除了心情不好外，還要立即面對一大串經濟問題。父親死時未留分文，連房租都沒有著落，兒女的學費更是一個大難題。母親當時四十三歲，自己又營養不良，常患貧血症。現在想來，實在佩服母親的毅力和堅強。

母親本來可以依靠她撫養長大的弟弟來維持生活，但是因為他建議小孩子不用念書，去養鴨子，母親對此意見毫不考慮，堅持要供我們繼續讀書，母親的決斷令我深受鼓舞。以後不畏強權，建立自己的信心，也是受母親的影響和薰陶的結果。

母親一輩子的願望，就是要看到我們兄弟姐妹的成長。她不單要我們成長，還要我們有成就，不單要我們有成就，還要我們在歷史上留名。我們當時年紀小，雖然為父親早逝而傷心，但是，從未感受到生活的壓力，更不曉得是因為母親的極力張羅，才減輕了我們的重負。在父親的朋友和學生的幫助下，我們才有機會繼續念書。連學校的老師都驚訝，我們在父親去世後，還有能力繼續讀書。

我們可以從母親的言行中，從母親的眼色中，知道母親要我們做大事業。母親對我們的信心，對我們的期望，使我們放心向前，母親不單勉勵我們念書，還常常擔心我們營養不足，每當我們念書到深夜時，她就會端來牛肉汁、燉豬腦或燉豬肝，使我們精神為之一振，母親的慈愛就是我們的精神支柱。而我們不懂事，有時，還惹她不高興。有一次，她偷偷地哭了，回想起來，真是追悔從前不懂體恤母親心啊！有時，我考試不好，母親也不責怪，因她有信心，知道我總會成功的。後來，我在外面做事能夠勇往直前，無後顧之憂，都是母親的功勞。父親去世不久，瑤姐剛從中學畢業，就出來做事，全家都很辛苦。到了一九六七年，大哥和我都在中文大學攻讀，家庭漸趨安定。不幸，大哥突然患上腦癌，母親又為大哥的病東奔西跑，為了辦事方便起見，我們舉家又搬往九龍。那時，大哥的病略有好轉，我亦前往美國留學，母親很是高興，她總算看到了兒子慢慢成長。然後，我在美國做事，母親更是高興，來信要我早日結婚，處處為我打算。我結婚時，母親還遠涉重洋，特地來到美國參加我的婚禮，大家都很高興。

由於母親的悉心照顧和循循善誘，弟弟和妹妹們都長大成人而且很有出息。當時最令母親擔心的是大哥的病情。大哥在一九六八年開刀後，病情有好轉，到了一九七九年，病情又突然惡化，我匆忙地將大哥接來美國治病。大哥在醫院時，我們兄弟需要上班，不能隨時探視大哥。母親雖然英文不好，卻不畏艱辛，每天轉幾輪公共汽車，前往醫院陪伴大哥。大哥身體肥胖，母親服侍極不容易，母親卻無微不至地照顧大哥，慈母之愛無處不現。那時，幸好兒女們都長大成人有出息，才稍慰母親心。

一九八四年大哥去世，母親非常傷心，特為大哥捐錢給醫院作獎學金。大哥死後，母親因兒女都長大成人，想過過清淨的生活，便獨自前往加州蒙特婁市居住，因為無後顧之憂，生活比較輕鬆愉快，加上認識了一班好朋友，天天歡聚在一起，在蒙特婁市居住的七年，母親認為是她一生中最無掛慮的歲月。

母親一共生有八個兒女，還有三個孫子、七個外孫。無論是家孫還是外孫，都很喜歡母親，對母親亦很親切，常在電話中跟母親聊天，將他們的成績告訴母親，或在電話中唱歌給母親聽，或繪畫做手工送給母親。母親也抽時間前往各地探訪他們，為他們打毛衣，做糕點。因為每個孫兒不僅成績優秀，而且品格良好，母親甚覺欣慰。

一九九〇年母親因身體不適，前往醫院檢查，發現患上癌症，時常疼痛難忍。雖然如此，母親待人接物還是與平常無異。她常對瑤姐說，我雖然很痛苦，卻常常提醒自己，不可因此而亂發脾氣。直到逝去前，母親還稱道朋友們對她的友誼。僥倖母親逝世時，除大姐外，兒孫們都在她的身旁，母親亦很覺欣慰。在中國人來說，人生七十古來稀，母親能活過七十歲，亦可算是長壽。然而，她一生中任勞任怨地為丈夫，為兒女，為親戚，為朋友盡了那麼大的責任，晚年也只有七年比較享福的歲月。我們做子女的，不能很好地照顧母親，早日發現母親的病，使她能夠多享幾年清福，深感未盡孝道。

今日兒孫聚首，嘉賓滿堂，大家都來同母親告別，而母親的睡容又很安詳，我想，母親若能知道大家對她的情誼，心中一定很欣慰。

後記：

近幾個月來，夢中常常驚醒，數年來與母親所經歷的患難日子，歷歷在目，使我神傷而淚流滿面。當年為了趕功課，睡眠不足，但還要早起上學，母親叫我起床的聲音，既溫柔又不忍，確實不能忘懷。母親病重時，想著孫子們，特別做了他們愛吃的年糕。然而，孩子們再也吃不到母親的年糕了……

安息吧，母親，孩子們永遠懷念你！

本文原載於《明報月刊》，後收錄在「數學與人文」叢書第十九輯：《丘成桐的數學人生》。

附錄二——那些年，父親教導我的日子

今年是先父的百歲冥辰，我已年過六十，回首這些年來的所作所為，無論在學術上和處事為人上都深受先父的影響。我在數學上或有異與同儕的看法，大致上都可溯源於父親的教導。我在這裡述說我少時的經歷和當日父親教導我的光景，或可作為諸位的一個參考。

我父親丘鎮英在廣東省的蕉嶺縣長大，蕉嶺縣是一個比較偏僻的小縣，毗鄰的梅縣則為大縣。兩縣居民以客家人為主，我母親是梅縣人，所以我們家中以客家話交談。我的祖父丘集熙曾做過丘逢甲的幕僚（丘逢甲乃是臺灣抗日時的副總統），並創辦學校和行醫。祖父早逝，家道中落，賴四伯艱難苦撐，教先父成人。

我父親幼時好讀書，除經史外，亦飽讀群書，又好創作，酷仿駢體，吟風弄月。父親年幼時亦受祖母影響，受佛、老、莊影響甚深，多遊俠觀念，後受西方哲學家讓—雅克．盧梭（Jean-Jacques Rousseau）和巴洛赫．斯賓諾莎（Baruch Spinoza）之思想薰陶，言行則學曾國藩，而梁啟超之著作亦影響匪淺。

我的外祖父梁伯聰是前清秀才，在梅縣中學教書，詩畫都屬一流，門生眾多，父親和母親結婚時，他贈送我父親一首詩：「能使歐公讓出頭，眉山原不等庸流……」說的是歐陽修在蘇東坡出身時賞識蘇東坡的事情，可見父親當時的文采。

父親畢業於廈門大學，留學日本早稻田大學，學政治經濟。年輕時以抗日為志，曾讀軍校，以身弱不克完成軍訓，遂從政。抗戰勝利後，成為聯合國救濟總署在潮汕區的委員，因清廉而屢得獎賞。

戰亂漂泊到香港

我在一九四九年四月出生於廣東汕頭，父親繼承家中傳統名我為成桐，字我為鳳生。一九四九年十月初，父母親攜帶一家七口和外祖母一家坐漁船到香港，留下了由母親用父親薪水投資得來的一些產業。父親決定在元朗定居，當時以為很快就會返回汕頭，並沒有作長久的打算。他與朋友合資創辦了一間農場，以維持生計。其實父親對農場並無經驗，只是聽從朋友的建議。但是開農場並不簡單，過了兩年農場就倒閉了，家中大困，再無法維持親戚的生計，外婆一家人也就搬離我們家。

我們一家人則搬到元朗一間大屋叫李屋的，幾家人合住，屋中沒有電燈，父親晚上看書用小油燈，也沒有自來水，每天到河裡洗澡，我那時才三歲不到，水深時不敢下水，母親和年紀比較大的姊姊們則到河邊挑水回家。我和哥哥幫忙做一些瑣事。有一次在倒垃圾時竟由二樓沿著樓梯滾下來，要母親帶去醫院在額頭上縫了幾針，至今疤痕猶在。

父親每天到香港島崇基書院去教書，當時崇基還在港島。父親由凌道揚博士安排，在崇基教經濟、地理，他又跟從陳樹渠（陳濟棠的侄子）創辦香江書院，教文史哲。當時教授的薪俸以鐘點計，少得可憐，上班要坐腳踏車後座到元朗市搭乘公共汽車，再坐渡海輪船過海，然後再坐公共汽車，單程就須要一個半到兩個鐘頭，所以總是到了晚上才能回到家裡，晚餐後已經很累了，還要準備講義。母親則一面維持家中生活，一面到承包商處找一些能夠在家裡做的工作，這些工作包括繡花、穿珠、塑膠花等手工。我父親還有一個養女叫妹妮姊的，與我們同住，年紀比我們大，她和母親在家中做著辛勞的工作。

在李屋住了一年多，因為離元朗市區太遠，我家遷居到一間比較近市區的獨立小屋，旁邊有農民用來晒牛糞的小廣場，風一起，牛糞滿天飛，所以我們叫這間屋為牛屎屋。在農村生活雖苦，我們一家人倒是樂也融融。我自造風箏來放。母親養了雞，我和哥哥則到田裡和小池塘釣青蛙來餵雞。有時也到河邊釣魚，或到田裡掘農民剩下的地瓜。當時看著農民春耕時，鞭牛犁田，在冷水中幹活，實在辛苦。樸實的農村生活，卻使我緬懷。聽著農民談種田的心得，看著他們祭祖和結婚的儀式，都很有意思。春天時禾苗綠油油一片，生氣盎然。夏天則禾草茁壯，水田中還有水蛇、黃鱔和青蛙。秋收時則到處是金黃的禾稈，可以感受到農夫們喜氣洋溢的氣氛。以後我讀陶淵明的田園詩，也能領略他描述的鄉村風味。

我五歲時，父親決定讓我去讀小學一年級，先去報考公立小學。考試題目很簡單，每個學生都要寫從一到五十的阿拉伯數字，但是我自作聰明，認為中國書法從右到左。所以我寫這些數字時，也從右到左，結果考試不合格，上不了這間公立小學。於是到一間鄉村小學上學，每天單程要走三十多分鐘，母親堅持我帶雨傘，由於我當時身材還小，帶了雨傘就像一個冬菇，所以姊姊們叫我做「冬菇」。當時的生活實在很苦，父親去上課，母親盡力去找手工做，找不到工做時，早上不知道晚上有沒有吃的，媽媽有時去教會或救濟機構拿到麵條和麵粉才能飽餐一頓。

在元朗這五年間，我妹妹成琪和弟弟成棟相繼出生，加上父親的養女，一家十口。晚飯能夠有肉食，就算是很幸運了。所以小時都希望過年，因為過年時總有雞吃，但卻不知道父親是借錢來過年的。家雖窮，父親每年歲末三十必祭祖，讓我們記得我們祖父母們建立的家庭傳統。我家有個很特別的傳統，我祖父不希望後人做狀師，因為做狀師要把持公正，並不是容易的事，做得不對時，往往會傷天害理。

我每天上學從家裡到學校要經過外婆家，外婆和姨媽住在一起，有一次我路過她家時，外婆叫我中午到她家吃飯，說有好東西吃。結果吃中飯時，外婆提供的是白飯和醬油，到如今還記得外婆滿足的笑容。

我小時候身體弱，早上到學校時，總有一大群鄉村兒童欺負我。有一次他們甚至向老師誣告我。老師信以為真，使我無端受到老師懲罰，我因此受驚得病。一年班下學期就留在家裡養病，有相當長的時間在發燒，由父母親悉心照顧，常發惡夢，至今還記得父親坐在床沿唸經達旦。幸賴母親餵我湯食，身體才慢慢地好轉過來。還記得母親餵我食藕粉的滋味。在這麼窮的環境，母親也還捨得花錢來餵養我比較好的食物。有了自己的小孩後，才知道父母撫養孩子的心情。

一九五四年，淩道揚博士和父親說服了馬料水的丘姓客家人，讓出他們的西洋菜田給崇基學院辦學。我們一家人也搬到沙田排頭村居住。搬家時，我們坐貨車到了沙田。從沙田一間寺院租了一幢房子的第二層住，沙田風景與元朗大不相同，在爬上半山時，山上有巖壁，泉水涓涓而流，山壁上的芒箕別有一番風味。我們住的地方叫做英霞別墅，長滿大樹，有荔技和李子樹，開始時我們覺得很新鮮，以後才發覺住宿陰暗，容易生病，珂妹卻在此時出生，因為妹妮姊已經嫁人，家中還是十口。

美好的沙田時光

除了我的父親外，我的母親梁若琳是全家的支柱，父親過世後更獨立支撐全家的生活。她在一九七九年伴隨大哥治病來美。大哥死後，移居加州洛杉磯蒙特婁市，度過她一生最無牽掛的歲月。一九九〇年逝於癌症。

我有三位姊姊。大姊成珊一九四一年生於老家梅縣。她念英文中學至初四時，赴英國讀護士課程，現居於英國。二姊成瑚一九四三年生於梅縣，小時負責管教我，後因送到澳門寄宿學校染上惡疾，於一九六二年不治。三姊成瑤一九四五年出生，後任小學教師，二〇〇八年過世於美國。

我的大哥成煜一九四七年生於汕頭。我和大哥最親，大哥在中文大學主修中文，一九六八年卻因發現腦疾開刀，後來腦疾復發，一九七九年赴美就醫，一九八四年過世。另外我的妹妹成琪一九五〇年生於香港，弟弟成棟一九五二年生於香港，小妹成珂一九五五年生於香港。他們現在都定居美國。弟弟和我是同行，現為伊利諾大學芝加哥分校數學教授。

在這一年，姊姊、大哥和我都到大圍的沙田公立小學上課，我讀二年級，每日背著書包走路上學，覺得很累，往往走到半路時不肯走了，鬧脾氣，父親總是叫三姊扶我回家。大哥比我聽話，但是突然生病，時有發燒，看醫生也沒有發現毛病是怎樣產生的。過了十年後，才曉得是腦瘤作怪。

在沙田排頭村住了一年後，父親又決定遷居到沙田下禾輋的龍鳳台，此地靠山面海，環境舒暢。我們的房東叫余福，住在房子一樓的右方，共兩房一廳，面積不大，一家十口住在兩個房間裡，確是擠擁。剛開始時，孩子們還小，倒也親密愉快，在這裡住了七年，可以說是我童年最愉快的一段日子。

我們和鄰居相處和睦，住在我們隔壁的一家姓周，他們有兩子一女，我們叫他們八哥、九哥和港珍。樓上亦姓周，我們叫他們夫婦做大周哥、周大嫂。我們剛到時，他們有三個女孩，以後則多了個男孩，他們找了我父親替小男孩命名，叫做周基典。過年過節時，所有小孩一齊聯歡，甚為熱鬧。中秋節則吃月餅、玩燈籠，過年則送紅包、放鞭炮、煙火、玩紙牌、狀元遊街等遊戲。九哥、哥哥和我年紀相約，常在一起玩耍，有時打彈珠、捉迷藏和爬山。周伯母很喜歡我們，視我們如親生兒女，總是將最好的食物給我們吃，也帶我們到海邊游泳、挖蜆、捉螃蟹。以後他們家搬到港島住，還常和我們往來，有一次我病得相當嚴重，母親帶著我住在她家裡看醫生，有一個禮拜之久，她悉心照顧，使我畢生難忘。

在我們這個兩層樓的房子旁邊還有一個小別墅，住了一家人姓王，兒子叫王世源，他們住的環境比我們舒暢得多，是他姊夫的物業，他姊姊每月只來這裡住一兩天，一切以他姊姊為中心。他母親叫做王婆，不太看得起窮困的我們。她女兒有時帶朋友很晚回家，到中午才起床，我們的讀書聲吵醒了她，所以王婆常來干預我們讀書，有時會弄得不愉快。她們有個傭人叫銀姐，烹調很出色，有時會送點心給我們吃。我母親也會禮尚往來。他們家有一大片竹樹，還有一塊極為潤滑的大石頭，我常在這大石頭玩耍。

離我們比較遠的一家人姓黃，他們有一個很大的房子和花園，他們叫他們的房子做江夏台，他們有四兄弟，生活相當美國化，小孩子看的連環圖也是用英文寫的。他們都是虔誠的基督徒。他們的花園，林木清翠，風景秀麗。還有一個很漂亮的乒乓桌子和一個很大的養魚池，他們對我很是友善，所以我也常到他家玩耍。

沙田公立小學在大圍的一個小丘上，我們每天一早沿火車路走到沙田火車站，再坐公共汽車上學。當時公共汽車每程需一毫子，有時我們就沿著火車軌走路上學，省下的錢可以買冰棒吃。

到如今，龍鳳台六號仍然是我一生最懷念的地方。在這裡有高大的鳳凰木，夏天開著火紅的花朵，有青蔥的竹樹、松樹，還有高大的白玉蘭，春天時在翠葉叢中長滿了潔白如象牙般的花朵，芬芳而美麗。我們自己又栽種了玫瑰花、牡丹花、海棠花、薔薇花、茉莉花和炮仗花，春夏之交，花朵盛開，對著深藍的海水，讀書聲合著松濤聲，院子雖只容三數人坐，感覺卻如人間仙境，尤其在月明之夜，月光照在海上的倒影，使人心曠神怡，讀著蘇東坡的〈赤壁賦〉，直有羽化而登仙的感覺。

在這裡，我們有電燈，但水卻從山溪引出，儲在小水塘，再用管子引到屋裡，但是在冬天時，山水不足，往往要與另外一個溫姓人家爭取水源，屢有糾紛。這家人在當地居住比較久，可以說是土豪吧，往往炫耀他們認識多少個警察，有恃強之勢。

在缺水時，他們將我們三家人共用水塘的水渠用石頭和草泥堵塞，使山水專注到他們的水塘，所以每當缺水時，九哥、哥哥和我及三姊就爬上山去拿開這些堵塞物，卻因此而產生了不少摩擦。但是秀才勝不過強樑，往往忍聲禁氣，有很多個晚上，溫氏阿嬸站在當道，張大嗓門，辱罵我們兩個鐘頭之久，我父親和他的學生們也只能作壁上觀。直到有一年，我們附近搬來了一家潮州人，他們有十個年輕力壯的小伙子，在一天深夜，拿了木棍與土豪大戰。還記得大戰完後，在大路上，十名大漢雄糾糾的一字兒排開，一時冷月無聲。雖然不能說自此太平無事，土豪家的氣焰卻收斂不少。這事情對我印象深刻，了解到自衛能力的可貴。

凡事有弊亦有利，由於常到山上「放水」，我和兄弟姊妹們卻走遍了山上的大石，尋花覓草。山上有一山溪在山巖上流下，夏天水多時有如瀑布，所以我們命之為「瀑布」，我們常到該處流連，捉小魚、小蝦、昆蟲，山上有一大片花卉，有杜鵑花、牡丹花、吊鐘花，在春天時去看，有如花海。微雨過後，水滴花朵，鮮麗可愛，徘徊其中真是樂也融融。

過年時三姊和我會去山上採集這些花朵回家擺設在花瓶裡，我自己則弄了一個大水缸養一些捉回來的魚、蝌蚪和其他小動物。也養蠶蟲，鬥蟋蟀，還有一種叫做豹虎的，常到山上找這些小昆蟲，我會用龍吐珠這種植物的肥厚葉子做成盒子，將這些昆蟲養起來。有一次看到樹上有蜂巢，和朋友用竹竿去採蜂蜜，給黃蜂叮了很多包包，過了很多天才恢復過來。我和哥哥喜歡下跳棋和象棋，至於打乒乓球，沒有桌子，在地上打，所以始終沒有學好。我們又喜歡放風箏，往往風箏在天上飛時，他人的風箏飛過來和我們的線絞在一起，將我們的線弄斷了，以後才知他們是故意的，但我們也沒有辦法。

母親在屋後養雞和鴨，卻引來了蛇和老鷹，打蛇和捉鷹都是相當精彩的節目，由我們的鄰居主持。我們都喜歡在母雞生蛋時，到處尋找這些蛋，又喜歡餵養這些雞和鴨。

父親的教導

從小學開始，父親教我們唸唐詩宋詞，從簡易的開始，我們在山上朗誦這些詩詞古文，看著大自然的景色，意境確是不一樣。

那時候家境窮，但是渴望讀小說和課外書，記得隔壁八哥家有一位叫做沈君雄的年輕朋友到他們家住了一個多月，他從南洋來，熱愛共產中國，要回國服務。他留下了一大堆書籍，其中有種種不同的演義和章回小說，包括《說岳全傳》、《七俠五義》、《薛仁貴征東》、《薛丁山征西》等，還有魯迅先生的短文，八哥送了給我看，我看得津津有味。當時金庸先生開始辦《明報》，每天寫一欄武俠小說，我們很興奮，爭著去看。但是往往中間有間斷看不到的日子，幸而隔壁的王世源兄會購買全套的金庸小說，他也願意借給我看。給父親知道了，認為這些書文意不佳，不挺滿意，叫我們不要浪費時間。於是我就偷偷地看，躲在床上或上洗手間看。

為了彌補我讀課外書的不足，父親買了一些國內外名著，例如《三國演義》、《水滸傳》、

《西遊記》，還有魯迅的《中國小說史略》、安徒生的童話、荷馬的史詩、但丁的神話、歌德的《浮士德》等書籍給我讀。他還向我們解釋這些書籍的精義，讀《西遊記》就提到意馬心猿的意思，讀《水滸傳》則提到農民的艱苦引致農民革命等等事情。那時我還小，沒有這些深入的想法，只會惋惜孫悟空不能逃過如來佛的十根手指，也對林沖棒打洪教頭的故事覺得興奮。父親認為這些章回小說裡面的詩詞占著整個故事的重要部分，所以要我背誦它們，初時實在也覺得困難。但是《三國演義》裡面的諸葛亮祭周瑜文、《紅樓夢》黛玉葬花詞等都寫得很好，唸熟了也開始喜愛它們了。

從九歲起，父親要我們每天習毛筆字，臨柳公權和王羲之的帖，當時我們鄰居幾個年輕人每個星期聚在一起，比賽寫毛筆字，由父親做裁判。我還小，沒有資格參加比賽，在旁邊觀賞，覺得這種有益身心的比賽很有意思。

父親又開始教我們唸古文，由淺入深，開始時唸《禮記》〈檀弓篇〉嗟來之食，又唸陶淵明〈五柳先生傳〉，回想起來都是跟做人和讀書有關的文章。父親去世後，我們家窮困得不得了，不斷要對付的問題就是要不要吃「嗟來之食」，至於陶淵明說「好讀書，不求甚解，每有會意，便欣然忘食」，則是我歷來讀書的習慣。有濃厚的興趣去讀書，最為重要，即使開始時不求其解，在時間的積累下，慢慢也「解其中意」了。

以後讀王勃的〈滕王閣序〉、〈蘇武答李陵書〉、〈弔古戰場文〉等，長篇難解，但是父親下班回家後，要我背誦這些文章，他拿著書，我一面偷看一面唸，他也讓我及格過去，現在想來他是有意讓我偷看的吧。但父親和我有時也一起去欣賞這些古文，記得我們在讀〈西門豹治鄴〉到河伯娶婦，巫婆下水時，我們相視大笑，有如父子互相切磋學問。

我們家境雖貧，但香港經濟卻漸有起色，相對來說，從報紙上時常可以看到中國大陸農村饑荒的報導，我們家住的地方離火車軌不遠，每天看到從火車上運載的牛和豬都很瘦瘠，這些畜牲都是替中國爭取外匯的，卻沒有足夠的飼料，可見當時中國貧窮的光景。父親也開始明白到短期內無法回返家鄉了。他和凌道揚校長跟一位朋友叫王同榮的開始籌辦銀行，本來計畫由父親到南洋去集資，由於人事的關係沒有成功。從此我也知道謀事的艱難。

我這時長大了些，也能夠替父親送信或送禮給他的朋友，錢穆先生是新亞書院的校長，他住在西林寺附近，父親有時從沙田火車站走到他家裡聊天，我站在旁邊，也學了一些歷史和哲學上的知識。錢師母對我們很好，過年時除了給我們紅包外還送禮，有一次送了我們一個豬頭，真是別開生面。我母親的手藝很好，她會做粽子、年糕、芋頭糕，她也會釀酒和做臘腸、臘肉，過年過節時由我負責將這些食物送到父親的朋友家裡，因此常得到父親朋友們的讚賞。

常有來往的教授有鍾應梅和王韶生等，王教授替父親著的書《西洋哲學史》寫了一個書評，對父親的思想極為推崇。父親來往的朋友裡，還有寺院裡的和尚，父親喜歡和他們討論佛教的哲理。

當時崇基的學生有不少到家中和父親交流，交談的內容包含西方哲學、儒、道、佛等中國思想的融合，父親尤其推崇王陽明的學說，也論及近代科學的思潮，常來家裡的學生有何朋、傅元國、黃沛雄、李伯榮、陳耀南等，香江學院則有李錦鎔、陳郁彬、陳慶浩、支宇濤、王友浩等，他們和父親的交情很好。伯榮先生家裡環境不錯，還在經濟上幫忙父親。在那個時候我們兄弟姊妹漸漸長大，居住的地方已經不夠用了，父親相中了附近一塊可以建築的地方，伯榮兄願意借錢購買此地。父親以為沒有問題，但是我們的溫姓鄰居卻要求父親送他茶錢，父親拒絕了他的無理要求，他就帶了一個比較有錢的商人，在投標時將那塊地買走了。

我們在客廳裡擺了一個吃飯的桌子，吃完飯後就要趕快清理出來，一同坐在那裏念書，父親的書桌則到旁邊，他一邊看書，一邊看管我們。他將一個大書架放在他的書桌上，我常爬到他的書桌上看書。有一次看到一本書叫《文心雕龍》，以為是武俠小說，打開來看後，不覺大失所望，不過以後我倒是看了這本書裏面很多文章。我的大姊在讀中學二年班時，得到獎學金到英國念護士。而二姊則到澳門一間中學寄宿。當時澳門一間姓曾的中學校長，在汕頭時欠了我父親一大筆錢（有五萬元之多）無法償還，他就請父親送孩子到他的學校住宿，不收學費，結果二姊在澳門染病，回家兩年後去世，看著二姊憔悴而逝，心中實在悲哀，父親哭得很傷心。

小學的學校生活

窮困的痛苦，是當時讀書人共同的問題。父親評論黃仲則的詩「全家都在風聲裡，九月寒衣未剪裁」時，說這是描寫窮困最赤裸的一首詩。我們小孩子沒有好的衣服穿，比不上同學，覺得慚愧，卻不知道父母的心情。但是衣著不光鮮卻容易讓人歧視，記得珂妹小時上幼兒班，由我負責接送，在沙田信義小學接她時，校長以為我是頑童，居然打了我一巴掌迫我離開。

小學二、三年級時，我喜歡玩，書讀得不好，我有一個要好的朋友叫吳漢，在三年級學期結束時，我們在回家的路上走，碰到我的三姊，吳漢很高興的跟她說，你弟弟考得很好，比我高分，回家後卻給我父母親大罵了一頓，因為我名列班上三十六名，我的數學大概還好，記得當時學校有一個別開生面的比賽，學生繞著校園跑步，每到一個角落，就解一條數學題，我跑得最慢，卻將所有題目都答對了。小學五年級那一年，我書讀得還算不錯，大概數學還可以，中文也不錯，考了第二名，父親大為讚賞。與我們小學的校長劉隨關係很好，這年校長去世，父親還送了輓聯。班上有勞作和美術課，三姊手工很好，常替我做勞作的功課。我繪畫還可以，畫山水畫，還代表學校去比賽。

到小學六年級時，學校要我們準備香港所有小學都參加的會考，是升上公立中學最重要的考試，所以這一年下學期全部時間溫習，上學期則開始學英文和學習算術裡的雞兔同籠等問題。英文老師叫馬謙，剛從香港大學畢業，到我們這種鄉下小學教書，大概有虎落平陽、牛刀小試的感覺。上課時全部用英文上課，對我們這種沒有學過英文的小孩來說，真是措手不及。還記得我過了一個多禮拜後才曉得甚麼叫做「Do you understand?」。他出的題目也不容易，大家都考得不好，有些頑皮的同學竟在鄉村的路上揍了他一頓，這事影響很大，大家都很惶恐。師道不尊，學生沒有辦法學習了。有一次一個學生竟在家中帶了牛刀到學校上課，出動了很多老師才制服了這個學生。其實馬謙老師人很不錯，在我們小學畢業時，全校到梅窩旅遊，幾乎所有同學都去海中游泳去了，父親卻送了一張紙條給馬老師，到梅窩後，將紙條打開，原來是「禁止小兒成桐游泳」。馬老師則租了一乘小艇，帶了我在海灘旁照顧同學玩耍。

鄉村的兒童有很多可愛的地方，我們在學校的山丘上種菜，常會挖出金塔，是死人埋骨的地方，學校的洗手間則常有吸毒的「道友」在那裡占據，有一年讀范成的詩時，同學們就順口改為「有條老嘢想昇仙，下有尿渠繞野田」。讀書讀得最好的同學張梅號畢業後卻去耕田了。

到小六下學期，老師將我們班分做幾組，每一小組由組長帶領小組一同讀書以準備考試。我分數比較好，所以成為我組的組長，帶著六名同學，借溫習為名，不去上課，到處遊蕩。我每天出門帶著書包，父母親還以為我很用功，因為父親叫我讀的書我還對付得了。我帶著我們組的同學在山間田野和海邊玩耍，也到市區與商販來往。有一次在火車軌道旁邊見到一群頑童在捉蛇，我們打擾了他們，惹火了他們來追逐我們。不知哪裡來的勇氣，我拿起鐵軌上鋪的石頭不停的丟向他們，竟然將他們驅逐走了。以後再見面時，他們竟對我有些佩服。

這半年當然沒有好好的念書，去考會考時，我們組中其他人全軍覆沒，我則僅以身免。考完試後，老師將考題複述，看我們有多少同學得分，當我舉手說我答對了某些題目時，同學們都覺得驚訝，不相信我有這些能力。當時放榜是透過報紙看到的，我正在隔壁與一群小孩玩追逐遊戲，父親看報紙時沒有看到我的名字，因而大怒，由三姊負責捉我回來受責罵，父親已經準備了藤條侍候。我打開報紙一看，很鎮定的告訴父親第二版還有名單，我的名字赫然在第二版上，名雖未落孫山，而卻與之並等。

進入培正中學

原來這一年政府官校學位不夠，所以將考生分兩等，頭等入官校，次等則考生自己找私校，私校願意接收則由政府提供所有學費。我哥哥已經進了巴富街中學，是官校。我父親卻需要帶著我到處奔走，找一間願意收留我的私校。第一所就是培正中學，當然這是名校，不容易考取。培正中學校長是林子豐博士，很懂得辦學，他曾經邀請父親到培正任教，父親婉拒了這個邀請，但也因此結識了林校長和他的祕書長林雁峰。因為這是最後一次的機會了，我為了準備入學考試，花了不少時間，破釜沉舟，終於考上了培正，但我也不排除林雁峰老師幫過忙。

我們家在沙田，培正中學則在何文田的窩打老道，我們每天走到沙田火車站坐火車到油麻地的火車站，再走路到培正中學上課，總共要花一個多鐘頭。火車每小時一班，趕不上火車，則坐巴士，經過城門水塘，繞著山路，花很多時間。學校八點半上課，準時到校沒有問題，但是下午課由一點到兩點半。火車在三點鐘由油麻地車站出發，往往要趕火車，趕上後在火車上氣喘連連。過獅子山隧道時，油氣和水氣會從窗外衝入車廂內，所以一定要將窗門關緊。久而久之，在車上認識不少朋友，談天說地，倒不寂寞，有時甚至沿著火車軌步行到沙田，經過隧道時，漆黑難行，很是驚險。沙田車站有一株大榕樹，有很多小販賣零食，受我們歡迎，我們喜歡吃他們賣的咖哩魷魚，錢則是從中午午餐省下來的。

剛開始到培正上學時，由母親做中午飯帶到學校吃，往往給同學譏笑，以後就在學校門口的茶餐館吃乾炒牛河，一元一碟。在讀一年級時，小舅和妮姊結婚，住在學校旁邊，有時到他們家吃飯省下一些午飯錢，這事情最後給外婆知道了，和母親訴說小舅家也很窮，以後就不敢再去占便宜了。

在念中學一年級時，鄉村孩子的野性未改，班主任葉息機老師在我手冊上的第一段評語為「多言多動」，第二段評語為「仍多言多動」，第三段則為「略有改進」，可見我上課時並不安靜，父親不見得很開心，由二姊來管束我。但是教數學的易少華老師倒很喜歡我，她剛從大學畢業，還在談戀愛，上堂總是笑口常開。我也很高興的用剛學懂的線性方程來解雞兔同籠問題，我還跑去跟我的小學老師談這種解法，但他沒有興趣聽。這一年我最頭痛的是英文、音樂課和體育課，英文還剛開始學，勉強過關，音樂就真的不行了。紀福伯先生教音樂，每課必點名學生站起來唱一首歌，往往找最差那一名和班上最好那一名，最差的是我，最好則為宋立揚兄。

我唱歌會嚴重走音，而且根據我三姊說，每次走音的方法都不同，無可救藥。當時我的表姊教音樂、彈鋼琴，我每週末都到她那裡學兩個鐘頭學習唱歌，但是無補於事，中學一年級和二年級的音樂課都需要補考。其實我考音樂課的樂理卻考得很好。有一次在班上考第二。紀先生發考卷時說：「這次考試使我很驚訝，某人居然考得很高分。」所幸我父親不在乎我音樂考得不好。

至於體育課，要考跑步、仰臥起坐和吊單槓，跑五十公尺我跑九點五秒，仰臥起坐大概有三十次，而吊單槓則不到兩次，結果都不合格，到學期終，老師總會加起來使我得到六十分，不用補考。

一個鄉下小孩到一個比較貴族化的中學念書總會受同學歧視。有一個體重二百多磅的王同學有空就拿著我的手臂不放，當時我只有六十多磅，所以拿他沒有甚麼辦法，只有繞過他的座位而行，以後才從物理學上知道重力的原理，所幸還有其他同學如吳善強和彭次山都跟我很要好，互相幫忙。

這年暑期，父親要我讀馮友蘭的《新原道》、《新原人》，還有唐君毅和熊十力的哲學書，雖然不知所云，但是也逐漸習慣比較抽象的學術討論。父親在家中與學生討論希臘哲學和自然辯證法時，使我欣賞到數學的重要性。

六一年秋，我從初一正班升初二善班，開始比較習慣培正的生活。國文由潘寶霞老師教，她剛從臺灣大學中文系畢業，戴了一對很有稜角的眼鏡，做事很負責任，管我們很嚴，教書也很用心，她教我們學范仲淹的詞，很合我的胃口。

我們每個星期都有一次全校在一起的朝會，由校長或其他嘉賓訓話，我們都要穿制服和打紅色領帶，我有時趕火車，沒有將領帶戴上。有一次朝會時，學生在大禮堂裡吵得很厲害，林子豐校長很不高興，說我們學生衣衫不整、領帶不戴。我一聽就趕快將領帶拿出來戴上，這下可惹火了潘老師，集會後，捉我到她的辦公室要狠狠的罰我，要記我兩個小過，讓我嚇了一跳，因為父親知道了可不得了，只有向潘老師求情。潘老師心腸卻是極好，見我衣著並不光鮮，就問了我很多家中狀況，知道我父親是教授，卻家境窮困，竟引起她的同情心，不但不懲罰我，還想辦法幫我忙，送我一些奶粉。這事使我甚為感動，我也由一個喜歡玩耍的頑童變得一個專注讀書的學生，我二姊倒是大為驚奇，認為我開始長進了。

在五〇年代，香港的大專院校裡面有很多逃離大陸的學生，他們工作大多沒有著落。在崇基書院搬到馬料水時，要闢山建校舍，不少學生幫忙打石頭、蓋房子，以賺取生活費。炎熱的太陽下，做這些工作，其辛苦可知。何朋教授就是其中一位，他和他夫人常到我家，有一次還帶了他翻譯雪萊（Percy B. Shelley）的詩給父親讀，父親很高興寫了一首詩賀他。有幾個山東學生沒有錢，常到我家吃飯，父親還給他們車錢。有一位香江書院的女同學沒有能力交學費，要到舞廳做事，父親替她解決了問題，她以後嫁給父親另外一個學生，父親去世時，她哭得很傷心。這些學生以後多有出息，除何朋等人外，還有陳耀南、陳郁彬、李錦鎔等常在我家高談闊論，讓我眼界大開。父親沒有直接教我們作詩詞，但記得有一次一家人坐巴士從沙田到元朗的路上，經過大霧山，父親出了一個上聯「雲遮大霧山」叫我們對，我隨口說「雨洒淺水灣」，父親很是高興，認為孺子可教。

香港暑期時都會有颱風，每次來的時候不用上課。由於市場關門，我們吃罐頭的魚或肉，我們小孩都很高興。但是風來時，吹得房子動搖，有天旋地轉的感覺，一家人都惶惶恐恐，希望房子不會倒下，那時每年都有漁民淹死。一九六二年秋九月初，颱風溫黛襲港，同時引起海嘯，早上起來，從半山看下去，整個沙田水汪汪，才陸續知道整個沙田漁村被毀，大量人口喪生的慘況，漁船都飄到火車路上，過了很久市鎮上還帶臭味，我家門前高大秀美的玉蘭樹也倒了下來，花木凋零，不忍卒睹。

這年開學以後，壞事接二連三而至。先是二姊去世，雖然母親多次帶她看病，終於無救，母親帶我去和合石墳場找她的葬地，第一次遇到生離死別的傷心事，父親寫了一首悼詩，心情實在難過。

數學的召喚

這一年，梁君偉老師教平面幾何學，講解生動，將優美的幾何公理系統在課堂上一一解釋，使我印象深刻，這是我對幾何學發生興趣的開始，看到這些定理，使我興奮不已，在火車和在路上都會思考這些問題。直到中學三年級鍾偉光老師繼續上幾何課時，我已經開始自己找尋一些有趣的問題，一面自己解答。有一些問題花了我很長久的時間都解答不出來，使我困擾很久。有一次到書店看參考書時，才發覺這些問題有人已經考慮過，同時可以證明它們不能夠用圓規和直尺來構造。這些證明不是中學二、三年級的學生的能力所能理解，但也讓我驚訝於代數的威力，老師們循循善誘，使我對數學興趣盎然，欲罷不能。

那時學校沒有圖書館，所以常去逛書店，站在書店看書，一看就是兩三個鐘頭，有空也到洗衣街的舊書店買舊書，外文書太貴也看不太懂，倒是大陸出版的書還可以買得起，但是程度參差不齊，我也不自量力去瀏覽。

自從中學二年班喜歡上數學後，我數學的成績都差不多滿分，父親也很高興。這一年的秋天，突然有人送信到我們家，說是三伯的兒子丘成標從家鄉偷渡到了羅湖，要我們去接應，母親帶了二姊一同將他帶回家，在我們家住了兩年多。父親心地很好，悉心照顧侄兒，但是我們家空間不夠，又多了一個人，不單是飯菜不夠，父親還決定送堂哥到香江學院去讀書，家庭負擔更重，母親和父親常為這事偷偷地爭吵。當時父親一年收入才兩千多港幣，而房租一個月就要一百元，現在想起來，不能不佩服父母親的胸襟。他們對小販、對一切窮苦大眾都富有同情心，家門前常有各種挑擔的小販經過，有很多時家中並不需要的事物，父親還是願意幫助他們，他還教導我們需要照顧窮苦人家。

緊接著重要的事情是父親在香江學院的教席受到衝擊。父親跟陳樹渠創辦香江多年，做文史哲的系主任，系務蒸蒸日上，聘請了很多有學問的教授。父親的意思認為他們系的素質已經超越香港大學，但是陳樹渠卻與臺灣國民黨勾結，一方面容許國民黨特務到香江學院做學生，同時容許由臺灣派人代替父親系主任的位置，據聞臺灣答應反攻大陸成功後，陳樹渠可被任命為某市的市長。當時學生們都說陳樹渠與紅線女的桃色祕聞掌握在臺灣特務手上。父親對接受特務和校方有人欺負女學生的事情極為反感，同時開學兩個多月後，突然要辭退他的系主任的位置，和已經定下的合約不符合，遂憤而辭職。

在這三個月，由於二姊去世再加上辭職，父親的心情很差。而且凌道揚在崇基學院校長的位置不穩，父親是他的親信，自然影響到父親的職位。因此父親又到聯合書院兼職，家庭負擔加重，極為辛苦。

父親過世

三個月後，在農曆過年時，父親吃了醉蟹，就開始不舒服，晚上不能睡覺。由於祖父是中醫，父親也懂一些中醫的知識，自己開藥來治理自己，一直不見好轉。經濟環境又不許可到正式的醫院看病，母親到處奔波，找親戚朋友幫忙。當時她的親弟弟，我的大舅，竟然拒絕見她，儘管他們一家人從小都是父親養育。當時大舅在辦一間私立中學，得到天主教的大力支持，環境很是不錯，一直到一九六三年的四月，父親的幾個學生才合夥送父親到養和醫院醫療。當時醫生斷定為尿中毒，要放尿。

在父親生病這幾個月，我們都很惶恐，外婆求神拜佛，用了種種不同的手段，父親的病都不見得有任何起色。我從學校到養和醫院，坐巴士、渡海輪，再坐巴士，在路上都很焦急父親的病。開始時，父親還可以說話，過了一兩個禮拜後，父親竟不能說話了，真是悲哀的事。有一天，父親的學生租了港島旅館的一個房間叫哥哥和我在旅館住，三姊則和母親陪父親。六月三日深夜我們到醫院看父親，母親大哭，父親已經去世。哀哉，恍如晴天霹靂，迷迷糊糊，不知如何是好。

以後兩個禮拜，就是到殯儀館守夜，父親的學生和朋友們組織了一個治喪委員會，我們兄弟姊妹六人年紀都還小，母親則很堅強，一面打理父親後事，一面考慮這個家庭如何維持下去。父親的學生們都很仰慕父親，無奈他們都窮苦。有些學生則很氣憤，要找陳樹渠算帳。在靈堂守夜，看著親友們送的輓聯，使人傷心，至今還記得其中幾首。也可見父親得到朋友學生的愛戴。主祭的有凌道揚、錢穆、張發奎等父親生前好友，我們家屬則循中國禮節披麻並跪下來還禮，我們跟著殯儀館的車子送父親遺體到臺灣華人永遠墳場入葬。當時整個人麻木，看著母親哭得很傷心，不知如何是好。親友們送殯時，都有送錢，大都擔心我們以後的生活，大舅竟然全部收去，說是殯儀館的費用，經過管事的學生力爭，才追回一部分。大舅又建議母親停止我們念書，到荃灣去養鴨。母親堅決拒絕，以後五年，再也沒有見到大舅的影子。

在這期間，我們都在學校請假，並且補考，所幸成績還好，然而沒有注意到母親每日淚流滿面，還到處奔走。首先是住的房子，已經欠租半年，房東同意不收回欠債，但只容許多住兩個月，所以第一件重大的事是解決住屋問題。父親的學生李錦鎔和王友浩跟著母親到處找廉價的房子，終於在沙田白田村找到一個小房子。房東也姓丘，他有兩個女兒和兩個男孩，大女兒丘宇美與三姊是同學，小女兒宇璧在小學時跟我是同學。

在父親去世這幾個月，從龍鳳台搬白田這一段日子，母親和三姊實在辛苦。三姊剛好中學畢業，決定不唸大學，到小學教書，以維持家計。一個月只能夠有一百五十元的薪水，又替小孩子補習，爭取更多的收入。剛開始時，母親將惡訊瞞著在英國的大姊，怕影響到她的學業，但是她在報紙上看到父親去世的消息，她也很辛苦，間中會寄五鎊或十鎊回家幫忙解決問題，母親和三姊會寄一些手工品到英國由大姊幫忙販賣，母親、三姊和大妹又幫忙車衣服去賺取工錢，往往深夜以後還在工作。

母親則認為搬家到白田始終不是解決的辦法，就到政府救濟機構商量，在沙田火炭拔子窩的山地上申請一塊地蓋房子，母親人緣很好，有位堂哥自願幫忙，收取很少的費用，材料則用父親出殯時親友贈送的金錢來購買。當時沙田市區很小，母親和販賣蔬菜、肉食的小販都很熟，其中有一個寡婦綽號叫做牛肉婆的，揹著小孩，販賣牛肉，卻借錢給母親渡過難關。據她們說，在她們遇到艱難時，父親和母親都曾幫過她們的忙。父親的學生李錦鎔在經濟上也幫了很大的忙，錦鎔先生和陳慶浩先生在黃大仙的徙置區頂樓辦了一個天臺小學叫做普賢小學，前者的父親在美國做餐館生意，後者則由佛教寺院支持，三姊以後也到這間小學教書。

困境中的成長

從前父親叫我念書，我總是心不甘情不願，父親去世時，我沒有流淚，但我總是不願相信他已經去世，我們一家人的精神支柱一下子去了。我就從父親教過我的書去找尋父親的影子。從前唸的古文一下子都容易懂了，這時最喜歡讀陶淵明的詩文。

母親很堅定，對大舅的態度極為不滿，到這時我才瞭解到甚麼叫做「嗟來之食」。母親要繼承父親的遺願，堅持我們繼續讀書，當時培正的學費每月五十元，以後加到一百元，幸好我有政府的補助，不用繳學費。但是政府的錢要在學期尾才送到學校，所以每年我都要去找教務長林英豪老師容許我遲繳學費。英豪老師仍健在，大概他沒有想到我會難為情，但是他每次都很爽快，使我感激。大概我家的窮困和父親去世的事很多老師和同學都知道。有些老師竟表示驚訝我還可以繼續讀書，使我心情沉重，但也使我更為努力。

在白田住的地方離火車站更遠，每天和隔壁兩個漂亮女孩坐火車和走路，卻始終沒有交談，直到五年前才跟宇璧碰面來往，宇美則五十年來不知所蹤。住家門前是一個養豬的地方，每天早上不到六點鐘，豬隻起來吃飯，吵鬧聲將我們叫醒。

由於白田離火車站比較遠，錦鎔先生建議我住在他辦的天臺學校。我在那裡住了一年半，黃大仙到窩打老道的巴士非常擁擠，每天都要想辦法才擠得進巴士裡面。在天臺小學，有時一個老師同時帶兩班同學，其中一班上堂，另外一班則坐在椅子上做功課。這些都是貧苦的兒童，很是可愛，我也代過課，同時睡在學生的長木桌子上，有時不小心會掉下來，有時睡得晚了，學生會進來推醒我，竟然習以為常。水渠和廁所都是公共的，當然不太衛生，每天要忍受，倒是學了不少廁所文章，其中有一些還記得。「寧欺白鬚公，莫欺少年窮」，吃飯則有時到樓下的廉價飯店吃，一元一煲煲仔飯就可以飽餐，每兩個禮拜回家，帶衣服回家洗。

錦鎔先生和他的朋友常到學校來，高談闊論，很多是學問的問題。他有個朋友正在研究許慎的《說文解字》這本書，我也聽了一些這方面的理論，他有一個朋友也是我父親在香江學院的學生，被發現是臺灣特務，被香港政府捉去打了一頓，遣送出境。陳慶浩是潘重規教授的學生，研究《紅樓夢》，很多中學女生跑來問他文學的問題。我不同意潘重規先生對紅學的見解，所以和陳慶浩會有辯論。

但是大部分時間都是自己在讀書，每天晚上八點多以後，就只有我一個人在那間小學的辦公室讀書，學校的功課和課外書都有涉獵，我看了不少歷史書，包括范文瀾的書，和古典的《史記》和《漢書》。所以陳啟潛老師教歷史時，很喜歡我，他做班主任，還特別表揚我的歷史知識。我們班上有一位同學鄧文正，綽號「大飛」，坐在最後排的位置，啟潛老師決定將他由後面調到前面，由比較安靜的同學來包圍他，我便是其中一個重要的圍棋。這一著棋卻讓鄧兄學業進步，以後成為飽學之士。

國文由高曉夫先生教，他問的問題很有意思。有一題作文題叫「豬的哲學」，他是我父親的朋友，他說好的書和不好的書都要看，可以做比較，所以我到理髮店理髮時，也看那些下流黃色的報紙。那一年上學期我的中文和歷史，數學都基本上拿了滿分。數學由黃逸樵先生教，他很喜歡我的同學徐少達和我，徐少達用中四到中六光班都坐在我的旁邊，互相切磋，中學這三年間得到良師益友的薰陶，大有長進。

在這一年我開始教補習生，當時要找補習生不易，做了廣告，但要用電話，當時同學曾英材家裡有電話，本來我們講好一同去教補習生，最後他父親不准他去，結果由我獨自一人去做補習老師。有一次找到了一個補習生叫阮偉亭的，住在九龍塘，曾英材本來跟我說是一個月一百元學費，結果學生繳學費時，卻是二十五元一個月，大概是誤會吧。

我在中學四年級替三年級的學生補習，倒還得心應手，他在拔萃男校讀書，他母親很喜歡我的教學方法，還開車送我回家。第二次的補習學生是一個小學六年班的小女孩和小男孩，他們的父親重病，我也不負所望，將他們教好。跟著到培正中學對面山上一家人教他們的女兒，她的名字叫做譚玉潔，大概跟我同年吧。她的妹妹在讀小學六年級，數學不行。她媽媽很擔心，也找我教導她的妹妹。我認為雞兔同籠應該用線性方程來解，就開始教線性方程，她母親大吃一驚，認為我在胡鬧，她女兒小六的課程都還沒有搞好，我居然去教她初一的數學，我要求她給我一個月的工夫。結果，她女兒學懂了如何計算線性方程，一下子這些問題都變得容易了。結果她每次考試都拿一百分，她母親很高興，認為我甚麼都懂，要我也教英文，那當然不是理想的事。

補習的生涯要到我大學二年級才放棄。那段時間讓我跟中小學生直接接觸，樂趣無窮。有些學生家境不見得很好，有些則很富有，但都還尊重我。在中學六年級時我教李伯榮先生的外甥，住在他們港島羅便臣道的家。靠山面海，是香港世家，有傭人招待。由徙置區搬到香港有錢人家住，經驗實在難得，也常聽伯榮先生述說香港有錢人家的趣史。他的妹妹還未結婚，常有精采的言論，以後她嫁給一個哥倫比亞的歷史學教授。

由於我在高中時數學很好，老師要求做的習題都懂得做，我的同學如蘇志剛、黃維榮等人常來找我借我的習題答案，有些體格比較強壯的同學想欺負我時，我可以用不借習題做為抵抗的辦法。有一段時間，我到培正飯堂吃中午飯，十二點一下課，就跑步到飯堂，遲了就吃不到好的飯菜。十個同學一桌，談天說地，很有意思。也踢球，打乒乓，但我的運動比不上他們，大部分時間是旁觀者。

最後的中學時光

中四和中五讀物理和化學，以張啟滇老師教化學最為傑出。我雖然想學物理，但從老師處所得收穫不大，我的同學徐少達讀得很好，大概是他的兄長教導罷。

黃逸樵先生上課時口沫横飛，使我們聽得津津有味，記得他講三次方程和四次方程的解法時，講述義大利數學家為了爭取這些數學成果時的種種故事，即使天氣炎熱，我們也不至於打瞌睡了。在中學四年級時，他教射影幾何和立體幾何，中學五年級則教微積分，比其他的中學先進得多，所以在五年級下學期考中學會考時，我們都覺得很輕鬆。

英文老師李晉庭老師是一個很慈祥的老人，他不斷的強調分數並不重要，只要過得去的話，他都會通融。剛巧我當時的分數是五十九分，李老師還是給了一個紅分，因此做不了優異生，但我不覺得遺憾。老師們都很和氣，也很鼓勵我們上進，我還記得早會時常唱的一首〈青年上進歌〉的幾句：「我要真誠，莫負人家信任深」。校歌中「培後進兮其志素，永為真理之干城。」都是我一生的理想。老師們鼓勵我們要有志氣，正如我父親從前教我魯國叔孫豹提出的三不朽——「立德、立功、立言」。父親去世後，我想人生在世，終需要做一些不朽的事吧。六三年時楊振寧教授到香港演講，對我們有莫大的鼓舞。我雖然沒有雄心去爭取諾貝爾獎，但卻想做一些貢獻，能夠對人類有益，而能夠傳世的工作。

我們班上的同學一面競爭，一面互相幫忙，當時老師在課餘會替學生補習，直到中學五年級以後，我才知道這些事情。我還是很樂意跟我的同學們切磋。幫忙同學做習題對我大有裨益，所以我鼓勵我的學生們互相幫忙。

劉茂華老師是很有學問的學者，他是我父親的朋友，在中五時教我們中文。他很同情我們家的情形，他從我們的班主任吳榮招老師處知道我各個學科的分數。發覺有兩門學科有問題，一門是體育，劉老師認為我身材不錯，我的體育考分不高是毫無理由的，他的結論是我上課時不用心，得罪了老師，將我臭罵了一頓。第二門學科就是英文，吳榮招老師教英文。經過劉老師向他解釋我的家境後，吳老師就替我們幾個同班同學補習，有徐少達、蘇志剛與我和吳老師的女兒吳日晶，每個禮拜上一次課，吳老師沒有收我的補習費。

直到如今，我衷心感激教導我的老師們。這幾位老師去世已經十多年了，在他們沒有去世前，我工作很忙，沒有太多時間去拜候他們，等到要拜候時，他們已經不在了，真是遺憾終生。當培正中學極盛的時代，確實是人才濟濟，今日說往事，有「白頭宮女說玄宗」的感覺。

一九六四年秋，我們從白田村遷家到火炭的拔子窩。那個剛蓋好的小屋居住的面積很小。我一個人住在閣樓上，要用梯子爬上，地方剛好足夠躺下。夏天時常有蜈蚣光顧，水是從附近的小溪引來的山水，燈則用煤油點的燈。廚房是農村式的，大鑊放在灶上用柴草燒飯。家事大部分由母親和大妹承擔。母親每天要到市區買菜，拿著很重的食物和家庭用具，長途跋涉，真是不易。由於我和哥哥都要準備會考，母親很緊張我們的學業，趕著回家給我們點燈燒飯。

從這裡走路到火車站是更遠了，母親早上六點多就要叫我們起床。如今想來，我一生對父母虧欠真是不少。這個地方背山而面對一片沃野和農田。旁邊有很多松樹，清風徐來，松濤聲和蟲聲，伴著讀書聲，真是心曠神怡，我們在園子裡種了很多果樹。又養了三條狗，一群雞、鵝，養鵝的原因是因為常有蛇出沒在家中，養鵝可以趕蛇，有多次我要用竹竿來將這些爬到園子來的青竹蛇打死。我們跟鄰居和農夫們關係都很好，唯一遺憾的是我們的狗常跑到農田上踐踏農作物，結果給農夫們毒死了，弟妹們很傷心。我在補習完後回家往往是明月當空，一路走一路唸蘇東坡的詞：「明月如霜，好風如水……」，只不過在對付農村的狗追逐時，卻得提心吊膽。同時每天返家要經過一條沒有橋的山溪。大雨後，溪水大漲就過不去了。當時家裡主要的娛樂除了看小說就是聽收音機。

對我來說，讀書不成，便無退路。每當看到母親眼中的期望，她辛苦的為我們工作，豈能無動於衷，母親從不罰我，父親卻會用藤條罰我，但是他罰我的時候，卻於心不忍。有一次哥哥和我爭著用洗手間，父親認為我理虧，用兩手推我，讓我走開。看著他的額頭上都是皺紋，兩手無力，很是衰弱的樣子，使我差不多哭了出來。父親死後，我遇到挫折時，喜歡唸梁啟超翻譯喬治·拜倫（George G. Byron）的詩：「在那波斯的古墓前，我憑欄遠眺，……難道我今生今世為奴為隸便了，不信我今生今世，為奴為隸便了。」

除讀書外，我也喜歡看悲劇的小說，看《紅樓夢》看了好多遍。父親在時，很多情節沒有欣賞，到這時始有感觸，也背誦裡面的詩詞。父親曾經帶我們去看過一部電影《越劇紅樓夢》，看王文娟演的林黛玉。在父親剛去世後，回想這部電影特別有感觸，會想起劇中紫鵑唱的曲：

「問姑娘眼中能有幾多眼淚，怎禁得春流到夏，秋流到冬。」讀司馬遷自傳，我會感懷他的身世，但是他後半生為完成史記的精神卻使我欽佩，讀他寫的〈報任安書〉，如血淚書成，使我不能自已。讀〈李陵答蘇武書〉，屈原的〈離騷〉、〈哀郢〉等文章，蕩氣迴腸，使我畢生難忘，這些文章成為我以後消閒吟詠的重要著作。

有一次我生病在家，兩天後回到學校。我事先不知道要考試，林俠魂老師堅持我跟同學一齊默寫歐陽修的祭文。我因為喜歡這篇祭文，很早時就在家裡唸過這篇文章，所以默寫時只錯了三個字，林老師也有點驚訝。我述說這件事情的原因是指出我當時對唸古文有很濃厚的興趣，所以背誦它們並不覺得困難。

除了中國的文學外，我也看一些外國的翻譯作品，花了不少時間讀歌德的《浮士德》。也看父親寫的西洋哲學史，慢慢吸收了一些西方的哲學思想。

我們中學會考是由中學五年級和中學六年級學生一同考，所以我和哥哥一同參加這個考試。我得了個兩優五良，還算差強人意。在考完會考那個暑假，除了做一些補習外，也無所事事，就響應老師的號召，到徐少達兄家做了一個數學模型，他父母兄長們對我都很好，過得很愉快。但是我們這個模型在參加比賽時卻是以失敗告終。

母親認識一個法國回來的華僑，她教法文，自告奮勇要教我，於是我找了徐少達、曾英材、黃維榮、蘇志剛和他的妹妹，一同去學法文，語文實非我之所長，學得最差的還是我，倒是我們這些男生們在漂亮的女生前有不同的表現甚為有趣。

中學六年級時，因為是新學制，老師們有些手足無措，不知道教甚麼內容，而同學們很多想留學美國，所以沒有靜下來讀書。我自己也試圖申請獎學金到國外留學，但最後因為連申請學校的費用都出不起作罷。所以去考中文大學和臺灣大學。我們沒有資格考香港大學，因為他們規定只收英文書院的學生。我和我的同學蘇志剛去申請考英國的GCE的考試，這個考試本來也不准我們去考。但是我出動了渾身解數，終於說服了把關的職員讓我們報名。當時理科需要考實驗，但是培正中學並沒有好的實驗室，也不教這個考試範圍內的實驗。我獨自跑到我從前鄰居江夏台的地下室做化學實驗，所幸沒有出事。但考試時將儀器打破了，結果自然是不合格。我考臺灣大學卻考得很高分，他們錄取了我還給了很豐厚的獎學金，但我決定留在香港，可以照料家庭。

這一年我們考中文大學的入學考試，很多同學已經得到海外大學的錄取，所以考試前並不挺用心功課，倒是花了不少時間編寫同學錄和話劇。茂華老師開始鼓勵我們寫文言文，我這年的作文大部分用文言文寫，用了很多科學名詞在文言文裡，劉老師竟然大為讚賞，但是在考中文大學中文時，培正同學的成績不如理想。我則僅以身免，大學給我的助學金因此比不上其他數學系的同學。畢業那天，茂華老師到處找我們同學來教他的女兒數學，結果只有我願意去，他女兒長得很美，卻不用功，想做電影明星。我很慚愧，因為沒有教好她的數學。但是回想當時的情形，茂華老師的興趣可能不止於教女兒數學。

我們中六光班只有兩名女性，坐在最前排。我和英汝興兄坐在兩位女士後面，既然大家無所事事，年齡也差不多，那時候很多男同學與坐在我前面的黃希真約會，勞煩我傳遞信件。她學貌兼優，得了個品學兼優第一獎，吸引力很大，但是我的「春心」未動，在中學時從未與女孩約會。

中學以前的教育和人生經歷可以說是多采多姿，在時間的浸化裡，我學到了影響我一輩子的知識，繁花如夢，何曾夢覺，對我影響最大的仍然是我的父親。我父母親從未要求我為富貴而讀書，這一點影響了我的一生，我至為感激。

我父親對曾祖母、對祖父、對叔伯、對侄兒、對母親和對我們的愛護，發自內心深處。他對貧苦百姓、對國家的愛，是他終生不渝的他終生不斷的思考著中華民族的文化，與西方思潮的異同，希望建立一個文化基礎，來完成一個和諧中庸的社會。他的早逝，使他不能完成他的志願，只留下了一本《西洋哲學史》。但是他留下的熱情，留下的愛，使我終生受用不盡，也讓我終生感激。父親的去世，對我是一個很大的打擊，但也因此使我成熟。孟子說：「天將降大任於斯人也，必先勞其筋骨苦其心志。」對我來說，甚有感受。今年是他的百歲冥辰，希望他死而有知，會為兒孫們的成就而驕傲。

父親去世時有一幅輓聯說：「亡尚有風規留梓里，哲人其逝，空餘熱淚灑桐棺。」我想父親的熱淚未有空流，遺愛尚在人間。謹作〈憶江南〉一首：「百年夢，蒼海月明中，還想舊時慈母淚，師友如磐父愛濃，世代守儒風。」

我父親和我的大兒子明誠都喜歡讀《三國演義》開章的第一首詩「滾滾長江東逝水，浪花淘盡英雄，……青山依舊在，幾度夕陽紅？」只可惜沙田青山已改，滄海亦成為跑馬場，培正的同學大多白髮滿頭，無復當年意氣，但是楊振寧教授喜歡的陸游詩句：「形骸已隨流年老，詩句猶爭造化功」卻仍然鼓勵著我。

文章完成於二〇一二年四月二十八日

附錄三——

四十六年家國夢，八千里地學子心

五十載情懷母校，吐露尋往跡；
十萬里心懸故國，馬鞍載豪情。

離開母校已經四十六年了。崇基學院禮堂前清澈的小溪依舊在樹林中輕輕地流著，只是當年碧波蕩漾的海灣已經被塵土掩蓋了。記得一九六九年六月時，崇基學院容啟東校長頒予我畢業的文憑，但是要等到一九八〇年九月我才從馬臨校長手上領到大學榮譽博士的證書，這是因為我只讀了三年大學，而中文大學又堅持大學四年制的緣故。對我來說，在一九六九年沒有取得中文大學正式的畢業證書，是很自然的事情。中文大學師長和同學的坦誠交流和支持，卻使我終生受用，我甚為感激。

記得在大學一年級時，有一個必修科：讀沈宣仁教授的一本著作。書中提到希臘英雄亞歷山大說過的一句話：「父母生我，我亦以此為榮」。今日我也要同樣說，中文大學培育了我為學做人的道理，我亦以此為榮！我父親、哥哥和弟弟都在崇基學院待過，無論是教書，或是讀書，都和今日我站立的土地有著密切的關係。無論在課堂上和課堂外，都曾接受老師的教誨，同學們的激勵。無論在操場上，海灘上，山巔上，都有我們快樂嬉戲的蹤影。一旦畢業，各奔前程，一晃就是幾十年，大家都有了家，在盼望著兒女成才的時刻，我們也許可以回想一些往事，提供給今日的同學參考。

記得中文大學頒予我榮譽博士的當天晚上，馬臨校長宴請貴賓，按英國的慣例，主人是當時的港督麥理浩（Crawford Murray MacLehose）。我記得席間主要的談話是馬校長和中文大學諸位教授苦苦要求港府收回命令，容許中文大學繼續辦校以來的傳統，實行大學四年制。麥理浩很有英國紳士的風度，斯文應答，他認為要與英國看齊，因此港府堅持，要徹底執行英國皇家的命令，我受過美國反越戰的洗禮，對麥理浩的態度，極為詫異，整件事情充分表現出英國對中國人傲慢蠻橫的態度。

港府要求中文大學四改三的命令，雖然受到全校學生老師無數次的抗議，終究還是失敗了。一九九七年回歸前，大學被迫改制，港府如何威迫利誘校方，我不得而知。但是我看到的卻是香港最後一個港督彭定康（Chris Patten）在同一時間內，假惺惺地向全世界媒體宣稱：香港回歸以後，香港老百姓會喪失他們有的民主自由。

滑稽的是，在母親打點行李，送我去美留學的日子，我們都警惕地注意，不要走近裕華或其他國貨公司，據說香港政府會派人偷偷照相，送給美國領事館。事實上，父親有一個學生，就被當時的香港政府認為是特務，毒打了一頓，驅逐出境。

在這個背景下，我們年輕人多麼渴望中國的復興，希望在自己的土地上自主，不再誠惶誠恐地聽從英國人的命令，可是當時祖國正處於文革的動亂之中，無暇兼顧。我們的心情，就如文天祥被蒙古人俘虜，船經過香港海域時所做的詩句「惶恐灘頭說惶恐，零丁洋裡嘆零丁」！

離開母校四十六年了，一方面欣喜地看到學校的成長，已經成為一流的大學；一方面看到美國開始重視中國，和中國正式建交。近年來，看著中國改革開放成功，令我興奮不已，料不到當日在元朗田野、沙田郊外盼望國家強大的期望，終於有實現的一天！祖父和父母一生的奮鬥，就是希望見到中華民族復興。我們這一代人真幸福，能夠親眼看到中國在一窮二白的艱難環境下，成為不畏懼強權的有著真正主權的國家。

所以我今天題目第一句就說家國夢，但是坦白地說，我不喜歡用夢這個字，因為這不是夢，這是一百年來，我們先人胼手胝足、拋頭顱灑熱血得來的成果。我們雖然還在不斷地摸索，但是成功是必然的，因為這是正義的事情，也是老百姓的願望。

世界潮流，浩浩蕩蕩，順之者昌，逆之者亡！

我從小奮鬥，從父親去世直到今天，不曾灰心過。找到了明確的目標後，本著堅強的意志，不斷地努力，在師長朋友的幫忙下，無懼於失敗，屢仆屢起。人生一世，成敗得失，雖非個人可以決定，但是無論是國家或個人，只要抱著崇高的理想，願意拚盡全力向目標衝刺，成功的機會往往比別人高。

看到一些年輕人不求上進，遇到困難，或心焦暴躁，或灰心放棄，覺得很心痛。有些人更將責任推到別人身上，甚至使出流氓手段，又用冠冕堂皇的話來掩飾自己的無知。一些所謂學者，學問膚淺，卻大言不慚，甚至批評愛因斯坦等大家的學說，自以為夠勇敢，凡事不怕，就如當年義和團，說自己刀槍不入，終至八國聯軍入京，生靈塗炭。我們要時時警惕，切莫狂妄自大。人生一世除了飲食糊口賺錢外，還有很多事情值得去思考和創造，有人追求自然的真和美，有人要尋求心靈和大自然界的交流，有人要謀求一個美好和諧的社會。我們必須尊重社會，尊重大自然賜予我們的一切。

崇基書院前有一副對聯：

崇高惟博愛，本天地立心，無間東西，溝通學術。
基礎在育才，當海山勝境，有懷胞與，陶鑄人群。

這是一個何等崇高的境界！我畢業至今，始終牢牢記住這對聯，希望同學們不要忘記創校先賢的期望，即使移根他植，開花結果，也毋忘對聯啟示的境界，毋忘大學的傳統，愛我校，愛香港，愛祖國！

附：詩詞二首

崇基感舊（古風）

漁舟暮鼓成追憶，池畔垂楊舊相識。
同學校園樂少年，豪情壯志貫胸臆。
吐露波翻白鳥飛，鞍山月出彩雲歸。
水湄閒步放情懷，薄霧輕寒濕單衣。
勝景還須久徘徊，文章仍參造化工。

書墨尚求千古意，浩然養氣此園中。
落日樓頭尋舊影，少年心事竟誰省？
孤鴻振翅萬里行，海天空闊求絕頂。
可惜流年逝如梭，風雨猶憶教堂歌。
最是早春吟詠處，經台猶在未消磨。
母校悠悠五十年，故交龍躍不知數。
莘莘學子俊如斯，使命高材豈辜負。
南國喜聞天氣暖，年年詩友樂弦管。
滄浪月照酒杯深，莫負天涯憶舊斟。

注：崇基書院乃香港中文大學其中一書院，面臨吐露港，遠眺馬鞍山。作者於一九六六—一九七〇年間就讀於此。

揚州慢

南國明珠，四方才俊，當年錦繡前程。
長風破萬里，壯志對山青。
自西虜落旗去後，金迷維港，士不言經。

醉黃昏，子規啼月，過誘京城。

孫郎懷抱，到如今，重到須驚！
算暮鼓晨鐘，中華夢好，誰念衷情？
虎門鐵炮何在，重洋外，先烈吞聲。
盼故人舊侶，勝地浴火重生。

注：十五年前，余遊倫敦，於大橋博物館見一大型鐵炮，長約十六英尺，細讀說明，始知此炮原屬虎門鎮臺之炮，英人擄之至此，以宣其國威！余實哀之，未知何年何日始見此炮回歸祖國也。以慰當年拚死守護虎門之廣東將士，以祭關天培將軍之魂也。今日倡議香港獨立諸君，未知其先祖曾經守國之役否？

本文由作者於二〇一五年六月十二日為香港中文大學所作演講稿整理而成，講座影片收錄於鳳凰視頻製作的《畢業歌》特別策劃節目中。

附錄四——我在柏克萊讀書的歲月

一九六八年，我在香港中文大學念二年級，老師認為我的數學知識已經不錯，應該早點畢業進研究院。但是學校堅持不肯，不肯的原因是校長李卓敏找了香港大學的副校長，一個做幾何學研究的黃用諏教授來測試我是否是天才，當時我並不知道李校長叫我去訪問黃教授的原因，黃教授將他當時的研究給我看，叫我幫忙去解決他提出的問題。我覺得他的問題意義不大，沒有提出辦法去解決這些問題，結果他得出一個正確的結論，丘成桐不是天才，只是測試天才的方法不見得正確，黃教授那篇文章也沒有辦法找到好的期刊發表。

但是我有一個極為熱情的數學老師，他名字叫做沙拉夫，他剛從加州大學柏克萊分校畢業，陪太太到了香港。我和他有密切的交流，我們合作寫了一套常微分方程的講義。他相當欣賞我的能力，認為中文大學已經沒有新的東西給我學習，所以他堅持我到美國去留學。他寫信告訴他在柏克萊的朋友薩拉森教授，請求他幫忙。薩拉森教授在複變函數理論是有貢獻的學者。他和沙拉夫很要好，願意幫忙。但是我在中文大學還沒有畢業，即使當時加州比較開放，沒有大學學位便進入研究院也不是容易的事。

首先我得申請研究院，要到公立圖書館和美國在香港的文化機構找資料和申請表，記得申請費用是美金十元。當時家境不好，對我來說，也不算是小數目。本來我想申請多間美國名校，但是沙拉夫教授堅持只申請柏克萊。大概柏克萊確是極負盛名，在數學上的名教授人數已經凌駕世界各地名校吧。只是孤注一擲，當時也是戰戰兢兢。我在中文大學的崇基學院讀書，老師們都支持我去柏克萊。我考GRE和托福的成績都還不錯，最後的決定權在加州大學。

當時柏克萊數學系管理研究生招生的是一位叫小林昭七的日本教授。他是微分幾何學名家，跟隨幾何學大師陳省身先生，他看了我的申請表以後，極力推薦。小林教授已經去世多年，在我申報柏克萊研究院後四十八年，才知道當初的光景。我在東京大學做高木貞治講座時，見到在柏克萊時期認識的落合卓四郎教授，他曾經是小林教授在柏克萊的博士後。他告訴我，小林教授認為他大膽地破格錄取我做柏克萊的研究生是他一生最重要的功績之一，這樣的說法使我極為驚訝。我申報柏克萊時預計學習的數學是泛函分析，而小林教授卻是幾何專家，雖然不至於風馬牛不相及，但也是有一定距離，由此可見他的心胸廣闊，類似當年熊慶來教授提拔華羅庚到北京清華大學讀書，使人感動。陳省身先生是柏克萊最具影響力的教授，當時柏克萊的數學系，雖然不至於每件事都會唯陳先生馬首是瞻，但在收中國學生，尤其是破例的情況下，非由他拍板不可。去柏克萊讀書是我一生前途的轉捩點，我對這兩位長輩非常感激。

中三時在《明報月刊》上讀過一篇轉載的陳先生寫的簡短自傳，這篇文章給我留下深刻的印象。在這篇文章以前，我以為沒有中國人能在世界學術研究領域中引領風騷。文章雖短，卻使我眼界大開，有「大丈夫當如是」的感覺。

然而有志而無門也不行。托先父之靈祐，母親之養育，一眾數學前輩之提攜，終於進入了當時數學學科的少林寶寺。

我第一次和陳先生見面大約是一九六九年的五月中，中文大學首任校長李卓敏先生是陳先生在柏克萊的同事和老友，中文大學第一次頒授榮譽博士，陳先生欣然接受，實在是中文大學的光榮。大學頒贈博士是件大事，輪不到學生在場。我見到陳先生，是通過當時崇基學院的數學系主任特納—史密斯博士的引薦。陳先生臨行前，在香港大學數學系作演講，講的是微分幾何學的極小子流形的問題，我以後成為這些問題的專家，但是當時我還沒有決定念幾何學。香港懂得幾何學的學者不多，只有當時香港大學的副校長黃用諏先生，學習的幾何專業比較狹窄，對陳先生的演講反應不大。陳先生講完後，和我寒暄兩句就走了，他倒是說，去柏克萊後，他的研究生梁樹培從前在香港讀中學，可以幫忙我解決初到柏克萊時住房的問題。以後我在柏克萊找到房子住好後，和梁樹培夫婦有相當多的來往。

一九六九年九月一日，我風塵僕僕，身上懷著從朋友借來的一百美元，坐上泛美航空的飛機，經過東京、檀香山再飛往舊金山。這是我第一次乘坐飛機，三年前我的中學同學去柏克萊念書還需要坐船的，時代確是不停地在進步。我離開香港時，母親、弟弟和幾個姊妹，及一些同學來送別。就如古代兵士出征一樣，根本不知道甚麼時候會重見母親和家人。但是去美國留學是要幹一番事業的，無論是我母親和我自己，都不覺得悲傷。

在飛機上，空中服務員招待乘客很是周到，在檀香山機場，還每人送了一串花環，這都是相當新鮮的經驗。

到了舊金山，薩爾森教授親自來接我的飛機。加州的藍天白雲，空氣清新，使我精神一爽，以為是天上人間。但是薩爾森教授的打扮有如電影中見到的嬉皮，使我吃了一驚。

對我來說，到美國後第一個要解決的是住的問題。我們車子開到柏克萊沙圖克（Shattuck）

大街旁邊的一條橫街，有一間YMCA（基督教青年會），每天租金十元，就決定住下來，再去找房子。提著行李上樓時，一大幫人正在圍著電視，大呼小叫，原來是棒球比賽。上到住的房間，裡面是一個大廳，有六張床位，我住在門口那張床，旁邊住的是一個巨大的黑人。這位仁兄，一見到我來，興奮得很，他說：「Man! Where the hell you come from?」由於他塊頭實在太大，又睡在我旁邊不遠，不敢不存尊敬之心。交談之後，倒是學習了一些美國的黑人文化。

暫時安頓下來後的第一事，是找個餐廳吃飯。在YMCA旁邊，有個標準的美式中國餐館，飢不擇食，覺得飯菜不錯。第二天一大早到系裡拜訪，辦理入學手續，教授們見到我，都好像認識我，大概我沒有畢業便到柏克萊當研究生是稀罕事，系裡曾經討論過吧。見到當時的理學院長艾爾伯格，很是友善。離開的時候碰到林節玄教授，他大概三十歲不到，很親切地問我有甚麼困難，我告訴他獎學金要等一個禮拜，帶來的錢可能不夠，沒想到他立時借了一百元給我。

因此，我可以安心去找住房。當時國際樓已經住滿了人，只得在街頭巷尾看招租廣告。一般房間太貴，結果發現到處都是找房子的學生，交談起來，相逢何必曾相識。終於找到三個研究生，共同租用一個兩房一廳的公寓，在二一一八錢寧路（Channing Way），就在沙圖克大街旁邊，步行到數學系約二十分鐘，算是完滿解決住房問題。

很快就要上學了，陳先生當年休假，到紐約去了。系裡有幾個中國教授，我和伍鴻熙教授比較接近，他和林節玄都是廣東人，談起來比較起勁。當時決定修三門學科，其他旁聽。三門學科是

1. 代數拓撲學，由史班尼爾教授，
2. 微分幾何學，由羅森教授，
3. 微分方程學，由莫瑞教授。

羅森剛剛從史丹佛畢業，年輕有為，其他兩位卻是資深教授。莫瑞從哈佛大學畢業，師從喬治・貝克霍夫，是非線性偏微分方程大師，也是該數學領域的創始人。

每天一早做早餐，吃完後，做好三明治，到學校上八點鐘的討論班，中間不停，午餐在班上吃帶來的三明治。一直到下午五點才回家。

回家路上有不少書店，我喜歡去找尋剛出爐的新書，雖然不便宜，我也忍痛買了不少好書。記得莫瑞的書剛剛出爐，十元一本。雖然不便宜，還是買了，這本書一直陪著我。也買了米勒的書，這些書都直接影響了我的研究。當時我寄給我母親一半的獎學金來補充家中的生活費，剩下的不多，但是自己在家燒飯，用費不多，買書的錢還是有餘力的，尤其是買到一本好書，更是樂也融融。

為了省錢，我和幾個室友嘗試一起吃晚餐，我的室友，一個由香港來，念圖書管理，叫潘銘燊；一個來自臺灣，讀醫學，叫賴明詔；另外一個來阿拉斯加州，也讀數學，叫佘恩，都是不錯的學者。不幸的是，我做的飯，除了自己外，沒有人欣賞。所以合夥不久後，就各自為政了。為了節省時間，我堅持我的時間表：從打開冰箱到洗完碗，不得超過半個小時，我都辦到了。

剛到美國，很多習慣不熟悉，我的老師薩拉夫也回到柏克萊，他有次請我到他家開派對，沒有想到他們輪流抽大麻，我不好意思，還是拒絕了。

有次過感恩節，我參加另外一個朋友的火雞派對，他們先告訴我要交換禮物，但是價錢不能超過一塊錢。我到百貨公司買了個小小的鎮紙玻璃，結果沒有人要，使我狼狽不堪。

很多朋友都認為我應該喝酒，事實上，我沒有這個能力。有一次，數學系到柏克萊山上的條頓公園（Tilden Regional Park）旅遊，所有食物和飲料不收費。莫瑞教授開車送我這個學生一起參加。我以為啤酒無礙，飲了一大杯，不夠半個鐘頭，我就覺得昏昏沈沈，趕快求救於莫瑞教授，沒有想到他願意即刻送我回家。回家後，躺在床上，從下午三點睡到明天中午，一覺醒來，陽光普照，才知道自己身體的弱點。

記得剛開始讀代數拓撲學時，我嚇了一跳，因為我在香港花了一個暑假將法國尼可拉斯・布爾巴基（Nicholas Bourbaki）的拓撲從頭讀了一篇，也辛苦地做完所有習題。我以為我已經是拓撲學的專家了。結果發現代數拓撲學不是我心目中的拓撲學。史班尼爾教授喜歡在課堂上問學生反應如何，一般來說，反應熱烈，但我都聽不懂他們在說甚麼。還好，史班尼爾的新書剛剛出版，我到學校的Coop書店花了五塊錢買了一本被用過不久的舊書。每天晚上花兩個鐘頭讀，再將習題都做了。過了兩個禮拜，總算都聽懂了，也知道很多大放厥辭的學生其實沒有搞清楚內容，並開始欣賞拓撲學的美麗，對於基本群的觀念感覺很好。

十二月中後，大部分學生都回家去過聖誕節了，校園冷冷清清。家裡那幾位都去找女朋友，我孤身一人，雖然和幾個中學同學有時碰面，但是志不同道不合，就整天躲在康普柏樓的圖書館中看書。柏克萊圖書館收藏了不少善本，使我震撼的是看到尤拉的著作，放滿了一個大書架。可惜是用拉丁文寫的，我沒有辦法看懂，只能望書興嘆！「雖不能至，然心嚮往之！」

我也瀏覽書架上的剛出爐的期刊，六〇年代數學家不如今日這麼多，所以期刊不多，我東翻翻西看看，真是開卷有益。在微分幾何的期刊上，我看到了名家米勒的一篇描述流形的曲率和基本群的關係的文章，給它的內容深深吸引。

我剛剛在幾何班上學懂了曲率的觀念，又搞清楚了基本群的意義。正在摩拳擦掌，希望有所作為，就一頭裁進這篇文章中，細細品味，也開始讀一些有關的文獻，嘗試找一些前人沒有考慮過的路線。路線倒是找到了不少，但是能否走完，則是另外的問題。

其中我遇到一個問題和幾何學無關，是群論的問題。當時的幾何學家都不學群論，一時之間，無從下手。正在反覆思考時，我突然想起，我在香港中文大學念書時，有一次茶會，和當時的系主任特納——史密斯教授有一段交談，我詢問他的博士論文是群論中哪一個方向，他大致上描述內容，並且指出舒爾和鮑爾做過的工作。我完全沒有搞清楚他說的工作，但是從這個小小的線索開始，我在圖書館花了一整天搜索，終於找到我需要的文獻，花了幾個禮拜，在冬季開學前，證明了一條有趣的定理，它跨越了拓樸學和微分幾何學兩門學問。我告訴羅森教授這個工作，他仔細看懂了我的證明，覺得不錯，就開始和我合作，繼續沿同一個方向走下去。

到了春季，我們證明了另外一條有趣的定理。那時我們每隔一天通電話，討論數學，一談就是一個多鐘頭，我不知道他太太對我們這麼長的談話並不高興。他們離婚時，他太太告訴我，她後悔當時常常抱怨我和她丈夫談數學，她寧願我們多談一些，讓他少點時間去找其他女人。

陳先生在六九到七〇年該學年休假。所以一直沒有見到他。四月底時他回來了，聽到我們的工作，很是高興。見到我時，笑容燦爛，至今猶歷歷在目。

羅森和我正在高興的時候，另外一位柏克萊的幾何教授伍爾夫也休假回來了，他寫過一本叫做《常曲率空間》（*Spaces of Constant Curvature*）的書，我讀過這本書，寫得不錯。他和我們交談後，指出我自己做的那篇文章，其實是他想過的猜想，他問了一些尖銳的問題，我都回答了，他很高興。第二天，用我的方法寫了一篇推廣我結果的文章。但是他對於羅森和我做的文章，卻顯得不舒服。原來他和另一位有名的幾何學家格羅莫爾做了類似的工作，做得更完美些，因此產生了一些爭執，羅森挺不愉快。我們兩篇文章都投到最負盛名的期刊《數學年刊》上去。第一篇很快就被接受了，第二篇卻被退了回來，羅森教授不很高興，我本人倒是蠻高興的，畢竟這是我第一篇被雜誌接受的文章。後來，第二份論文由陳先生作主，投到《微分幾何學報》發表了。

冬季的時候，我一邊和羅森合作論文，一邊還要考博士資格試。當時要考三門不同學科。第一場考幾何學和拓撲學，問了一些瑣碎而刁難的問題，其實當時柏克萊的教授已經知道我在做研究，大概考驗我在小問題上有沒有能力而已，我得了個B+。第二場考試考分析和偏微分方程，我得了個Ａ。第三場考試考代數和群論，我得了個Ａ＋。

考試結果有點啼笑皆非，因為它和我日後的發展剛好相反。但是值得慶幸的是，數學系決定繼續頒發ＩＢＭ獎學金給我，我不用為經濟問題擔心，可以放心地去參加各個不同方向的討論班。

除了我必修的三門課程外，我旁聽了多門學科，包括廣義相對論。廣義相對論只包含比較簡單的內容，對於我還是有影響的。

我也參加了偏微分方程的討論班，年輕的烏倫貝克也在，她喜歡在班上發問，學習的速度奇快。短期內將比較複雜的方程正則性理論學懂，同時做出一流的工作。幾年後，她和約翰森・薩克斯（Jonathan Sacks）發表了有關極小子流形的工作，這項工作在幾何分析的影響很大。我本人的工作也受她的影響。

我還參加了由安德魯・歐格（Andrew Ogg）主持的數論討論班，主要討論自守形式。有一個很年輕的數論學家也在上數論的課，他叫多利安・哥德弗德（Dorian Goldfeld），志向很大，要解決高斯猜想，十多年後，他也真的解決了這個猜想。

小林昭七教授主持一個複幾何和代數幾何的討論班，討論小林距離（Kobayashi Metric）和法蘭高猜想，落合卓四郎經常參與討論，那是關於局部埃爾米特對稱空間（locally Hermitian symmetric space）的工作。亨利・赫爾森（Henry Helson）、查爾斯・杜品（Charles Dupin）和根納季・費爾德曼（Gennadiy Feldman）等人在調和分析、遍歷理論（ergodic Theory）和無限維空間上的調和分析的討論班我也參加了。

有空的時候，我還去工程學院聽課。記得有位教授叫做約翰・羅德斯（John Rhodes），他的研究是半群和機器的理論，我雖然去聽他的課，但是不敢恭維。

當時柏克萊有一大群的優秀研究生，其中佼佼者為瑟斯頓。我和米卡斯及約翰・米爾森（John Millson）比較熟悉，當然還有很多傑出人才，畢竟我在一九七一年畢業時，有六十個博士畢業生。我和這些同學交流，得益匪淺。

七〇年的六月，我的老同學鄭紹遠從香港來柏克萊念研究所。剛好我的室友全部提早離開，由我管理這個公寓。他先在我的公寓安頓下來，我好幾個中學同學也來住了好幾天，包括在史丹佛讀化學的張文政，他喜歡我們另外一位女同學，但是佳人心在異邦之人。一場失戀，此後沒有再見到他，差不多五十年了，還會想念他寫的詩和詞。

在柏克萊讀大學的培正中學學生實在不少，其中一位叫王彬，他在培正中學時低我一年級，但是志氣高昂，他向我宣稱他的博士論文必須要解決龐卡萊猜想。他以後的工作不錯，雖不能至，然自有其興味。

幾個中學同學住在一起，玩了好幾天，樂也融融。然後我們決定清理房子，以便向房東拿回押金，工作兩天後，我請大家上館子大吃一頓，結果我的猶太房東諸多挑剔，一毛不拔拒還押金。本來可以向政府申訴，最後決定研究時間太珍貴，不該去浪費。

我和鄭紹遠搬到校園北方歐幾里得路上一間單房公寓，足夠兩個人的空間，房租也不過九十元一個月，這個公寓是一位臺灣學生黃武雄和吳貴美介紹，他們的人際關係比我強，喜歡和我聊天。在一次閒聊中提到這間公寓，他們的朋友剛剛要搬家，我就趕快定下來。新的公寓就在數學系不遠處，走路三分鐘可到系館，但是自從多了可以談天的室友，往往深夜四點鐘才睡覺。起床時間沒有控制，睡眼惺忪地衝到教室，真是不像話。

五月時，我請求陳省身先生做我的導師，他答應了。過了幾個禮拜，莫瑞教授卻希望我做他的學生，我還是決定跟隨陳先生，這是正確的決定，影響了我一生。不幸莫瑞教授很快就得了帕金森氏症，一代宗師，不久就去世了。

我原意希望在陳先生處學習陳類的理論，但是陳先生卻讓我自由發展，我花了不少時間學習希策布魯克在代數幾何的拓樸方法和黎曼曲面的理論。陳先生信任我，給我他辦公室的鑰匙，自由進出。他的辦公室很大，相當舒適，但那些都不是我的目的，一方面他有個打字機我可以用來打論文，另一方面我可以看到很多重要的文章。當時幾何和拓撲學的學者，在文章還沒有發表以前，都會先寄一份給陳先生，陳先生將這些文章堆在一起，不大看它們。我卻花了不少工夫去看，陳先生也讓我帶回家去閱讀，這樣子得到的數學知識確是不少。

陳先生在系裡每個禮拜主持幾何討論班，往往有四十多人參加，能夠被邀請演講是幾何學家的榮譽。九月多的一天，陳先生決定讓我在討論班講述我的工作，我倒不吃驚，講得還不錯。過了一個禮拜，他竟然對我說，你可以畢業了。我嚇了一跳！因為我覺得還有需要學習的學問，陳先生叫我回家想想。回家想了一天，還是決定尊重陳先生的意思，畢竟早點畢業可以幫忙家計。於是一面參加各個討論班，一面趕快將博士論文完成，需要自己用打字機完成。在這個時候，陳先生辦公室的打字機特別重要。一面寫，一面打字，但是很緩慢，同時需要不斷的改進，花了三個月才完成。

我的博士論文研究由幾何空間產生的基本群在曲率的影響下的特殊結構。我花了相當長的時間去學習俄羅斯幾何學派，尤其在聖彼得斯堡幾何學派的結果。我也注意到格里高利・馬爾古利斯（Gregory Margulis）在離散群的重要工作，在無限的離散群上可以定義一個度量，很多幾何學上的觀念可以參照米勒和帕維爾・亞力山德羅夫（Pavel Alexandrov）的方法，變成這些群上的觀念。這樣的做法可以提供無限群一些有力的幾何工具。我在這方面做了一些工作，但同時已經將注意力集中在幾何分析和複幾何理論，我認為這兩個理論要比群論更為深入更有意思。（我倒是很高興在十多年後見到俄羅斯數學家格羅莫夫同樣地用幾何方法來處理無限群的理論。）在這個學期，我的精力集中在研究卡拉比猜想、調和函數、調和映射及極小子流形等問題。

我對於複流形的等值化問題很感興趣，其中一個問題叫做法蘭高猜想，我也想證明非緊的有正曲率的凱勒流形必須和複歐氏空間等價。為了做好這兩個問題，我開始發展極小子流形和調和函數的幾何分析理論。在我做研究生時已經開始研究函數的梯度估計，這些研究成為幾何分析的一個重要部分。

當時我研究十九世紀中葉到二十世紀初期代數幾何和算術幾何的發展，覺得它們內容極為豐富，而它們重要的方法是用空間上函數的代數結構來決定代數空間的性質。我覺得這個想法很好，在一般的空間上，也可以用函數的結構來描述這些空間的幾何性質。這些函數必須要和空間的幾何有密切的關係才能派上用場，一般來說，他們都是線性或是非線性微分方程的解，但是函數的定義要推廣，有時是纖維叢上的截面。我花了很多工夫沿著這條路走，以後和大量的朋友和學生合作，解決了幾何上很多重要問題，大家叫這個學科為幾何分析。

一九七〇年有好幾件事影響著當時的大學。首先美國反越戰的示威愈來愈劇烈，各州軍隊開始進駐校園。在肯特州立大學的示威中，州警開槍學生喪命，引發全美校園激烈反應。柏克萊校園大門口塞葸爾校門（Sather Gate）不斷出現遊行示威，學生和警方對峙。這些抗爭在冬季已經開始，在數學系伊文斯樓就可以嗅聞到催淚彈的味道。在廣場旁邊的大課堂上課時，從狹窄的窗口望出去，就看到學生扔石塊，警察放射催淚彈，然後扭打在一起的慘烈鏡頭。

到了春季，學生罷課，很多教授響應。史班尼爾不上課，羅森剛開始時在家裡開課，過了兩個禮拜，也就不了了之。莫瑞的課只有我一個學生，到他的辦公室上課。他花不少工夫備課，有時一起去圖書館查閱文獻，莫瑞教授的教誨對我影響良多。史班尼爾本來預備教授譜序列（spectral sequence）和有關的問題，可惜沒有聆聽到專家的教誨，以後做同倫理論時未能得心應手。

由於和鄭紹遠同住，常常見到一大批人在黃昏過後來串門。我離開香港時，母親幫我買了個小茶壺。當時我喜歡與來訪客辯論，談天說地，泡了一壺茶，一談就是兩三個鐘頭，真是浪費時間。鄭紹遠說我口水多，但是辯論總是輸給女同學。常來訪問的有楊建平和余經昌，有時候也會見到萬業輝、張聖容等臺灣來的同學。

對於我們生活產生大改變的事情是釣魚臺運動。大概是七〇年九月中校園裡的學生和教授開始聚會，我和幾個朋友都參加了，開始時討論日本人和美國人勾結，侵占我們領土的事情。當時中國大陸和美國沒有任何來往，參加會議的群眾決定要求臺灣領事館派人來解釋。但是他們來了以後的解釋，令大家不滿。於是決定在十月時到舊金山遊行示威。一大清早，由楊建平開個破車，鄭紹遠、余經昌和我到中國城，和各路人馬會師於廣場中，正在慷慨陳辭的時候，一陣混亂，原來中國城裡一批流氓叫華青的跑進群眾中打人！站在我旁邊的余經昌，他的眼鏡被打破掉在地上。余經昌氣急敗壞，揮拳還擊。可幸的是，這些流氓很快就散了。我們大隊繼續遊行，跑到臺灣和日本的領事館抗議，可是他們不肯接受抗議書，大家都憤憤不平。

讀文科的同學開始組織起來，主要的人有劉大任、郭松棻、李怡等人。他們編了一分報紙，叫做《戰報》。我和鄭紹遠沒有寫文章，卻幫忙做些小事，摺摺報紙，幫忙排演話劇（曹禺的《日出》）等等。沒料到的是中國同學會中有幾個香港英文中學畢業的學生出來搗亂，宣稱釣魚臺屬於日本，於是兩派相爭中國同學會的領導權。選舉前一個禮拜，大家到處拉票，大戰一觸即發，所幸萬眾一心，他們沒有得逞。慶功會上，香港同學高唱著「中國勝利，日本掃地」。很多中國著名學者在美國的主要媒體刊登廣告，支持中國關於釣魚臺的主權。

這次事件改變了中國學者在海外獨善其身、不問政治的局面。但是另一方面，不少中國教授包括柏克萊的陳世驤、哥倫比亞的吳健雄等，卻要求他們的學生和博士後不要參與這些運動。

不久，同學開始嚮往文化大革命，研讀《毛語錄》，並放映了很多國內的電影，其中包括毛主席天安門檢閱百萬紅衛兵的影片。他們也開始到處串聯。我和鄭紹遠住的小小單房公寓居然也有一位普林斯頓來的姓鄧的學生，素未謀面，打個地鋪，一住就是一個多月。

七一年春季，陳先生生病，入院一個多月。我們幾個同學去探望他。他也勸我們不要花太多時間在運動上，首先他批評劉大任他們辦的《戰報》水平太低，遠遠不如魯迅的文筆。然後他說，人生在世，不是為名，就是為利，何必花這麼多工夫在這個運動上。這一點跟我的想法大相逕庭，嚇了我一跳。

那年，陳先生六十歲，出版了一本新書《無位勢論之複流形》（*Complex Manifolds without Potential Theory*）。他送給我一本，並且在書頁寫上勉勵的說話：「余生六十歲矣，薪傳有人，願共勉之。」這段話，我珍之寶之，至於今日。

七〇年十二月我申請工作，不到一個月，就接到所有申請地方的聘書，很明顯，陳先生寫了很好的介紹信。哈佛大學、普林斯頓大學、普林斯頓高等研究院等著名機構都要聘請我。哈佛大學給予我三年的聘書，每年一萬四千五百元。高等研究院給予我一年聘書，年薪六千四百元。我跑去向陳先生報告，他早已知道結果。然後告訴我，一個數學家一輩子總要有一段時間在高等研究院待一陣子，就這樣，我連薪酬都沒有機會告訴陳先生，就決定了去高等研究院。坦白說，能夠這樣做，都是因為陳先生和我都對我的前途充滿信心。

我畢業的時候，由於柏克萊害怕學生鬧事，取消了畢業典禮。陳先生卻寫了一封信給他的老朋友中文大學校長李卓敏先生說，中文大學沒有讓成桐畢業，但是他做得很出色，中文大學應該頒給他榮譽博士。校長沒有心動，但是十年後，繼任的馬臨校長卻真的頒給我榮譽博士。

七一年的春季，陳先生提議我到東岸，和當地的數學家交流，解釋我的工作。他和石溪的西門斯很熟悉，就叫我先去石溪。但是我發現石溪的教授們根本搞不清楚我去他們學校的目的，我自己也搞不清楚。在陳先生盛名之下，他們只得接待，可是沒有旅館給研究生。幸好當時羅森剛好也在訪問石溪，頭兩天我在他家的沙發上睡覺，他太太不高興。我透過朋友的關係，在石溪的宿舍裡找到了房間，就搬出去住。

和臺灣的同學交流，使我大開眼界。由於我讀數學，他們對我興趣很大，原因是一本由臺灣作家於梨華所寫的名叫《又見棕櫚，又見棕櫚》的小說，其中提到兩位「豬一樣的數學家」兄弟。他們很想知道這兩個數學家的真實故事，但我只是認識其中一位，無可奉告。話題一轉，他們告訴我中國與美國和談的可能性，故此要儘快利用機會，在旅遊業和出入口方面撈一把。我很佩服他們在謀利方面靈活迅速的頭腦，假如用在研究上，應該有很大的貢獻。

西門斯叫我在數學系做一個座談。當地一個幾何學家叫李奧納德・查勒普（Leonard Charlap）的，他的專業是平坦流形（flat manifold）。他剛寫了一篇文章，在《微分幾何學報》發表，我有不錯的改進，也寫了一篇文章。座談就講那個題目，反應還不錯。但是今天再看這個工作，實在不登大雅之堂。無論如何，我在石溪也結識了不少朋友。

在回柏克萊的路上，先去紐約。我受柏克萊保釣會的委托，去見哥倫比亞大學保釣會主席李我焱先生。沒想到李先生說了我一頓，責怪柏克萊保釣會和紐約不同調。其實我只是一腔熱血，和保釣會的行為指揮並無任何關係，是以無言以對。

回到柏克萊後，陳先生正在研究院教授一門微分幾何的課，間中出差，就找我代課。陳先生認為我教書經驗不足，就安排我教暑期班。教的是有限體上的射影幾何，我其實沒有學過這門課。但是問題不大，找了不少參考書，又得到林節玄從前教過這門課的講義。但是沒有料到的是，我的口音太重，開講後兩天，一位學生很不滿意，向系主任和理學院長投訴。陳先生派了伍鴻熙到我班中聽課，覺得還可以。幸好那位學生熟悉了我的口音後，認為我的課程內容和解釋都很好。向系主任和院長再度報告，此事才告一段落。

在柏克萊讀書這一段時光，雖然只有兩年，但是我一生研究學問的開始，我嘗試到創作的興趣，立志要做大學問。師友交流的陶冶，使我一生受益匪淺！由於釣魚臺的運動，我也了解到國家的興亡，無論在國內和國外的知識分子都有責任！直到如今，我還保留初心。

衣沾不足惜，但使願無違！

（二〇二一年四月十二日，晚間七點二十至九點四十五，北京清華大學南區地下學生活動中心。求真書院數學史第一講。）

附錄五——對〈卡拉比—丘定理流形綜述〉一文的評註

本文將談論我對卡拉比猜想的證明——我得到證明前後的歷程，部分內容曾在我與史蒂夫・納迪斯（Steve Nadis）合著的書《丘成桐談空間的內在形狀》（*The Shape of Inner Space*）中描述過。

在研一時，我就學習了米勒關於曲率與基本群的論文。我還讀了希策布魯克的《代數幾何中的拓撲方法》（*Topological Methods in Algebraic Geometry*）和沃爾夫的《常曲率空間論》（*On Spaces with Constant Curvature*）。黎曼流形的曲率概念，深深吸引著我。我推廣了普雷斯曼的論文中的結果：具有負曲率的緊流形的基本群的阿貝爾子群是循環群。

讀這篇論文時，我就琢磨：如果將條件曲率嚴格負放鬆成曲率非正，結果會怎樣？我成功證明了此時基本群的任意一個可解子群可用流形中的一個全測地平坦環面表示。我是在一九六九年聖誕節假期完成這一工作的，當時我在柏克萊大學的康普柏樓（現在歸天文系使用）的數學系圖書館讀米勒的論文。一九七〇年一月開學時，我把結果呈給羅森看，他當時正講授一門微分幾何的初級課程。

他為此非常激動，問了我許多關於這種流形的問題。我們開始研究一個相關問題：非正曲率緊流形的分裂定理。我們證明了，當基本群中心平凡且可以寫成兩個子群的乘積時，流形可以分解為兩個黎曼流形的度量乘積，並且這兩個子群分別為這兩個子流形的基本群。由於技術上的原因，我們假定流形是實解析的。我們非常努力地研究這個問題，我記得幾乎每天我們都互通電話，而且每次交流想法幾乎都超過一個小時。我當時並不知道他的妻子對此不快。幾年後，當他們離婚了，我才從他的前妻那裡知道，這曾經令他們的關係愈加緊張。

陳省身和沃爾夫都是柏克萊大學的資深幾何學家，不過他們那段日子恰好都外出度假。他們大約在五月回到柏克萊大學。羅森向他們彙報了我倆的工作。陳省身是最德高望重的華人數學家，而沃爾夫是他在芝加哥大學的博士生。如前所述，我曾深入學習過沃爾夫的優美著作《常曲率空間論》，因此早就知道他的大名。

陳省身對我們的結果非常贊賞，而沃爾夫則不甚愉快，因為他和德特列夫・格羅莫爾正在獨立地研究分裂問題。不過他喜歡我的第一個結果，並告訴我，他曾在一篇論文中就此提出了一個猜想。現在很難回憶究竟發生了什麼。但是當我和羅森將論文投稿給《數學年刊》時，第一篇論文被接受了，而第二篇則被退回。也許是因為陳省身的推薦，第二篇論文後來被《微分幾何學報》接收。

當時西門斯正在石溪組建數學系，他想聘請羅森，後者正度每七年一次的假，一九七〇年秋季學期在巴西，一九七一年春季學期在石溪。西門斯從羅森那裡聽到了我的故事。他告訴羅森，如果我完成這兩篇論文，他會很樂意聘用我。

一九七〇年夏，我請求陳省身教授做我的博士論文指導教授，他同意了。不過，還沒過三個月，他就建議我將關於非正曲率流形的工作作為論文。

由於我覺得我還有許多東西要學，我其實是不太情願地接受了他的建議。在博士論文中，我寫下了利用幾何研究組合群論的想法，後來被格羅莫夫在二十世紀八〇年代深入研究。（當我還在香港念大學時，我研究了普哥理諾夫和亞力山德羅夫的著作，我曾設想它們可以應用於群論，而後來馬爾古利斯和米勒的工作恰好體現了類似的想法。）不過我想轉向幾何這塊沃土的其他領域，因為我覺得開拓幾何學的疆域，應該有助於解釋和描述物理世界。

在一九六九—一九七〇這一學年，我在柏克萊大學參加了許多討論班，包括小林昭七和落合卓四郎主持的一個複幾何討論班，我從中學到許多複幾何知識。在小林昭七的慶祝會議上，我從落合卓四郎那裡得知，在一九六八年，小林昭七是柏克萊大學招生委員會主任。他一錘定音，要求柏克萊大學接收我並給我最高的獎學金。我對他萬分感激，因為這份獎學金對我來說真的非常重要。在研討班結束時，小林昭七給了我一份他關於雙曲幾何的尚未出版的著作的全部手稿。我很榮幸收到這份手稿，並通讀了它。我對他定義度量的方式印象深刻。手稿的內容對我日後的工作產生了重大影響。

我開始學習廣義相對論，里奇張量描述了宇宙中的質量分布這一事實令我非常激動。愛因斯坦方程表明，在各種曲率中，里奇曲率恰是類型匹配的曲率，它與度量的獨立變量的個數吻合。

那時我在跟莫瑞學偏微分方程。我有了這樣的想法：推動幾何研究的一個富有成果的方式是利用分析和偏微分方程的有力方法。因此，我決定盡全力去理解里奇曲率。

依照愛因斯坦方程式，里奇曲率為零對流形是一個非常優美的限制。它描述了愛因斯坦方程式的真空解。對我來說，一個非常根本的問題是：是否可以找到一個非奇異的緊真空，其全曲率不等於零？我覺得這個問題將是理解流形的里奇曲率的關鍵。

那時我在考慮如何構造具有非平坦的里奇平坦度量的緊流形*，沒人相信這樣的東西存在。我在一九五四年國際數學家大會的會議記錄發現，卡拉比對我所一直考慮問題提出了一個凱勒幾何版本。得知在凱勒幾何框架下這個問題更容易把握，我非常激動。此時里奇曲率優美得多，因為有第一陳類的曲率形式表達。愛因斯坦方程式本是一個張量方程，而在此時則化簡為一個純量方程。唯一的問題：這是一個完全非線性方程。

卡拉比告訴我魏爾對這個猜想很有興趣，但他確信，要攻克它，非線性橢圓方程的方法還不夠成熟。然而，由於它是理解里奇曲率的關鍵一步，我斷定，不論卡拉比猜想是否成立，其解答都將揭示里奇曲率的神祕結構，至少在凱勒幾何的範疇內如此。

因此，我覺得必須不惜一切代價解決卡拉比猜想。我記得曾告訴當時對凱勒幾何並不是很感興趣的羅森，在數學中，最激動人心的事情莫過於解決卡拉比猜想！

畢業後，我去了普林斯頓高等研究院。許多年輕的博士後都在那裡。對我來說，最重要的一位是希欽，他是阿蒂亞的助理。每天晚上，大部分年輕人會在高等研究院一起共進晚餐。我們會談論各種話題，包括數學。我和希欽談到了卡拉比猜想，最終我們得到的結論是它「好到難以置信」。唯一的問題是，如何構造一個反例。

*非平坦指黎曼曲率張量非零。而里奇平坦則指里奇曲率為零。

我上研究生時曾學習過格羅莫爾─梅伊爾（Meyer）的工作和切格─格羅莫爾的後續工作，給出了具有非負里奇曲率的流形的分裂定理。我研究了他們的論文，期待能夠幫助我找出反例。

如果卡拉比猜想成立，我們就能得到一些流形，其度量具有非負里奇曲率。我們想從這個度量出發推導一些結論，看看是否會得出矛盾。切格─格羅莫爾分裂定理在凱勒幾何中有一個自然類比，這將蘊含所謂的卡拉比─丘流形的結構定理。這是我意識到的一個事實，只要假定卡拉比猜想成立。

我和希欽還試圖利用歐拉數和指標的曲率表達（歸功於陳省身）來推導它們之間的不等式。這首先由陳省身、米勒和馬賽爾・柏格（Marcel Berger）完成，稍後還有阿爾弗列德・格雷（Alfred Grey）和約翰・A・索普（John A. Thorpe）。不過希欽給出一個漂亮的細化。基於這個不等式，希欽注意到，可以得到K3曲面的一個極強的約束：在K3曲面上，具有非負純量曲率的度量只可能是凱勒里奇平坦度量，這樣的度量當時還不知道是否存在。

對一般的愛因斯坦流形，也存在著類似的示性數之間的不等式。為否定卡拉比猜想，我們需要這些不等式的凱勒版本。這些不等式的極端情形由一些球、環面或複射影空間覆蓋的度量所實現。我試圖用它們來構造反例，但沒有成功。

富有戲劇性的是，卡拉比猜想在一九七六年被證明之後，我尋求反例的策略立刻變得非常有用，因為我可以用不成立的反例來證明強有力的定理。例如，我證明了具有豐富典則線叢的流形，可以推導出關於陳示性數的不等式。而等號的情形，則通過陳類給出了球面的商空間（空間形式之一）的優美刻畫。當第一陳類為零時，第二陳類與凱勒類的笛卡兒積非負。雖然我在一九七二年就知道這些論證，但我認為只有在卡拉比猜想被證明之後，發表這些結果才有價值。後來，當我證明瞭卡拉比猜想後，這些斷言被證明有趣且重要。

我在一九七六年完成了對卡拉比猜想的證明，當時我是加州大學洛杉磯分校的訪問教授。幾週以後，吉賽克爾告訴我蒙福德將做兩個報告，其中一個將在加州大學爾灣分校。當時我住在洛杉磯北部的聖費爾南多谷。我花了近三個小時驅車前往爾灣聽蒙福德的報告。對我來說，這是非常重要的機運，因為蒙福德提到了費多爾・保哥摩諾夫的工作，他對代數曲面建立了一種新的不等式。但常數仍不是最優的。我非常激動，因為那看起來很熟悉。當晚我回到家裡，看看我為了否定卡拉比猜想所做的工作。我發現最佳常數可以用我的微分幾何方法得到，而且這個方法可以推廣到高維，那是非常新奇的。我還發現，當最優常數取得時，流形被球所覆蓋。由此可以得到一個推論：每一個同胚於複射影空間的凱勒流形必全純等價於標準的複射影空間。在二維的情況，這是施維里的一個猜想。

第二天我給蒙福德寫了一封信，解釋了我的證明。他很高興。也許正是這個原因，幾年以後哈佛大學給我提供了教職。

宮岡洋一（Yoichi Miyaoka）也獨立地發現了保哥摩諾夫的代數方法可以加強，以證明二維情況下具有最佳常數的不等式。然而，至今為止，代數方法仍然不能處理等號的情況，因此複射影平面的複結構的整體剛性一直沒有純代數幾何的證明。

回到一九七三年。那年夏天，我參加了史丹佛大學的微分幾何國際會議，我仍試圖構造卡拉比猜想的反例。在會議期間，我告訴幾個朋友說我找到了這樣一個反例。消息很快傳開，於是我被要求就此做一個非正式的報告。大約有三十個人聚集在史丹佛大學數學系的三樓來聽我講述。我描述了我如何用切格—格羅莫爾結構定理構造反例。我構造了這樣一個代數曲面，其第一陳類是數值半正定的。我認為如若卡拉比猜想成立，我就可以構造具有非負里奇曲率的凱勒度量。於是我就可以應用切格—格羅莫爾結構定理而得到矛盾。

陳省身和卡拉比都覺得這是一個不錯的反例。而且陳省身說，這是整個會議的最大成就。兩個月以後，卡拉比寫信給我，要求我寫出反例的細節。

我很快意識到，某些地方出錯了，特別是數值半正定與真正半正定並非同一回事。我竭力弄清那一問題，非常努力地構造許多不同的例子。然而無一奏效，所有的論證都以一種微妙的方式坍塌了。我最終確定，卡拉比猜想應該沒有反例，因此轉而嘗試證明這個猜想（我利用的例子非常有趣，不過從未發表）。

一九七三年秋，我開始著手證明卡拉比猜想。但當時處理橢圓方程的技巧還沒有成熟到能夠對付完全非線性方程。當然，線性橢圓方程非常好理解。關於線性橢圓方程的許多估計為發展完全非線性方程的求解提供了關鍵工具。感謝極小曲面方程的激動人心的進展，多虧了莫瑞、納許、恩尼奧・德喬吉（Ennio De Giorgi）和莫澤的貢獻，許多人在擬線性橢圓方程方向上取得了進一步的成就。在另一方向，赫爾伯特・費德勒（Herbert Federer）、溫德爾・弗萊明（Wendell

Fleming）、弗雷德里克・奧爾格倫（Frederick Almgren）和威廉・K・亞拉爾德（William K. Allard）發展起幾何測度論的有力方法。不過幾何測度論是為與極小曲面有關的變分問題量身定做的，對像蒙日—安培方程這樣的完全非線性方程不是很好用。

說來也巧，通過陳省身的講義，我和鄭紹遠一直跟進著仿射幾何的發展，特別是卡拉比的關鍵工作。仿射幾何的目標是，研究仿射空間的超曲面在仿射群下的不變性質。在深入研究過的重要仿射超曲面中，有一類叫仿射球面——其仿射法線收斂到一點的凸超曲面。如果極限點是無窮遠點，即所有的仿射法線都平行時，那麼這個曲面由某個凸函數的二階微分矩陣的行列式等於常數來定義。這是實蒙日—安培方程，可以看成是出現在凱勒幾何的卡拉比猜想中的複蒙日—安培方程的實數版本。事實上，如果我們將實幾何複化，就恰好得到複蒙日—安培方程。這一事實後來出現在關於卡拉比—丘流形鏡對稱的幾何實現的施勞明格—丘—札斯洛（SYZ）綱領中。

一九八〇年在北京舉行了一個大型國際會議，由陳省身組織，稱為微分方程與微分幾何會議（顯然，我們讓陳省身相信了微分方程應該作為幾何學的一個重要成分）。我做了一個報告，討論幾何中未解決的問題。我認為定義在仿射流形上的實蒙日—安培方程提供了一條很好的途徑，讓中國數學家可以開始研究凱勒—愛因斯坦幾何。我和鄭紹遠合寫了一篇討論仿射凱勒幾何的文章，發表在該會議文集中。正是我們用基於凱勒幾何的方法研究仿射幾何的嘗試，沿著這一線路而引出了卡拉比猜想的一個類比。我們主要關注非奇異的仿射流形。雖然我認為這個題目很有趣，但可能的應用範圍被局限了，因為我們證明了，任何里奇曲率為零的緊致的非奇異仿射凱勒流形必定是環面。當我和施勞明格、札斯洛於一九九六年提出SYZ綱領時，我注意到，我們需要一個奇異的仿射凱勒流形，並且奇異集是一個具有指定單值性的餘維數為二的集合。SYZ幾何的範圍就大得多了，而且至今仍在開拓中。不論怎麼說，我和鄭紹遠在一九八〇年發表的這篇文章中，發表了實蒙日—安培方程的狄利克雷問題的第一個解，其證明我們在一九七八年就知道了。我們成功避免了對這類方程的直到邊界的二階導數估計，這在當時還是未知的。我們的方法是爆破邊界以避開邊界估計。結果得到一個在內部光滑的解。雖然解的梯度直到邊界都是利普希茨（Lipschitz）的，但它在邊界的光滑性並不顯然。在一九七四年的溫哥華國際數學家大會上，尼倫伯格曾宣布他與卡拉比一起解決了這個問題，但後來他們發現了二階導數估計中的一個漏洞，於是撤回了論文。幾年後，二階導數的邊界估計被路易斯・卡法雷利（Luis Caffarelli）、科恩、尼倫伯格和喬爾・施普洛克（Joel Spruck）得到，這是非常重大的突破。拿他們的工作與我和鄭紹遠早期的工作比較是有趣的。僅僅用內估計來求解邊界值問題，也許我們是頭一個。另一方面，他們得到了最令人佩服的邊界正則性，那是我好幾年以來一直都在孜孜以求的結果。因為這些結果依賴於不同的正則性假設，所以彼此獨立。我和鄭紹遠為了幾何應用而研究這些問題（對此內估計就夠了）。我們原本可以完全不用幾何語言重寫這篇論文，但我們沒有這麼做，這也導致了偏微分方程專家難以理解我們的論文。但我們得到的許多估計仍然有用。事實上，我相信，很久之後發現的關於實蒙日—安培方程的許多估計都可以從我們的幾何估計推導出來。

對我們來說，研究仿射球面的重要性在於，我們可以利用幾何方法來理解蒙日—安培方程的三階估計。這是因為，待求函數的三階導數定義了仿射幾何中的一個秩為三的張量，其古典的名稱是Pick型。可以發現，將博克納方法應用於Pick型富有成果。卡拉比是第一個對此展開研究的。他對維數小於五的拋物型仿射球面的實蒙日—安培方程，證明了一個伯恩斯坦型定理。我和鄭紹遠對此問題做了深入的研究。結果表明，對仿射球面的伯恩斯坦問題的求解，與二階估計有關：我們需要估計仿射度量的完備性。沿用我對非負里奇曲率流形上調和函數的梯度估計方法，我們成功地對實蒙日—安培方程給出了一個漂亮的二階估計。我們發現，利用待求函數來構造截斷函數是有意義的。

一九七四年春，我和鄭紹遠完成了對實蒙日—安培方程的伯恩斯坦問題的證明。我們非常滿意，並告訴了陳省身和尼倫伯格，他們也非常欣賞這一結果。我們還沿用我們的一般策略，解決了另一個伯恩斯坦問題，這也是卡拉比曾研究過的：極大切片問題。這類問題旨在證明，n維閔可夫斯基時空中的極大類空超曲面是線性的。卡拉比對低維情形成功證明了這一點。我和鄭紹遠應用之前的技巧成功地證明了度量的完備性，從而解決了這個伯恩斯坦問題。後來我的學生巴特尼克用一個類似的估計將這個結果推廣到廣義的時空，此前克勞斯・格哈特（Claus Gerhardt）考慮了緊致類空的版本。格哈特和巴特尼克的結果在經典的廣義相對論中扮演著至關重要的角色。

當我們把論文投到《純粹數學與應用數學通訊》（*Communications in Pure and Applied*

Mathematics）後，我們發現俄國幾何學家普哥理諾夫利用不同的估計，也對實蒙日—安培方程證明瞭伯恩斯坦型定理。一開始我們懷疑他在估計中犯了座標選擇的錯誤，不過後來我們意識到，他的證明是對的，而且我們對其方法之強大威力深表嘆服。很明顯，他對我們的工作也評價甚高，並且推薦我在赫爾辛基國際數學家大會做全會報告。

一九七四年鄭紹遠從柏克萊大學畢業，前往科朗研究所做研究員，而我則仍然留在史丹佛大學，與卡拉比猜想所需的估計苦戰。我的朋友孫理察和西門對我幫助很大。雖然我是在柏克萊大學跟莫瑞開始學習偏微分方程的，但偏微分方程的大多數經典理論，我是從西門的講義以及與他和孫理察的討論中學到的。非常幸運的是，我的辦公室與西門的緊鄰，而且孫理察也常來與我討論。我和孫理察幾乎每天都去一家叫作月宮的中國餐館共進晚餐。我們三個合寫了一篇重要的文章，討論穩定極小超曲面的曲率估計。我們對那篇論文非常滿意，然而居然被《數學年刊》拒搞，西門對此尤為憤懣。十多年後，審稿人在一次聚會醉酒後承認，那是他的失誤，因為他後來發現，他和他的學生迫切需要那一估計。

在對實蒙日—安培方程的二階估計有了經驗之後，我開始考慮卡拉比猜想中的複蒙日—安培方程的二階估計。我拿它與之前我關於施瓦茨引理的工作比較，我推廣了這一引理，以證明非負里奇曲率的完備凱勒流形的拋物性。正如我和鄭紹遠對仿射球面和極大類空超曲面所做的那樣，我需要證明所構造的凱勒度量的完備性。

施瓦茨引理比較了兩個度量：一個是給定的，另一個是待求的。此時我只能從蒙日—安培方程得到信息，而唯一的途徑就是對方程兩邊求導。不過不難看出，當應用了線性化算子之後，得到的各項會讓我們想起施瓦茨引理。

對度量的跡的拉普拉斯算子作用的計算結果，並不像施瓦茨引理那樣漂亮，因為曲率幫不上忙，這給我帶來很大的困難。不過那時我回想起我與鄭紹遠關於仿射球面和極大類空超曲面的工作，意識到利用待求勢函數作為一個輔助的截斷函數是有用的。因此在一九七四—一九七五年之交，我就能夠應用凱勒勢函數克服糟糕的曲率項，而得到度量的用凱勒勢函數（更確切地說，是待求函數）的一個估計。

在一九七五年的早春，我已經得到了所有用零階估計來表達的三階估計和二階估計，但是證明零階估計花了我更長的時間。我注意到，雖然卡拉比關於仿射幾何的思想可以有效地用於推導對實蒙日—安培方程的三階估計，但對卡拉比猜想得到類似的三階估計仍然是一項艱巨的工作。在具有負純量曲率的凱勒—愛因斯坦方程的情形，利用極大值原理得到零階估計，這只是一個簡單的練習。因此在一九七五年之前，我就知道了具有負純量曲率的凱勒—愛因斯坦度量的存在性。一年後，我得知奧賓也能獨立地解決具有負純量曲率的凱勒—愛因斯坦度量的存在性。

此時，我和西門都被授予斯隆獎。我不確定是誰提名了我。極有可能是奧賽曼，他曾對我非常友好，他對我早期的認可，我非常感激。

在一九七三—一九七四學年我的女朋友在史丹佛大學做博士後，不過一九七四年她轉到了普林斯頓大學的電漿物理實驗室。我打算用斯隆獎金去拜訪她。我犯了一個錯誤，沒有直接寫信給普林斯頓大學數學系主任，而是寫信給普林斯頓的項武忠，幾天後他告訴我，普林斯頓大學沒有辦公室了，請不必來。幾年以後，辦公室的問題顯然解決了，他們的系主任通過項武忠邀請我接受一份教職。

項武忠的回信讓我吃驚，只好打消了去普林斯頓大學的念頭，但我仍然要找一個機構訪問。當我在一九七四年春在柏克萊大學遇到尼倫伯格時，他告訴我，儘管那一年輪到他休七年一度的假，他仍然歡迎我訪問科朗研究所。考慮到鄭紹遠當時已經是科朗研究員，而且紐約離普林斯頓不遠，所以我決定訪問科朗研究所。我驚喜地發現，西門也決定用斯隆獎金去訪問科朗研究所。

那是一次非常愉快的訪問，我拜訪了庫朗研究所的許多傑出教授，如莫澤、約瑟夫・克勒（Joseph Keller）、亨利・麥基恩（Henry McKean）和斯里尼瓦瑟・瓦拉當（S. R. Srinivasa Varadhan），還有年輕的科朗研究員，如艾里克・貝爾福德（Eric Bedford）。

科朗研究所當時適逢雙曲方程特殊學術年，他們邀請了安德魯・瑪達（Andrew Majda）、詹姆斯・V・洛斯頓（James V. Ralston）和詹姆斯・湯瑪斯・畢爾（J. Thomas Beale）。這些研究雙曲方程的大家自然被安排在更舒適的辦公室，而我和西門則共用一間小辦公室。那對我們其實更好，因為我們在研究所一處安靜的角落。

我發現紐約人與加州人大有不同。起初秘書並不像我期待的那樣友好，但一旦她們跟我們熟了，就會非常友好。我仍然記得有一位笑聲朗朗的秘書，她曾為我的論文打字。

對我來說，訪問紐約的最大難題是住所。我找不到月租低於二百美元的住處，而且即便是有那種價格的房子，我也租不到，因為我只打算在紐約待四個月。我非常感激莫澤，他讓我住他在溫泉街（Spring Street）的公寓，那在我的租金預算範圍內，而且離科朗研究所不遠。在累得不想乘火車回家時，莫澤曾住在那裡。

我感到受寵萬分，因為莫澤是非常有名的數學家，而且在一九七二年我曾有幸在高等研究院聽他的馬斯頓·摩斯講座。他幫我搬到這個配有家具的單臥室公寓，月租只收五十美元。無論何時，莫澤都待我極好，他甚至有一次來公寓修理水管。

我每天步行到科朗研究所。唐人街在附近，我常與鄭紹遠一家走到那裡吃飯，有時是與貝爾福德一起。鄭紹遠的長子鄭兵出生在紐約，我常常帶著阿兵一起在附近散步。尤其可樂的是，二十多年以後，鄭兵成了我的博士生。我不做飯，經常去鄭紹遠家蹭飯，幾乎每晚都享受他太太做的美食。

我能夠繼續做我的研究，真是太美妙了。對我來說，一件奇妙的事情是，科朗研究所許多重要的課程在晚上開。我蹭了一些課程，其中之一是克勒的波傳播。我與鄭紹遠繼續合作研究實蒙日—安培方程。在幾個月內我們寫了幾篇文章，其中重要的一篇是我們對高維空間的閔可夫斯基方程的求解。

我們想到考慮這個問題，是因為尼倫伯格的博士論文在二維情形解決這個問題，同時還有魏爾嵌入問題。在我訪問期間，尼倫伯格正在外旅行，但他的辦公室離我很近。也許是他的精神啟迪了我們。我和鄭紹遠在非常一般化的條件下解決了這個問題，從非常弱的條件出發證明了弱解的正則性。在我們解決這一問題後，莫澤請我們在研討班上做報告。他對我們的報告非常滿意。不過在我即將離開科朗研究所時，我得知普哥理諾夫用完全不同的方法解決了這一問題。我們起初認為他的方法在正則性方面有問題，不過結果表明那是一項極其優美的工作。應該提到，當我還在香港讀大學時，我就學習了普哥理諾夫和亞力山德羅夫的著作，我為它們的深度所折服。另一方面，普哥理諾夫關於三維空間中的閉凸曲面在不帶正則性假定下的剛性的偉大工作，對我來說，至今仍是個謎。

除了閔可夫斯基問題，我和鄭紹遠還解決了其他幾個問題，包括一般的蒙日—安培型方程的狄利克雷問題。我們還談論了流形上的偏微分方程的一般理論。

一九七五年聖誕節前後，我離開科朗研究所返回史丹佛大學。在一九七六年第一季，我病得很重。因為當時還是單身，所以我在西門的家裡住了一週，以確保我無大礙。他的妻子珊卓（Sandra）當時外出旅行，而孩子則能夠自理了。在遇到困難時能有朋友拉一把，真是太好了。

與此同時，我開始對出現在卡拉比猜想中的零階估計有了想法，思路定型以後我立即著手研究。

第二季度結束後，我飛到普林斯頓大學去看女朋友。因為那一年孫理察已經畢業，我請我的另一個學生特里伯格斯照看我的汽車，那是一輛直背式大眾。能在我出行期間替我管車，他看來很愉快。我很感激我的秘書法蘭西絲・馬克（Francis Mak），她幫我把幾箱行李存到她家。

這次旅行非常成功，我贏得了女朋友的芳心，我們決定在洛杉磯結婚，因為她的下一份工作將在洛杉磯的ＴＲＷ。

我很幸運，有許多好友願意在重要場合幫忙。我寫信給巴列特・歐尼爾（Barrett O'Neill），我們在一九七三年的史丹佛大學會議上認識；還寫信給羅伯特・葛林，他熟悉我的工作。他倆都是ＵＣＬＡ數學系的教員。我告訴他們，我想去ＵＣＬＡ訪問一年，而且第一個季我可以用自己的斯隆獎金。問題很快就解決了。這讓我的未婚妻很驚訝，因為當時找到一份工作並不容易。我們決定在一九七六年九月初結婚。我們需要把她公寓裡的東西從東海岸搬到西海岸。在我開車的路上，我一直在思考兩個問題：卡拉比猜想的零階估計和龐卡萊猜想。對於後者，我在考慮用極小曲面或由常平均曲率曲面生成的葉狀結構。自我到了ＵＣＬＡ後，我和米卡斯在極小曲面方面發展了許多成果。而通過常平均曲率曲面研究葉狀結構的想法後來演變成與惠斯康的一個合作項目。這項工作是他來訪問加州大學聖地牙哥分校時完成的，當時他來討論廣義相對論中的重心問題。

如果我的未婚妻知道我開車時在思索這些問題，不知道她會怎麼想。雖然我當時不能寫下想法的細節，但幾個月後，這些想法最終一並湧出。

我的母親當時在香港，為參加我們的婚禮，她一路飛到加州。八月，我的弟弟丘成棟從東海岸趕來。我們沒有邀請多少人來參加婚禮。但是，住在柏克萊的陳省身和師母執意要來慶賀，他們的關愛令我們非常感動，這不是一場盛大到足以令像陳省身這樣重要的人物出席的婚禮。

婚後不久，我花了大量時間研究零階估計。在婚後幾週內，我的各種想法完美聚合，這對我來說就像一個奇蹟。我能夠利用方程的結構得到積分估計。上界估計相對容易一些，因為勢函數與一個多重次調和函數相近，而我對格林函數有較好的估計（我對熱核或格林函數的估計相當熟練，因為幾年前我曾寫過一篇相關的論文。）於是從一個平均值不等式就可以得到上界估計，困難在於下界估計。方程的結構，是基於凱勒形式為閉形式的事實，這允許我得到待求函數的估計。一旦我得到這一估計，得到下界估計就很直接了。

UCLA為我提供了很好的環境。我的小辦公室緊鄰葛林的。附近除了葛林和歐尼爾，還有許多精力充沛的年輕同事：米卡斯、吉賽克爾、葛林、斯坦利・奧捨（Stanley Osher）、洛斯頓和瑪達。還有許多訪問者，如威廉・霍埃卜施（William Huebsch），他曾做過關於特徵p情形的幾何不變量理論的有趣報告。我一直對吉賽克爾的工作感興趣，特別是他利用幾何不變量理論做的關於一般類型的代數曲面的工作。流形的穩定性問題不時縈繞在我心頭，我告訴吉賽克爾，我希望通過凱勒─愛因斯坦度量了解它。他與史賓賽・布洛赫（Spencer Bloch）關於豐富叢的陳省身數的正性工作也令我激動。直到那時，我們對後一問題，都沒有一個利用微分幾何方法的好的理解。我對吉賽克爾的工作印象頗深，曾建議史丹佛大學給他職位，但沒有成功。

抵達UCLA後的第一個學期，我開了一門研究生課程，遇到許多優秀的學生。我記得彼得・瓊斯（Peter Jones），當時是約翰・加內特（John Garnett）的學生。雖然他沒有聽過我的課，但我們有過許多熱烈討論，令我印象深刻。我記得班上有個學生統計我在課堂上犯了多少錯誤。在第二學期，我被要求上一門水平較低的課程，講授經濟類的微積分。大部分學生對學習根本沒興趣。我強迫他們努力學習並認真對待這門課，結果他們給了我很差的教學評鑑。當學校準備給我提供教授職位時，那些教學評鑑成了嚴重的障礙。UCLA不得不要求我在史丹佛大學的學生證明我是個好老師。

正如我前面提到的，當我在寫卡拉比猜想的證明時，蒙福德來到加州大學爾灣分校做報告。我從他那裡知道了代數幾何中的一個未解決的問題。我利用自己最近證明的關於凱勒—愛因斯坦度量的工作，解決了蒙福德提出的與此問題相關的幾個重要問題。不過最令我激動的定理還是第一陳類為零的流形上的里奇平坦的凱勒度量的存在性。卡拉比在二十多年前提出的這個優美斷言，是我自研究生時代就一直渴望證明的。

我非常謹慎，以保證我的卡拉比猜想的證明的所有細節沒有問題。我將證明檢查了三遍，發現一切都很滿意之後，才在一九七六年十月，通過陳省身推薦，在《美國科學院紀要》（*Proceedings of the National Academy of Sciences*）發表了一份通告。卡拉比猜想的一些推論是如此顯而易見，以至於我並沒有將它們寫進通告中，不過它們出現在我一九七八年的赫爾辛基國際數學家大會報告中。那時我的要務是周遊全國，讓專家相信我的證明是對的。恰好艾沙道爾•辛格邀請我去麻省理工學院訪問一個月。我接受了他的邀請，在十一月中旬抵達東海岸。不過我想首先去見卡拉比。因此我飛到了費城，在賓州大學待了幾天，卡拉比、卡斯丹和法蘭克•華納（Frank Warner）從頭到尾聽了我的報告。卡斯丹做了詳細筆記。

不幸的是，在未讓我知情的情況下，卡斯丹給奧賓看了那些筆記。一九七六年，奧賓曾獨立於我而證明了具有負純量曲率的凱勒—愛因斯坦度量的存在性。但是卡斯丹的筆記誘使奧賓鋌而走險宣稱自己解決了完整的卡拉比猜想。在我發表的論文末尾，卡斯丹寫了一個注記，承認他曾將我的證明細節告訴奧賓，這顯示了他的高風亮節。出於對科朗研究所的許多導師的尊敬，我於一九七六年底將論文投給了《純粹數學與應用數學通訊》，不過直到一九七八年才見刊。

我想與尼倫伯格討論，我一直將他奉為導師。當時他不在科朗研究所。因此在幾次磋商之後，卡拉比和我約好在一九七六年聖誕節去見尼倫伯格。我們很認真地通讀了論文，我很高興他們也認為證明沒有問題。不過，除了唐人街，我們很難找到吃飯的地方。

在去紐約之前，我在MIT待了一個月。我母親和弟弟成棟在哈佛，當時成棟擔任哈佛的本傑明．普爾斯教員。他們住在薩默維爾的一間小公寓。

我在MIT的時光有點沒勁，因為辛格為婚姻問題所困極其繁忙，而周圍又沒幾個幾何學家。不過我在MIT附近的公寓里有許多時間思考。事實上，就是在那段時期我完成了對卡拉比猜想證明的寫作。我花了許多時間研究某種奇異的凱勒度量，它沿著某一除子奇異。比起論文的其他部分，這部分的寫作花了我多得多的時間。有趣的是，我的一個學生後來居然努力給人營造這樣的錯誤印象，聲稱我對奇異的凱勒—愛因斯坦度量沒有做工作，完全無視我的第一篇論文中將近一半的篇幅討論這個主題。我的這篇論文以及我與鄭紹遠合作的另一篇論文，為奇異凱勒—愛因斯坦度量的許多後續工作定了型。

我在一九七六年訪問MIT時，有一天曾與辛格共進晚餐。他與我分享了關於楊—米爾斯瞬子的激動人心的工作，太美妙了。這最終引發了我對這一主題的興趣。六年後，我與烏倫貝克合作，完成了關於埃爾米特—楊—米爾斯聯絡的一項重要工作，埃爾米特—楊—米爾斯聯絡可以視為反自對偶的楊—米爾斯聯絡的推廣。我MIT訪問的許多時間都在哈佛大學的數學系度過，我在那裡做報告，並與一些代數幾何學家交流。我遇到了不久之前離開莫斯科的鮑里斯・莫西松（Boris Moishezon）和托多羅夫。我們討論了K3曲面上的里奇平坦度量。那時托雷利（Torelli）定理的證明是熱點，而週期映射是單射的性質剛剛被確立，即便對凱勒流形也是如此。這是由麥可・拉波波特（Michael Rapoport）和丹尼爾・波恩斯（Daniel Burns）完成的，他們推廣了伊利亞・皮亞特茨基—沙皮羅（Ilya Piatetski-Shapiro）和伊戈爾・沙法列維奇（Igor Shafarevich）在代數情形的重要工作。週期映射的滿射性質在西方尚不為人知，但已經被莫斯科的維科多・庫利科夫（Viktor Kulikov）建立了。不管怎樣，我告訴托多羅夫K3曲面上的那一度量，並告訴他我相信這個度量有助於對這些結果給出一個解析證明。托多羅夫表示贊同，並想出了前進的最好方法。他提議利用一束可以通過里奇平坦度量得到的有理參數的複結構，這已經為希欽所注意到。這個複結構束在托多羅夫的證明中發揮了重要作用。一些進一步的細節由蕭蔭堂闡明。利用蘇利文、托多羅夫和我的想法，蕭蔭堂證明了，每個K3曲面是凱勒流形。具有正定的(1,1)分量的閉二次微分形式的構造，可基於哈恩—巴拿赫（Hahn-Banach）定理。利用哈恩—巴拿赫定理來構造幾何對象的一般想法歸功於蘇利文。我曾被蘇利文構造度量以使得葉狀結構的葉片為極小曲面的想法所吸引。我向蕭蔭堂提議蘇利文的想法可以用來構造所需的二次微分形式。

當我在為赫爾辛基的國際數學家大會準備報告時，我勾勒出將完備凱勒—里奇平坦度量的存在性推廣到非緊流形的綱要，這比負純量曲率的情形要困難得多。

我明確寫出了將這些流形分類的綱領，證明了這種度量的存在性歸結為找出關於度量在無窮遠處的一個局部擬設。在我前往赫爾辛基做報告之前，我成功地證明瞭我的擬設奏效，只需假定無窮遠處的除子是非奇異的。我試圖將這一擬設推廣到一般除子，但沒有成功。最後，在一九八八年，為我從前的學生田剛的前途著想，我告訴他我的想法，並要求他完成完備里奇平坦度量的一個存在性定理，空間是法諾（Fano）流形的一個扎里斯基（Zariski）開集，其補集是非奇異的除子。

在我證明了K3曲面上存在完備里奇平坦度量之後，有兩個研究團隊都想寫出其顯式表達。一個是英國劍橋的吉朋斯和霍金，他們能夠用解析的方法延續愛因斯坦方程的經典解，此時度量的符號數為3＋1，例如陶布（Taub）管狀鄰域度量、科爾（Kerr）度量等。這是一項驚人的成就。吉朋斯和霍金利用這種方法來研究歐幾里得量子引力，使得他們能夠對一個黑洞賦予溫度。吉朋斯和霍金寫下的漸近平坦的里奇平坦凱勒度量，後來被希欽利用扭子（twistor）技巧推廣，彼得・克隆海姆（Peter Kronheimer）又做了更詳盡的分析。幾乎與此同時，通過在法諾流形上的叢空間構造凱勒—里奇平坦度量，卡拉比提出了一個簡單的擬設。卡拉比的構造其實是著名的江口—漢森（Eguchi-Hanson）度量，因其簡單性而更為人所知。我的構造事實上更一般化，儘管這個不那麼顯式。當除子奇異時，問題仍未完全解決。

我在這一領域的工作發表在一九七八年赫爾辛基的國際數學家大會的會議記錄。赫爾辛基國際數學家大會結束後，我回到史丹佛大學。在我的推薦下，史丹佛大學為蕭蔭堂提供了教職。他於一九七八年秋抵達史丹佛大學，從那時起，我提議他與我合作研究幾個問題。其中之一是法蘭高猜想，另一個是負曲率的緊致凱勒流形的剛性，對於後者我們想用調和映射的方法。

但事實上我們對具有正純量曲率的凱勒—愛因斯坦度量的存在性討論了許多。在此之前，我已經得到了凱勒勢函數的許多積分的估計。但要得到最終結果，它們還不夠強。當蕭蔭堂開始研究這一問題時，他效率極高，理解了所有這些估計，有的是他本人的，有些是我的。蕭蔭堂是勒隆數（Lelong number）方法以及相關研究的專家。在某些特殊情形，一定程度上可以用上這些方法，但是這一方法不足以提供我們所需的一般估計。自與他在史丹佛大學分別後，我們再沒有一起考慮這個問題，儘管我們都保留著討論的筆記。我們利用的是連續性論證，類似於我在卡拉比猜想中所做的。一個簡單的觀察是，在連續性論證中，基於卡拉比猜想的正確性，我們可以假設里奇曲率嚴格正。因此我們有一族帶嚴格正里奇曲率的凱勒度量，它們具有固定的體積和一致有界的直徑。問題是，證明這一系列度量的子序列的光滑收斂性。對這族度量，只需要得到待求的凱勒勢函數的零階估計，許多估計都是從我在證明卡拉比猜想中的估計得出的。

我在卡拉比猜想證明中的估計，後來被奧賓和更之後的田剛以不同的形式包裝了，他們稱這些估計為I泛函或J泛函。因為存在度量的一個連續族，因此可以用這些泛函對t積分，正如在我的論文中已經討論的。但結果與我原來的估計並沒有多大的不同，而且也沒有強到可以給出求解方程所需要的估計。原因是，其中的障礙當時尚未理解清楚。我注意到，基於霍爾曼德爾的某些論證，積分估計有時可以被改進，這是基於座標系下的待求函數加了凱勒勢函數之後的多重調和性。我在與蕭蔭堂的合作中學到這一論證，當時我們在研究流形到歐幾里得空間的嵌入問題。一九八五年當田剛成為我的學生後，我告訴他霍爾曼德爾型的估計。我們得到了一種不變量，我們稱之為阿爾法不變量。對於具有較大對稱群的流形來說，可以用它來證明凱勒—愛因斯坦度量的存在性。我後來發現，與此同時，蕭蔭堂也獨立地利用對稱的想法，對三次曲面改進了零階估計。

所有這些方法都用到連續性論證。荒謬的是，田剛在最近的一些報告中，將連續性論證歸功於奧賓；而事實上，連續性論證早在一百多年前就被發明了。當尤利烏什・蕭德（Juliusz Schauder）給出他的估計時他顯然就知道了。

在一九七八年之前，自卡拉比猜想被證明後，人們一般認為，具有正純量曲率的凱勒—愛因斯坦度量的存在性的唯一條件是第一陳類的正定性，加上聖母大學的松島與三（Yozo Matsushima）對自同構群提出的一些條件。如果度量存在，那麼自同構群是既約的。因此研究這一問題的人，包括板東重稔、滿渕俊樹（Toshiki Mabuchi）、二木昭人（Akito Futaki）和田剛等，廣泛相信這一點：如果沒有全純向量場而且第一陳類為正，那麼凱勒—愛因斯坦度量應該存在。利用向井茂（Shigeru Mukai）發現的一個例子，田剛說明了上述斷言是錯的。

然而，我已經意識到，對凱勒—愛因斯坦度量的存在性而言，穩定性的概念是必要的。凱勒—愛因斯坦度量的存在性蘊含了關於第一陳類所定義的極化的切叢的穩定性。因此，這是一個必要條件。我為這一事實激動不已。因為，這意味著，卡拉比猜想可以推出，對於第一陳類為負或等於零的流形來說，在蒙福德的意義下，其切叢是傾斜穩定的（slope stable）。這一事實還不曾以代數手段被證明。我猜測，對於第一陳類為正的流形來說，它不是自動成立的，而應該作為一個假設，我在一九八一年的瑞士國際數學家大會上提到了這一點。

穩定性的概念一直令我著迷，部分是因為保哥摩洛夫的工作。畢竟，他和宮岡能夠利用這一概念來證明我用凱勒—愛因斯坦度量所證明的同一個不等式。既然這個不等式絕不平凡，我深信在穩定性與凱勒—愛因斯坦度量存在性之間必有聯繫。

第一個具體情形需要將凱勒—愛因斯坦度量推廣到叢。在二十世紀七〇年代，由於辛格普及四維流形上的反自對偶叢的概念的巨大努力，幾何學家開始考慮構造它們。一九七七年，出現了阿蒂亞—希欽—辛格利用指標定理計算其模空間維數的著名工作。一九七八年，出現了ADHM（阿蒂亞、弗拉基米爾・德林費爾德〔Vladimir Drinfeld〕、希欽、尤里・伊凡諾維奇・馬寧〔Yuri Ivanovitch Manin〕）利用扭子理論和么半群構造（monoid construction）顯式構造四維球面上的反自對偶叢的工作。對高維流形表述類似的反自對偶度量，最自然的是考慮凱勒流形上的埃爾米特叢。

第一個好例子是卡拉比—丘流形的切叢。當一九七八年蕭蔭堂在史丹佛大學時，我對凱勒—愛因斯坦條件在叢上的推廣很有興趣。但直到遇見烏倫貝克之前，我都沒取得多大進展。她已經關注楊—米爾斯叢很久了，她從偏微分方程的觀點證明了這一領域的最根本的收斂定理。我們開始研究與全純叢有關的問題。如果聯絡是局部可約的，馬丁・盧布克（Martin Lubke）關於這種叢在蒙福德意義下傾斜穩定的必要條件的工作是特別有趣的。因此，我們假定叢是傾斜穩定的。

一九八一年，我被邀請在威爾斯召開的倫敦數學會年會做一個大會報告。我在倫敦入境時遇到困難，因為當時我沒有任何護照。我靠美國移民局發行的白卡旅行。我的護照狀態是無國籍的，我既沒有中國護照，也沒有美國護照，因此我在倫敦機場延誤了一個小時。他們問我來英國的理由，我用的是旅遊簽證，因此只好告訴他們我想去哪裡觀光。當我將Wales（威爾斯）誤說成whales（鯨魚）時，更是雪上加霜了。他們於是問我打算拜訪誰，我提到了劍橋大學的朋友希欽，他們才放行。

總之，當我見到希欽時，他告訴我，他有一個學生很聰明，名叫唐納森，他能證明，任何可以形變到切叢的穩定全純叢，容許有反自對偶度量（里奇平坦的卡拉比—丘度量）。我對此印象極其深刻，雖然這次旅行我沒能見到這位冉冉升起的新星，不過我已經考慮過一陣穩定叢上的埃爾米特—楊—米爾斯聯絡的存在性了。

當我返回普林斯頓大學後，我與烏倫貝克交談，並對這一激動人心的問題做了深入研究。

她去高等研究院做摩斯演講，做了關於極小球面和規範理論的工作的精彩報告，這些工作為幾何分析的未來發展打下了堅實的基礎。不過由於她的方法不基於幾何測度論，奧爾格倫對她不是很禮貌，尤其在喝酒之後。他公開宣稱，薩克斯—烏倫貝克的工作是錯的，他對莫瑞的工作也說了同樣的話。我不能說我對奧爾格倫在祝賀烏倫貝克的晚會上的表現滿意。

烏倫貝克在普林斯頓大學時，在我家待了幾天，我們的合作緊鑼密鼓，非常高效。埃爾米特—楊—米爾斯問題的正則性估計非常艱難。即便時至今日，證明各種穩定叢上的埃爾米特—楊—米爾斯的存在性的整個步驟依然必須經歷我們所做的各個步驟，除了二維情形唐納森是用博特—陳（Bott-Chern）形式完成的。當我與烏倫貝克研究埃爾米特—楊—米爾斯方程時，我對吉賽克爾穩定性的概念以及後來埃卡特・菲韋格（Eckart Viehweg）在高維代數流形上的工作非常好奇，它們都是來自幾何不變量的概念。讓我疑惑的是，流形的穩定性與切叢的穩定性好像沒有關聯。我曾多次請教吉賽克爾這個問題，但沒有得到滿意的答覆。

我最後確定，流形的穩定性是一種非線性的穩定性，而切叢的穩定性是一種線性的概念。而且，作為叢版本的埃爾米特—楊—米爾斯的類比，凱勒—愛因斯坦度量應該與流形的穩定性有關。因此這時候我提出了猜想，當第一陳類為正時，在幾何不變量意義下的流形的穩定性，應該是凱勒—愛因斯坦度量存在的一個條件。在一九九〇年UCLA的幾何會議上，我在《幾何學中未解決的問題》一文中正式發表了這一猜想，我還補充道，切叢應該穩定，因為那是一個必要條件。流形的穩定性可能蘊含了切叢的穩定性，這也許是凱勒—愛因斯坦度量存在的一個非平凡結論。另一方面，如果這不成立，那麼就可為我們所採用的方法提供反例。

為了建立一個綱領以證明這一猜想，我那時提出了一個預備猜想：凱勒—愛因斯坦度量可以用多重反典則嵌入被射影嵌入逼近。這是必要的，因為射影嵌入是穩定性的起源，而我們需要將這兩個概念聯繫起來。

許多人不相信我的「預備」猜想。我注意到這一猜想的一個推論是，一條高虧格曲線在射影空間的誘導度量可以有負曲率。有的專家不相信這一點，因為他們在試圖證明誘導度量的曲率應該具有某種正性。後來我將嵌入問題作為凱勒—愛因斯坦度量的存在性問題的熱身給了田剛。我花了十個小時向他解釋，為什麼我與蕭蔭堂此前關於漸近平坦凱勒流形的想法可以用於攻克這一問題。我給他解釋了如何應用峰值截面的概念，小平邦彥曾利用類似的想法。田剛在他的博士論文中寫出了證明，不過他顯然忘記了我與他的討論。田剛的論文中的收斂只是二階的，而高階收斂被我的另一個學生阮衛東在其博士論文中證明。

一旦證明了嵌入是良好的，富比尼—施圖迪（Fubini-Study）度量有一個自然的凱勒勢函數，那是截面的範數平方和的對數。這是柏格曼（Bergman）核。當我們用反典則線叢的k次方嵌入代數流形時，我們看到勢函數關於1／k的一個良好展開。許多作者，特別是陸志勤、大衛·凱特林（David Catlin）、唐納森和史蒂夫·澤爾狄奇（Steve Zelditch），深入地研究了這個問題。我對用射影嵌入逼近凱勒—愛因斯坦度量的提議，後來被唐納森從數值上實施了。而且，當意識到與嵌入問題有關時，我想到了二木不變量。在我證明卡拉比猜想之後不久，二木昭人推廣了松島關於具有正純量曲率的凱勒—愛因斯坦度量的自同構群的論證。他發現了定義在全純向量場的李代數上的一個特徵（character）。這個特徵可以通過對某個勢函數微分得到，而這個勢函數是（代表第一陳類的）凱勒形式與（由同一個凱勒度量所定義的）第一陳類的差。雖然這是一個漂亮的結果，但我一開始就認為，對凱勒—愛因斯坦度量來說這也許不是核心所在，因為大多數凱勒流形並不存在全純向量場。然而我很快意識到，我關於穩定性的猜想與作用在嵌入流形上的射影自同構群有關。二木不變量成為一個重要概念，應該被推廣以研究射影群在流形上的作用，儘管這個作用未必保持流形不變。我告訴田剛，這一作用至關重要，不過直到那時，他尚未理解二木不變量的重要性。後來他抓住了這一想法，與中國的丁偉岳合寫了一篇短文，丁偉岳曾是我在加州大學聖地牙哥分校的一名博士後。

我在普林斯頓大學時，有兩個學生在研究與凱勒幾何有關的問題：曹懷東和板東重稔（來自中國的鍾家慶也來跟我學習）。莫毅明剛從史丹佛大學畢業，成為普林斯頓大學的一名教員。我讓他們都對凱勒—愛因斯坦度量產生興趣，我告訴他們凱勒—愛因斯坦度量唯一性的重要性。令我感到驚喜的是，幾年以後，板東重稔和滿渕俊樹合作證明了下述重要結果：在至多相差流形的一個自同構的意義下，凱勒—愛因斯坦度量是唯一的。

一九八二年，當莫澤邀請我在蘇黎世召開的國際數學家大會上做報告時，我已經強調了穩定性對於存在凱勒—愛因斯坦度量的重要性。那時我對代數流形到射影空間的嵌入及其幾何含義更加熟悉。我和李偉光正研究拉普拉斯算子的特徵值估計。對黎曼曲面，我們認識到，在許多情形下，最優保角嵌入給出第一特徵值的最佳估計。

爾後我們將那篇論文推廣到嵌入到複射影空間的一般代數流形。我們發現了一個後來被稱為平衡條件的條件，這一條件源於我跟李偉光對子流形上的測度選擇的討論。後來發現，平衡條件與流形的穩定性有關——這一想法我曾經跟我的學生羅華章提起。

從一九八二到一九九〇年早期，我經常跟我的所有學生談起，凱勒—愛因斯坦度量的存在有賴於流形的穩定性。田剛之所以稱之為「一個民間流傳的猜想（a folklore conjecture）」，正是因為他多次聽我談到它。從一開始，田剛就誤導人們稱之為他的猜想，直到我向他指出，我已經發表了這個猜想。我也在一九九〇年的UCLA微分幾何會議上對許多聽眾做了報告。大約十二年前，唐納森散播了一篇文章，其中有一重要段落的標題是「關於田的猜想的討論」。他提到了他與田剛關於將凱勒—愛因斯坦度量的存在性與法諾流形的穩定性聯繫起來的美妙想法。在文章被傳閱一段時間以後，我的一個學生告訴我這個預印本。我寫信給唐納森並抄送給田剛，告訴他我的原始猜想。我花了一段時間澄清事實，直到我出示了在UCLA會議記錄上發表的關於這個猜想的陳述。最終田剛自己也承認是我所提出的那一猜想，並建議唐納森稱之為丘的猜想。但自那多年以後，仍然有許多數學家詢問我，我在哪裡發表了這個陳述。三年前，田剛在石溪的報告中，還稱之為民間流傳的猜想。

一九八五年秋，莫毅明和蕭蔭堂在哥倫比亞大學組織了多複變的會議。在莫毅明的邀請下，我帶了幾個學生包括田剛、李駿等赴會。蕭蔭堂給了一個關於一個特殊三次曲面上的凱勒—

愛因斯坦度量的存在性的報告。我對此沒有特別注意，因為卡拉比曾告訴我，他能夠對這一流形構造出具體的凱勒—愛因斯坦度量。

一九八六年秋，我把我的所有研究生都帶到德州大學奧斯丁分校，體驗他們提供給我的首席教授席位。我的大多數學生，包括田剛從前的老師張恭慶，都住在我租的一所大房子裡。一天，正在訪問蕭蔭堂的鍾家慶打電話告訴我，蕭蔭堂對田剛極其惱火，因為他認為田剛在抄襲他在哥倫比亞一個報告中所展示的結果。這一控訴令我非常震驚，因為我沒有看到田剛所寫的東西。總之，我認為這些估計並沒有透露問題的真正本質，不值得令蕭蔭堂這樣優秀的數學家出來爭鬥。

事實上，田剛在當學生時就非常努力。他從我給他的手稿中學到很多，還從托多羅夫和坎德拉斯關於卡拉比—丘流形的特殊幾何的手稿獲益。然而，多年以後，我發現他本應該對這些作者致以更多的認可與感激。

蕭蔭堂給我寫了幾封信，要求我嚴懲田剛，被我拒絕了。我的立場是，很難檢驗田剛是否直接抄襲了蕭蔭堂，而且這個思想是卡拉比猜想的證明的直接推論：從待求函數構造出的某種積分的任何控制都可以完成這一項目。有一些想法可以完成這一估計，比如摩賽—楚丁爾（Moser-Trudinger）估計，但僅僅適用於非常特殊的流形，主要是那些基於對稱性考慮的流形。因此，我沒有採納蕭蔭堂的要求，並繼續支持田剛。

這讓蕭蔭堂非常不快。他告訴很多人，我利用學生攻擊他，這絕非事實。當田剛收到普林斯頓的教員聘書後，普林斯頓的一名資深教師打電話給我，告訴我當他們聽到蕭蔭堂的怨言後，他們正努力撤銷給田剛的聘約。原則上我喜歡培養年輕學生並給他們機會。由於蕭蔭堂的強烈打擊，我決定盡全力培養田剛。

當田剛在加州大學聖地牙哥分校和哈佛大學（當從聖地牙哥離開時，我帶了四個學生到哈佛大學，其餘人則去了MIT、布蘭迪斯大學、東北大學，或留在聖地牙哥分校）做我的學生時，我邀請他每週去我家裡三天，我在家教給他幾何學的主要思想，特別是有關凱勒—愛因斯坦度量的方面。

他所發表的關於凱勒—愛因斯坦度量的很多工作都誕生於這些討論。然而，當他成名以後，我的一些朋友告訴我，他指責我不允許他觸碰凱勒—愛因斯坦度量的發展，甚至宣稱我的一些結果是他本人的成果，而這些結果在很多年前就已經發表。

我和田剛一起合寫了幾篇文章。有一篇利用對稱來增加霍爾曼德爾估計，從而最終可以得到零階估計。這源於在我家的討論，並且對許多特殊法諾流形有用。

與此同時，艾倫・納德爾（Alan Nadel）做了一些有助於理解凱勒—愛因斯坦度量的優秀工作，但離目標還很遠。一九八六年，我建議田剛研究我關於利用射影嵌入來估計凱勒—愛因斯坦度量的猜想，因為這將對流形的穩定性給出一個理解。

追隨我和蕭蔭堂關於構造全純線叢的截面和峰值截面的想法，田剛能夠證明我的一個特殊猜想。這個特殊猜想相當於當 k 很大時對豐富線叢的 k 次方的柏格曼核函數的理解。我將它視為邁向我關於流形的穩定性與凱勒—愛因斯坦度量之聯繫的猜想的第一步。

我違背蕭蔭堂而支持田剛的努力，破壞了我跟蕭蔭堂曾有的親密友誼。當我入學香港培正中學時，蕭蔭堂畢業了，他得到了一個學生能夠得到的幾乎所有獎項。他自然成了我們中學有史以來最耀眼的偶像之一，是學校為以後各屆學生所樹立的楷模。一九七五年，當我在麻省威廉姆斯鎮的多複變會議上第一次見到他時，自然非常激動。在那次會議上，我談到單值化定理在高維凱勒流形的推廣應該是什麼樣的。

蕭蔭堂立即對這一問題表現出興趣。事實上，八年以後他仍然對我的綱領感興趣，他在華沙的國際數學家大會上描述了這一綱領。我們開始合作研究漸近平坦的完備流形的全純嵌入問題。在威廉姆斯鎮會議後，我到科朗研究所訪問。我從那兒幾次前往耶魯大學找蕭蔭堂討論問題。我們解決了這一問題，合作的論文發表在《數學年刊》。

這一工作刺激了其他研究，包括關於衰減性質的「間隙」現象的研究。葛林和伍鴻熙就此寫了一篇漂亮的論文。但在我跟格羅莫夫談論了這一陳述後，許多人開始把關於間隙現象的定理歸功於他。我個人並不認為我跟蕭蔭堂合作的定理特別好，因為我們所做的假定太強了。不過方法本身很好，而且我從與蕭蔭堂的合作中學到很多。首先我開始認識到，如何對凱勒流形做全純嵌入。這將我帶入到與蕭蔭堂合作的關於具有強負曲率和有限體積的完備凱勒流形的緊化工作。

在田剛關於用射影嵌入逼近凱勒度量的博士論文中，我教給他類似的想法。我還建議莫毅明和鍾家慶考察類似的想法以緊化具有有限體積的完備凱勒流形。有些論證回歸到我對完備凱勒流形上不存在L^p全純函數的證明。

在田剛這件事發生之前，我與蕭蔭堂一直有長期的合作。我堅定地認為，即便年輕人在職業生涯的早期犯了錯誤，也應該給他們機會改過自新。蕭蔭堂當然不同意，這一度給我很大的壓力。我對田剛的保護，無意間助長他變得更加咄咄逼人和不負責任——這是我未曾預見到的事。

田剛是非常努力的學生。這可以由下述事實得到證明：三年裡，他每週會花三個晚上在我家裡跟我學習數學。但是他急於展示他的結果，即便他的想法還不足以成熟到證明那些結果。在他與我發表了關於帶有足夠多對稱的法諾流形上的凱勒—愛因斯坦度量的存在性論文後，他宣稱由這種曲面形變得到的曲面也存在這類度量。他給他的論文取了一個雄心勃勃的標題：〈論具有正的第一陳類的複曲面的卡拉比猜想〉。這篇論文充滿了錯誤。蕭蔭堂明確指出了哪些句子沒有被證明。我問田剛，他承認了這些錯誤，但說那只是小錯誤。我要求他寫一份更正。但二十年過去了，我仍未見到那份更正。相反地，他跟我宣傳，他能解決我關於穩定性與凱勒—愛因斯坦度量存在性的猜想。這令我深受震動並開始傾力提攜他：我透過辛格向MIT熱情地推薦了他，辛格之前還沒有聽說過他。我還給華特曼獎（Alan T. Waterman Award）評選委員會和維布倫獎（Oswald Veblen Prize in Geometry）評選委員會寫了一封強力推薦信。在做出決定後，維布倫獎評選委員會的主席要求我幫他寫好對於田剛的頒獎詞。我的推薦信和頒獎詞都是基於田剛已經解決我的猜想的不屬實的假定。為此我應該向數學界道歉，在我寫如此強力的推薦信之前，卻沒有仔細核對田剛的斷言。他正做類似的斷言，不公正地竊取唐納森及其合作者關於凱勒—愛因斯坦度量的工作。二〇一三年九月十三日，陳秀雄、唐納森和孫崧*對此情況寫了一份說明，掛在唐納森的網頁上，駁回了田剛關於「數學論證的原創性、優先順序和正確性」所做的一些論斷。

我與蕭蔭堂在二十世紀七〇年代的合作讓我們彼此都受益：我從他那裡學到了關於多複變的技巧，而他從我這裡學到了幾何學的思想。我們關於法蘭高猜想的工作提供了對付高餘維數的極小曲面的二階變分公式的新方法，後來發現，這對馬里歐・麥可列夫（Mario Micallef）和約翰・摩爾（John Moore）關於迷向正曲率流形的工作有用。調和映射的形變方法和對薩克斯—烏倫貝克冒泡現象的精確分析，被格羅莫夫等人用來研究格羅莫夫—威騰（Gromov-Witten）不變量。

在我們討論了我關於用調和映射來證明剛性的綱領之後，蕭蔭堂開始深入研究幾何學中與曲率和剛性有關的問題。對凱勒流形的整體剛性的研究，源於我的下述觀察：莫斯托（Mostow）剛性定理可以應用於球體的商空間。這個觀察是基於我利用陳數等式對這類流形的刻畫，而這些等式則最終通過卡拉比猜想來自凱勒—愛因斯坦度量的存在性。我應用調和映射於幾何學中的強剛性問題的想法溯源到我在柏克萊的學生時代。我記得羅森為這一想法感到非常激動，一九七三年由於這一提議我還獲得了石溪的一筆研究經費。當我一九七九年在高等研究院與卡拉比討論過

---

*注：他們三位因為相關工作獲得了二〇一九年的維布倫獎。

松島的消沒定理之後，我堅信這一想法可以用來重新證明馬爾古利斯的剛性定理。但是，自從蕭蔭堂發表了用調和映射證明剛性的論文後，許多人將所有相關的結果歸功於他。甚至包括我與約斯特合作證明的下述陳述：如果我們同時形變代數曲線的複結構，那麼從凱勒流形到該代數曲線的連續滿射可以形變為一個全純映射。與此相關的，還有我與約斯特通過實踐卡拉比關於松島消沒定理的觀點而對高秩局部對稱空間的超剛性定理的證明。最後這一結果也被蕭蔭堂、莫毅明和楊世琪（S. K. Yeung）的聯合工作獨立證明。當像流形替換為廈（building）時，孫理察能夠以一種非凡的方式證明正則性結果，這是剛性論證所需要的。凱文・科列特（Kevin Corlette）關於秩為一的局部對稱空間（除了實的或複的雙曲流形）的消沒定理，就可以用調和映射的理論來處理。正如格莫洛夫—孫理察所注意到的，馬古利斯關於算術性的原始理論可以延伸到包括這類秩為一的流形。

附錄六

我在普林斯頓高等研究院的經歷

初入高等研究院

緣起

我在一九七七到七八年這個學年，接受我的老師陳省身先生邀請，訪問母校柏克萊大學。我在訪問柏克萊這段日子，和我從前的學生孫理察一同解決了廣義相對論裡著名的正質量猜想。由於我前年完成卡拉比猜想的證明，所以很得到陳先生的器重。

我和陳先生的日常交談，除了學問以外，也牽涉到學術行政的種種問題。他跟我提起，他和辛格教授正在向美國自然科學基金申請經費，來支持柏克萊建立一個數學研究所（他們在一九八一年成功的申請到政府的經費，建立了以後叫做MSRI的數學研究所）；陳先生希望我留在柏克萊做教授，幫忙建立這個研究所。另一方面，他也向我指出國際數學家大會將在一九七八年夏天召開，他在這個大會中擔任學術委員會中的一分子；博雷爾教授是委員會的主席，這個委員會負責從全球數學家中挑選大會的演講者，陳先生竟然破格提拔我，向博雷爾教授推薦我在大會中做一個小時的報告，使我受寵若驚。但當時我才廿九歲，少年氣盛，竟然沒有覺得當之有愧。畢竟在那幾年，正是幾何分析萌芽而趨於成熟的階段，我的朋友和學生們，都為我們創造的方向和得到的成果，覺得興奮和驕傲。假如我能夠向全世界數學家解釋我們的工作，會是很好的事情。

陳先生跟我說博雷爾教授對我印象很好，這使我非常興奮，因為博雷爾教授學問博大精深，開創了數學上幾個不同的領域；但是他自律極嚴，不苟言笑，他從小在瑞士長大，對他來說，一切都得有條有理，不可改變，讓年輕的數學家望之生畏！但是有趣的是，大部分博士後或訪問學者在訪問高等研究院後，他們覺得最值得回憶的就是和博雷爾教授的交往。

高等研究院博士後

記得我剛得到博士學位後，由陳先生推薦到高等研究院做過一年的博士後，博雷爾教授在高等研究院有很長久的歷史了，高等研究院的主要活動即使不是他主持，他也會積極參加。所以我在一九七一年時已經和博雷爾教授有相當程度的交往。

我在高等研究院這一年的工作，可以說是我做學問的第一個轉捩點，在這期間，我不再考慮無限群和曲率的關係，而開始涉獵極小子流形和複幾何的研究，這些工作和高等研究院幾位教授的工作關係不大，但是聆聽這些大師的演講，並和他們交流，卻也學到不少數學中不同領域的學問。當時博雷爾教授邀請到在哈佛大學的名教授博特來主持拓樸學中的葉狀結構（foliation）理論，做這方面的專家都集中到高等研究院。

高等研究院的教授阿蒂亞、辛格和維賈伊・庫馬爾・帕托迪（Vijay Kumar Patodi）等人，則在考慮奇維數空間的指標理論，這些理論牽涉到陳先生和西門斯合作的工作。阿蒂亞教授的助理希欽和我熟識，我們每天中午和晚飯都在一起；希欽比我年長三歲，他對幾何學有很大的貢獻。除了希欽外，年輕的博士後還有吉賽克爾，以及一批日本和印度來的年輕人，我們終日談天說地，真是樂也融融。除了博士後外，也有當時已經成名的學者來訪問，講他們最近的工作，沙利文就是一個重要的例子，他在一九七二年春天講述他剛剛完成的有理同倫論（rational homotopy theory）；過了很多年後，吳文俊教授將再度考慮這些問題。

有趣的是，博特教授雖然會聚了天下做葉狀結構的專家在高等研究院講學，當時在葉狀結構領域裡最重要的工作，反而卻由一個尚未畢業的柏克萊學生瑟斯頓得到，博特教授還派了專人到柏克萊請教瑟斯頓，這件事情對我印象深刻，從這裡可以見到西方人求學的精神。

那一年釣魚臺運動在美國還是相當盛行，很多中國留學生崇拜文化大革命，我也花了一些時間去參加他們的活動。比較激烈的有沈平和莫宗堅，他們都想趕快回國參加文化大革命。我和莫宗堅本來約好跟隨阿內．貝林（Arne Beurling）教授學陶伯型（tauberian）理論，但是心思不集中，終究沒有和貝林做深入的交流。

這一年我雖然和博雷爾教授間中見面，卻不敢班門弄斧，接觸不多。但是我在一九七二年年冬季，申請在高等研究院做多一年博士後時，博雷爾和阿蒂亞都覺得我的研究還不錯，允許我多留一年；在當年，這算是很不容易的事情了，因為高等研究院大部分時間只願意讓博士後停留一年。結果由於簽證的原故，我沒有在高等研究院多留一年，選擇到石溪大學做助理教授。

博雷爾教授的邀請

六年後，陳先生和博雷爾教授談到我時，我的學問大概已非吳下阿蒙了。記得在一九七八年春天有一天，我正在柏克萊的辦公室和朋友討論數學時，接到一個電話，電話傳來：「我是阿爾芒．博雷爾。」我嚇了一跳，立刻正襟危坐，靜聽以待。原來博雷爾教授要求我幫忙在高等研究院主持一個幾何年，從一九七九年秋天開始。在我還沒有反應過來前，他問我在史丹佛或柏克萊的一年薪酬是多少，我據實以告後，他有一分鐘不做聲，然後給我一個高等研究院能夠提供的數字，我現在已經不記得是多少了，大約是我薪酬的四分之三吧；然後，他說我是主將，非來不可！雖然我覺得難以拒絕一位我尊重的老教授給我的榮譽，我還是使用了渾身解數，才爭取到推遲一天才作出決定的機會。由於我訪問柏克萊大學時，我太太沒有和我在一起，我需要先徵求她的意見。對我們夫妻來說，這是很困擾的事情，因為我們結婚不到二年，但已經分開大半年了，我們不想再分開一年。不過她兩年前在普林斯頓的電漿物理研究所做事，她的一個同事是塞爾伯格教授的夫人，所以我太太知道普林斯頓高等研究院的分量。最後她勉強地同意我在一九七九年訪問普林斯頓一年。解決了家庭問題的同時，我得去請教陳先生，我開始抱怨說高等研究院給我的報酬不夠，對我的家庭是一個負擔，但陳先生根本不想聽任何理由，他只說了二句話：「高等研究院正在考慮要聘請你，你還是去吧。」事情就這樣決定下來了。

這是一九七八年春天的事，我擬了一個名單給博雷爾教授，請高等研究院邀請他們來參加一九七九年的幾何分析年，其中有一些是我指導過的博士，博雷爾教授照單全請。但是，博雷爾教授做任何事都力求完美，他在全球各地搜索了一遍，新增了五、六名和幾何分析有關的學者；這些事情，都是他努力在做。在一九七八年八月我在芬蘭赫爾辛基國際數學家大會作了一個小時的報告後，博雷爾教授表示他很欣賞我的工作，我也很高興。

我再次見到他的時候，是在一九七九年九月了，我當時還是史丹佛大學的教授，數學系批准了我留職停薪。我太太在聖地牙哥一間公司做物理研究，和她父母住在一起，而我和母親住在一起。由於工作的緣故，我太太沒有辦法到普林斯頓來，我母親則搬到芝加哥和我弟弟住在一起。所以我將我在帕羅奧圖的小房子租了出去（大概是租給來史丹佛訪問的楊健平夫婦吧），開始安排訪問普林斯頓。

我在史丹佛大學有四個研究生，他們跟我一起到高等研究院。我自己坐飛機到普林斯頓，有一個美國學生叫做詹姆士·麥可茲（James Mckraz），他開我的車子橫跨三千多哩，由史丹佛到普林斯頓，也幫我帶了一些行李。由於購買車子對一般學生來說，還是有點負擔的，所以麥可茲對於有機會在這段時間開我的車子，感到相當高興。到了普林斯頓後，我租了一個高等研究院的公寓，二房一廳再加一個書房，麥可茲要求我租給他其中一間房間，我也很高興地讓他住了（但是直到今天，房租還沒有著落）。後來我才知道，我另外一個學生里克·克洛茲（Rick Klotz）大發脾氣，認為我太過偏心。

幾何分析年，各路英雄一同組織討論班

到了高等研究院後，見到了不同國家、不同地方的幾何分析學家，大家都還年輕，都很興奮，重要的專家有卡拉比、孫理察、烏倫貝克、西門斯、奧賓、希爾德布蘭特、格哈特、布

吉尼翁等人。但在普林斯頓附近的學者也有很多人參加，除了普林斯頓大學的鄭紹遠、滕楚蓮外，還有羅格斯大學的特里爾，紐約大學的尼倫伯格、切格，費城大學的卡斯丹、沃夫岡・齊勒（Wolfgang Ziller）、克里斯多福・克羅克（Christopher Croke）。此外，一些比較年輕的幾何分析學者如托布斯、湯瑪士・帕克（Thomas H. Parker）、特里伯格斯、布萊恩特等也都來參加我們的討論班，他們之後都成為著名的學者。

高等研究院九月開始，我召開第一次會議，討論如何規劃幾何分析年的運作方式。報導出來後，所有有關人員都來了。我提議每個禮拜都進行兩個討論班：一個討論班專注在極小子流形有關的幾何分析，另外一個專注於複幾何、度量幾何和廣義相對論有關的幾何分析。除了這兩個討論班外，高等研究院數學所每個禮拜還有一個成員討論班，有時也包含一些幾何分析的討論。

幾何學上有幾個大問題已在這幾年由分析方法解決，但是還有很多大問題還須解決，大家摩拳擦掌，希望幹一番大事業，比較年長的卡拉比先生當時也不過五十六、七歲，他和我多有討論，他開始發展卡拉比流和仿射幾何的理論；我向他解釋，我正在用調和映射的理論，重新證明馬爾古利斯著名的超剛性（superrigidity）的理論（在處理凱勒流形的時候，蕭蔭堂已經將我和他討論的結果拿去發表），他提示我要注意他對松島與三在消滅定理重新證明的關係，後來我和約斯特真的將這個理論用上，我覺得每次和卡拉比先生交流都得益不少。

我個人在這一年的工作

在這一段時間，我繼續研究由卡拉比猜想所引起的種種問題，我在柏克萊時，已經和鄭紹遠完成了凱勒—愛因斯坦度量在帶奇點的情況下和在非緊流形的存在性，也已經開始策畫如何找出纖維叢上相應的度量。事實上，我在史丹佛時，已經注意到，最自然的纖維叢度量，應該從推廣在複曲面上反自對偶方程到高維的複流形上的纖維叢得到。在一九七七年時，楊振寧有一篇文章指出反自對偶方程在複二維幾何時可以寫得比較簡單。當時我剛完成卡拉比猜想，在這個基礎上，我推廣這個方程到高維空間，並猜測它的存在性和纖維叢的穩定性有密切的關係。三年後，我和烏倫貝克完成了這個重要的工作，這個工作無論在代數幾何或是物理學的應用上，都是極為重要的結果。

除了和凱勒—愛因斯坦度量有關的工作外，我和孫理察繼續研究極小子流形和正純量曲率流形的關係，我們首先證明，正里奇曲率的完備非緊致三維空間必然和歐氏空間同胚，這個定理可以說是龐卡萊猜想中第一個非尋常的例子。

談到龐卡萊猜想，我得說我在一九七九年秋天到康乃爾訪問漢米爾頓先生，我們一見如故，他正在考慮里奇流的存在性問題，我說從詹姆士．伊爾斯（James Eells）和約瑟夫．桑普森（Joseph Sampson）的工作來看，這是很自然的想法；我也考慮過它的存在性，但有很大的困難。我沒有想到漢米爾頓先生有這麼大的毅力，繼續堅持做這個問題。在結束我在康乃爾的訪問時，他將他僅存的精美博士論文送我，他的論文討論黎曼面，極有深度。

一個有趣的插曲是我從康乃爾的小城回來時，坐很早的飛機，那天是美國的感恩節，機上坐滿了乘客。我在機上睡著了，服務員沒有叫醒我，我坐同一部飛機飛到芝加哥。飛到半途，才知道在紐約沒有下機。但是美航也不錯，安排我吃一頓中飯，再回程到紐約。回到普林斯頓，鄭紹遠問我去了哪裡，我說去芝加哥機場玩了一下就回來了。

這一年的秋天，我在討論班作了一個我和蕭蔭堂合作的一個報告，這個工作剛在《數學年刊》上出現，在作報告時，我發現在我們文章的假設下，那些流形都是歐氏空間，文章變得意思不大，所以需要修正，我們修正了；我也了解到對這種流形有所謂空隙現象（gap phenomena），我見到幾個幾何學家，包括格羅莫夫在內，向他們解釋，大概我沒有及時將文章寫好，以後文獻都說是格羅莫夫的想法。

蕭蔭堂在訪問我的期間，我提議做一個問題，就是完備而非緊致凱勒流形的緊致化問題，我們成功地解決了其中一個特例，就是體積有限而曲率極負的情形。過了好幾年後，我又建議鍾家慶和莫毅明繼續做更一般的情形，還算成功。其實我提出這一系列的問題，受到博雷爾教授的影響，我在高等研究院時，看到博雷爾教授一些主要工作都和緊致化有關，用了大量的李氏理論，我個人認為這些幾何問題還是用幾何分析方法比較合適，幾何方法也應該提供更多的幾何訊息。這是一個龐大的計劃，到現在還沒有全部完成。其中一個問題就是流形上的L2上同調（cohomology）和緊化空間的關係，在局部對稱的空間，這個問題叫做札克猜想（Zucker conjecture），博雷爾教授本人就花了五年工夫去解決這個問題，最後由我在普林斯頓大學的兩個學生萊斯里・賽培爾（Leslie Saper）和馬克・斯特恩（Mark Stern）用幾何分析的方法解決了。（在同一時間，荷蘭的艾德華・洛伊恩加〔Eduard Looijenga〕教授用群表示論也得到同樣的結論。）

我和鄭紹遠及李偉光的合作，在來到高等研究院前已經開始了，主要是關於拉普拉斯算子的譜分析。記得我在一九七五年時寫了一篇文章，在流形的直徑、體積和里奇曲率的條件下，我用等周不等式的辦法，對第一特徵值做了一個不錯的估值。這個方法由克羅克在他芝加哥的博士論文推廣，進而得到注意。在一九七九年時，我和李偉光推廣了他博士論文的工作，發現第一特徵值的下界只需要直徑的上界和里奇曲率的下界。因為鄭紹遠已經得到特徵值的上界估值。布吉尼翁說這是一個完美的工作，當時我們只在乎第一特徵值和幾何的關係，這是值得滿意的工作，過了幾年後，鍾家慶到史丹佛訪問，得到李偉光的指導，加強了我們的常數估計，當然是不錯的工作，因此得到國內數學家的讚賞。但是有點奇怪的事，過了很多年後，有國內學者用所謂機率方法重證這些工作，竟然名動一時。

在一九八〇年時，博雷爾教授在做札克猜想時，他很想知道如何對熱核估值，跑到我的辦公室來問我。我和鄭紹遠，李偉光討論，很快得到結果，這篇文章發表在《美國數學期刊》（*American Journal of Math*），得到重視，一年後，切格、格羅莫夫和麥可・泰勒（Michael Taylor）用所謂波動方程來得到同樣的結果，但是他們卻不斷對外宣稱自己更為優越。

參加人員的活動

這個幾何分析年對每一個參加的幾何學家都有深遠的影響：我們主動地互相交流，不同方向的想法融合在一起後，產生璀燦的火花。即使從前認識的老朋友，來到這個群賢會聚，生活在一起，有不同的想法，例如烏倫貝克在兩年前和薩克斯證明了極為重要的極小子流形的定理，使我欽佩異常，我建議蕭蔭堂用她的工作來證明著名的法蘭高猜想，那是一場讓人很滿意的合作。這一年，她到了高等研究院後，開始研究纖維叢上的規範場理論，她和我多有交流，之後完成了上述的埃爾米特—楊—米爾斯的存在性工作，她的工作也成為唐納森在四維空間柘樸學的突破基礎，這些都是數學上重要的工作。

孫理察和西門則對高維的極小子流形，作出了重要的基礎工作。我的博士學生特萊博格斯在這一年完成了閔可夫斯基空間裡最大曲率超曲面（maximal spacelike hypersurface）的分類工作，他能力很強，但是太過謙虛，得不到他應該得到的重視。由於正質量猜想的證明，孫理察和我都很想知道物理學家的想法，我請了普林斯頓的物理學家為我們解釋當時廣義相對論的進展，其中有亞倫·拉帕迪斯（Alan Lapades）、佩里等人，最重要的當然是潘洛斯，他是一代大師，嚴格的黑洞理論由他和霍金創立，他很器重孫理察和我的工作，特別為我們做了三場精彩的演講，他提出其中一個問題，對我有深入的影響。他提出要研究擬局部質量（quasi-local mass）的問題，他和霍金在這個問題貢獻不少，但是這個問題很困難，直到最近，王慕道和我才完成這個工作。

研究以外的活動

除了研究工作外，比較熟悉的朋友也一同輪流做晚飯吃，其中有孫理察、西門、烏倫貝克三對夫婦，一些學生和鄭紹遠夫妻也有時參加，但是我燒飯的能力太差，最後到餐館去吃了。吃完飯後，我們會去打乒乓球，水平比較高的有西門和孫理察，我當然自知不如；高等研究院的教授邦必里有時也來參加這個活動，但是他不服輸，常常怪膀子扭痛了。我們每個禮拜六早上一起打排球，有時候也在我住的公寓開派對。我不喝酒，但是有多次我不在普林斯頓的時間，他們在公寓卻是有酒，還有其他活動，尤其是聖誕節那天，我到聖地牙哥去看太太時，他們開了一個大型跳舞派對，聽說卡拉比夫妻也有跳，最有趣的是有些從國內的訪問學者也參加跳舞。

一九七九年十一月時，哈佛大學數學系系主任廣中平佑邀請我到哈佛訪問，希望我接受哈佛大學的聘書，我和我太太到哈佛訪問了幾天，受到幾位哈佛教授的隆重招待，我們特別感謝廣中平佑、博特和蒙福德的熱情邀請，文理學院的院長是日本經濟學專家，他用了很具技巧而又圓滑的說法來解釋為什麼我應該去哈佛工作。我們對哈佛大學印象很好，但是院長給我正式的聘書上的薪水卻是我在史丹佛的四分之三。因為我太太在波士頓不見得找得到工作，我們兩邊父母要我們奉養，到哈佛大學任教會有一定的難度。哈佛院長既有趣又有學問，對於東方的事情也相當了解，和我很談得很投機；除了薪水外，他說假如我到哈佛任教，每年大學贈送我一張往返香港的飛機票。我不置可否，因為哈佛大學畢竟是美國最出色的大學，我需要仔細考慮。我回到高等研究院不久，博雷爾教授到我的辦公室來找我；其實我的辦公室就在他的辦公室旁，很難避開他。但是他在辦公室時，不苟言笑，在他太太面前，卻常常有可親的笑容，所以我們都會喜歡見到他們在一起。這次他來找我，也沒有笑容，他第一句話就說：「我聽聞哈佛大學要聘請你，但是你暫時不可以接受，因為高等研究院正在考慮聘請你的可能性。」他大概覺得這樣的講法不是最理想，一說完之後，就走出我的辦公室，我還來不及反應呢！

在十二月的時候，我突然接到我三姐的電話，說我大哥病危，入了醫院，我嚇了一跳，我大哥和我年紀相仿，一同長大，一同讀書，不幸患了病，花了八年時間看醫生才終於診斷為腦瘤，雖然是良性，但瘤長在很不好的位置，由溫祥萊大醫生主治，我離開香港後，換了一個姓張的醫生。這一次再入醫院，我想帶他到美國醫治，但是張醫師不肯給我病歷，中文大學馬臨校長對我很好，和溫祥萊醫生相熟，但只能找到老的病歷。因為要到美國，需要簽證，我去找芮陶庵教授，他是從前崇基學院的副校長，跟我父親熟識；我跟他談這件事，他極為熱心，即刻找他在北京做駐華大使的兒子幫忙，訴說我和我的弟弟都極為傑出，美國應該讓我們一家人定居在美國，我開始替我哥哥申請到美國來。做完這幾件事後，我回到普林斯頓，一方面替我哥哥找醫院，一方面繼續我們的研究。

高等研究院的聘請

到一月後期，高等研究院正式通過要聘請我，當然我很高興，華羅庚還托陸啟庚跟我說，這是華人的驕傲。博雷爾、塞爾伯格、彼得．蒙哥馬利（Peter Montgomery）、朗蘭茲、邦必里等教授宴請我，這些都是一代大師，使我受寵若驚；同時，我也見到高等研究院的院長沃爾夫教授，我和他談起我哥哥生病的事，他即刻說他從前是約翰霍普金斯醫院的院長，可以安排我哥哥到那邊看腦科，這使我非常感動，我將我哥哥的病歷送給那邊的腦科主任，很快就得到回覆，說可以送我哥哥到他那裡醫治。

高等研究院的環境實在不錯，普林斯頓大學也有一流的教授和學生，事實上，這期間，普林斯頓大學也要聘請我，這是他們第二次聘請我了，有盛情難卻的感覺，陳先生也希望我再考慮去柏克萊，但柏克萊的數學系很複雜，我還是喜歡史丹佛大學，畢竟這是我研究生涯成熟的地方。在高等研究院和史丹佛中間做一個選擇，使我感到難為，史丹佛的教授們聽說我受到高等研究院的聘請後，趕快請我回去商量。我即時回去，和幾個熟悉的教授交談；森穆遜是當時的系主任，我很尊敬的老教授，他在幾何和拓撲學都有很大的成就，四年前，也是他和奧塞曼教授極力推薦史丹佛給我終身教職的；他這次再見到我，卻是臉色有點緊張，大概是史丹佛不希望我離開吧。他說系裡會給予我高薪，也不用上課（因為高等研究院只做研究）；我認為史丹佛數學系對我實在太好，真是不好意思。這些機構都是世界第一流的地方，只有回家再度考慮這幾個地方，哪邊最適合我的前途，當然我和陳先生有多次的通信，徵求他的意見。

幾何年的結束

高等研究院的一個年度一般是在四月初結束，在三月中時，大家希望我做一個總結，尤其是希望能做一個報告，提出在幾何分析這個數學分枝裡面還沒有解決的問題，於是我做了三個報告；包括博雷爾教授在內，很多人都來聽這三個報告。我的第一個報告，整個大演講廳坐滿了人，但是那天我患了重感冒，裹著羽絨大衣做演講，我總共講了六十個題目，反響很大，最後我將這些題目寫下來，參考了各方面的意見，總共有一百二十個不同的題目，這些題目對於幾何分析這三十多年來的影響不小。

很多年輕的數學家跟隨這些題目引出的方向努力，結果很令人滿意。到了今天，很多年輕人還在做這些問題，卻往往忘記了它們的出處。去年我整理了一下這些題目，大概還有四分之三的問題還未有解決，但是值得高興的是，已經解決的問題和我當初的期望基本上是一致的。

接受聘請

幾何年結束時，大家都很滿意，對很多人來說，可以用「滿載而歸」這個辭語來形容。當時的年輕人，現在已經是國際上出色的學者了。我則歸心似箭，回家去看太太了。聖地牙哥面臨太平洋，我太太的辦公室面臨碧海，一望無際，看海鳥飛翔，心曠神怡，寫意極了。我們終於決定離開史丹佛到高等研究院去，我打電話給森穆遜和奧塞曼辭職時，心中不無內疚，然而經過大半年的考慮，終於做了個決定，又和妻子在一起，心情很覺輕鬆。七月初時，發現我太太懷孕了，我們當然很高興！找了幾個老朋友慶祝，我媽媽尤其高興，她有第一個孫子，對客家人來說，傳宗接代，是一家人最重要的大事，尤其是這是個男孩。

到高等研究院擔任教授

第一次雙微會議，以及帶哥哥到美國醫病

八〇年暮春，我還在安排我哥哥到美治病，經過高等研究院院長沃爾夫的介紹，約翰霍普金斯醫院的腦科手術主任隆醫師，看完我從香港帶來的腦部X光掃描後，同意為他治療。但是當我替我哥哥申請美國簽證的時候，遇到極大的問題，原來駐港的美國領事館去查問在治療我哥哥的張大夫，張大夫堅持他有能力照顧他，所以領事館拒絕簽證。普林斯頓高等研究院幫我忙，找了紐澤西州的參議員寫信給領事館，他們也不理，一點辦法都沒有。結果我在柏克萊訪問陳先生時，剛巧見到麻省理工的辛格教授，他是一代數學大師，也是雷根總統的科學顧問團中的一員，所以他和美國國務院的官員相當熟悉。辛格教授和我關係很好，聽到我的問題後，他即刻要求國務院中排名第三的官員幫我忙，他和我說，他們常常在一起打網球，當他向這位官員提出要求時，這位官員即時向駐港美國領事館通電話，解決了我哥哥簽證的問題，這使我對辛格教授終

生感激！我和我哥哥一起長大，手足情誼，生死關頭，豈能不盡力？

美國領事館直接由國務院指揮，接到華盛頓的命令後，即刻通知我到港辦理文件，我飛港處理這件事，還記得那個領事館官員心不甘情不願的臉色。他給我看差不多有一寸厚的文件，都是關於我哥哥不能得到簽證的文件，也有描述我和我三弟成棟在美國的文件，我猜想，沒有美國國務院的命令，美國領事館絕對不會給我哥哥簽證。看完這些文件後，更使我感激辛格教授的仗義行為，我感慨至深：我一生得到不少長者的幫忙，也希望我自己以後能夠學習他們的高風亮節！

得到簽證後，已經是七月多了，我趕快去辦理旅行的手續，我哥哥已經不能坐起來了，躺在床上，要安排救護車一直送到飛機上，我三姊找到一間熟悉的旅行社，他們很幫忙，做了很多工作，但是這種安排極不容易，要到九月初時才能成行，於是我回到聖地牙哥我太太那裡。

這一年暑假，陳先生在北京發起一系列的雙微國際會議，雙微的意思是微分方程和微分幾何。他發起這個國際會議時，沒有和我商量，但是鄭紹遠、我和一批世界有名的大師都受邀請之列，這裡包括阿蒂亞、博特、邦必里、戈丁、拉克斯等極有成就的學者。

在雙微會議中，我花了不少時間，解釋我建議的一百二十個幾何問題，事實上也是指出當時幾何分析的走向。有趣的是，外國的數學家例如博特對於這些題目有很大興趣，提出很多問題，但是中國幾何學家興趣不是很大。由於陳先生的聲望，國內有名的幾何學家都來了，蘇步青、谷超豪和胡和生等教授都從上海飛到北京來參加，陳先生安排了一個盛大宴會招待他們。記得蘇教授當席提出谷教授要做他的接班人，胡教授笑得合不攏嘴的有趣場面。

有一天晚上，陳先生邀請了當時從國外來的知名學者在賓館開會，討論國內數學研究狀況，由於大家剛到中國，主要是陳先生描述當時情形。陳先生又指出美國科學院在幾年前由麥克蘭恩帶領到中國訪問，寫了一個報告，影響很大。所以他要求在座的名學者也寫一個報告，他提出要建議科學院將數學所關門，當時我們都嚇了一跳，一時鴉雀無聲，我不自量力，提出我們是外賓，不宜做這種主張，博特等即刻舉手贊成，陳先生也就算了，恐怕是因此我得罪了陳先生，而當時尚不自知。

由於懷孕的緣故，我太太始終無法決定是否要參加這次旅行，但是由於很想探望她三十年沒有見過的姊姊，在飛機起飛前五個鐘頭，她決定去了。由於飛機從洛杉磯起飛，從聖地牙哥去洛杉磯有一段時間，因此要趕上飛機，有一定的難度，剛好我前面提到的那位學生麥可茲也在聖地牙哥，我趕緊打電話叫他來幫忙，開我的車子送我們到洛杉磯的機場。既要收拾行李，又要趕飛機，這次行程確是刺激，那次我太太收拾行李速度之快，可謂空前絕後，由麥可茲開車，我看路，以最快速度到達洛杉機，那個時候，開到每小時八十英哩，還是可以的，當然運氣很好，沒有遇到交通警察，到達機場後，我們是最後一個上飛機的，鄭紹遠夫婦也坐這班飛機，等我們等得很焦急。我們坐下來後，鬆了一大口氣。飛機也即時起飛。這次麥可茲也很高興，他使用我的車子一個多月之久，直到普林斯頓時，我才見到我的車子。

在這次會議上，我將我提出來的幾何分析題目再講一遍，當時這些大師，尤其是博特教授很為欣賞，對中國的幾何學界有很好的影響。

我太太的姊姊和姊夫來了，見到我太太，都很興奮。開完會後，我太太和我到杭州旅遊了兩天，因為懷孕的原因，她先回去聖地牙哥，我則到香港，帶著我哥哥從香港飛紐約，他坐頭等艙，我坐三等艙，服務員服務態度都很好。整個行程並不容易。在香港機場，我坐在送我哥哥的救護車上，剛巧有某個大人物到港，機場戒嚴，有一大批英國僱傭兵在做保安，大概是尼泊爾的廓爾喀僱傭兵，塊頭很大，一手按在我身上，有如老鷹抓小雞一般，動彈不得。

到了紐約後，我在機上陪著病人，移民局的官員到機艙內來查看簽證，極富人情味，使我印象深刻。在這裡，我的二妹成琪送我母親到機艙，和我們一起飛巴爾的摩，我的朋友王彬帶著一個臺灣來的研究生，叫做林淵炳，開了部車子來接我們，而約翰霍普金斯醫院則派了一部救護車來接我哥哥，安排好一切手續，吃完了飯，住到王彬給我們安排的公寓，整個護送哥哥就醫的行程才暫告一段落。

但是還是需要安頓我母親，她需要住在大學附近，去看望我哥哥，由於她不懂英文，王彬和林淵炳都幫了大忙。在巴爾的摩住了一個禮拜後，我需要回普林斯頓高等研究院上班，由王彬幫忙開車送我回去，我在高等研究院租了個公寓，自己一個人住。但是每個禮拜開車子到巴爾的摩看望我的母親和大哥。由於我哥哥沒有美國的醫療保險，有一半時間花在如何解決費用的問題。由於腦部動大手術，費用很大，實在沒有能力自付，最後解決的方法是大部分費用看作是主治醫師研究項目的一部分。（事實上，我哥哥的腦瘤長在一個比較奇特的部位，幾個教授會診時，有激烈的辯論。）隆醫師是腦科主任，也是名教授，我對他的幫忙終生感激！他每個禮拜工作六天，有時候一天做兩次手術，他的敬業精神使我欽佩萬分。

初到高等研究院做教授

我一面忙我哥哥的事情，一面要處理高等研究院的事務。我住在高等研究院提供的公寓，兩房一廳，還算寬敞，我太太懷了我們第一個兒子，和她父母住在聖地牙哥一個叫做德爾馬的小城，所以我是一個人住在普林斯頓的公寓。由於我這一次是來做終身教授，高等研究院大教授們的家人都對我照顧備至，他們知道我太太不在普林斯頓，常常來問候我的起居，比如塞爾博格的太太（她是我太太從前在普林斯頓電漿實驗室的同事），還有博雷爾、哈里殊—錢德拉、朗蘭茲、邦必里等同事的太太，都曾請我到他們家裡吃過飯。

博雷爾教授表情一向都很嚴肅，唯一例外的時候是在他太太面前；他喜歡音樂，爵士樂唱片收藏豐富，而他的女兒是一個藝術家，在他家裡會覺得如沐春風，和在他辦公室完全不一樣。他一絲不苟，做所有事都有條有理，很有計畫，每天有一定時間運動，風雪不改，每天下午五點多時，必定見到他騎著腳踏車在普林斯頓裡馳騁。但是他大概是最用功的教授，舉個例來說：我們數學所一般在禮拜一早上十點開會，開會的當天晚上，總會見到博雷爾教授的辦公室燈火通明，他不願放鬆任何做研究的時間！

邦必里的太太叫蘇珊，很賢慧，腿有些殘疾。他本人是義大利人，在來高等研究院前，他在義大利比薩做教授，在數論、代數幾何和偏微分方程都做了極為重要的工作。他的家人做金融，他在那時間也開始參加家族的生意。他和我交情不錯，常請我到他家吃飯，吃完晚飯後，他帶我到高等研究院的小池塘去釣魚，有時釣到一些不錯的魚，以鯰魚為主。

後來，高等研究院的秘書們告訴我，邦必里教授每星期釣完魚後，他們要趕快買一些魚放回小水塘中，這個消息不知道是否屬實，但我覺得釣魚還是滿有意思的。管理高等研究院宿舍的一位美國人，長得高大威猛，常常出海垂釣，帶回不少新鮮的扁鰺賣給住在宿舍的訪問學者，之後我母親來普林斯頓住的時候，我們常和他買魚。高等研究院環境很好，綠草如茵，還有一個不錯的樹林，是一個散步思考問題的好地方，秋天時，紅葉遍地，景色極美。只不過有時有獵人狩獵，散步時，會提心吊膽。

當高等研究院教授的第一年

博士後和研究生

一九八〇年雖然是我在高等研究院的第一年，德國的希爾德布蘭特教授已經寫信給我，邀請我接受他的博士生約斯特做博士後，由德國政府支付經費。因為希爾德布蘭特教授和我在德國波昂時認識，有些來往，我就一口答應了。約斯特來了以後，我們有一系列的合作，研究調和影射的剛性結構，將它應用到複流形的剛性問題。用調和影射研究流形結構的這個想法，是我十年前做研究生開始；而在石溪大學做助理教授時，我就以這個為題，得到學校提供的研究經費。後來，我遇到蕭蔭堂，提出用調和影射來研究複流形剛性問題，他極為興奮，開始時想避開調和映射的路子，最終還是和我討論，用調和影射的方法，但是做出一些結果後，沒有經過我同意，他自己拿去發表了。

在這一年，我和約斯特繼續做這個方向的研究，做了一些有意思的結果，沒有想到蕭蔭堂在各地演講和寫文章時，敘述我和約斯特已經發表文章中的一個引理，沒有提到我們的名字，約斯特很不高興，因為其他作者都不提我們的名字，儘管我們的文章先發表好幾年。

這一年，我在史丹佛的研究生帕克和特萊博格斯剛好畢業，前者到哈佛大學做助理教授，後者到賓夕法尼亞大學做助理教授；而前面提到的麥卡茲則跟我到了高等研究院，轉學到普林斯頓大學。我還有一個學生克洛茲，留在史丹佛完成他的博士論文，他的博士論文處理帶奇點的凱勒—愛因斯坦流形，現在是比較流行的一門學科。我的朋友西門則送了一個很傑出的澳大利亞學生巴特尼克到普林斯頓來跟我做研究，普林斯頓數學系有另外兩個學生，就是前面提到的賽培爾和斯特恩，也來跟我讀博士。

我的辦公室在高等研究院主樓富德樓（Fuld Hall）的頂樓，剛開始時，院長伍爾夫親自來問候我，堅持要給我一個最好的辦公室，結果將兩個辦公室打通，成為一個大辦公室，書架上可以放很多書，一個小會議室。我的同事米勒的辦公室在二樓，堆滿了書籍和影印本；一樓則有塞爾博格和蒙哥馬利的辦公室，蒙哥馬利在高等研究院資歷最久，他因為解決希爾伯特的出名問題而成名，他的辦公室很漂亮，裝璜甚佳。雖然他已退休，每逢我們數學所禮拜一開會，他都讓我們用他的辦公室。蒙哥馬利教授很照顧後輩，常和年輕博士後在一起開討論班，他很喜歡中國人，和賓州大學的楊忠道教授長期合作。

高等研究院在我的辦公室弄了一個大辦公室給我幾個研究生用。頭半年，這些學生在麥卡茲的帶領下，吵吵鬧鬧，麥卡茲喜歡玩桌式足球（foosball），打長途電話到處去買桌子，我只好警告他，才沒有亂搞。

我在史丹佛帶研究生時，我喜歡叫他們每禮拜開討論班，討論一些有意思的文獻，我在高等研究院繼續這些討論班，很多訪問學者也來參加。學生當然有時候不太懂得文獻的內容，往往會出錯。但是我沒有想到博雷爾教授也來參加我們的學生討論班。學生不懂時，他面色並不是太好看，要我解釋，大概高等研究院從來沒有過學生討論班吧。

數學所每個禮拜一有個比較正式的討論班，由我主持，邀請博士後和訪問學者來講他們的工作。由於我當時和孫理察已經在廣義相對論做了一些工作，所以和物理學家有不少交流，有時也請他們來參加討論班。沒有想到我的同事們大為驚訝，說我忘記了數學所和物理所吵架的事情。原來前任院長要在高等研究院成立社會所，聘請一位社會學教授，物理所教授一致支持，但是數學教授在韋依教授的帶領下，大力反對，甚至由韋依教授執筆，投稿到紐約時報抗議。

韋依教授和從前在高等研究院工作的魏爾教授，可以說是二十世紀最偉大的數學家，才華橫溢，現代數學的多個領域都是由他們首先開發出來的。陳先生的兩個著名工作：高斯—博內—

陳（Gauss-Bonnet-Chern）定理和陳氏類的發現，都受他們的影響。

我在高等研究院的位置是韋依教授退休後，留下來的。華羅庚教授認為這是莫大的榮耀。在物理學家和數學家大吵架的時候，楊振寧先生和韋依先生大概是對立的。十年前，我見到楊先生，我說韋依先生有他可愛的一面，楊先生悻悻然地說，我看不出來韋依有甚麼可愛的地方，想來當年吵架必然極為熱烈。

中國代表團來高等研究院訪問

我到高等研究院做教授不久，塞爾博格教授來找我，很興奮地說，華羅庚帶了一群中國數學家來訪問，叫我幫忙接待。中國來的訪美代表團成員有谷超豪、程民德、王元等人，在富德樓前，我為塞爾博格和全體代表團成員合影。晚上我請他們吃飯，交談起來，樂也融融。我還邀請了華先生給了一個演講，講的題目關係到半質數的問題，華先生要估計半質數多少的漸近公式，但是他的誤差估計比主項大，不過塞爾博格教授還是認為是好結果，直到三年前張益唐做出他的出名工作時，我才比較了解其中的困難，這些工作極為有意思。

華先生身體不是很好，尤其是腿有毛病，他出國訪問時，都帶有看護人員。聽說他的媳婦是醫生，有時會陪同出訪。這次到高等研究院，她也來了，她是廣東人，所以我和她還算談得來。她的丈夫，就是華先生的兒子，跟著也到了普林斯頓，她多次對我表示很高興見到她的丈夫。

在華先生一行到普林斯頓的前一天，我接到陳先生的電話，叫我注意華先生和他的媳婦有沒有曖昧的事情。陳先生和華先生都是我從年輕時就尊重的學者，我在香港念的數學書，很多都是華先生寫的，所以這事使我很難堪，但我還是拒絕做窺人隱私的事情。

關於華先生的傳聞傳播得很快，陸啟鏗先生曾對我說：項武義先生向中國科學院做了一個正式的報告，因此中國政府有好一陣子禁止華先生出國訪問。在一九八三年，我到北京訪問科學院時，聽說華先生生病住院了，我去探望他。他身體確實不好，心情很壞，他大概也有一點老人症狀，手有點發抖，但是還是手寫了一些文字給我，引了杜甫的一首詩，比較隱晦，但可以看出來是諷刺陳先生的。

過了兩年後，我驚聞華先生在訪問東京大學講學時，猝然去逝。據說是太過興奮，可能是這次出國，是個久違的機會，而東京大學的數學家又對他特別尊重。

華先生可說是一個傳奇人物，一生努力，少年家貧，未能上中學，卻得到熊慶來、楊武之的提拔，到北京清華旁聽，留學英國劍橋，俄羅斯後，返西南聯大領導中國解析數論的研究，得到中國第一屆的科學大獎，獨佔鰲頭，也因此得罪了不少同行。大戰後，奉蔣政府命到美國學習原子彈有關的科學；中國共產黨解放中國成功後，華先生極為興奮，放棄在國外做研究的舒適生活，並號召所有留學生一同回國。不幸以後打成右派，陸啟鏗先生和我說，當時楊武之先生留在復旦大學，華先生自身難保，實在無能為力，沒有辦法幫楊先生忙回到北京。聽說楊振寧先生始終不能原諒華先生，這些事情實在是時代的悲劇，一大群愛國的名學者，因為生不逢辰，政治立場不是當時所向，而發生不應當發生的糾紛。

陸啟鏗先生又提到，華先生的夫人在文革時受到很大的衝擊，說話有時失常，間中會向相熟的朋友抱怨媳婦。婆媳不和，在中國家庭裡，司空見慣，但不料成為華先生晚年不安的一個原因，實在不幸。

編輯幾何分析和極小子流形文集

博雷爾教授做事十分講究紀律，由於前一年我組織高等研究院的幾何分析和極小子流形兩個不同方向的討論班，他請我整理當時的結果，成書在普林斯頓大學出版社的《數學研究年刊》（*Annals of Math Studies*）出版；我決定出兩本書，將重要的工作編輯起來，第一本叫做《微分幾何研討》，第二本叫《極小子流形研討》。在編第一本書時，我邀請了很多名家投稿，我的一百二十個問題集也在這書出版，影響很大。我花了一個多月時間準備這本書的第一篇文章，總述幾何分析的成果和展望。這篇文章是在約翰霍普金斯醫院，我探望我哥哥和我母親時在醫院的休息室寫的，一面寫、一面叫我的研究生巴特尼克修正，他和我都得益不少，以後也有很多幾何學家（包括唐納森在內）受到這篇文章的影響。

同時，我也花了不少工夫將《極小子流形研討》這本文集編好，編好後的一天，邦必里教授突然來到我的辦公室，要求做這本書的主編。我覺得可以，就將所有文件放在一個大盒子裡面，交給他，結果他將這個盒子原封不動地放在他的辦公室，有一年半之久！由於大大延誤了文章出版，所有作者都大不高興，怪在我身上，我只好去找博雷爾教授幫忙，邦必里教授就將我準備好的文稿一字不動的發表，加了一個序，也沒有提到我幫他邀稿和整理這些文章，也沒有送一冊最後出版的書。

高等研究院教授的責任

在高等研究院，教授們不用上課，唯一重要的工作是遴選每年申請到高等研究院的博士後和訪問學者。通常是一月上旬開會討論，在一大批申請人中挑選大概十名博士後，這些博士後的經費有一部分由美國國家科學基金提供，一部分由高等研究院提供。由於高等研究院學術研究環境很好，很多機構願意提供經費給他們自己的教授和學生到高等研究院訪問，但是這些人數量不少，我們往往要推掉很多不錯的申請，有些情形，引起不少討論。一個出名的防問學者是陳景潤，他的學問當然沒有問題，但是他對外宣稱他回國後，會將他從高等研究院得到的薪水上交給中國政府。博雷爾對此大為震怒，他認為高等研究院的薪水不是用來支援任何國家，而是給研究員個人的；最後我們都同意邀請陳景潤，但是他有沒有將薪資上交，則不得而知。

高等研究院教授傳統上享有不少優惠，每位教授都有經費邀請一位助理研究員，提供開派對、酒會的經費，也可以有司機接送，但是數學所的教授不願浪費任何經費。有一次，已經退休的哈斯勒·惠特尼（Hassler Whitney）教授得到沃爾夫數學獎，我向當時管事的邦必里教授提出開一個派對來慶祝，邦必里教授拒絕了。

數學所教授們也拒絕向政府申請暑期經費，表示數學和經費脫勾，政府管不了我們。由於數學所的博士後有一部分還是由國家科學基金會提供，而經費漸減，我建議高等研究院和政府談判，將教授可能得到的暑期薪資轉為博士後的支持，但是有些同事們反對而作罷（有某些在其他地方的教授卻捕風捉影，說我要去爭取工資）。

當時博士後的薪資很低，一年才八千多美元，米勒教授和我提出要求他們加薪。不料某教授在會議中竟然說，這些年輕人到高等研究院來跟我們學習，他們已經得到足夠的薪資。我很失望，其實高等研究院的成功的一個重要原因，在於這些年輕人聚在一起，互相影響，得出新的方向。當然數學所的教授都是一代大師，博士後和訪問學者確有受到他們的影響。很多教授每學期都會講授他們當時的研究工作。

哈里殊—錢德拉教授和我說，由於他大部分時間待在家裡，他決定每星期給一場演講，敘述他最近的研究工作。每一個學期開始時，他會做一場大演講，敘述那一學期的主要研究思想。這場演講很重要，全世界各地都有專家來聽這場演講，我每年都見到保羅．薩利（Paul Sally）從芝加哥來聽這堂課。

附錄七——

我和臺灣

我和臺灣的關係可以回溯到我還沒出生的時候。我父親以前在廈門大學念書，留學日本早稻田大學。抗戰時在福建、江西一帶做國民政府的小官，跟福建財政廳長嚴家淦等人都熟識。抗戰時那邊有些山區根本沒有陷落，因為是很偏僻的地方。

二戰結束，美國制定馬歇爾計畫（Marshall Plan），拿很多錢重建歐洲國家，像是德、法、英國，但基本上沒有協助抗戰結束後百廢待舉的中國，有人說這要歸咎於老蔣與當時美國派任的幾位將軍不合，而且杜魯門選總統時，老蔣押錯寶，所以杜魯門對他很不高興。本來宋美齡在大戰時期在美國的影響力很大，但戰後宋美齡的人脈也慢慢式微。

那時，我父親在汕頭擔任聯合國救濟總署潮汕地區的委員，負責分配糧食和衣服給老百姓。國共交戰，國民黨撤退到臺灣。當時嚴家淦曾招呼我父親一起去臺灣，所以在我出生的那一陣子，曾經有機會去臺灣，不過我父親婉拒了。後來嚴家淦成為國民政府的副總統。

在我家，母親比父親懂得經營。汕頭是漁港，我母親在汕頭購屋，也買漁船捕魚，但最後因為戰情緊急，我們家的漁船被充公，只能搭別人的漁船從汕頭到香港。十月十日，我們家逃到香港時，我才出生五個月。

我家搬到香港，初期住在元朗，那邊住了很多逃離大陸的人，其中有些討厭國共兩黨，有些是不願意去臺灣的國民黨員，既怕國民黨懲罰，又怕共產黨。就這樣，一九五〇年代有一批很好的知識分子來到香港，像是錢穆，還有余英時。余本來在中國讀書讀得很好，但在這樣的時代，也只能逃到香港，後來跟錢穆讀歷史。

當時的香港實在很窮，我父親不斷糾結要不要去臺灣，他們以為二、三年就會回去，根本沒有長住的打算。

後來，父親用他的錢在元朗開農場，因為不懂經營，二年就全部賠光。他的經濟壓力很重，要支撐自已家和我母親娘家的生活花費。我母親家一家十多口，吃飯需要不少錢，父親必須在外掙錢，所以開始教書。他經營農場時還考慮是否去臺灣，教書之後就不再做此打算。父親的英文不好，沒有辦法去美國。錢穆的英文也不好，連香港大學都進不去。當時香港只有香港大學一所大學，長久以來以訓練殖民官員為主要目標，連教中國史都用英文，基本上全部英國化。

一九五〇年後，香港出現許多書院，書院比中學高一個級次，但還不到大學的層級。這些書院基本上都是私立的，沒有政府經費支持。一直到五〇年代後期，香港政府承受不住輿論壓力，才將幾所書院合併成香港中文大學。中文大學成立於一九六三年，包含錢穆的新亞書院，我父親教書的崇基書院*。

崇基書院與廣州嶺南大學關係密切，很多教員來自嶺南大學。書院的首任院長李應林曾經擔任嶺南大學校長。第二任院長凌道揚是香港派到國外念書的農學博士，他是香港第一位博士，

* 一九四九年之前中國有十三家基督教大學，多半跟美國有關，其中上海聖約翰大學創建於一八七九年，比北京大學還早。但是一九四九年之後，基督教學校無法復校都關閉了。於是基督教教會本來用來支持這些大學的錢，一部分便在香港開辦崇基書院。

也是我父親在聯合國糧食農業總署的頂頭上司。一九四八年，凌道揚退休後定居香港。他接任崇基院長後，在一九五四年安排我父親到書院當講師，薪水以鐘頭計算，不是日薪或月薪。

總之，我父親本來有機會去臺灣，除了嚴家淦之外，他也和梁寒操有來往。梁寒操是廣東人，寫得一手好字，曾經送對聯給我父親。梁寒操在一九四九年後曾在培正中學和新亞書院任職，一九五四年到臺灣擔任中廣董事長。我父親一直和梁寒操有聯絡，一九六三年我父親去世時，梁寒操還送了一些錢到我家。我父親有機會去臺灣卻沒去，他的看法與國民黨不同，但很愛國。

我第二次跟臺灣擦肩而過是中學畢業的時候。我讀的培正中學是一所基督教學校，崇基是長老會，培正是浸信會。培正校長叫林子豐，是當時浸信會聯會主席，家境頗豐。林子豐曾經請我父親去培正當老師，但我父親婉拒了。

培正中學是六年制，跟臺灣一樣。在我快畢業時，林子豐突然提議廢除六年制，改模仿英國的五年制。英國學制是中學五年加兩年，大學三年，也就是五二三制；美國和臺灣則是六四制。他的提議其實是半調子，把中學變成五年加一年，讓學生早一年畢業，可以早一點做事。我讀書時恰好碰到這個奇怪的規定。

香港中學生想要進大學，必須參加會考，類似臺灣的聯考。我哥哥高我一年，結果他讀完六年的會考時間跟我讀完五年的考試同時，而且考題完全一樣。差別是哥哥考完可以上大學，我卻還要在中學留一年。第六年上學時老師也不曉得要教什麼，沒有課綱，全要自己摸索。結果就是老師想教什麼就教什麼，學校的氣氛變得很奇怪。其實會考一考完，同學就都沒事幹，到處閒晃，玩得很厲害。那時培正還有些學生準備出國留學，他們第五年底積極準備，第六年初開始申請，這些人也根本無心念書。

我也想出國，但家裡經濟狀況不允許，還需要我當家教負擔家用。但是出於好奇，我還是去了解留學的細節。香港有些圖書館有美國或英國大學的資料，我都詳細翻閱過，其實我還真的試著申請過。申請英國要依照五二三制度，第五年半我沒資格，第六年半我就想試試。依照英國制度，二年後的聯考叫GCE（General Certificate Examination），普通要讀完第七年才能考。我報名GCE時，果然被認定資格不符，不准參加考試。於是我跑去找試務負責人，花了半個鐘頭說服他，沒想到他真的同意了。考試科目中的數學和英文我都不太需要費心，數學沒有問題，至於英文反正很難，GCE是給全世界想去英國念書的人考的，英文必須非常優秀。我的英文考C，勉強及格，算是還可以。比較麻煩的是化學科，因為考試有實驗實作。培正中學的化學課只教很簡單的實驗，沒有稍微高等的實驗課。還好我的小學鄰居家很有錢且西化，主人是民生書院的創辦人，大兒子黃麗松是牛津大學的化學博士，後來當到香港大學校長。我和他們家兩個弟弟很熟，常去他家的泳池游泳。他們家的地下室就有一個私人實驗室，於是我就跑去他家自學，把容器量杯倒來倒去，以為這樣就可以應付考試。結果考化學時，考場有一大堆液體藥品，其中有道考題要檢驗某個紅色藥品的成分。操作時我摔斷了大試管，把測試的紅色液體全部打翻，我嚇了一跳，以為要賠一筆錢，幸好考試單位沒有要我賠，但考試也就這樣泡湯了。

因為我家連旅費都湊不足，到英國或美國留學自然不可能，因此就只剩下留在香港或到臺灣讀大學兩條路。在香港，培正的新規則害我不能考香港大學。香港大學是英國制，英文中學必須念完兩年才能考，本來中文學校六年畢業還可以考，變成五加一之後就不能考了。我父親那時已經過世，他以前認識香港大學的知名歷史學家羅香林，我那時去找過他，但他也愛莫能助。

這麼一來就只剩報考中文大學或臺灣僑生考試兩條路。到了第六年的四、五月時，我兩門考試都考了。那年報考臺灣僑生考試的除了我還有幾個同學，我到現在都還記得考了什麼。我的同學說數學很難，但我覺得很容易，應該是最高分。國文的作文我自覺寫了一篇非常出色的文言文，出了考場還很自豪，因此國文應該考得不錯。我忘了最後總分多少，但應該是僑生最高分，因為臺灣大學給我全額獎學金，不但四年免學費，而且還給我全部生活費和香港到臺灣的旅費，其他人都沒有這種待遇。臺灣大學是我的第一志願，成功大學是第二志願，如果去臺灣，我當然就會去讀臺大數學系。

其實，中文大學的考試我本來也覺得考得很好。依照中文大學的規定，中文占比很重，而且中文沒過就不錄取。考試時我才發現中文作文考題類似清朝考八股文，他們期望的是類似八股文的文章，一開始要點題等等，我根本沒受過這種訓練，我喜歡的是古文這類文言文。我還是勉強寫了，只是成績不太好。我有一個朋友是培正成績最好的學生，學校的所有獎都是他拿的，包括數學獎在內（因為我比較粗心），但是他考中文大學時，中文考得非常糟，結果進不了中大，對他打擊很大。我是上榜了，但應該也只是低空飛過。香港中文大學有三個分部：崇基書院、聯合書院、新亞書院，我父親跟我哥哥都在崇基，我父親教書，哥哥則是讀中文系，家裡跟崇基的教授很熟，不過我中文沒考好，很可能要說情才能進崇基。

我必須決定要去臺灣還是留在香港，崇基雖然有獎學金但很少，而臺大則有很好的獎學金。我考慮了非常久，最後決定留在香港。主要是因為當時父親才去世三年多，雖然家境已經沒有一開始那麼辛苦，但是改善不多，我怕母親一個人應付不來。假如當年來臺灣，我整個人生可能會非常不一樣。這算是我第一次跟臺灣正式接觸。

大學之前我就接觸過一些臺灣來的人，最有印象的是我父親的學生。我在前面提過，一九六二年溫黛颱風引起大海嘯，造成很多房子倒塌，許多百姓死亡。香港政府重建災區，蓋了很多七層大樓給平民居住，那地方叫做黃大仙徙置區，至少蓋了十幾二十棟，當時還決定把頂樓天臺讓出來開設所謂的天臺小學。我父親有個學生叫李錦鎔，他家在美國開餐館，有點錢想辦小學，就買了執照，在其中一所大樓的天臺辦了普賢小學。普賢小學有很多臺灣來的教員，我和他們很談得來。當時教室不夠，一個教室分成兩半上課，一個老師教兩班，這班教完給一些習題，再換到另一班教，一邊教一邊看另一班的學生，現在很多偏遠地區上課可能也是這樣。

另外，我父親有些臺灣學生其實是特務。當時香港是全世界的特務中心，中國大陸、臺灣、英國、美國，甚至蘇聯，全香港都有特務的蹤跡。父親有一個臺灣學生，我跟他很熟，有一天突然被香港政府逮捕，痛打一頓後被送回臺灣。

我在香港時的臺灣印象還有件有趣的事。中學時我經常看臺灣出版的數學小書，我記得有個陳明哲在中央書局出的書，寫得不錯，我看了不少。後來我開始讀英文數學書，到大學時閱讀量更大，但是原版書實在太貴，那時臺灣有些書局盜印了很多數學書，價格便宜很多。我人不在臺灣，就找了兩個在臺灣讀書的中學同學，一個叫陳德華，一個叫朱士超，請他們幫我購送，為了瞞過海關，書的封面還都印成唐詩三百首或是宋詞的名目。老實說，這些書對我的幫助很大！

所以我早年對臺灣的印象很有趣，從來沒去過臺灣，但跟臺灣特務有接觸；最後雖然沒有到臺灣讀書，卻讀了很多臺灣印的數學書。

我在香港中文大學讀到大三，就到柏克萊讀研究所，主要應該是陳省身的協助，但我其實沒有見過他。一九六九年四月柏克萊收我當博士生，六月一日陳到中文大學獲頒榮譽博士時，我才第一次見他。就我對陳的了解，這件事他一定幫了忙。二〇一五年，我去東京作高木貞治講座演講時，我從前在柏克萊讀書時認識的日本朋友落合卓四郎（Takushiro Ochiai）來聽我演講。落合是有名的幾何學家，他告訴我小林昭七有次談起，小林認為他一生中最驕傲的一件事是破格收我做研究生，當年小林是柏克萊招生委員會的召集人，強烈推薦我進柏克萊，同時給我當時金額最高的獎學金。這應該是事實，但很可能是小林先問過陳省身的意見。陳省身是柏克萊的教父級教授，小林雖然不是陳省身的學生，卻是他聘任的，遇到中國學生的申請案，先問陳省身的意見也是合情合理。

陳省身其實很忙，我進柏克萊時，他正休假在其他大學訪問，偶爾才會在系上出現。我第一年在柏克萊修了很多課，羅森教研究所的初等微分幾何，我修了這門課，認識來自臺灣的黃武雄，那時他跟羅森做研究，但他不是羅森的研究生，黃武雄是前一年從萊斯大學來柏克萊跟陳學習的訪問研究生，於是我也認識了黃武雄當時的太太吳貴美。

那時柏克萊數學系大部分的華人學生都是臺灣來的，香港的學生很少。現在的數學系館伊文斯樓當時還沒有蓋好，數學系和天文系共用康普柏館，空間不夠，連助理教授都沒有研究室，更何況我們這五百多個研究生。我是正式研究生，沒有研究室，訪問的黃武雄卻有研究室，我很好奇他們怎麼弄到手的。原來柏克萊校園中有很多木造的破落校舍，稱為T building*，在後來伊文斯樓旁的校園裡就有一大堆這種破房子。我很佩服這些臺灣學生，因為他們總是可以在那些房子裡找到根據地，所以黃武雄雖然是訪問學生，也能找到一方之地安身讀書。我自己因為連張書桌也沒有，所以才大部分時間都待在圖書館看書，但也因此有緣認識我未來的妻子友雲。

我在柏克萊的第一年住校園南邊的二一一八錢寧路，四個學生合租兩房一廳的房子，一個月房租二百四十美金，每人六十美金。原先大家輪流煮飯，不過我煮得太難吃，他們後來不讓我煮。室友有一位是我中文大學的同學潘銘燊；一位是數學系同學叫佘恩，他是阿拉斯加人，很喜歡談冰上捕魚的事；另一位是來自臺灣的賴明詔，他是學醫的，非常用功，認為讀醫是最有出息的行業，後來在南加大研究微生物病毒，快二十年前回臺灣中研院任職，以後擔任中研院副院長與成功大學校長。賴明詔在柏克萊時正在熱戀中，每日寫一封情書，天天跟我們炫耀他的女友。

* T表示temporary，臨時校舍。

三十多年後我在臺灣見到他，最好奇的是他後來有沒有和這位女友結婚。結果正是那位，多年後我終於見到他的情人！

第二年，因為租金太貴，我準備換地方住。其他三個人五月就走了，由我一個人清理房間，還好我幾個中學同學在，包括張文政和剛來柏克萊的鄭紹遠，邊玩邊打掃，我花了三十美元請他們一頓，結果猶太房東不肯退押金，我真是陪了夫人又折兵。

吳貴美神通廣大，她知道哪裡有房子空出來，聽到我和鄭紹遠要找房子，就在學校北邊的歐幾里得街（街名正巧是大數學家的名字）幫我們找到一間單房公寓（studio），房租很便宜才美金九十元。我還記得管理人是個西班牙人叫喬治，而且這個房子因為在戲院樓上，每週五都很吵。鄭紹遠運氣非常好，不但一來就有房子住，而且他未來的老婆和哥哥正住在這座公寓群的後邊，他們伉儷就是這樣認識的。

我在柏克萊跟黃武雄和吳貴美有很多來往，他們常常批評老蔣和國民黨，討論臺灣的二二八事件，此外他們對共產黨很感興趣，也常談魯迅。我則常跟他們說香港的事。說起來，他們那時和我真的滿熟的。現在回想，早期的臺灣數學家，至少我認識的往往太記掛政治，恨透了威權時代，不斷抱怨二二八。我父親有個朋友的家人是二二八受難者，後來獲得臺灣政府補償，那位朋友談起二二八，都還沒有黃武雄激動！蔣經國去世之後，很多臺灣學者更支持臺灣本位的立場！黃武雄的為人是不錯的，但這樣激憤的心胸很難做大學問！其他數學家似乎也有類似的問題。

我做研究生認識不少臺灣學生，第一年除了黃武雄和吳貴美外，還有萬業輝、蔣中一、江月娥等數學系研究生，但是不算熟。考博士資格考試時，萬業輝成績好像比我好一點，臺灣學生很高興的大吹特吹，但是我自己根本不在意。我在柏克萊的第一年很專心念書，除了聊天，很少參與校園活動。

到了第一年暑假，鄭紹遠來柏克萊，臺大也有好幾個新生到來，像是張聖容、李文卿、李碩彥。那時陳省身有事時，就叫我代課，所以還會教到這些朋友。另外，楊建平從第一年開始就常常來找我幫忙做習題，他父母住舊金山，有空就讓他帶些點心給我吃。楊幾乎每隔一兩天就到我和鄭紹遠的房間聊天，他有一部舊車，有時載我們出去玩，主要是去舊金山中國城吃飯，有時也去看中國電影。當時系上還有一個統計系的許世雄，也常在一起，許學機率論，我送他一本中文書，是夏道行寫的《無限維空間上測度和積分論》，我在香港花了不少時間讀這本書。一九九一年我到臺灣清華大學訪問時，見到許世雄，他還把這本書還給我。

一九七〇年九月，也就是我在柏克萊第二年的開學初，因為發生釣魚臺事件，保釣運動在全美風起雲湧，吸引很多臺灣學生參與，其中許多因為對國民政府失望慢慢左傾。我舉一個例子，一九七一年一月，臺灣和香港的學生在舊金山唐人街的公園集合示威，國民黨找華青幫流氓來鬧場（當然他們否認），我有個從香港來的朋友叫余經昌和他們揪打，連眼鏡都被踩壞了。當時我正好站在他旁邊，事故發生迅雷不及掩耳，大家還沒想到如何反應，那些華青就飛快跑走，大概只是要警告我們！當時國民政府派了一個舊金山領事到柏克萊說明釣魚臺事件，但是言語明顯敷衍了事，當時臺下柏克萊很多教授如田長霖、伍鴻熙都在場抗議。學生一起去舊金山示威，本來主要對象是日本領事館，但是被華青打了以後，更加不滿國民政府。

由於柏克萊有很多臺灣學生參加，我因此認識更多臺灣學生，像是劉大任、郭松棻、李渝、唐文標、戈武、陳騮等，義憤填膺的臺灣學生往往也參加左派活動。當時越戰如火如荼，柏克萊的老美集會遊行反越戰，華人則因保釣開始組織抗議活動。讀政治的劉大任、讀比較文學的郭松棻、讀中國藝術史的李渝（郭李是夫妻）編了一份報紙叫《戰報》，罵國民黨罵得很厲害。我還記得陳省身也讀過，還說文字太差，應該學魯迅罵人，要罵就要高檔一點。當時也有演話劇的，我記得看過曹禺的《日出》還是《雷雨》。

一般來說，華人留學生很少合作，但保釣時卻有一大批人集結而且一起左傾。我親身經驗的，像是哥倫比亞大學就鬧得很厲害，知名保釣領袖李我焱就是哥大吳健雄的學生，另外像紐約石溪大學也有活動。在美國長大的華人學生也積極參加保釣，在運動中各種文化背景的華人難得交流，也促成很多男女戀愛的故事。我有一個培正同學張文政在史丹佛大學讀化學博士，讀得很好，卻因為單戀某個女同學不成，竟然放棄學業，把全部時間放在保釣，全力左傾，以後不知所蹤。

因為左傾，華人留學生開始關注中國共產黨的東西，播放中國大陸的電影。我還記得很清楚，那年放映一九六六年的《毛主席和百萬文化革命大軍在一起》時，我跟鄭紹遠一起去看。電影場面很浩大，真的有一百萬紅衛兵在天安門廣場列隊，由毛檢閱。先是毛出來，接著林彪、周恩來、葉劍英等人陸續出來。我跟鄭紹遠說：「林彪不可能長久，像個小丑一樣。」鄭紹遠說不可能，還跟我辯論說人家都被宣告是接班人了。結果還是我直覺好，林彪竟然不到半年就垮臺。

那陣子我也常觀察臺灣學生，覺得很有趣。有些人十分認真做事，但有些人完全不是那回事。一九七一年我快畢業時，陳先生說石溪大學的西門斯對我很感興趣，建議我去看看。那時我是學生，沒有多少收入，所以借住正在石溪訪問的羅森家，不料碰到他們夫妻吵架，第二天我就在臺灣學生宿舍找到一個空床，因此有機會與臺灣學生聊天。那年季辛吉才訪問大陸，臺灣學生真的很厲害，中國還未開放，他們已經預期前景大好，很興奮的想利用中國開放撈一筆。他們在右向臺灣效忠，在左向中國效忠，兩邊各賺一筆。例如他們大談可以做旅遊業，利用大家對鐵幕的好奇，只要能弄到執照，光是安排旅遊就能大賺一筆。這些都是我親耳聽到的，這幫人很多都搞保釣，聞之令人咋舌。這些臺灣學生知道我學數學，就拿於梨華的小說《又見棕櫚，又見棕櫚》給我看，說書中有諷刺數學家的地方，當時我還覺得莫名其妙，後來才知道其中有段故事影射的是後面要提到的項家兄弟。

一九七一年，臺灣被趕出聯合國，中國進入聯合國時需要一大批人翻譯，他們不能用臺灣本來的人才，於是很多臺灣留美學生趁機申請，填補這些空缺。這對他們很重要，因為一九七一—七三那幾年，美國剛打完越戰，國家比較窮，找事困難，偏偏聯合國翻譯職缺很優渥，薪水高還免稅，而且上班時間不長，假期又多，逍遙自在比當教授好多了，像劉大任進了聯合國，就有很多時間寫小說。於是，一批臺灣留學生去聯合國，一批想狠撈一筆，還有一批真的相信共產黨。

保釣的華人學生絕大部分是臺灣來的，香港人很少。事實上針對保釣運動，香港人分成好幾派，大多和臺灣學生想法相合，但也有一小群人如幾個培正畢業的香港人，他們就認為釣魚臺屬於日本，在中國同學會會長的選舉中和臺灣學生大吵，把事情搞得很難堪。

針對釣魚臺事件，楊振寧、陳省身還有其他學術前輩曾在《紐約時報》發表公開信，說釣魚臺屬於中國。不過陳省身私底下是反對年輕人參加保釣的。我先前有提到，那時陳省身病了一個月，我與鄭紹遠、楊建平和張聖容去探病，陳對我們說，人生在世不是為名就是為利，你們搞釣魚臺運動是為了什麼，不要搞這種東西。

當時左派風氣瀰漫美國，很多美國學生認為西方思想和體系腐敗，越戰讓很多人崇拜毛澤東與胡志明，如果去當時的學生宿舍，毛澤東和胡志明的相片都掛得很大。保釣也引發華人學生讀《毛語錄》的風潮，經常幾個人組讀書會研究小紅書。

一九七一年我從柏克萊畢業，夏天到達普林斯頓高等研究院，華人圈就有每週讀《毛語錄》的讀書會。那時項武忠從耶魯來訪問，加上普渡的莫宗堅，普林斯頓的沈平和胡比樂都是小組成員。讀物理的胡是香港人，很能吹牛，小組幾乎就是他主持。不過，胡比樂把《毛語錄》當《聖經》讀，把我們當做小學生，我覺得很沒意思。

一九七二年暑假，沈平與莫宗堅都想離開美國，貢獻後半生給新中國。在意識形態上，他們對國民黨和美國文化都很失望。沈平很有意思，因為那時的中國廁所是茅坑，他還研究如何製作茅坑。但是沈平因太太懷孕的關係，終究沒有回去，後來在RCA做研究，一九九九年才到香港科技大學擔任教授，學問很不錯。

莫宗堅的論文老師是印度數學家阿保洋卡，是做奇點解消（resolution of singularity）的名家。莫想做雅可比猜想（Jacobian conjecture），覺得這是最偉大的猜想，日後也以此要求他的學生張益唐。莫宗堅的畢業論文做的是仿射曲線（affine curve）問題，做得還不錯，因此才能到高等研究院，整天遊說我做他那兩個猜想。我印象中，莫宗堅是個大男人主義者，老婆唯命是從。

結果，莫宗堅真的回大陸了。高等研究院的活動通常四月結束，我四月初就離開，到加州聖地牙哥找友雲。五月多，項武忠打電話問我要不要買車，因為莫宗堅準備回中國，車子要便宜賣。我不想跟熟人買車，怕後續的人情麻煩就拒絕了。不過，莫宗堅回大陸不到幾個月就受不了，跑回美國，連車子都還在。那個年代找工作困難，放棄一切回大陸的莫宗堅因此沒有工作。莫與項武忠很熟，叫項老大哥，於是項打電話給阿保洋卡說明莫宗堅的狀況。其實這通電話莫大可自己打，阿保洋卡安排莫的工作後，項武忠可得意了，說自己是莫宗堅的「衣食父母」，到處跟別人講。我在寫英文自傳時，琢磨了老半天，也不知道怎麼把「衣食父母」翻譯成英文。

這段時間，我和一些臺灣數學家有過接觸，尤其是項家兄弟。項武忠的脾氣臭是出名的。我在先前回顧的都是確實的事情。其中談到十維怪球那件事，我真是印象深刻。項在高等研究院告訴我，他證明某個十維怪球上沒有圓對稱，還說這項成就足以流芳百世，一輩子不用再寫論文。後來我到石溪大學，正好讀到舒爾茨在《美國數學會月刊》（*Proceedings of the American*

Mathematical Society）的文章，證明所有十維怪球都有圓對稱。有趣的是，舒爾茨比較年輕，項武忠自認是有尊嚴的大教授，個性又高傲，就找我去幫他問舒爾茨。這實在不關我的事，自己的定理有反例，為什麼要找別人去問。這方面，我倒是有篇文章講十維怪球沒有非交換群的作用。

我在柏克萊就認識項武義。保釣時，項武忠是重要的參與者，項武義雖有參加，基本上卻只是旁觀者，和他哥哥不同。項武義和陳省身非常熟識，陳省身當時六十歲左右，住在柏克萊附近山上，鹿常常跑進院子踏壞庭園，這在美國是常見的麻煩事，鹿跑進來，陳就叫項武義來處理，感覺項武義就像陳家的總管。

前面說過，一九七一我畢業那年，項武義有天突然盛大招待我，原來他想介紹夫人的妹妹給我認識，但我已經有女友，當然敬謝不敏。我到高等研究院後，項武忠也想介紹自己的妹妹給我認識，我只好也回絕。這些事或許冒犯了項家兄弟，他們可能認為我至少應該約會一下，妙的是他們明明都知道我已經有女友，真不知道他們是怎麼想的。不知道是不是因為這樣，埋下後來我和他們種種衝突的禍根。

一九七八年中美建交前後，中國大陸慢慢開放，先是數學家可以出國考察訪問，後來學生也可以出國讀書。由於兩個國家壁壘分明三十年，觀察雙方接觸，是很有趣的事。一九七七年，中國開始派教授出來。一九七七年底或一九七八年初，谷超豪帶隊路過柏克萊，當時我正在那裡訪問。聽到大陸有人要來，柏克萊裡有一大幫華人緊張的不得了，每個人都想去拉拉關係。谷超豪是做幾何的，我很清楚他的研究。奇怪的是一大堆臺灣來的人包括項武義都想巴結他們，很想跟大陸拉關係，我真不懂他們為什麼有這種態度。

項家兄弟是浙江人，先跟著國民政府到臺灣，就讀臺大再赴美國。我知道他們在臺大數學系很有名聲，算是臺灣知名的數學家。項武忠做拓樸學，在當時來自臺灣的數學家，水準還算不錯，但是自以為了不起，脾氣又太暴烈，弟弟的數學則不是一個等級，後面再談。總之他們有很多上一代人的習氣，有時把人情和學問研究夾雜在一起。

和他們同一輩也是臺大數學系畢業的還有戴新生。保釣時他回中國，但是和莫宗堅不同，他去了就一路留下來，在北京清華大學任教。一九七八年中美建交，一九七九年我第一次到大陸訪問，見到戴，他變得講話有點閃爍，有種不安全的退縮感。戴介紹學生曹懷東和王文祥到普林斯頓跟我，我很快就答應了，他們是我收的第一批中國學生，時間大概是一九八一或八二年。我收臺灣學生稍微晚一點，要到我在加州大學聖地牙哥分校任教之後。一九八四年是林俊任，那年我也收了兩個香港學生。一九八五年是高淑蓉和翁秉仁，高是我的第一個女學生。

一九七二年，我到紐約石溪大學當助理教授。石溪很小，大學鄰近一個叫傑佛遜港（Port Jefferson）的小漁港。我租了一間單房公寓，因為沒多少錢，還把半間房租給香港來的大學生。前面提過石溪系主任是西門斯，在系上地位很高，所有人都由他聘任。我在石溪遇到一些臺灣學生，其中臺大畢業的項文潮是西門斯的學生，有一個讀拓樸的，我忘了名字；還有一個臺灣學生不知是臺大還是清華的，他對幾何感興趣，曾跟日本數學家做過跟簡單的幾何問題。他來找我，我說帶你一下可以，但他情況很糟，做過小研究後，就不想做更有趣的問題，只好作罷。這些臺灣學生都不是特別好，有點懶散。我當時很資淺，並不準備帶學生，頂多從旁幫點忙。西門斯倒是滿感激我的，因為我幫他照顧學生。我離開石溪時，一路開車橫越美國到柏克萊，就是項文潮跟我同行，在八十號公路的途中，車子輪胎被刺破，還靠他幫忙換輪胎。

我在石溪還認識一位出身臺灣的訪問教授王叔平，他在普渡教書，是莫宗堅的同事。王叔平大學讀臺大物理，後來轉讀數學，研究離散群相關的代數，可能跟嘉蘭相熟。嘉蘭是陳省身的掛名學生，王和嘉蘭都曾經告訴我，嘉蘭是跟王憲鍾學數學，但是王憲鍾在康乃爾大學，不能當論文指導教授，所以才找葛理菲斯掛名。王叔平夫人陳媖是他的同班同學，由於友雲也是臺大物理系畢業，所以我和臺灣物理界一些人也熟，他們也認識項武義夫人謝婉貞。王叔平有兩個兒子、一個女兒，那時住在海邊，我常去跟他們聊天，有時一起吃飯，主要談一些臺灣的八卦，聊增我對臺灣的認識。我和王叔平大概共處了一年，期間應該還有一些臺灣來的訪問學者，不過因為我自己住，又不太會講話，所以和他們都不熟。

前面提到在美國落腳的臺灣數學家，許多都是小時候在大陸出生，與父輩跟隨國民政府到臺灣避難，讀完大學後再到美國留學，並留在美國定居。戰後在臺灣本土出生的數學家，除了柏克萊時期認識的黃武雄和陳金次之外，另外像後來長任中研院數學所所長的劉太平，也算是很早就認識。一九七〇年代，劉太平在馬里蘭大學擔任副教授，那段時間美國國科會有時找我去華盛頓特區開會，我們偶爾會一起吃晚飯，他送我到機場，對我很友善。他的研究領域是應用數學，研究格利姆格式（Glimm Scheme），也就是一維具小擾動非線性雙曲方程的守恆律，做得不錯。

一九八五年我在聖地牙哥時，請紐約大學科朗學院的彼得・拉克斯（Peter Lax）到聖地牙哥訪問。由於我在一九七五年秋季曾經訪問科朗，也做了他們感興趣的研究，因此科朗的人和我很熟。拉克斯來訪數天，我們常去海邊散步，算是他的半個度假行程。其間我請他演講，最後講到格利姆格式，我記得很清楚，他講得津津有味，但完全沒有提及劉太平的研究。我就問他「彼得，你怎麼看劉在這方面的工作？」拉克斯站在那邊動也不動，想了好久，最後回答說：「我不確定他是不是真的有貢獻（I am not sure there is a contribution）。」

我很訝異拉克斯這樣想，因為拉克斯是這個領域的領導人，而這是劉太平主要的研究領域，所以情況不太妙。於是我積極鼓勵劉太平，我說你的研究一輩子待在馬里蘭不會有發展，一定要科朗的人認識你的研究價值才行，但現在格利姆和拉克斯都沒注意到你，我建議他主動去找他們好好解釋自己的研究，讓他們理解其中的深度。就這樣，我幫劉太平從馬里蘭去了科朗，科朗也從那時起對他有不同的評價，開始肯定劉太平。劉太平後來轉去史丹佛任職，也是我大力推薦的。早從一九七三年起，史丹佛就一直對我很好，希望我能協助數學系建立微分幾何的研究群，後來我選擇去高等研究院時，他們很失望。但史丹佛和我一直保持十分良好的關係，也很信任我的推薦。所以我才能幫劉太平和蕭蔭堂到史丹佛任教。我和劉太平的關係本來不錯，日後發生變化等到後面再說。

另一位我很熟悉的臺灣數學家是林長壽。

自一九七三年的史丹佛國際幾何會議開始，我和科朗學院的尼倫伯格就有許多來往，討論蒙日─安培方程，我也因此常到紐約，熟識科朗學院的人。一般來說，尼倫伯格的學生畢業後，如果跟幾何有點關係，多半會先送到我這邊當博士後。

第一個這樣的學生是瑟吉歐・克賴訥曼（Sergiu Klainerman）。他是羅馬尼亞人，拉克斯在歐洲訪問時發掘克賴訥曼，帶他到美國進入科朗學院，成為尼倫伯格的學生。一九七五年我到庫朗訪問時認識克賴訥曼，知道拉克斯很看重他。

克賴訥曼一九七八年畢業後到柏克萊當講師。那年秋季，我從柏克萊回史丹佛，那時我和孫理察剛做完廣義相對論的正質量猜想，正在史丹佛開廣義相對論的課程。克賴訥曼每週專程從柏克萊到史丹佛聽我上課，那時他完全不懂廣義相對論。克賴訥曼的論文做的是非線性雙曲系統方程，探討小初始條件時解的存在特性，研究解在爆炸（blow up）前能走多遠，用的方法是納許─莫澤法（Nash-Moser，廣義的隱函數定理）。

克賴訥曼跟我討論時，說他原來做的是偏微分方程一般理論，現在想做比較具體的問題。我說納許─莫澤法應該還有許多重要應用，我當時給他兩個問題：一個是關於廣義相對論的愛因斯坦方程，跟他的論文性質比較接近，探討小初始資料可傳遞多遠的問題。後來，他離開柏克萊回科朗任教，跟赫里斯托努繼續研究，終於完成兩人合寫的知名論文，探討閔可夫斯基時空的小擾動與全域存在性。

第二個問題是等距嵌入（isometric embedding）問題。例如給定曲面度量，探討能否將曲面嵌入空間的局部等距嵌入問題就是很基本的問題。克賴訥曼回科朗時跟尼倫伯格說起這兩個問題，但他沒做第二個問題。後來尼倫伯格把第二個問題交給他的學生林長壽，林很快就做出重要結果。當曲面曲率為正時，這個問題在全域時都是已知的，但一旦曲率有零點，也就是曲率非負時，問題就困難很多。但是林解決了這個問題，用的正是納許—莫澤法，文章發表在《微分幾何期刊》（*JDG*）上，這是他的博士論文。

一九八二年林長壽畢業，尼倫伯格要他到高等研究院跟我。一九八二年春，我為兩位年輕數學家申請高等研究院的研究員（member）職，一位是林長壽，另一位是唐納森，那時唐納森剛完成他知名的四維拓樸工作。高等研究院研究員職的聘期一般是一年，所以我花了很大力氣，才促成他們擔任兩年研究員。我先前談過這件事，研究院教授可以決定研究助理，但研究員則必須教授聯合開會審慎決定，除非訪者自己有經費，不然並不容易。

林長壽到普林斯頓時，我跟友雲正好分隔東西兩岸，她在聖地牙哥和她爸媽住。我在高等研究院租了一間寬大的教授公寓，三房一廳，本來和我母親及我哥哥同住，但後來她跟我弟弟成棟到洛杉磯去，我就邀林長壽一起住。林非常用功，我們時有討論。

一九八三到一九八四兩年，我和孫理察開始在高等研究院講述幾何分析，也就是後來我們寫的《微分幾何講義》（*Lecture on Differential Geometry*）初稿。第一份講義是那時在普林斯頓訪問的鍾家慶整理的。當時漢斯．葛勞厄特（Hans Grauert）有來聽講，林長壽也來。那兩年，孫理察第一個小孩正好出生，所以有一年他不在。

高等研究院的活動四月結束，我本來應該回聖地牙哥，但是一九八三年，座落於柏克萊、由陳省身擘劃的數理科學研究院剛成立，陳希望我到柏克萊帶年度專題，因此我先到柏克萊訪問兩個月，和孫理察一起給演講，我們花了很多時間準備，講正純量曲率的流形，後來還出了一些風波（詳見前文）。

這一年，我家老大明誠已經兩歲多，老二正熙才剛要出生。記得當時我正在柏克萊上課，趕忙飛往聖地牙哥，幸好我到達時，友雲雖然已經到醫院，卻還要再四、五小時正熙才出生。帶兩個小孩很辛苦，但友雲一直不願意到普林斯頓，於是我開始萌生離開高等研究院的念頭，考慮下一個學校或研究機構。

第一個可能是美國東岸的哈佛大學，他們一九七九年已經找過我一次，這次蒙福德又特別飛來和我長談，然後哈佛的大院長也飛過來遊說我去哈佛。不過哈佛薪水大概是高等研究院的七成，而且到哈佛還會冒友雲失去工作的風險，變成我要支持兩個家庭的費用。當時我哥哥生重病，我還要照顧我母親、我的岳父母，還有兩個小孩，費用真的不夠，只好忍痛拒絕。

第二個我慎重考慮的是美西的史丹佛，因為我和史丹佛的關係一直很好，而且他們給我相當優渥的條件。另外，由於友雲在聖地牙哥有很好的工作，因此加州大學聖地牙哥分校也是我一直考慮的可能地點。

由於幾何分析的研究正要起飛，我一直想找一批志同道合的研究夥伴成立一個核心的研究群，我希望大學能夠充分支持我的想法。當時孫理察已經離開科朗學院到柏克萊。西門之前回去澳洲，但不是很愜意，想回美國。我們三個人都和史丹佛頗有淵源，一起留在史丹佛不是問題，但西門遲遲無法決定回美國。

同時，聖地牙哥則願意提供兩個職位。孫理察沒有問題，很樂意來。西門暫時不能來，我跟漢米爾頓談起聖地牙哥，他頗有興趣。漢米爾頓在一九八二年做出傑出的研究，會是很好的研究同伴。總之，為了擺平所有的條件和限制，我花了非常長的時間，才做出到聖地牙哥的決定，當時已經是一九八四年四月，沒想到最終發現這是一個錯誤的決定。

高等研究院很想留我下來，給我很好的條件，而且答應給我兩年的緩衝期，兩年之內都可以回普林斯頓。但是我與聖地牙哥很不愉快的時候，竟然忘了這回事，這當然很令人扼腕，不過後來我選擇去哈佛，那裡的環境一樣好，甚至更好，因為高等研究院無法招收學生，而我覺得和學生交流是很重要的事情。

一九八四年四月，我準備搬家到聖地牙哥時，竟然忘了自己已經是資深教授，學校會幫我付搬家費，連車子都可以搬運。結果我把全部家當塞在我那輛Chevrolet Nova的後座和後車廂，準備一路開車搬家到美西。開長途車對我不是問題，但是需要在路上可以打發無聊的聊天夥伴。曹懷東那時已經在普林斯頓大學讀書，是我的學生。幸好普林斯頓對研究生的規定很靈活，雖然我要到聖地牙哥，學校仍然容許曹繼續跟我到加州讀完博士。另外，林長壽因為研究員任期已經結束，也想去聖地牙哥，我已經跟學校談好，聘他任助理教授繼續做研究。於是我們三個就一起開車上路到聖地牙哥。他們的行李很少，我的行李則堆得滿滿的。臨走時，高等研究院開了一個派對為我送行，他們對我真的很好。

一九八四年四月，應該是我生日那天，我們出發。我之前已經開車橫越美國兩次，走的是偏北的路線，這次我從普林斯頓開九十五號公路向美國南方走，途經華盛頓特區往德州開去，目標是位在德州大學城（College Station）的德州農工大學。農工大學數學系已經數次邀我演講，但一直沒成行。在那裡有俄國數學家伊利亞·貝克曼（Ilya Bakelman），他也做幾何分析，專長是實蒙日—安培方程。我在史丹佛時認識他，後來還幫他寫過推薦信，或許因為這樣的機緣，曹懷東後來也在德州農工大學任職過一段時間。我們這一趟在農工大學待了兩三天，這裡是典型的鄉村地帶，有一天為了吃一頓好餐，貝克曼伉儷開了兩個鐘頭車，帶我們到大學城南邊的休士頓吃飯。

接下來的行程是德州大學奧斯丁分校的大型演講，但因為時間還相當充裕，因此我們決定調頭往東開，造訪七百公里之外的紐奧良，這是我第一次深入美國南方的鄉村。這趟行程我印象最深刻的是開車進紐奧良時，要通過一條非常非常長的橋，而且偏偏就在橋上，平生僅見的傾盆大雨突然從天而降，能見度只剩一兩公尺。由於豪雨聲勢驚人，我們只能把車停在原地，幸好前後都沒什麼車。

我們在紐奧良待了幾天，享受當地不同的文化氣氛，之後再開回德州。這是我第一次到奧斯丁，在那裡演講，又住了幾天，結果種下兩年後再到奧斯丁訪問半年的緣分。接著我們繼續往西走，途中我們在德州和新墨西哥州交界的美墨邊境城市艾爾帕索（El Paso）停留，吃了很不錯的牛排，畢竟那裡是美國南方。

曹懷東和林長壽那時都還不會也不能開車，所以從東岸到西岸一路上都是我一個人開車。車開得不快，但我記得有時一天要開十六個鐘頭。由於這段旅程有很多地方我都是第一次來，感覺十分新鮮並不無聊，只要沿途有人陪我說話不要睡著就可以。我們就這樣白天開，晚上找旅館，一路聊天，開了十天，就到了聖地牙哥。

林長壽後來在聖地牙哥待了兩年。一九八七年，我跟聖地牙哥鬧得很不愉快，最後離開加州去哈佛。那一年林長壽有好幾所學校請他去任教，但他自己覺得待在美國沒意思，加上我不在聖地牙哥，他就直接回臺灣，到臺灣大學任教。

繼續談跟臺灣的接觸故事之前，我想先提兩件在前面也談過的事，只是那裡說得比較簡略，借這邊的篇幅再補充一些。

在我和林、曹開車的這一路上，我們討論了一樁日後造起陳省身跟我誤會爭吵的事。從這件事的發展，你可以看到很多華人做事避重就輕，碰到事就往別人身上推的習慣。事情的起因是陳省身和葛理菲斯想要比照物理的CUSPEA計畫，透過美國數學會中介挑選中國學生到美國留學，當時中國才剛要開放，這顯然是影響很深遠的計畫。問題是我當時完全不知道這個計畫和陳省身有關，過程中我問過陳省身好幾次，但他都說和自己無關，一直到非常後來我才知道這根本就是陳的計畫。

一九八三年，蕭蔭堂和項武忠都參加了在華沙舉行的國際數學家大會。我們在會中談起這個取才計畫，當時鄭紹遠和友雲都在場，可以為證。我們大家都反對這項計畫，認為不該由外國學者主導中國的人才選拔，壟斷中國留學生的出國分配管道，我們覺得只要鼓勵中國學生循正常招生管道申請就很足夠。討論時，蕭和項還主張應該聯合寫信給中國政府，請他們拒絕這種不合理的要求，不過後來才知道蕭和項並不真的想寫這封信。

在這趟跨越美國之行，我們在車上談的就是這件事。由於影響很大，所以我到聖地牙哥，便找鄭紹遠起草文稿，當時他已經在附近的洛杉磯加大任職。這份文稿純粹只是草稿，根本還沒定案，但由於我和項、蕭將是文件的共同署名人，所以我先將信轉給他們提供意見。沒想到蕭蔭堂轉手把它翻譯成英文，直接給葛里菲斯看。我在撰寫本書時還沒有證據，所以沒說是蕭翻譯的，後來我的秘書發現蕭自己根本就把信的翻譯本公開放在網路上。

更糟的是，他們還把草稿拿給陳省身看，陳非常生氣，項家兄弟利用這事加油添醋，把我和陳省身的關係搞得很壞。他們主要是抓住我一句話：文化大革命剛結束，中國政府很窮，送學生出國很辛苦，用的都是人民的血汗錢，必須很謹慎，但是現在竟要由外人葛里菲斯來主導此事，就算百年前中國學生用庚子賠款到美國留學時，都還是自己決定申請的學校，美國並沒有主導權。陳省身因此暴怒，說我諷刺他，聽說為此痛哭流涕。

這份草稿後來未正式完成，更因為我哥哥成煜病情惡化過世，便不了了之。我和成棟前往華沙參加數學家大會時，留我母親在洛杉磯照顧他，偏偏此時哥哥腿上出現危險的血栓。我媽媽有個表哥在洛杉磯開小醫院，在開藥時犯了大錯。我哥哥以前動大腦手術時留下傷疤，不能長期服用抗凝血劑。結果就在我們離開時，造成哥哥大量腦出血，等我們趕回洛杉磯已經太遲，從此他就一直昏迷不醒。一九八四年春，我開車到聖地牙哥時，他還在醫院，沒想到兩天之後，他就過世了。

陳省身和葛理菲斯的中國留學生計畫繼續辦理，陳獨斷地把我也放進委員會，從陳的角度，他也許以為我想要的是權力。我考慮了一陣子，覺得既然要辦，就要確定事情不會亂搞，因此跟他們說我就參與一年。他們果然因此認定我想攬權，後來搞得烏煙瘴氣。那是一九八五年，李駿、田剛都是那年到美國，是我給他們口試的。

那時的北京大學很糟糕，把我當敵人看待。我前面也提到，我口試時生病要看醫生，跟北大校長丁石孫借車送我去醫院，他硬是說不行，沒有車子，以他的身分，這當然是藉口。另外，我這趟到中國的目的是觀察，因此很早就告訴他們旅費我自己出。但他們為了讓我和他們同流合汙，硬是把機票塞給我，而且已經預先付款。我把那張機票退回，自己買機票，他們就是堅持不能退。結果不到一個月謠言滿天飛，說我自己想要權，又用他們的機票，占盡便宜。我把收據、機票全部寄給丁石孫，丁根本不理我。當時北京大學搞數學的好像電影裡的黑社會老大一樣，我說這些都是有憑有據的事情。

另外，還發生一件非常令人意外的事。一九八四年我離開高等研究院後，香港來的莫毅明當時在普林斯頓大學。有次莫打電話給我，說項武忠在普林斯頓開了很大的派對*，宴會上項邀請很多普林斯頓的教授，然後當著客人的面公開批評我，說丘成桐對不起陳省身。最令人驚訝的是，項武忠為了證明他的話，竟然在眾目睽睽之下打電話問陳省身跟我的關係，陳省身當時根本不知道他面對的是公開談話。在當事人不知情的情況下公開談話，根本是非法的，就算是新聞記者，也需要先說明一下狀況。當時因為那封只是草稿的信，陳省身對我非常生氣，就在電話中啜泣，說我反叛他，造成很多人不諒解我。我萬萬沒想到，滿口正義的項武忠行事居然這麼小人。

莫毅明是蕭蔭堂在史丹佛的學生，但就某種意義，莫毅明也可說是我的學生。他的論文做的是塞爾猜想（Serre conjecture）：給定某全純叢（holomorphic bundle），如果纖維（fibre）和底都是史坦流形，則全空間必是史坦流形。莫毅明的論文處理兩者都是黎曼曲面的情形，算是比較簡單的情況。畢業後莫到普林斯頓，就不再繼續做這篇論文的問題，全心跟我做研究。他和鍾家慶合作關於埃爾米特對稱空間（Hermitian Symmetric space）的問題，就是我建議他們的。我離開普林斯頓後，莫和我仍然常常透過電話討論，長途電話一打經常就是一兩個鐘頭，蕭蔭堂心裡不高興。當時，我跟約斯特做了一個問題，我們處理的是二維的情況，方法可以推廣到高維。莫毅明覺得有意思就拿過去做，其實沒有太了不起的地方。約斯特和莫毅明那時都很年輕，都還在找工作，結果蕭蔭堂竟因為莫毅明要找工作，要求我不要掛名，把文章讓給莫毅明。我自己當然無所謂，但是約斯特也在找工作，這樣做實在不合情理，但蕭蔭堂聽不下去，直接命令莫毅明以後不要再跟我做問題。

我到聖地牙哥沒幾年就離開的事大致也在前面說過，我想再補充一下。這整件事和數學系弗里德曼的態度反覆有關。我早前初訪聖地牙哥時，弗里德曼在那邊還很資淺。後來到了大概一九八一—八二年，他證明出四維拓樸龐卡萊猜想，可能意識到自己的地位將會不同，便想要掌握更多權力。

孫理察和漢米爾頓到聖地牙哥之後，我想繼續聘請烏倫貝克和西門來聖地牙哥任教。他們兩位都很傑出，但為了讓聘任順利，我安排烏倫貝克晚一年來，由於她不能馬上離開芝加哥大學，所以也欣然同意。烏倫貝克是我的老友，當然希望她能早點來，問題在於她老公羅伯特・威廉斯（Robert Williams）也是數學家，系上需要提供兩個職位，因此在策略上，這樣處理聘任，成功的機會比較大。

不過弗里德曼的考量不同。他的研究和唐納森知名的結果幾乎全然互補，他想學習唐納森的技巧，但唐納森只想留在英國是眾人皆知的事，退而求其次，多納森研究的基礎是烏倫貝克和托布斯的工作，但由於托布斯不想離開哈佛，因此弗里德曼非常積極的想聘請烏倫貝克到聖地牙哥。我跟弗里德曼再三說明，一次聘請三個人一定會出問題。我們應該先聘西門，隔年再聘烏倫貝克和威廉斯。弗里德曼悍然拒絕，說他想三個人一起聘請，因為他覺得烏倫貝克算是他的人。結果系裡教授認為我要聘的人太多，被系裡一些應用數學家大做文章，竭力攻擊我，使我難以立足，這些細節我在前面沒有提。

---

* 項武忠在普林斯頓經常開派對，他的前妻劉碧瑩是個賢妻，雖然在美國出生，但中文講得很好。她為項打點一切是眾所皆知的事，因為項的脾氣容易得罪人，所以項太太幾乎每週都請客，為他拉攏關係。有次項武忠胡說八道罵我，她還特別燒了兩樣菜，送到我住的地方表示歉意。

數學系的種種糾紛鬧到學校，那時的副校長狄祖約我和弗里德曼到他辦公室吃午餐，想討論數學系的狀況。吃飯時，弗里德曼說他不認為系裡有什麼困難的事情，換句話說，如果有事，責任在我身上。我說聘任第一流學者的問題沒有解決，違背我到聖地牙哥的原意，也違背學校對我的承諾，在這樣的情形下，我會離開聖地牙哥，弗里德曼以為我只是隨便說說。弗里德曼在一九八六年拿到菲爾茲獎，學校只想安撫弗里德曼就好，就不再費心思處理。

一九八七年，我離開聖地牙哥到哈佛。那時關於我的謠言滿天飛，請我去聖地牙哥的校長艾金森當時因為外遇醜聞官司纏身，壓力很大，後來竟然公然造我的謠，說他們曾經花很大的功夫想將我留下來，但我卻提出種種不合理的要求。曾任臺大副校長的張慶瑞那時正在聖地牙哥讀物理博士，張說他聽到的版本是我要求數學系全部改組，由我決定所有聘任。我這輩子第一次聽到這種荒唐的謠言，真是令人無言。

回想當時，弗里德曼正開始成名，他認為要有自己的人馬，我是全力支持他的。當他還是副教授時，我就已經極力推薦他，也和他合作過。他很在意自己的聲名，我也曾在他拿菲爾茲獎上盡分力，他甚至在以為自己拿不到獎時，向我大發脾氣。我離開聖地牙哥兩年內好幾位教授都離開，包括烏倫貝克在內，都去了當時最有名的大學。

我在香港時，和臺灣擦肩而過。到美國後，華人圈子除了一些早來的華人，不是香港人，就是臺灣人（包括很多出生在大陸的外省人）。我的臺灣印象就是這樣建立起來的。和友雲結婚後，對臺灣更多的理解也有部分來自岳家。但是不管如何，我對當時國民政府統治的臺灣，實際所知甚少。

我和臺灣第一次發生聯繫是中研院選院士的事。一九八二年，楊忠道和周元燊打電話問我有沒有興趣當中研院院士，老實說，我一個香港人，根本搞不清楚臺灣的院士是什麼樣的位子，我也不曉得誰提名我。通常提名作業時，院士候選人都要提供一些基本資料，這些我都沒處理過，然後突然中研院就公告我在競選院士。後來我想應該是一九八二年菲爾茲獎委員會宣告我獲得菲爾茲獎，因此才進入中研院的院士候選名單中。

我打電話問陳省身的意見，說我不了解其中的狀況，陳省身的回答倒是嚇我一跳，他說情勢正在改變，最近吳健雄與楊振寧都去臺灣了，因此我們也該多留意臺灣。但是我對政治沒有興趣，並不在乎這種事，陳省身要我多考慮一下。我給當時的院長吳大猷寫了一封信，說我沒去過臺灣，對臺灣很陌生，也不了解院士的職責，突然宣告我在競選院士實在奇怪，我也提到自己個性不適合擔任院士，也沒有計畫去臺灣。吳大猷回了我一封信，但我忘了他怎麼講的。我把事情告訴岳父，結果被他訓斥了一頓，他說當選中研院院士是莫大的光榮，這種問題哪裡還需要考慮，於是我就不再積極回絕。一九八四年，我當選中研院院士，除了李政道之外是最年輕當選的院士。

隔年，也就是一九八五年五月，劉太平籌辦「中美偏微分方程研討會」，邀我參加，這是我第一次訪問臺灣，會中還邀請了尼倫伯格、格利姆、保羅・拉賓諾維茲（Paul Rabinowitz）、丹尼爾・史楚克（Daniel Stroock）參加。會議本身很不錯，有很多學術領域上的交流。我在會上也邀請一些臺灣數學家到聖地牙哥訪問，像交大的林松山後來就在一九八六年來加州訪問了一年。這個會議有一點很特別，明明在新竹開會，卻住在臺北的福華飯店，天天必須坐巴士來回，浪費很多寶貴時間。既然住在臺北，基於學術交流考慮就應該在臺北開會，不知道為什麼這樣安排。

到了這時，我才知道臺灣把院士看的多重要。一下飛機，記者就圍過來。有些記者問的都是一些很表面的問題，例如「請問臺灣數學與國際數學比較如何？」，我說「臺灣數學水準比不上國際」，結果報紙抓住這句話罵了我一頓，還跑去訪問一大堆臺灣數學學者，請他們發表意見。那時的臺灣的確沒有重要數學家做出有意義的數學研究，對我來說，這是顯然的事實，記者卻認為我在詆毀臺灣數學。有些臺灣數學家如王九逵或楊維哲，在臺灣大家耳熟能詳，似乎很偉大，但我聽了有點啼笑皆非，因為我從來沒聽過他們做了什麼研究。當然他們可能本來很有潛力，但實際就是沒有作為。記者似乎以為我一定聽過他們，我回答據我所知他們在數學上並沒有重大的貢獻，或許我的回答太直接，他們聽了很不高興，不願意面對。

問題是，你要嘛不要這樣問我，你既然問得直接，我也只能照實回答，我想臺灣或許真有些人不高興。這種事情在中國大陸也是一樣，基本上大家都問類似的問題，我的答案也都差不多。結果媒體總是不願意面對現實，以為我在侮辱他們。兩岸一樣的，還有過分重視聯考（大陸叫高考）狀元，明明後來數學成就很好的像翟敬立，一般人卻只記得他從前是狀元，而不知道他以後在數學上的造詣。

這次訪臺，還有一件事令我印象深刻。我第一次到臺灣，當時的數學所所長劉豐哲安排我去南港中研院參觀並拜訪院長吳大猷。我從來沒見過吳，也不認識他，只知道他是廣東人，和陳省身熟稔。那時吳大猷正生病住院，他們建議我去探病。既然主人有恙，我又是後輩，禮貌上應該探問，所以我就特別抽空安排早上九點半去，根本沒意識到探望中研院院長是一件多大的事。到了病房門口，裡面不知道是李國鼎或其他人正跟吳大猷聊天，到了十一點半還沒任何動靜，讓我們在外面枯等。我感覺非常荒唐，我和主人不認識，你若有事就不要約這個時間，不然至少中間抽空出來說幾句話也好，卻要讓我空等兩個鐘頭，最後我就跟劉豐哲說我離開了。這就是我第一次訪問中研院的經驗，當時想以後再也不來了。老百姓把院士捧上天，研究院本身卻是傳統官僚組織，這種事真是兩岸都一樣。

那年夏天，是我到聖地牙哥的第二年，我找香港朋友捐錢，暑假辦了一個月的數學夏季班，邀請許多臺灣和大陸的學生和老師來參加。直接從臺灣來的數學家有呂輝雄、鄭日新、李宣北、史英等人，路過參加的有黃武雄、劉太平、賴恆隆，以及要在聖地牙哥訪問的王靄農，讓我認識到更多臺灣數學家，林長壽當時也在。這個夏季班有很多演講，也有很多休閒活動，那是第一次臺灣和大陸師生碰面交流，但大家相處得還不錯，算是很成功，我也更認識臺灣的一些人事。

其中王靄農我在一九七七—七八年秋天訪問柏克萊一年時就認識了，那時李偉光（Peter Li）和王靄農都是陳省身的學生，但是事實上是我帶他們的。我先和鄭紹遠做拉普拉斯算子的特徵值估計問題，李偉光跟著做出很好的工作。當時我提出一個猜想：球內嵌入的極小曲面第一特徵值必須等於二。這個猜想到現在還未證出，但是王藹農和韓國數學家崔炯仁（Hyeong In Choi）做了一個重要的估值，我覺得這個工作比項武義和黃武雄的工作重要得多，包括黃武雄和陳金次的工作在內。

到目前為止，我到臺灣長期訪問講學過三次。第一次在一九九一年夏天，我們全家到新竹清華大學長期訪問一年。我在一九九〇年決定到臺灣訪問，學術交流固然是重要原因，另一方面也是想讓我的兩個小孩能學習中文，熟悉中華文化。在美國雖然有所謂的中文學校，但每週只有一兩小時，小朋友上課講中文，一下課大家就講回英文。老大明誠學習中文的狀況還好，但正熙就不很願意，他說我不是中國人，在美國為什麼要學中文？我們在家教不動，中文學校也沒用，因此我和友雲最後決定讓小孩到臺灣體驗中文環境，不然就完全沒希望了。

這一年，我自己是利用休假（sabbatical），友雲則留職停薪，一家人到臺灣，不過這樣生活費用不夠維持，畢竟我們要扶養雙方的父母。原本我想去臺灣大學，透過滕楚蓮詢問，臺大卻說沒有經費。後來不知道誰去問當時的清大校長劉兆玄，他聽到一口答應，邀請我們一家人去清大，因此我們就決定去清華。聽說劉在校務會議中花了不少工夫來說服通過邀請我的議案。友雲的大學同學朱國瑞在清華物理系，他是大力相挺的。

不過好事多磨，這項訪問計畫生出一些波折。一九八九年我母親診斷出癌症，我到洛杉磯照顧她半年，直到她略為好轉*。一九九一年初母親的病又復發，臺灣能否成行變得非常不確定。我考慮要不要待在洛杉磯照顧她，如果人在臺灣，來回頻繁的交通根本不可能。沒想到母親五月過世，我們在悲痛中辦完她的後事，訪臺的計畫才跟著塵埃落定。

在清華大學，校長劉兆玄非常照顧，數學系的賴恆隆和呂輝雄也在生活上幫了很多忙。學校為我準備一間寬敞的研究室，我在清華每個禮拜講兩次課，一次一個半小時。從臺灣各地來聽講的學生和老師很多，我的學生高淑蓉剛從美國回到清大，翁秉仁剛回臺大，交大的林松山也帶來一批學生聽課，王慕道、林志修是黃武雄介紹來的，其中王慕道和交大的崔茂培後來到美國成為我的學生。我則從哈佛帶了我的博士後崔斯坦．赫布胥（Tristan Hubesch）和研究生梁迺聰一同來聽課。我的上課內容主要是幾何分析，涉及複幾何、廣義相對論和極小子流形的問題，另外也和學生開討論班，尤其是臺灣大學來的幾位學生。那時我和赫布胥花了不少時間研究鏡對稱（mirror symmetry）。當時阮希石在清華大學。我也引導他去做了這方面的研究。

令人玩味的是，聽演講的清大學生反而比較少，讓我百思不得其解。後來我才大略知道清大數學系有些老師似乎很忌諱我，不希望我到清華，其中包括王懷權、沈昭亮，還有香港來的鄭穗生。他們不來聽我演講無妨，但是不准他們的學生來就未免太不合理。我到現在都不明白哪裡得罪了這些人，因為我跟他們素不相識，無冤無仇。

我在清大訪問時，數學系分成兩派，一派說自己做應用數學，專門和做純數的老師作對，

＊這段期間我非常感激加州理工學院朋友的熱心幫忙，他們在一個月內就通過邀請我為費萊查爾德訪問學者，其中一個重要的支持者是索恩，他是廣義相對論的重要領導人，後來因重力波的研究獲得諾貝爾獎。

但是我卻看不出他們在應用數學上的實際貢獻。倒是交大應數系的林松山和林文偉常常帶著學生由交通大學到清大來聽課，我和他們很談得來。清大和交大基本上在同一個地方，有時候我和友雲帶小孩散步時，信步就會走到兩校的校界上。

承劉兆玄的幫忙，我的小孩順利進入新竹實驗中學小學部。我還記得他們剛開始上課時，中文程度真的不行，造成其他課程也跟著有學習困難。友雲每天至少花三個鐘頭為他們補中文，有時她還要跟小孩的同學詢問上課習題的內容，其中像中國地理中「青康藏高原」之類的名詞，對於剛從美國來的小孩確實相當艱澀。但是友雲持之以恆，加上老師和同學們的愛心，就這樣在環境薰陶下，兩個小孩的中文很快就跟上來，而且因為在臺灣有學習的同儕壓力，他們變得很用功，很快跟上臺灣的課程，幾個月後就拿到很好的成績。顯然，想要小孩子學語言，只要環境恰當，其實是很快的。

實驗學校的老師很不錯，其中一位老師是吳茂昆的夫人唐惠晴，對明誠非常用心。在這一年，孩子不但從學校學習獲益，課外也很喜歡玩電腦遊戲，尤其是從《三國演義》衍生的電腦遊戲《三國志》，他們從遊戲中學了許多三國人物的名字，最後興趣大發，竟然看完整本《三國演義》。

小朋友在學校還有些趣事。小時候，我帶小孩去學游泳，他們總是拚命抗拒，有時得花很多功夫，連哄帶騙的才能讓他們上車去游泳。沒想到在臺灣，他們參加學校游泳比賽竟然一馬當先，不只如此，連跑步也跑在前面，看來臺灣那時的體育教育可能不太行。有次學校課程的主題是養蠶，我們得去找桑葉。清大裡面有桑樹，但當然不能隨便摘，煩惱了半天，還是靠朋友幫忙解決。但無論如何，他們因此接觸了中國獨特的文化，還是很有意思。

在臺灣，我們也有很多機會旅遊。比較近的像臺北，我們每隔兩三個禮拜，就趁著週五去臺北住兩天。清華在臺北有間招待所叫月涵堂，住宿十分方便。比較麻煩的是禮拜天回新竹時，一趟經常要花三、四個鐘頭，因為光等公車就要排一兩個小時的隊。

至於比較遠的觀光景點，就需要靠臺灣朋友的幫忙。因為當時規定預訂火車票必須在當地購買，無法一次把票訂齊，相當麻煩；旅行時護照能否當身分證使用，有時也不很一定，所以除非有朋友照顧，當年外籍人士想在臺灣長途旅行並不很方便。在臺灣朋友的協助下，我們曾經多次到臺北海邊旅遊，在野柳看女王頭。規模最大的一次，我們曾經繞行臺灣一周，那次西門、孫理察、約斯特、巴特尼克都一起去。我們從臺北先到花蓮欣賞橫貫公路和太魯閣的美景，一路遊覽花東海岸，再轉到臺南參觀鄭成功廟，看祭孔大典*。後來我們還去過墾丁、阿里山等地，都使我們對臺灣產生深刻的感情。

那年冬天，我也印象深刻。原來新竹風很大，風聲有時甚至蓋過上課的聲音。另外就是房間太冷，儘管我們託人找了一臺電熱器，但亞熱帶的臺灣感覺還是相當寒冷！在臺灣過舊曆年

* 臺南朋友很熱情的招待我們，但是當時公共設施的安全還有待加強，有次正熙在城牆上快跑，盡頭處卻沒有欄杆，十多公尺的落差，如果不是我制止，後果真是不堪設想。

倒是很熱鬧，除了放鞭炮與沖天炮外，我寫了對聯貼門口，增加年節氣氛，孩子既有紅包拿，又可以玩耍，十分高興！意外的是在臺灣放鞭炮竟然是違法的，我去新竹街上找了家店鋪買鞭炮，店員說不能賣，當時店裡幾個人講著客家話，以為我聽不懂，中間我突然插入一句，他們嚇了一跳，大概覺得是老鄉自己人，他們就偷偷賣給我。孩子很興奮，因為在美國根本沒有放鞭炮的機會。我感覺過新年就要拿紅包，放鞭炮，不然根本沒有過年的氣氛。那年春節，友雲還帶孩子去參觀孔廟祭祀，這是難得見識中華文化的機會。總之在臺灣這一年，小孩真的學了很多，如果缺了這段時光，他們對中國的感情會差了一大截。

寒假期間，我們一家到韓國旅行，先到仁川開國際會議，由一位姓楊的韓國教授招待，在那裡還遇見我的哈佛同事舒密德。後來我們坐飛機去韓國東南部的鋼鐵大城浦項，孫理察的學生崔在京（音譯，Jaigyoung Choe）那時剛到浦項工科大學任教不久，承他熱情招待，參觀當地知名的大鋼鐵廠，見到火紅的鐵汁變成鋼板，很有意思。然後崔開車送我們到漢城，途中經過一些寺院，很有中國風味。我們在漢城參觀了韓國的皇宮和古墓，也非常有特色！

這一年我也趁地利之便開始回久違的香港看看，前半年少一點，一九九二年春天後我就常去香港中文大學，每個禮拜講一次課，有時還住一晚。我因此跟當時的中文大學校長高錕變得很熟，也開始籌設香港中文大學的數理科學研究所（IMS）。有一次我在香港時，明誠騎腳踏車不小心從樓梯上滾下來，還好有清大朋友幫忙，緊急送醫才安全渡過。到了四月底，友雲必須回美國上班，於是我請老朋友鄭紹遠來臺灣住一個月，順便幫忙一起照顧小孩。他們倒是很會玩，有次趁我到香港時，他們不知道在哪裡捉到一大批蟬。

那一年我在聖地牙哥的老友比爾・赫爾頓（Bill Helton）的太太剛過世，我請他暑假來臺灣，再一起去北京和長江三峽遊覽，連鄭紹遠五人做了一次愉快的旅遊！我們五個人先飛到北京，和我的朋友楊樂交流。楊樂介紹我去重慶大學訪問，然後他們安排了三峽旅遊，由重慶搭船到武漢，預定在武漢大學住一天，再飛香港轉機回美國。

我在重慶大學演講之餘，便到處參觀，去了一些不錯的餐廳。那時重慶還相當落後，我們坐纜車過江時，赫爾頓請我幫忙詢問房價，大概才不到二萬美元。他差點就想在重慶置產，因為時間匆忙才作罷！

那時的三峽還沒有遊輪，只能坐客輪，叫做江渝七號。這船沒有頭等艙，我們住二等艙的三個房，我和正熙一間，紹遠和明誠一間，赫爾頓自己一間。二等艙和三等艙只隔一道門，三等艙的客人晚上就直接打地鋪，相當雜亂。船上喝的水是直接從長江打上來過濾的，倒進杯子還能看到半杯沈澱，但也沒辦法。沿途有不少名勝古蹟如酆都鬼城、白帝城。那時明誠剛看完《三國演義》，心中很興奮，說要去找劉備！這趟旅途記憶最深刻的是三峽兩側極為雄偉的山景，水流又十分湍急，到處都是旋渦，蔚為奇觀！

出三峽到了宜昌，船停泊碼頭，當時中國交通很不方便，我們雖然訂了機票，還是得早一天確認，所以我趕緊下船去打電話。停船時間很短，我打完電話趕快衝回去，沒想到碼頭竟然停了兩艘一模一樣的船，航向正好相反。我誤上往上游的船，進去後才發現，趕快奔跑下船。當時我們的船已經要開了，紹遠和小孩急如熱鍋螞蟻，紹遠求船長等我，幸好我終於趕上，有驚無險，但已流了一身大汗，孩子倒是很興奮！

船在長江走，江面愈來愈寬，使我想起屈原當年寫〈哀郢〉的心情。到了武漢，朋友武漢大學的齊民友來接我們，當晚住在有著漂亮校園的武漢大學。第二天一大早，我們就到機場排隊，剛開始排得井然有序，沒想到櫃檯一開，大家一哄而上，秩序大亂！幸好我們還是拿到機票，順利回到香港，返回美國。

回美國後，明誠在貝爾蒙讀中學，正熙還在小學，老師沒有感覺他們缺了一年的課程，可見臺灣小學老師教得很好，而且因為中文大幅進步，他們也沒再上中文學校。美國中學課程並不緊，還有餘裕學中文，每個禮拜六下午由我教他們，用的是從臺灣帶回來的中文書。幾年前，我看到他們當時的中文作文，寫得還真不錯。在美國教孩子中文很不容易，環境很難配合，幸好他們對中文產生情感，讀大學時還主動修了中文課，一個學期從《詩經》講到《紅樓夢》，閱讀量不少，臺灣那一段學習真是功不可沒。

從臺灣回來後，起初我還能帶他們去旅行滑雪，但後來因為在香港中文大學建立了IMS，暑假時間我往往在香港和北京，只有友雲留在波士頓帶小孩，真是辛苦她了。這兩個孩子都很有出息，他們都到哈佛大學傑克・施勞明格的生物實驗室做實驗，並參加英特爾中學生科學大賽。明誠進入準決賽，正熙進入決賽，最後都到哈佛讀書。傑克・施勞明格是我的物理學家朋友安迪・施勞明格的父親，他是哈佛生物系的免疫學權威。這兩個孩子進入哈佛後，繼續讀生物，之後走上不大一樣的方向。明誠受中學老師影響很大，喜歡做研究，因此繼續在哈佛大學醫學院讀研究所，在哈佛附屬兒童醫院當博士後，現在是哈佛醫學院的助理教授。正熙比較外向，大學畢業後到史丹佛大學醫學院讀醫科，現在在一間大型生物科技公司任職。

在臺灣這一年，我做了不少事，也帶了不少學生。大概從這時起，我跟臺灣來往逐漸變得頻繁，之前我對參與臺灣事務的興趣不大，也不想參加中研院院士會議，但在臺灣長住一年後，除了固定參加兩年一次的院士會議，大概每年都會來臺灣一趟。

在清大這一年，我接觸到一些不錯的臺灣學生。清大學生相對沒有那麼好，臺大的王慕道、林志修、洪英志都來新竹上課，另外還有因為當兵無法前來，在一九九二年底我短暫停留臺灣時，向我毛遂自薦的王金龍。這些學生都想申請哈佛。我一九八七年到哈佛之後，哈佛討論華人學生的申請案通常都會問我的意見，一九九〇年的于如岡、一九九一年的劉艾克都是這樣。但世界上最好的學生都想到哈佛，競爭非常激烈。如果只是要拿到入學許可，問題不大，主要是獎學金的問題。哈佛的數學系很小，數學所每年的名額大概只有十一、十二個人，如果學生有美國永久居留權，獎學金就沒問題，美國國科會可以支持，但如果是外國學生就必須慎重考慮，因為得從哈佛自己的荷包出錢。

所以我跟這些臺灣學生說我盡量協助他們拿到入學資格，這比較沒問題，但是他們要有心理準備，第一年費用可能得自己負擔或貸款，會過得比較辛苦。但只要表現好，第二年的獎學金就沒有問題，哈佛不可能不照顧優秀學生。這種抉擇當然有風險，但值得一搏，畢業以後，你們就能體會這些其實只是小錢，但這個決定會影響一輩子。王金龍由於年輕又表現優異，獎學金後來沒有問題。王慕道自行設法獲得資助，第一年果然念得很好，在哈佛留了下來，現在哥倫比亞大學任教。林志修後來好像決定讀金融去了。洪英志準備考臺灣公費留學，有英國與美國兩項選擇，結果考上英國公費。洪決定不冒這個險，於是去英國跟唐納森，唐納森當然是很好的老師，洪現在成功大學任教。

王慕道、劉艾克，王金龍後來都成為我的學生。于如岡、劉艾克和王金龍甚至是臺大同班同學，據說是很特別的一班。但後來他們三個人不知道為什麼彼此有些爭執，我也不太清楚。

劉艾克的特色是有很多想法，但有時寫不清楚。劉艾克跟李天軍合作得很傑出，有次他們把研究結果跟托布斯說明，之後托布斯跟某位知名學者提起，該學者要求看他們的文章，竟然就這樣偷走他們的成果。托布斯雖然非常不悅，卻也無可奈何。托布斯很欣賞劉艾克，畢業後劉艾克到麻省理工研究也做得很好，羅格斯大學都準備給他終身職了，柏克萊則提供他助理教授的準終身職，伍鴻熙很幫忙，研究相關的卡比也很高興。後來劉艾克決定去柏克萊，在那裡他想推廣我和札斯洛的一道公式（後來被稱為郭特切猜想〔Götsche Conjecture〕），這當然是重要問題，但他的文章寫得很不理想，代數幾何領域的人不滿意，請他改進，但他總是寫不清楚。基本上劉艾克的想法應該是對的，如果他能有合作的人會比較好，但柏克萊因此不想留他。

那段時間，劉艾克身心很緊張，幾乎無法睡覺，他的姐姐很擔心甚至來找過我。劉艾克在找工作的時候，跟我說他去哥倫比亞演講時，摩根對他的研究印象深刻。劉艾克問我能不能找摩根寫推薦信，我並不清楚他跟摩根的互動，只能說你要小心自己判斷。劉艾克最後決定找摩根寫信，犯下大錯。從這件事可看出摩根的人品，一般人幫年輕人寫推薦信是不寫負面意見的，私下交談也許會說些正反意見，但若請你寫推薦信，要嘛你有疑慮就不要答應，答應了就只寫正面意見。結果摩根這封信，根本就是要讓劉艾克找不到工作。劉艾克那年所有申請都被拒絕，包括于如岡本來在普渡已經幫他安排好的終身職。劉艾克因此被迫離開數學界。

臺灣學生有個特點，除了學問，其他事情不見得能處理好。王慕道比較沒這個問題。王金龍初期也有些應該是小事的不愉快，不過王金龍後來很能處理事情，只是性格太耿直。其實這些臺灣學生都是很好的人，只是脾氣有點彆扭。與中國大陸的學生不太一樣。中國大陸經過文革，後來又快速商業化，人總覺得少了什麼。比較糟糕的是像田剛這樣的人，已經不是脾氣的問題。明明知道不對卻還要做，故意說謊，損人利己。或許臺灣還是保存了孔孟之道，至少有一定影響。大陸因為文革的影響，比較缺乏這些養成，是很不幸的事。總之，臺灣與大陸學生想法不盡相同，相處不見得順利。

阮希石是新竹清華大學的教授。我在柏克萊當學生時已經認識阮的妻子毛乙玲，她是廣東人。毛住在奧克蘭（Oakland），阮住在臺灣，他們必須跨太平洋旅行見面。

一九八五年，阮希石在清大跟同事起了劇烈爭執，跟我說他在清大待不下去，因此我用博士後的方式聘請他到哈佛跟我做研究。當時比他優秀的人才多不勝數，我並沒有理由非得找阮希石，主要還是同情他的際遇。阮希石跟我研究鏡對稱，剛開始我們關係還不錯，但後面的發展實在有點荒唐。

我和阮寫出一篇不錯的文章，用環面（torus）來建構卡拉比—丘流形，想法是我建議，阮執行的。我當時跟北京大學的張恭慶還熟，他們想把中國大陸的老期刊《Acta Mathematica SINICA》升格成世界一流的英文期刊。張恭慶邀我投稿，我將我和阮希石的文章發表在這裡，但可能畢竟是大陸期刊，看的人不夠多。這的確非常可惜，因為我們在一九八六年做出來的這篇環面對偶的建構方法遠比別人都早。不知道是否因為這樣，雖然我們繼續合作，卻埋下阮希石抱怨我的種子。

阮希石在哈佛除了跟我也跟布萊恩．葛林合作。三年後，我介紹他到德國希策布魯克的研究所再待兩年。阮希石一直找不到事，又不願意回清華，我很同情，最後剛好臺灣中研院有職位，我就推薦他進去數學所。

鏡對稱本來的方法只能夠用在環面曲體（toric variety），屬於古典代數幾何。但後來鏡對稱的ＳＹＺ猜想的觀點是微分幾何，因此還囊括了像特殊拉格朗日子流形（special Lagrangian）這些課題。這些題材屬於阮希石陌生的領域，但他卻偏偏到處跟別人說這個猜想不對，包括那時在哈佛讀書的劉艾克和王金龍。我幫他進入中研院數學所後，有次在中研院某個討論未來研究展望的會議上，我提起ＳＹＺ這個經過二十年到現在仍然很活躍的重要猜想，阮希石竟然公開說ＳＹＺ猜想不可能是對的。這種說法當然毫無根據，就算某些細節容有出入，仍然不影響這個猜想作為研究指引的重要性。阮希石這樣的說法，反而透露他的無知或偏執，我對他真的惱火又失望。阮到中研院之後再沒做出好工作，他的主要研究都是在哈佛那段時間做的。回顧這段往事，我真的覺得很荒唐。阮希石潦倒的時候，我支持他，花了七、八年照顧他，讓他在中研院安定下來。但他一朝得志，人卻變了。這樣的人還不只一個。

劉太平和我的友好關係也變了，起因是我協助臺灣推動建立國家理論科學中心（NCTS），這得回到一九九一年到清大的那一年談起。

我訪問臺灣那一年和清大校長劉兆玄相熟。大概是一九九一年底或隔年年初，劉跟我提及韓國正籌設韓國高等研究所（KIAS），想找楊振寧去當所長。這個研究所是面向亞洲的研究所，希望獲得亞洲國家的經費奧援。但楊振寧詢問日本和中國大陸都沒獲得肯定的答覆，於是也徵詢臺灣的意願。劉兆玄說經費估計一年要五十萬美金，我聽了嚇一跳，因為在一九九一年，每年五十萬美金的經費是天文數字，在臺灣即便辦一所數學中心，花費也差不多如此。我跟劉兆玄說姑且不談物理，臺灣的數學並不比韓國差，五十萬美金對臺灣數學界很有用，足以建立一所小型研究中心。劉兆玄深思後同意我的看法，但因為對楊振寧不好意思，因此將原來只限於數學的想法，再加入理論物理，NCTS的計畫就是這樣開始的。

對於NCTS的計畫，中研院數學所的先後所長劉太平和劉豐哲都非常反對，連考慮設立的地點也反對。他們似乎認為臺灣只能有中研院一個研究單位，經費應該直接撥給中研院數學所，不需要成立其他研究中心。我公開質疑劉太平，問他中研院數學所經費不夠嗎？劉太平說夠；我又問一個所辦的好不好，跟錢是不是有關？劉太平說不是；我說如果你現在辦不好，正好有額外經費，那在其他地方多辦一個研究單位為什麼不行？劉太平啞口無言。我說按照你這樣的說法，外人不免覺得你和劉豐哲兩人想把持，如果你們自己辦不好，又不准別人做，這樣豈不是太不合理，至少也要給別人嘗試的機會。後來聽說他們私下用了很多手段，想全力阻撓，讓很多人很惱火，包括我那些出身臺灣的同事。

或許因為這件事，往後劉太平在很多事都站在我的對立面。凡是我的看法，不論是非曲直，他都要反對，完全枉顧我從馬里蘭、紐約大學科朗學院到史丹佛一路幫忙他，連一九九二年他當選中研院院士也是我力挺他的。在學術決策上大家意見有出入這當然是免不了的，但是鬧到不講是非，只看私怨，我覺得真是要不得。

儘管劉太平等人反對NCTS的計畫，但終究被劉兆玄擺平了，唯一的問題是中心要設立在臺大？還是新竹？新竹主要的支持單位是清華和交大，當時在清大的吳茂昆花了很大的力氣遊說，希望能設立在清華，於是數學組的計畫由林松山負責，物理組則由吳茂昆撰寫。當時中研院數學所和臺大也有些人不滿，尤其劉太平又做了很多檯面下的動作。其實這項計畫我雖然在開頭貢獻了意見，但在臺灣算是局外人，並不真的在乎能否辦成，幸好劉兆玄很明智地處理了所有的紛擾，NCTS才終於在一九九七年正式在清大成立。

在一九九〇年代，還有兩件事情值得一提。一九九二年適逢楊振寧七十歲生日，以楊的盛名，我本以為很多機構會幫他祝壽，但後來我有點驚訝的發現並非如此。於是那年春天，我建議劉兆玄舉辦楊振寧七十大壽慶祝會議，雖然時間已經十分倉促，但幸好最後辦得很完滿成功。

我們選在中研院院士會議之前舉辦「慶祝楊振寧教授七十壽辰」，地點在清華大學。因為友雲的物理背景，我認識很多物理學界的人，我花了很多心思出面邀請來賓，一時冠蓋雲集，陳省身、丁肇中，吳建雄夫婦等都來了，楊振寧很高興，這在當時的臺灣是一件大事。後來，我和劉兆玄更將會議的文章整理成文集：《Chen Ning Yang, A Great Physicist of the Twentieth Century》（International Press出版），在一九九五年出版，我請了不少人寫文章，花了不少工夫。後來一九九九年交大出版社成立，我們添減一些文章重新編譯為中文版，在二〇〇一年出版，名為《楊振寧：二十世紀一位物理大師及其心路歷程》。

我和楊振寧的關係其實本來是不錯的，我很敬重他。一九九〇年代，我們在臺灣還曾經有一次公開的對談，只是最近為了基礎科學該如何發展，我們意見不同，有點失望。

我跟交大出版社還有別的淵源。二〇〇一年除了楊振寧這本書，我還幫他們出了另一本書。一九九〇年陳省身七九歲生日時，我跟鄭紹遠在美國為陳省身慶生，找了一眾學術友人發表回憶文章，合集成《S. S. Chern: A Great Geometer of the Twentieth Century》（International Press，一九九八年出版），我和鄭花了很多時間編輯，後來編譯成繁體版，並決定在交大出版：《陳省身：二十世紀的幾何大師》（交大出版社）。值得一記的是，二〇〇四年交大出版社為我父親出了《丘鎮英教授文集》。

大概在一九九〇年代，我因為跟臺灣開始熟悉，想要協助臺灣辦一本高水準的數學期刊。臺灣本來有一本期刊叫《中國數學雜誌》，但辦得不理想。劉太平和劉豐哲找到臺大數學系的系友支持經費，不過他們故作神祕，似乎不想讓我知道捐款者是誰。其實我的朋友和這位捐款人黃宗仁很熟，也知道他常協助臺大數學系。總之，本來大家講好，林長壽要負責編輯。沒想到劉太平硬是找了臺大的李白飛，還有淡江的胡德軍來參與。他們說他們支持辦期刊，但是一定要用某某人當編輯。我說幫忙當然可以，但是全盤管事牽涉到期刊整體學術水準，當然不行。

辦這本期刊還有一個問題。有人推薦明尼蘇達的倪維明當編輯，他和林長壽是臺大數學系的系友，一起在科朗學院讀博士，論文老師都是尼倫伯格。所以師弟林長壽比較尊重倪維明的意見，其實林的數學造詣比倪高多了。我和倪維明的哥哥倪維斗很熟，他是友雲的大學同學。倪維明畢業時沒找到工作，到高等研究院來找我，後來是我推薦他去明尼蘇達的。當時開了個電話會議，開會時倪維明擺架子，東說西說，其實就是想掌控這本雜誌。問題是倪維明的學術水準做期刊編輯可以，想掌管整個雜誌當然不行。我的原意是希望協助這本數學期刊達到真正的高國際水準，但事與願違，基於上面兩點疑慮，我想應該是時候未到，就此打消念頭。

臺大是臺灣最好的大學，所以雖然我很多的朋友和學生來自臺大，但對我有疑慮或對立的臺灣數學家，也大部分出身臺大。在二〇〇〇年之前，我和臺大的關係相對比較有距離，那時感覺臺大似乎沒有發展數學的雄心。這或許和當時校長陳維昭出身醫學有關，他比較注重實際問題，不了解許多應用問題其實需要更深的數學，而不僅止於統計。譬如臺大的陳宜良畢業於應用數學重鎮紐約大學科朗學院，拿到博士後他回臺灣，很想在臺大發展應數，他和幾個朋友想在臺大成立力學和應用數學研究所，結果臺大卻因同樣是應用數學出身的劉太平極力反對而作罷，讓他覺得很委屈。

二〇〇五年，李嗣涔接任臺大校長，他學電機科學，對數學相當重視。那年，臺大頒名譽博士給孔德誠和我，時機選在臺大畢業典禮。在典禮上臺大邀張忠謀演講，我也應邀給了一個短演講，我指出文理應該兼顧，尤其讀理科的學者應該要重視人文修養，獲得不錯的迴響。我還記得當天晚宴，我坐在孔德誠旁邊，相談甚歡，他大罵中共文革破壞孔墳，聲稱一輩子不再回曲阜。他也提到自己去韓國和越南，都受到盛大歡迎，甚至有人向他跪拜！

林長壽一九八七年回臺灣，先回他的母校臺大任教。一九九〇年，林轉到當時新成立的中正大學，想在新大學打造一個全新的數學系。一九九一年我到新竹訪問那一年，曾經到嘉義找他，還在阿里山遊覽了一天。那時他對中正很有信心，自己的研究也有進展。但是後來，我告訴他一直待在中正對臺灣的貢獻有限，建議他到新竹NCTS，於是林在一九九九年到清大接任NCTC中心主任。他本來也要轉到清大數學系任職，卻受到系上部分人士強力反對。從這點可以看出，即使國家級的研究中心NCTS設立在清大，卻顯然對清大數學系發展的益處有限。

林長壽一直很用功，在偏微分方程有突破性的貢獻。一九九八年，我大力推薦林長壽當選中研院院士。陳水扁當選總統之後，交大的校長張俊彥安排我去見他，我和林長壽、姚鴻澤、林松山一起去見陳水扁，建議他仿效美國的制度，表彰學術領域的成就，成立一個屬於臺灣的總統獎。陳水扁當下答應研議，後來總統獎設立，座中的林長壽在二〇〇一年獲得臺灣第一屆總統獎*。

一九九〇年代，我開始醞釀國際華裔數學家大會的想法，想匯集全世界傑出的華人數學家，共聚一堂，做更充分的研究交流，經過幾年籌措，終於在一九九八年實現。第一屆國際華裔數學家大會在北京召開，二〇〇一年第二屆國際華裔數學家大會則由臺灣主辦，在圓山飯店舉行。會議因為NCTS的林長壽和交大林松山帶了很多臺灣各校的教授和研究生幫忙，辦得很出色。那一年，我們頒發終身成就獎給陳省身。第一屆國際華裔數學家大會在北京召開時，陳省身極力反對這項活動，但在臺北召開時完全改變態度。本來他想親自參加，結果卻因身體不適不能成行，派了他女兒陳璞和女婿朱經武代表他領獎。陳璞很有誠意地試著用中文演講。我們還請了加州大學聖塔芭芭拉分校的的校長楊祖佑來致辭，他花了很多時間準備，演講非常精彩！大會有不少知名數學家來參加，不過當時因為大陸到臺灣不是很方便，參加的總人數雖不算太多，但至少有三百人！

二〇〇四年，林長壽卸任NCTS中心主任之後，就從中正回到臺大任教。由於臺大是全臺灣最好的學校，研究潛力超過封閉的中研院數學所，我便向臺大建議成立一個自己的研究中心，並強力推薦由林長壽領導，李嗣涔同意了。二〇〇七年，林在臺大建立臺大數學科學中心（TIMS），李校長給了很大的幫助。我成了TIMS第一位訪問學者，也樂於協助他推動臺灣的數學發展。此後王金龍夫婦從中央大學過來，于靖從清華過來，數學系的研究陣容比中研院數學所更優秀。

就像國際華裔數學家大會和TIMS，我從一九九〇年代開始，就著意要協助推動大華人圈的數學研究。首先，是一九九一——一九九二趁我在臺灣訪問時，往訪我的母校香港中文大學，並在一九九三年建立ＩＭＳ。在醞釀國際華裔數學家大會的過程中，我邀請我的香港友人協助在北京中國科學院建立晨興數學中心，國際華裔數學家大會的大獎就稱為晨興數學獎，那是一九九六年。接著臺灣一九九七年成立的ＮＣＴＳ，也是我在清華訪問時幫忙劉兆玄推動的。二〇〇二年，我也協助浙江大學成立數學科學研究中心。ＴＩＭＳ之後不久，我又協助成立北京清華研究中心。總之，如何貢獻我的力量，實質提升華人數學的地位，是我念茲在茲的事情。

二〇〇九年，臺大數學系和ＴＩＭＳ舉行了一個很大型的數學活動叫「臺大數學月」，他們邀請了很多知名的數學家，也邀請了很多臺大數學系畢業的數學家回到母校演講，有學術交流，也有數學科普推廣，辦得非常熱鬧。其中有一個針對中學生的活動叫「丘成桐數學營」，是王金龍辦的，同時在這個數學營內頒發第一屆的臺灣「丘成桐中學數學獎」，希望能借重我的影響，培養下一代的臺灣數學家。

當時，為了協助發掘數學人才，我在中國大陸、香港和臺灣都設了這個掛我名字的「中學數學獎」。本來臺灣的獎我想跟中國大陸合作比較簡單，第一年也在張鎮華的推動下赴賽。不過因為當時兩岸差異，比賽吸引不到臺灣的好作品。王金龍接下來籌劃時，覺得跟中國大陸攪和在

---

*在我們會面時，陳水扁嬉笑的態度，使我頗為詫異，但是林長壽很敬重他，還拿陳水扁的書請他簽名。見完陳水扁後，我說此人望之不似人君，沒想到後來果然出事。

一起不適宜，因此需要自己的經費來源。王金龍曾經推薦一個臺大數學系學生曾祥華到柏克萊，後來知道他是台積電曾繁城的兒子，王就和張鎮華去找曾繁城幫忙，學工科的曾繁城也愛好數學，覺得很有意義，就很高興包辦所有經費。王金龍督責「中學數學獎」的那幾年辦得有聲有色，很有自己的特色。我也因此和曾繁城熟識。曾祥華是吉文特爾的學生，吉文特爾是我的學術對手，但學生當然是另一回事。曾祥華和他太太仇竟珊都讀數學，但一直沒辦法在同一所學校工作，被迫長時間分開，我覺得曾祥華很出色，就推薦他們到俄亥俄州立大學找到工作。

每年的「中學數學獎」，我都到場和獲選的同學見面。我也會做一個通俗演講並且頒獎，臺大校長或是副校長，院長都會參加，可以算是臺灣一年一度的數學盛事。幫忙的還有不少其他的數學學者。王金龍做事是個完美主義者，同時又很用心，可惜其他人未必了解他的想法。讓他覺得很氣憤，最後由其他臺大老師繼續他的任務。這些年每年還是有不錯的論文，鼓勵不少中學生。不過這兩年金獎一再從缺，使人擔心臺灣數學資賦優異的中學生訓練不夠完善。

二〇〇八年七月起我接任哈佛大學數學系的系主任。由於金融風暴，哈佛大學投資損失慘重，因此院長不斷召開會議，討論應變方案。當時系裡亟需資金，無論學生和老師的經費都遇到極大困難，事情十分忙碌，所幸我都一一應付，不僅系裡沒有損失，還增加名額，用來聘請兩位剛畢業的博士張偉和朱歆文，這些都是我通過私募和靈活運用政府基金得到的結果。任內我也聘請了哈佛數學系第一個終身職的女教授莫雷爾，相當有歷史意義，院長很高興，開了一個派對來慶祝！

二〇〇九年，北京清華大學顧秉林校長親自到我麻州劍橋家，表示他代表陳希書記邀請我到北京清華協助建立數學所。那是一個禮拜天早上，我們談了好幾個鐘頭，他說清大很慎重，想辦好這個數學中心，不但一年內要替中心蓋一棟兩萬平方公尺的大樓，並且提供充裕經費。顧校長是彬彬君子，我盛情難卻，於是決定隔年春季課程結束後到北京走一趟，也跟陳希見面。

恰好此時，我岳母患的老人症變得更嚴重。二〇〇六年友雲提早退休，就是為了照顧她母親，為了配合她的照護，我們家的一樓還特別改裝過。剛開始友雲還應付得來，但四年後，即使僱用兩個看護每天照顧十六小時，我們還是照護的相當費力。由於波士頓能照顧華人老者的養老院實在太過昂貴，友雲和我就決定藉這個機會帶我岳母到中國尋訪適合的養老院。

明誠在二〇〇九年三月底結婚。五月多，我們帶我岳母坐輪椅參加明誠的博士畢業典禮後，我和友雲便帶她搭機前往北京。這次的旅程難度很高，我的岳母已經不能行走，必須坐輪椅，又常常要上洗手間，我們從波士頓飛紐華克（Newark），再乘美國聯航直飛北京，中間轉折頗花工夫。所幸我們坐商務艙，聯航這次的服務極佳，一切尚稱順利。

到了北京機場，時任北京清華黨委副書記的陳旭和數學系系主任蕭杰到機場來迎接我們，陳旭還捧著一大把花在機場等候，著實嚇了我們一跳，如此隆重的迎接，實在讓我們受寵若驚，也開始了我們十多年的友誼。到了清大見到陳希與顧秉林，他們也都很熱情，使我見到在北京清華辦好數學中心的曙光。

剛到北京，我們住在北京清華的招待所（丙所），基本上是個旅館，並不適合長住。於是我們決定搬到科學院旁邊的恒興大廈十七樓*，這裡是晨興數學所的房舍。晨興數學所的領導楊樂，行政主管李小凝都幫了我們很大的忙。

有一次，我和陳旭、蕭杰到海南三亞尋找適合舉辦數學論壇的場所，我岳母身體臨時出了狀況，必須趕緊送醫院，李小凝和司機小原開車送友雲和我岳母去，但醫院連輪椅都沒有，搞到深夜才回家。第二天我回家後和李小凝討論，要得到醫院比較好的招待，必需要找好關係。我的老朋友王光寅有一位女學生吉敏，她丈夫是一間醫院的院長，透過吉敏的幫忙，她丈夫當天就安排我岳母進入他的醫院治療，她住在單人房，友雲可以近旁照顧，讓我們感激不盡。

不過雖然我們找到醫院來照顧，但基本的問題並沒有解決。友雲查尋了很多北京地區的養老院，卻都不合適，於是決定試試別的地方。我們在杭州認識不少人，就請劉克峰和一位浙大學生章敏幫忙。可惜杭州的養老院雖然不錯，但比較屬於置產的想法，不適合我岳母這樣有老人病的老人。

經過和友雲友人討論以及種種考慮，我們決定到臺灣試試看。從北京到臺灣的飛行時間不長，但帶著我的岳母仍然不易，幸好我在臺北的朋友不少，包括我自己好幾個學生，都很幫忙。我們住在臺灣大學旁的福華飯店，參訪了臺灣好幾個老人院，包括林口長庚養生村，最後的選擇是臺南一間基督教老人院叫YMCA德輝苑臨安養護中心。我對臺南不熟，幸好林長壽有一位學生方永富在成功大學任教，人很好，為了幫我們，特別從臺南開了一部大型車接我們三人南下。我剛到臺南覺得很不習慣，因為街上機車很多，騎得又快，不大遵守交通規則。而老人院本身不是很現代化，我擔心她們兩人在這個環境長時間居住並不合適。我勸友雲離開，但是她認為院內的工作人員和照護員都很好，人很善良。於是我們就在臺南找了一個居所，讓她們安頓下來之後，我才回波士頓。

我岳母從此留下，直到五年前在臺南去世。這段日子，友雲大部分時間都留在臺南照顧母親，偶爾才回美國。我們大概是二〇〇九年八月初到臺南，此後開始一段夫妻長期分開的日子，這一年九月是我們第一次沒一起過結婚周年紀念日。此後有兩年時間，我來回臺美奔波，一直到二〇一一年暑假，我才趁休假到臺灣大學訪問客座一年。當時前述的北京清華大學數學中心，在二〇〇九年十二月正式掛牌營運。這段期間我來臺灣，由於波士頓沒有直航臺北的飛機，我一般先直飛北京，在北京花幾天打理清華大學數學中心的事務，再飛往高雄或臺北，其實從桃園坐高

*這個地方有一段歷史：由於我與科學院長期合作，在二〇〇一年時，路甬祥院長提出頒給我海外科技合作獎，我沒有想到這個獎項附帶獎金，大概二百萬人民幣，我和科學院的朋友商量，本來想去香山附近買一套別墅，但首先很貴，而且北京市有很多規定，買房政策不斷改變，最後我決定用這個獎金在晨興數學所旁邊的恒興大廈買一套公寓，公寓所有權屬於科學院，但我和我太太有使用權，直到我們去世為止。同時，我也運用從不同地方為晨興所募的款項，替晨興所購買五十多套公寓，所有權屬於科學院，這成為晨興所發展的重要資源。二〇〇五年時，由田剛領導少數北京大學數學同仁向我發動網路攻擊，造謠說我公款私用！同一時間，北大丁偉岳邀請項武義在北大校園做一個公開演講，用文革的方式對我做缺席批鬥，北大書記閔維方把這個批鬥內容寫成好幾頁的文章，向全世界的北大校友會公告，相當不可思議。

鐵去臺南也很方便。

我在哈佛大學的系主任內聘請了好幾位教授，一是盧里，一是基辛，都是第一流的數學家。這樣包括上述的莫雷爾在內，哈佛數學系一下子聘請了三位教授，讓很多系很羨慕。哈佛的研究生院院長在前述的晚宴中，說學校財政困難，丘居然聘了三名終身教授，一定是透過我的學生妮娜．吉普瑟（Nina Zipser）的關係才做到的，雖然他的講法是開玩笑，但是吉普瑟是管理教授資源分配與計畫的院長，她是我八年前的學生，先生是哈佛經濟系系主任，也應邀為晚餐嘉賓，所以我得謹慎回應，我說這幾位年輕教授極為傑出，都是我們系上一致通過聘任的學者，而且呈交院長時，並沒有經過吉普瑟，她不可能做什麼不合適的事，大家哄堂大笑，事情就愉快過去了。我這個女學生的確很能幹，幾年前還是由我寫信幫她在麻州理工找到一份好工作，想不到如今做了院長，還可以決定我的薪資！這件事反映美國高校的靈活性。在這個晚宴上，數學系教授泰特站起來，說他很高興由我來領導數學系，雖然學校財務緊縮，卻能達到歷史上的最高峰。這雖是溢美之詞，但身為系主任還是很高興！

在我擔任系主任的最後一年，理學院長請我協助哈佛工程與應用科學學院（SEAS）將應用數學辦好，但SEAS的理念和我們完全不同，無法合作，事情便不了了之。沒想到哲學系有興趣和我們合作聘請數理邏輯的學者，於是我到柏克萊邀請數理邏輯的一代宗師休．伍丁（Hugh Woodin），我們相談甚歡，很快他就成為數學系與哲學系的合聘教授。經濟系的諾貝爾經濟獎得主艾瑞克．馬斯金（Eric Maskin）是賽局論（game theory）的大師，他見到我們數學系很蓬勃，也很樂意參與研究，最後成為數學系與經濟系的合聘教授。想不到三年之內，我這個數學系主任聘請到這麼多一流學者，院長盛情邀請我多做三年，但是我堅持這樣有違哈佛數學系幾十年的良好傳統，而且我也掛心臺灣的家人，所以還是婉拒。結果院長做了一件在數學系前所未見的事，他開了一個大型派對，邀請數學系教授和一些院長參加，歡送我卸任。

我做系主任時，本來可以休假一年，但因為不想中斷系主任的職務，所以延到我當完系主任才休假。二〇一一年，我在哈佛卸任派對之後，為了就近協助友雲，決定到臺灣大學訪問一年。由於臺灣高鐵方便，由臺北到臺南不遠，可以探望友雲和岳母。基於友雲照顧岳母的因素以及兼顧北京清華數學中心的發展，後來我又在二〇一三—二〇一四再度訪問臺灣一整年。雖然友雲的母親在臺南，而且成功大學的朋友對我很不錯，但是畢竟成大數學系做我研究方向的人較少，所以我的訪問單位便選擇了臺灣大學，大部分時間都在臺灣大學開「幾何專題」的課程和做研究。其間友雲也經常北上，說起來，這是我們事隔二十年後，再到臺灣的第二次長住。

臺大數學系建系的時間很早，本來位於校園醉月湖邊兩幢較舊的小樓。另外中研院數學所則位於比較偏僻的南港，沒有學生可以討論，便決定和天文所合作，在臺灣大學校園內覓地蓋一座天文數學館，要從南港搬來。據我了解，臺灣中央研究院由於位階隆崇，經費一向得天獨厚，他們出錢在臺大校園蓋大樓不是問題，但基於雙邊合作，當然臺灣大學也可分享。二〇一一年我訪問臺大時，臺大數學系剛從原來的數學館，搬到同樣在醉月湖邊的天文數學館，ＴＩＭＳ則使用原來的數學館舍，兩舍相去大概一百公尺。天文數學大樓除了數學系（三至五樓）、中研院數學所（六、七樓），還有臺大天文所、中研院天文所共四個單位，二樓則是一間大圖書館。

數學系在天文數學館四樓為我安排一間很寬敞、景色很好的研究室，還有一位專任助理協助我教書講學。第一年TIMS也在一樓為我安排一間靠近湖邊的研究室，後來因為我較常使用天數館才撤掉。我就在兩個研究單位上課或討論，來聽課的人還不少，除了數學系師生，也包括樓上中研院數學所的研究員。我幾乎每天都和數學系的朋友和學生吃飯。這段期間，除了和臺灣數學界的友人來往，物理系教授如朱國瑞、陳丕燊、張慶瑞也和我很友善。奇怪的是，我的研究室在四樓，中研院數學所近在咫尺，我又是中研院院士，但是數學所很長一段時間甚至沒有給我上五、六樓的通行卡片。

我剛到臺大時住在臺大旁的福華文教會館。但臺大很快就為我在知名的溫州街，在福華旁的靜巷內，安排一間兩房一廳的公寓，和林長壽比鄰而居。TIMS的助理很能幹，在我們搬遷到新居時幫了很多忙。我一直保持每天游泳的習慣，福華地下一樓正好有個不錯的游泳池，我幾乎每天都去游泳。福華和臺大附近的餐廳很多，吃晚飯很方便。有時我和友雲也會去鄰近市場走走，友雲做飯喜歡煮新鮮的魚，美國超市幾乎不曾有這麼新鮮的魚，讓我們生活多了很多樂趣。這兩年的臺灣行，兩個小孩早已長大成人留在美國，所以我們兩人的生活相當寫意。友雲每個禮拜從臺南坐高鐵上臺北住幾天，搭高鐵非常方便，我有時候也和友雲一同去臺南。

在臺灣這段期間，我也花了一些時間去北京，由於我在臺大需要上課，所以有時每個禮拜要在北京和臺北來回奔走。雖然我處理北京清華數學中心的事情，也可以住在恒興大廈，但是北京清華方面希望我住在校園荷清苑的公寓，也相當舒適和方便。由於科學院的研究方向逐漸轉向應用數學，晨興所的經費沒有增加，能夠做的事情不多，我的重心便慢慢移往北京清華。

北京清華校長和書記都說要給新成立的數學中心一幢大樓。但是最開始其實只有四間辦公室，大概他們估計我暫時請不到學者吧。但是很快我就找到第一個願意長期工作的普林斯頓博士于品，加州大學河濱分校的潘日新也來加盟，再加上一個能幹的行政人員張蕾，才慢慢穩定下來。很快我們就需要更多研究室，陳旭書記一直領導這個中心，終於爭取到近春園的小樓，中心才開始穩定上路。

我在臺灣休假這年，哈佛數學系由諾姆・艾爾奇斯（Noam Elkies）接任系主任，他的專長是數論和裝球問題，二十六歲擔任正教授，是哈佛近年來最年輕的教授，不過他的行政能力有點問題，令系裡的行政人員和祕書無所適從。我聘請的第一位女教授莫雷爾也在這一年離開哈佛到普林斯頓大學任職*。哈佛大學的院長很失望，也不很高興，近十年來數學系遇到的困難或多或少和這件事有關。結果艾爾奇斯的博士指導老師格羅斯，在艾爾奇斯任職的第二年只好出馬處理，

* 莫雷爾考慮離開哈佛，我完全不知情，他們也沒有告訴我。但是五年前，由於校方要求各系聘任女性教授，在一次系中開會時，有管事的教授企圖推卸責任，說是我做系主任時，不應該開派對歡迎莫雷爾，弄得她不好意思才離開。其實這個派對是當時的院長要求我舉辦的，而且歡迎的是三名新教授任職，除了莫雷爾，還有盧里和基辛。我問過他們，大家都很高興，喜氣洋溢，派對上還有三個院長一起來參加！

之後還接手擔任系主任。

我在臺大休假一年後，秋天回到哈佛上課，由於我做了三年系主任，院長容許我多休一年假。由於我和臺大的教授和校長都比較熟悉，而且友雲和岳母還住在臺南，就決定二〇一三年再到臺大訪問一年。我們一樣住在溫州街，到這一年，住家附近的餐廳都相當熟悉了。總體說來，臺灣朋友很熱情，作風比較美式，和中國大陸不大一樣。臺灣人喜歡分別誰是外省人，友雲和我明顯是外省人，在他們眼中大概「無可救藥」，不可能幫他們。不過臺灣本省人很多作風樸實，保持著農民風味，我倒是很欣賞。他們自己也對這一點很驕傲，其實這是中國農民幾千年的傳統，又何必分彼此！

在臺大訪問這幾年，我帶了自己的博士生和博士後一同來訪問（周杰、費騰、高鵬、黃岸、吳寶森）參加討論班，另外還包括連文豪、余成龍、陳泊寧、彼得．斯米勒（Peter Smillie）等人，他們都能夠融入臺灣學生的生活中，實在很不錯。我從前的學生、現在哥倫比亞大學的教授王慕道也來了一年，我有好幾個從前的學生在臺灣大學任教，包括翁秉仁、王金龍、崔茂培、余正道等人，當然林長壽、于靖、李瑩英等都是舊時相識。

二〇一三年夏天國際華裔數學家大會又輪到臺灣舉辦，地點在臺灣大學，這次大會邀請到知名數學家塞爾，也頒了卓越成就獎給當年在孿生質數猜想有重要突破的數學家張益唐，而且把陳省身獎頒給剛剛卸任臺大校長的李嗣涔，表彰他對臺灣數學界的貢獻，感謝他在任內擘建TIMS，設立傅斯年獎，對臺灣數學界有很大的貢獻。在這次大會中同時出版了ICCM

Notices，執行主編是臺大的康明昌，編輯辦公室也在臺大。

在這段時間前後，由於我岳母在臺南，我常到臺南，很自然的也常到成功大學訪問。理論中心在南臺灣有個辦公室，設在成功大學，他們給我一間辦公室。我在臺南時，大部分時間和友雲在一起，間中到成功大學演講。我在臺南也維持每天游泳的習慣，經常去南一中的游泳池游泳，路上會經過很多小攤，也有不少舊書店，我總會挑一些書買回家。我們不是久居的人，友雲難免會抱怨。當然這些書不貴，後來離開時，有小部分帶到臺北，其他就留下送人。

我在成大偶爾會見到我柏克萊的室友賴明詔，他當時是成大校長。賴大概是二十年前回到臺灣，沒想到做了中央研究院副院長，又做了成功大學校長。不過雖然他曾是我的室友，卻始終不很熟。倒是當時成功大學副校長馮達璇是物理學家，我們在美國是舊識。有一天，我在北京清華講課，友雲通知我說她母親有中風跡象，她送她母親到成大醫學院，等了一個晚上找不到醫生醫療。馮達旋的人脈遍布世界，我很快找到他，馮達旋很快就幫我們解決問題。日後我岳母幾次病重住院，都要麻煩他和成大醫學院長協助，當然數學系的幾個教授如林牛等也幫了很多忙，這些我們都很感激。

馮達旋的行政能力很強，我二〇一〇年獲頒成功大學的名譽博士，相信他出了很多力量斡旋。那一年，我在成大畢業典禮給演講，不過聽眾自己聊天，有點吵雜，演講好不容易才完成。那時我的兒子正熙剛好來臺灣探望外祖母，所以也來觀禮。我一些臺北的朋友也專程到臺南參加。我有一個培正的中學同學陳德華，他是成大校友，也很高興我獲頒名譽博士。

馮達旋人脈很廣，有一天邀我一同去金門，支持剛成立的金門大學。我從沒去過金門，當下欣然同意。我們一早從臺中機場坐小飛機到金門，受到金門大學校長的盛情招待，我們參觀了國民政府在金門建築的防空洞，裡面有非常宏大的大講堂。金門海邊風景很優美，但是沙灘可能還有地雷，所以不能隨意走動。我也去了當年林毅夫據說抱著籃球泅水投共的地方。但是最有意思的是，我看到朱熹在金門講學的燕南學院，才知道歷史上金門的文化地位比臺灣早，而且影響及於南洋。金門離廈門不遠，只有一小時船程。我父親讀的是廈門大學，遙望廈門，讓我倍感親切。

在臺南，馮常常宴請友雲和我，一個常去的地方是香格里拉大飯店。不過臺南歷史悠久，有很多富有地方色彩的小店，我們大部分都品嘗過，海鮮特別鮮美。臺南的特色很多，當年鄭成功遺留下來的遺跡不少，但是滄海桑田，鄭成功從澎湖海上率海軍攻打荷蘭人占據的臺南海港已經成為陸地。

臺灣南部的風土人情，確實純樸可愛，和臺北頗有不同。七年前，我的中學同學徐少達伉儷和朋友到臺灣旅遊，我陪他們到澎湖游玩，該處有個景點，居然是紀念法國艦攻擊臺灣沉沒的地方，被攻擊的地方百姓紀念攻擊他們的敵人，我還真是第一次看到，有點啼笑皆非！但是澎湖雖小，卻有不少特色，海水湛藍，海鮮和水果都不錯，我們待了兩天，才心滿意足的離開。

除了和臺灣大學及成功大學的來往以外，我和新竹的交通大學來往也十分密切。我和交大的淵源可以溯源到三十多年前林松山來美國訪問我開始。交大是臺灣第一個給我名譽博士的大學

（一九九七年），主要就是由擔任理學院院長的林松山促成的。藉由林松山的關係，我和交大校長都有很好的關係，從張俊彥校長開始，更常參加交大的活動。

後來因為NCTS數學組可能要離開新竹，林松山想說新竹還是需要一個數學研究中心，所以林松山介紹我認識交大校長也是中研院院士的吳妍華，她本來是陽明大學（前身陽明醫學院）的校長，人很能幹，跟數學家金芳蓉是高雄女中的同學，我們還一起支持金芳蓉做了院士。對於成立數學研究中心的重要性，吳妍華非常贊成，也非常認同林文偉團隊和我在圖像處理的工作，投入二百多萬臺幣購買儀器支持我們的研究，成果很好。交大的丘成桐中心在二〇一二年四月正式成立，主要的研究主軸是與幾何相關的演算法，在林文偉帶領下做了許多研究工作，在十年內發展了3D動態影像、列印及醫學影像分割的重要技術，成果不錯。當然這所中心的主要領袖是林松山和林文偉，中心以我命名，使我有愧於心。

值得一提的是，吳妍華也大力支持交大應數所辦了一本很好的國際性應用數學雜誌《Annals of Mathematical Sciences and Applications》（AMSA），這本期刊在二〇一六年開始出版，專門發表應數、統計及應用方面的文章，是一本有國際影響的學術期刊。另外吳妍華也支持丘成桐中心出版一本跨文理的知識普及雜誌《數理人文》（這些雜誌的經費和編輯，也曾受到臺大的支持），《數理人文》和ICCM Notices一樣，在二〇一三年的國際華裔數學家大會會期出刊。

吳妍華是很優秀的校長，後來的校長也不錯。我和交大關係良好，和林松山有很大的關係。自從林松山一九八六年來聖地牙哥訪問後，還有我到清華訪問時，我們的關係一直都很好，在很多學術場合都會碰到面。他是一個正人君子，只是他退休後，比較少見面了。

我第一次在臺灣長住，是一九九一年在新竹清華大學，我協助推動NCTS起初也坐落在新竹，我對清華的印象深刻，也有很多回憶。

那一年訪問清華算是非常愉快，和劉兆玄相談甚歡，之後幾位校長沈君山、劉炯朗也都和我友善，關於數學系的事經常徵求我的意見。不過如前所述，數學系的老師感覺有很多對我的雜音，所以劉兆玄在那一年最後問我們要不要留下來時，我說系裡有人反對，劉兆玄還說這幫傢伙真沒出息。

但是這個痲煩並未就此打住，日後NCTS在清華成立，數學系裡有老師希望辦好，請我建議中心主任的人選，我建議找林長壽來。林長壽答應接任，我很高興，林長壽在任上也花了很多心血，做得非常好。沒想到除了劉太平不斷杯葛這個所，清華大學數學系也非常不合作。林長壽本來有意長期留在清華，但當他真的要來了，系上就有人開始反對。在林長壽任內，王金龍也加入清華的陣營，但他後來卻受到清大數學系排擠。王金龍很會教書，教學評鑑一直名列前茅，結果數學系竟然用教書不行的名義不讓他升等，硬是逼他離開清大。二〇〇二年，徐遐生接任清華校長，他的領導缺乏魄力，讓底下的人亂搞。林長壽和王金龍是臺灣現在最傑出的數學家，林長壽甚至還剛成為院士不久，結果在他任內，竟然無法留聘林長壽到清華，又讓王金龍離開，實在是很難想像的事。

大概二〇一四—二〇一五年間，由於NCTS計畫案到期，國科會討論NCTS的招標案。清華大學高層人員堅持說清大希望將中心留在清華大學，我當場問他們清大數學系是否想要留下中心，他們尷尬地承認數學系意願不大。所以最後決定物理組留在清大，但數學組轉到臺大。相較起來，清大雖然是我長期訪問臺灣的第一所大學，可是因為清大數學系定位不明，內部吵得一塌糊塗，所以我和清大漸行漸遠。

一九九八年接清大校長的劉炯朗也是廣東人，雖然普通話比我好得多，但他很喜歡用廣東話開玩笑。記得我以前教明誠和正熙唐詩，他們背誦了不少，也背過〈出師表〉，連陳省身都印象深刻。有一年在波士頓雷辛頓（Lexington）中文小學參加背誦比賽，我是胸有成竹，結果小孩背誦沒有問題，只是場下沒有人聽得懂。原來我唸詩詞或古文都用廣東話，有很重的廣東口音，但是劉炯朗卻認為這樣才是唐音。

這個廣東口音還鬧過別的笑話。一九九〇年代，我剛在香港中文大學成立數學研究所時，有一個女學生叫徐淑裕（現在在臺灣中正大學），後來我才知道她的先生是香港人，在中研院數學所擔任研究員。有一次他打電話到清大請我演講，我們兩個用普通話講得很辛苦，全部都是廣東口音，我沒想到還有人的廣東國語比我口音更重，只好請他直接講廣東話更方便。

一九九一年訪問清大的重大收穫之一是認識劉兆玄，他為人很正派，能力又高。國科會能在當時的環境下成立NCTS，其實很不簡單，我是很佩服劉兆玄的，可惜他後來擔任行政院長的時間不夠長，還沒法做出貢獻。二〇〇九年，劉因為八八風災下臺時，他才上任一年出頭！我記得那一天大風大雨，我恰巧正在臺南探望友雲，我們住在八樓公寓，雨水大量的流入房間，我們花了整個晚上對付積水。由於隔天早上就要搭飛機回美國，我僥倖早上買到最後一張高鐵票離開臺南，一路上水勢漫大，很多兩層樓的房子淹在水下，當高鐵到達北部時，卻又晴朗無雨。我當時想打電話通知劉兆玄。但我想他是行政院長，南部縣市總會通報吧，後來我才在報紙上知道他根本不知情，看來國民黨的情報流通也不怎麼厲害。

說起中央研究院數學所，有幾十年幾乎一直由劉太平和劉豐哲把持，他擔任所長的時間很長，而且中研院一直以全職聘任他。李遠哲有次在中研院開院士會議，甚至宣稱他的重要政績之一就是全職聘請劉太平。可是直到劉太平退休前，他都沒有真正辭去史丹佛大學的職位。我在史丹佛的朋友告訴我劉太平從來沒向史丹佛說明他在臺灣兼職的事情。當然劉太平並不希望別人知道史丹佛不見得能容許他同時兼任史丹佛和中研院所長。

二〇〇一年，國際華裔數學家大會在臺北開會，我們邀請重要數學家拉克斯參加，在圓山飯店開會。劉太平卻像唱對臺，我們開會時，他也在南港弄幾個討論班，從我們這邊拉了幾個重要教授去參加。隔不到幾週，劉太平為《數學傳播》訪問拉克斯，劉太平在訪談時還表示開國際華裔數學家大會是沒有意義的事情。那段時間，數學所還在南港，劉太平曾請我參加學術研究員會議，希望我說服所裡的研究員到所裡工作。那次會議讓我開了眼界，原來數學所大多數研究員堅持在家裡做研究更有效率，不要到南港上班。這件事後來劉太平不了了之，後來劉太平甚至改變態度，跟我幾個朋友說做學問不用太認真，只要名士風流即可。他還曾經跟幾個極負盛名從臺灣畢業的美國教授說，數學所的特聘研究員要保持最高水平，因此只要一個就夠了，意思就是除了他之外不容許其他人申請這個位子。我問過中研院院長李遠哲和翁啟惠，他們都說根本沒有這項規定！

中研院數學所研究員的表現在劉太平主持的年代其實不如臺大數學系，要求卻很特殊，既不用教書，也不願意交流合作，非常的封閉。他們在臺大固然可以不教書，卻覺得可以隨自己高興在數學系任意開課，但數學系有自己的安排不見得同意，有時產生不少矛盾。前面提過，二〇一〇—一一年之際，數學所從南港搬到臺大，位於天文數學大樓的六、七樓，但是在正常上班時間上他們的樓，還要他們批准！這大概是全世界數學研究所唯一的特例。我兩次在臺大訪問一整年，研究室在四樓，而樓上的數學所從來沒有主動歡迎我上去和研究員交流，難怪我的老師陳省身說這個所早就應該關門，也難怪于靖被迫離開數學所！一九九〇年代，于靖當時因為每星期由南港花一段時間到理論中心講學，這對臺灣數論學界意義重大。但聽說劉太平挺不高興，最後強迫他辭去中研院的位置。劉太平強勢如此，卻對長期不到數學所上班的研究員毫無辦法！

事實上，中研院數學所的經費是全臺第一，用都用不完，但是卻不聘任最好的數學家。林長壽和王金龍是臺灣最出色的數學家，學問一流，他們兩人貢獻臺灣的熱情絕不遜於劉太平，學問也比他好，畢業之後，即使有好的工作機會，也都回絕而回到臺灣。林長壽和王金龍在清華大學大力推動ＮＣＴＳ時都，沒能被聘為清華的教授，劉太平或許有參與意見。當林長壽和王金龍有機會申請中研院時，也都被他們拒於門外，實在跟清大一樣莫名其妙！唯一的原因，恐怕就是他們和我的關係友好。

其中最難看的一次，大概是二〇一八年，王金龍申請中研院數學所竟然沒通過的事。首先，中研院由始至終，完全不徵詢我的意見。然而在姚鴻澤所參與的某委員會，或者是史里尼瓦薩·瓦拉當召集、成員是外國學者的學術諮詢委員會仍然都全力支持王金龍，連數學所本身也推薦他擔任特聘研究員。結果，中研院做了一個史無前例的決定，在沒有任何專家意見的支持下，推翻了數學所和學術諮詢委員會推薦王金龍做研究員的建議！這樣荒謬的結果落在最支持臺灣的王金龍身上，發生在自認是臺灣學術界最高殿堂的中央研究院，除了大老的門戶之見，我再也想不出任何理由。

二〇一九年，劉炯朗請我吃飯，席中也請了一些臺灣學術界有影響力的人士，當時中研院副院長周美吟也在場。我問起王金龍的事，周美吟竟然很不高興一臉嚴肅的擺起官架子，說這是他們中研院的事情，輪不到外人說嘴。這實在很荒唐，全臺灣所有數學家只有我最懂王金龍的數學，我還是中研院的資深院士，她好歹也是學術中人，就因為有個行政職務的官銜，竟然絲毫不顧學術界的常理，隨便耍官威，如果不是沒見識，就是背後有很大的壓力。

就我的經驗，臺灣學術人事關係複雜，不以學術標準為念，長期搞派系競爭，真是很不幸的事情。

我在一九八四年當選中研院院士，起初並沒有特別在意，但隨著我跟臺灣接觸的機會增加，尤其是一九九一年到臺灣長住一年後，我開始至少每兩年回到臺灣一次，參加院士會議並選舉院士。院士在臺灣的學術和社會地位很高，所以我對院士的資格要求還是很慎重的。

我第一個參與提案支持的是一九九二年的劉太平，沒想到就順利當選，我想是因為其他院士對我的推薦還蠻信任的。後來一九九八年，我力推數學做得非常好的林長壽當選院士。之後多年，我還支持過幾位數學院士的當選：姚鴻澤（二〇〇二）、蕭蔭堂（二〇〇四）、翟敬立（二〇一〇）、于靖（二〇一二）、張益唐（二〇一四）、金芳蓉（二〇一六）等人，在選舉院士我都全力支持。做統計的吳建福也在我的支持下當選（二〇〇〇），另外還有做統計和計算生物學的王永雄（二〇一〇）。

以前中研院的院士選舉還採取很審慎的態度，在院士會議裡有問有答，有時還能聽到反面的意見，不像現在開會大家幾乎都只講正面的話，院士當選的員額也有點浮濫。

當然，院士選舉有時也有比較可議的爭執，我舉一個一九九〇年代的例子。某次院士選舉，陳省身不知道為什麼一定要支持項武義當中研院院士，項武忠也不避嫌的大力支持他弟弟，吹噓他解決克卜勒猜想是偉大的成就。其他院士問我的意見，我說這個問題雖然不是我的專業，但普林斯頓的康威是這方面的專家，康威的數學非常好，而且眾所週知是一位不理人間煙火、從來不搞政治的數學家。在康威的書裡很清楚寫說項武義的證明是錯的，在康威特地寫給我的信上也說得很明白，項武義的證明不可能是對的。我當場說，我相信康威的斷言，事實上我也從沒聽過有哪個專家確認證明是對的，陳省身聽了很不高興。

接下來他們詢問楊忠道的意見。楊忠道是很敬畏陳省身的，但他還是鼓起勇氣來發言。楊忠道顯然做了許多功課，準備了所有裝球問題的文獻，而且他自己顯然做過這個問題。楊說項武義的想法並非首創，匈牙利有個家族一輩子投入這個問題，運用的就是這個想法，歷經幾十年都沒有成功。接著楊忠道具體指出項的證明中哪裡錯，哪裡有疑義。在另一頭，項武忠卻只會泛泛空言，講不出具體理由，陳省身自己則習慣不詳讀文章，於是後來項武義就落選了。當時李政道出來打圓場，說時機不對，可以先擱置，等事情塵埃落定再討論。李政道的說法非常公允，如果想以這項成就來角逐中研院院士，自然要先確認對錯。

陳省身因為這件事對我很不高興。有一次我與鄭紹遠在柏克萊請陳吃飯，席中陳省身突然冒出一句話說數學界真是胡鬧，懷爾斯的費馬最後定理證明一定是錯的，而項武義的克卜勒猜想證明一定是對的，這當然跟現在數學界的看法正好相反。陳省身的理由是項武義文章已經發表，因此沒有問題（項的文章發表在World Scientific出版的普通期刊《International Journal of Mathematics》。）我說文章發表並不見得正確，陳指著我鼻子說：「你舉個例子。」我說熊全治證明S^6有複結構的文章，就發表在臺灣中研院的期刊《Bulletin of the Institute of Mathematics Academia Sinica》上。陳聽了當下兩手發抖，把我們嚇壞了。陳省身很熟悉這個問題，當然知道熊的證明是錯的，但又的確是已經發表的文章。

陳省身對項武義沒有當選中研院院士這事真的很惱火。問題是別人徵詢我的意見，我總不能說這是正確的。楊振寧後來跟我說，當時我應該附和陳省身的意見，但這種話我實在說不出口。如果項武義有錯誤，我卻要替他背書，那我的立場豈不荒唐，他的證明專家都知道不行，我豈能不負責任？楊振寧竟然認為這是我的錯，是在攻擊陳省身。但是在場開會的都是院士，人家問我，我不可能說謊。這件事，我並不後悔。

兩年後，劉太平提名一位臺灣數學家競選院士，過程也很可議。這個數學家沒有做甚麼重要的數學。劉太平覺得光靠他一個人支持不太妥當，還找了周元燊一起來說明。周是做統計的，和這位數學家擅長的傅立葉分析有相當的距離。結果周的發言只短短說明該候選人的主要貢獻在傅立葉分析（Fourier Analysis），然後就大談傅立葉分析為什麼重要，講了足足十分鐘。傅立葉分析的重要性是人盡皆知的事，和候選人的成就沒有關係。接著換劉太平發言，他基本上是違背學術良知的胡亂吹捧，眼看局面變成沒有什麼大成就的學者也可以當院士，我只好起來發言駁斥。劉太平之所以護航，完全只著眼於日後可互相掩護。我對兩岸華人存在的這種學術政治態度感到失望，都是為了私人好處，傷害學術公器該有的準則。

劉太平兼職做了數學所所長，自然在中研院做評議員，好幾次我們推舉的候選人都過不了評議會，因此無法在院士會議討論，我記得至少後來于靖和翟敬立都遇到這個問題，但是很奇怪他推選的候選人卻輕騎過關。這個陋習在後來我們向院長抱怨之後才改變。後來劉太平又想了一個變通的方法，透過臺灣的數學學會（中華民國數學學會）來提名。一般來說，數學學會的提名是政治性的操作，候選人不一定能達到水準。坦白說，中研院的院士會議有太多政治化的東西。

劉太平因為NCTS的宿怨，在很多事情總是和我對立，只看利害關係，不論學術黑白。有一次，我們支持一位做物理的候選人，姚鴻澤做了支持的發言，劉太平就公開說數學家不懂，應該要閉嘴。姚非常生氣，因為他的研究和這個領域密切相關，比劉太平懂得深入得多，他當場要求劉太平道歉，雙方僵在那邊，最後李遠哲裁示要劉太平道歉才收場。

楊振寧和丁肇中都是諾貝爾物理獎得主，卻時常在院士選舉時吵得不可開交！楊有十幾年極力推薦吳秀蘭當院士，吳是出身香港的物理學家，也是中研院院士吳大峻的妻子，而吳大峻則是楊振寧的戰友。吳秀蘭從前在麻省理工跟丁肇中做實驗，丁肇中一九七四年獲得諾貝爾獎的實驗，她就是團隊的一員。後來，吳秀蘭自己到德國加速器DESY領導另一組人，做膠子噴流（gluon jet）實驗，當時丁肇中也在做。丁肇中的團隊說吳秀蘭的小組在數據發現不久後就草率地搶先發表，沒有依照正常的程序詳細檢驗，丁肇中因此恨透了吳秀蘭，每次只要楊振寧提名吳秀蘭，丁肇中都準備充足地反對。十多年後，楊振寧氣極了，當場指責丁肇中不可因為私人恩怨，昧著良心說話。丁肇中反唇相譏，說你和李政道不也是如此！此事後來不了了之，吳秀蘭始終沒有當選院士*。我的朋友朱國瑞說他注意過，楊填選票時只勾選一個人，就是他自己支持的人選。

楊在一九九〇年代以後，極力抨擊高能物理的前途，和高能物理的真實發展背道而馳。高能物理的最高峰是標準模型的建立以及希格斯（Higgs）粒子的發現，楊並不欣賞。他強力要求北京清華不要發展高能物理，又堅持中國不要建立大型對撞機。有一次，在臺灣中央研究院開會時，我向丁肇中請問這件事，他的回答是「Frank ,what does he know ? He has not been active for fifty years !」（Frank是楊的英文名字。）

其實物理學家對李政道和楊振寧的看法也分兩派，諾貝爾獎得主哈佛大學的謝爾登・李・格拉蕭（Sheldon Lee Glashow）推崇李政道（格拉蕭親口跟我說的），剛過世的知名物理學家弗里曼．戴森（Freeman Dyson）則是楊粉（也是他親口說的）。戴森比喻自己做學問像青蛙，只懂做手邊的工作，楊振寧如飛鳥看得遠，發明了規範場論。物理學家不知道古典規範場論早就由數學家完成，他們經常誤以為是楊振寧首先發現的†。格拉蕭則對楊振寧頗有微詞，幾年前我參加哈佛物理系紀念朱利安．史溫格（Julian Schwinger）的百歲冥辰會議（我也是物理系的教授），會中格拉蕭紀念他的老師，提到一段歷史，他回憶在一九五九年，史溫格邀請楊振寧來參

---

*關於吳秀蘭還有一個小插曲。有一次院士選舉，我在會前吃早餐時正好坐在吳健雄旁邊。我問她認不認識吳秀蘭，她說當然認識，也認識她母親，而且很早就相識。我接著問她吳秀蘭學問如何，她說好得很，絕對有資格做院士。過了兩個鐘頭討論到吳秀蘭的案子時，有院士問吳健雄的意見，她竟然說不認識吳秀蘭，也不知道她的學問如何。我很吃驚，後來才知道丁肇中在會前和吳健雄討論過，想在CERN開大會時替她祝壽，並且請諾貝爾獎委員坐在她旁邊，所以她的態度才不同。

†在楊振寧最近出版的訪談錄裡，他還是誇大了自己在規範場論的地位。離奇的是訪談者是我以前的學生季理真。他對數學史如此無知，附和楊攻擊我，真是枉費我的教導。一九八六年我在聖地牙哥時，本著「有教無類」的精神，收了我高等研究院助理王思雷介紹的兩個杭州大學學生，其中之一就是季。當年我到波士頓時，帶了十多個學生，成績比較好的如李駿和田剛等，我安排他們到哈佛、麻省理工和布朗戴斯大學。成績不夠的要遷到波士頓有很大困難。當時東北大學在美國排名大約八十幾，我花了很大工夫去說服東北大學，由於我和該校的滕楚蓮熟悉，在她幫忙下終於安排成功。這兩位學生另一位沒有完成學業，季理真則比較用功。我除了指導他的學識，還替他解決不少生活上住食的問題。但是他在能力強的同學面前似乎一直有自卑心理，以為被人取笑，心裡不平衡。沒想到，最後反咬了我一口。

加格拉蕭的論文答辨，楊振寧不同意其中關於緲子（muon）微中子的結果，史溫格仔細解釋內容，指出原因，楊振寧也同意了。過了幾個月，楊振寧和李政道將這個結果發表，完全沒有提到史溫格的貢獻，格拉蕭後來要求楊修正，但是楊振寧不理會。

丁肇中近二十年在人造衛星上做測試暗物質的實驗，需要大量經費，雖然美國能源部提供大部分經費，但還是需要向歐亞各國籌錢，臺灣是其中的重點之一。他在臺灣有自己的夥伴，會推選他們角逐院士，丁肇中講話井井有條，很有說服力，常常都能成功。有次推舉某人時，丁肇中竟然在簡報上大談基本粒子發現史，由歐內斯特·拉塞福（Ernest Rutherford）發現電子，一路談到某人的工作，普通人聽了應該覺得該頒諾貝爾獎給他了，所以最後高票當選。下午茶點休息時，我遇到丁肇中，問他臺灣物理研究水準如何，他竟然大搖其頭，連說不行，讓我很訝異。

參加中研院的院士會議，我也有很多收穫，認識不少一流人物。例如卓以和一九四九年由大陸到香港，就讀培正中學，是大我十幾歲的學長。他是物理學家，在貝爾實驗室做第一流的工作，在美國拿到兩個極為出色的獎項：美國國家科學獎（又稱總統科學獎）以及美國國家工程獎，連最出色的科學家都難達到這個成就！獲得美國國家科學獎的還有馮元楨，他是我在加州大學聖地牙哥分校時認識的生物工程學家！

在人文領域方面，我認識了何炳棣、余英時等大名鼎鼎的學者。何先生最有意思，很快和我成了忘年之交。他說話很直爽，大概也得罪不少人，但是大家都尊重他的學問。何炳棣喜歡和我談很多有趣的時人內幕，包括我的老師陳省身的八卦。何的著作剛出版時，不願意和同行討論，先送給楊振寧和我，看我們有甚麼反應。他認為我的意見不錯，但有一次我讓他很生氣。何炳棣很留意北京清華大學李學勤參與主導的「夏商周斷代工程」計畫，何炳棣認為西晉出土的《竹書紀年》雖已佚失，但仍有很多可靠的地方，但是李學勤他們卻不以為然。於是何炳棣叫我寫信給北京中央抱怨李學勤，我說我不是這方面的專家，沒有資格寫這封信。聽說他之後找了李政道幫忙，李政道的兒子李中清是何炳棣的愛徒。何炳棣從芝加哥退休後，住在加州爾灣，我有機會就會去看他。他那時年紀九十歲了，兩個離婚的兒子和他住在一起，父子三人相處，蠻有意思。他九十五歲去世，我覺得很傷感，痛失良師益友也！

我幫父親出版的《丘鎮英論文集》，何炳棣寫了一篇序，另一篇序是饒宗頤教授寫的，饒宗頤和我父親在汕頭時就相熟，何炳棣和其他知名學者都很推崇他。有次在推選院士時，某人在饒宗頤的一篇論文找到一些小毛病，竟說他抄襲，害他沒有選上院士。從此他也不再參加候選，這其實很可惜，因為大家都知道他的學問高深。

我在中文大學的哲學老師叫勞思光，他的學問高深博大，大家都很喜歡上他的課，尤其他教授的中國古經學，讓我獲益不少。勞思光上課時會別領結，令學生印象深刻。勞思光退休後臺灣已經解嚴，因此從香港到臺灣清華大學任教，二〇〇二年院士選舉時，他的票數不足，到第二輪投票還差不少票數，尤其是文科組的票數不夠情況危急。於是我在大會發言，說明中國哲學對中央研究院極為重要，不可以不留意！投票結果出乎我意外，他的票數竟然超過知名哈佛教授杜維明，當選院士。勞老師已經去世，我跟他不算熟悉，以後見面也沒有提到此事。

我在臺大訪問時，友雲和我偶爾會參觀故宮博物院。飽覽這些國寶級的收藏之餘，往往想起錢穆先生以前在外雙溪居所素書樓就在附近，當然那時他已逝去多年。

回想我一九九〇年前幾次短期訪問臺灣，總會抽空去探望錢穆夫婦。他們和先父在香港時相當熟識。錢家在沙田西林寺邊，每有節日，我母親總叫我送粽子、月餅、年糕、鴨子到錢家。當時我十一歲出頭，主要是和錢夫人交談。有次送年禮，她很高興，和我父親說我很有禮貌，說我一定有出息。有一年她回送一顆臘豬頭，我提回家後兄弟姊妹既開心又驚訝，因為從來沒看到過。我父親有時會帶我一起拜訪錢先生，他們一談就是幾個鐘頭，我在旁邊聆聽，不敢說有收穫，卻能體會做學問的樂趣。一九六三年我父親過世，錢先生親來拜祭，還資助金錢給正困窘的我家，我對錢穆夫婦十分感激。

一九八九年或九〇年，我到外雙溪素書樓拜訪錢先生，那是我最後一次見到他。當時他已經目盲，但還是很關心學術問題，著實令人敬佩。那次他說素書樓本來是蔣介石簽署讓他們在臺灣住到過世的住所，但那時立法委員陳水扁質詢他的合法性，後來高玉樹又因為私自的政治目的在報紙上攻擊錢穆，我聽了心中很難受，但我不懂臺灣政治，不知如何幫忙。後來聽說錢先生遷出不到一年就去世（按：一九九〇年八月底），令人悲痛！現在回想覺得很奇怪，錢穆是臺灣中研院院士，事發之時，位高權重的中研院院長吳大猷為什麼不願意出頭說話，尤其臺灣很看重的余英時是錢先生的得意弟子。

我在素書樓看錢夫人服侍他，幫忙他寫作，她對錢先生佩服之情，不言而喻。當時我曾和她討論如何出版先父遺作，她很積極幫忙，找了幾位錢先生的學生和我討論，還送了一套錢先生的作品給我。錢先生逝去多年後，我在臺北拜候她一次，之後就沒有機會再見面，聽說她得了老人病已經去世（按：二〇一二年八月底）。總之，錢先生一生體現了中國讀書人的風骨，錢先生去逝以後，很難再見到這種匹夫為百世師的學者了！

這讓我再想到中研院院士本身學術標準的流變。丁肇中安排諾貝爾評審委員在吳健雄八十歲壽宴時坐在她旁邊，很明顯是因為丁肇中很清楚吳健雄對於自己沒有得諾貝爾獎，一直耿耿於懷。我初聽這事時覺得很納悶，吳健雄的實驗很明顯是李政道、楊振寧得獎最重要的原因，理應和李政道、楊振寧一起獲獎，這在科學史上自有公評。但是從吳健雄個人的角度，這已經是四十年前的事了，難道學者做學問的目的就是要得獎？諾貝爾獎再怎麼說都是別人的評價，怎麼比得上自己揭發造物精髓、宇宙真理的喜悅，難道我們最終不能滿足於自己最清楚自己學問上的造詣？但是日後再看楊振寧接受媒體訪問時的話語，字裡行間，總是發現他和李政道都認為得到諾貝爾獎是他們人生中最重要的榮耀，足以光宗耀祖。回顧他們為了一篇文章的排名次序，本來的好友爭得你死我活，時間超過一甲子之久，使我不免狐疑，這樣的言行恐怕不足為天下法！不足為年輕學者訓！

我小時候讀太史公書，一直認為做大學問是究天人之際，成一家之言。司馬遷評述孔子，起於布衣，卻聲傳百世，自天子王侯至於百姓，中國言六藝者，皆折中於夫子！往往讀書至此，不勝感慨，雖不能至，然心嚮往之。日後更領悟到，學術或科學大業非一人所能獨成，所以日後更以此著眼，結交友人，鼓勵學生。

說起來我一輩子的心願很簡單，除了我的家人之外，我想要好好照顧兩類人，一是需要幫助的年輕人，讀書往往是改變他們前途的唯一途徑，所以我特別喜歡教育，想栽培有志氣的孩子；第二是中國人，尤其是想要讀數學的年輕人。原因很簡單，我自己年少時，遇到許多困難，我希望他們能擺脫同樣的困擾。

沒想到因為這樣，我也付出一些代價。我曾經大力協助過的學生田剛和季理真*，或者年輕學者如劉太平和阮希石，當他們在數學界受到不當的阻礙時，我曾經以我的初心，盡我所能的幫忙他們在學術界順利發展，但最後他們為了自己莫名的慾望，卻倒過來反咬我一口，我覺得需要有春秋之筆以正學者的衣冠。

這篇文章回顧了我和臺灣的奇妙因緣，從我早期的接觸談起，到後來幾次長住的感想。除了到處都有的學術高層烽煙，我對臺灣的印象還是很好的。在臺大和師生來往，由於臺灣一方面保有儒家文化，亦受到美國影響，思想比較接近，相處之間，樂也融融。只是有不少朋友相信獨立才是最好的出路，我不敢苟同，其實從前不能相容的人俱已去世，兩岸和平相處才是雙贏的最佳選擇。

二〇一四年，我第二次訪問臺大結束時，臺大新校長楊泮池給我一個很優渥的聘任提議，希望我和友雲能留下，我們確實也認真考慮這個選擇，但是一方面臺大的格局相對不如哈佛和北京清華，而且那段時間哈佛獲得一筆很大的捐款，成立了一個新的數學研究所（數理科學和應用中心，CMSA），我需要花跟多時間主持管理這個所，因此只好婉拒這個機會。二〇一五年，我岳母在臺南去世後，我到臺灣的時間就比不上從前了。

但是我還是懷念臺灣的朋友、學生和年輕人。儘管學術界愈來愈政治化，連中研院選舉院士也不見得用學術研究作為主要標準，很多昔日的年輕院士已經資深，往往忘記了當年他們批評資深院士的內容，但是我們還是可以繼續培養有為的年輕人。我希望在我能力範圍內，繼續幫助這些年輕人成長。

就像中學教過我的老師潘寶霞女士，她畢業自臺灣大學中文系，對我的教育花了很大的心血，是我年輕時學習的轉捩點。二〇一六年，我決定捐贈一筆錢在中文系成立「潘寶霞女士講座」，我的培正同學易達電子的陳德華也共襄盛舉。十二月十二日舉行成立儀式，潘老師全家人從溫哥華來觀禮，了卻我一輩子感激她扶持我的心願。中學老師對我很好的還有黃逸樵老師和吳榮招老師，只是待我成長後，他們都去世了，沒有辦法讓他們感受到我對他們的感恩。

我想要照顧保護年輕人的心願，固然有個性與家教的成分，但也是因為在年輕顛沛時，曾

＊我這兩位學生一面利用我的名義，瞞著我從不同地方獲得大量好處，又暗中以下流手段攻擊我。最惡劣的是田剛，在二〇〇六年夥同一班外國人在《紐約客》攻擊我，企圖全面毀壞我的名譽，同時斷送所有中國學者在里奇流對於龐卡萊猜想的貢獻。這種行為在臺灣很少見，就我本人來說，只要他們一天認為我是他們的老師，我就有義務遣責這些東西文化都無法認同的行為！

經受到這些師長無私的照顧，相當能體會這種教育胸懷對年輕學子的重要性，我希望能夠再為臺灣幾所大學做一些事情。

附錄八——哥倫比亞頒贈榮譽博士介紹詞

丘成桐是華裔美籍數學家，因在數學和理論物理做出廣大貢獻而聞名。丘成桐與孫理察證明的正質量猜想，首度發現了基於物質凝聚的黑洞存在性定理。他最近的研究是定義「擬局部質量」，讓學者可以測量任何有限範圍區域的重力位能。他和合作者更援引擬局部量的想法，克服了廣義相對論中關於角動量的一個長期懸而未決的難題。

（哥倫比亞大學於二〇二三年五月頒贈榮譽博士學位，本文為哥倫比亞大學官方網站之介紹詞，由該校新聞處授權轉載、翻譯）

People
我的幾何人生：從貧窮少年到數學皇帝，丘成桐自傳

2023年5月初版
定價：新臺幣620元

著者　丘成桐
Steve Nadis
譯者　夏木清
編輯協力　翁秉仁
特約編輯　謝達文
內文排版　林婕瀅
封面設計　黃耀霆

出版者　聯經出版事業股份有限公司
地址　新北市汐止區大同路一段369號1樓
叢書主編電話　(02)86925588轉5395
台北聯經書房　台北市新生南路三段94號
電話　(02)23620308
郵政劃撥帳戶第0100559-3號
郵撥電話　(02)23620308
印刷者　世和印製企業有限公司
總經銷　聯合發行股份有限公司
發行所　新北市新店區寶橋路235巷6弄6號2樓
電話　(02)29178022

副總編輯　陳逸華
總編輯　涂豐恩
總經理　陳芝宇
社長　羅國俊
發行人　林載爵

行政院新聞局出版事業登記證局版臺業字第0130號

本書如有缺頁，破損，倒裝請寄回台北聯經書房更換。
ISBN 978-957-08-6825-8 (平裝)
聯經網址：www.linkingbooks.com.tw
電子信箱：linking@udngroup.com

國家圖書館出版品預行編目資料

我的幾何人生：從貧窮少年到數學皇帝，丘成桐自傳/丘成桐、Steve Nadis著．夏木清譯．初版．新北市．聯經．2023年5月．536面＋8面彩色．14.8×21公分（People）

譯自：The Shape of a Life: One Mathematician's Search for the Universe's Hidden Geometry

ISBN 978-957-08-6825-8（平裝）

1.CST：丘成桐　2.CST：傳記　3. CST：美國

785.284　112002322